权威·前沿·原创

皮书系列为
"十二五""十三五"国家重点图书出版规划项目

证券公司蓝皮书
BLUE BOOK OF SECURITIES COMPANIES

中国证券公司竞争力研究报告（2018）

ANNUAL REPORT ON THE COMPETITIVENESS OF SECURITIES COMPANIES IN CHINA (2018)

青岛大学资本市场研究院
齐鲁财富网
主　编／孙国茂

社会科学文献出版社
SOCIAL SCIENCES ACADEMIC PRESS (CHINA)

图书在版编目(CIP)数据

中国证券公司竞争力研究报告. 2018 / 孙国茂主编. -- 北京：社会科学文献出版社，2018.9
（证券公司蓝皮书）
ISBN 978-7-5201-3634-1

Ⅰ.①中… Ⅱ.①孙… Ⅲ.①证券公司-竞争力-研究报告-中国-2018 Ⅳ.①F832.39

中国版本图书馆 CIP 数据核字（2018）第 233072 号

证券公司蓝皮书
中国证券公司竞争力研究报告（2018）

主　　编 / 孙国茂

出 版 人 / 谢寿光
项目统筹 / 高　雁　王楠楠
责任编辑 / 王楠楠

出　　版 / 社会科学文献出版社·经济与管理分社（010）59367226
　　　　　　地址：北京市北三环中路甲29号院华龙大厦　邮编：100029
　　　　　　网址：www.ssap.com.cn

发　　行 / 市场营销中心（010）59367081　59367018
印　　装 / 三河市龙林印务有限公司

规　　格 / 开　本：787mm×1092mm　1/16
　　　　　　印　张：21.25　字　数：348千字
版　　次 / 2018年9月第1版　2018年9月第1次印刷
书　　号 / ISBN 978-7-5201-3634-1
定　　价 / 89.00元

皮书序列号 / PSN B-2018-753-1/1

本书如有印装质量问题，请与读者服务中心（010-59367028）联系

▲ 版权所有 翻印必究

《中国证券公司竞争力研究报告（2018）》编委会

学术委员会　曹凤岐　贺　强　何　杰　胡金焱　胡汝银
　　　　　　　胡俞越　黄运成　李　扬　林义相　马庆泉
　　　　　　　马险峰　王松奇　吴晓求　夏　斌　朱武祥
　　　　　　　张衍森　李　彪

编写组成员　孙国茂　安强身　闫小敏　李宗超　李　猛
　　　　　　　孙东东　陈志超　张　辉　于　涛

主　　编　孙国茂

机构介绍

齐鲁财富网 是一家致力于"服务大众"的专业财经网站，目标是服务山东230万家中小微企业和1亿人口，为客户提供具有战略参考价值的细分产业研究、财富管理、资本市场数据库服务等专项领域解决方案。现已打造成集网站、移动客户端、微信、微博等多种新兴传播媒介于一体的财富管理综合信息平台。

特约近百名国内知名经济专家：李扬、夏斌、吴晓求、贾康、贺强、胡汝银、管涛、巴曙松、姚洋、韦森、姚景源、王松奇、李锦、杨涛、易宪容、何杰、李迅雷、郭田勇、施光耀、胡金焱、袁红英、杨东、黄震、陈柳钦、张卫国、孙国茂等。与中国社会科学院、北京大学、中国人民大学、中央财经大学、中国金融四十人论坛、山东大学、山东省社会科学院、山东财经大学、青岛大学、济南大学、万得资讯、中国上市公司市值管理研究中心、山东省扶贫基金会、齐鲁股权交易中心、青岛蓝海股权交易中心、山东省小额贷款企业协会、山东省民间融资机构协会、山东省普惠金融研究院等近百家机构及山东电视台、中金在线、金融界、和讯网、新浪财经、凤凰网等近百家专业媒体建立了密切合作关系。

立足齐鲁，根植山东，以建设经济文化强省为导向，以服务新旧动能转换为目的，专注金融信息、财富管理和多层次资本市场分析，潜心山东上市公司、新三板和区域股交中心挂牌公司研究，设立"鲁股市场"（stock.qlmoney.com）、"上市公司·新三板挂牌公司数据库"及实现项目、资金、技术互联互通的"中小企业信息库"（firm.qlmoney.com）；增设"商业故事会"专题，汇集鲁商奋斗故事，分享成功经验。

齐鲁财富网日均访问用户超过60万人次，在山东地方性财经网站中排名第一。公司力争打造成立足地方、面向全国的权威、有价值、兼具财富管理和资本智慧等多重功能的专业服务平台！

主要编撰者简介

孙国茂 山东省泰山产业领军人才、山东省高端金融人才，山东省政府研究室特邀研究员，青岛大学经济学院特聘教授、博士生导师，中国公司金融论坛创始人、《公司金融研究》主编。先后担任济南大学公司金融研究中心主任、济南大学金融研究院院长、山东省资本市场创新发展协同创新中心主任、济南大学商学院教授等职。主要研究领域为公司金融、资本市场和制度经济学。著有《公司价值与股票定价研究》、《制度、模式与中国投资银行发展》、《金融改革、创新和公司金融》、《山东省普惠金融发展现状》和《普惠金融组织与普惠金融发展》等多部个人专著；在《管理世界》、《中国工业经济》和《经济学动态》等学术期刊以及《人民日报》、《经济参考报》和《中国证券报》等重要报纸上发表论文100多篇，其中30多篇被《新华文摘》和人大复印报刊资料转载；连续7年主编《中国投资银行竞争力研究报告》，连续5年主编《山东省上市公司市值管理评价报告》，连续4年主编《山东省互联网金融发展报告》。主持国家社科基金项目、省部级重大研究课题以及横向研究课题10多项，获得山东省社会科学一等奖、二等奖等多项。2012年创办中国公司金融论坛，并已连续成功举办6届，在学术界和金融界产生巨大反响。作为省政府特邀研究员和金融专家，参加原山东省省长郭树清主持召开的山东省"十三五"规划讨论、山东省金融"十三五"规划讨论、山东省资本市场"十三五"规划讨论和《山东地方金融条例》讨论。

摘　要

习近平总书记在党的十九大上提出：健全金融监管体系，守住不发生系统性金融风险的底线。2017年中国证监会坚持稳中求进工作基调，通过抓重点、补短板、强弱项，全年资本市场改革有序、运行稳定。证券市场服务实体经济的直接融资功能进一步增强，IPO"堰塞湖"现象有效缓解。股票发行、减持、退市等基础制度进一步夯实，多层次市场体系进一步完善，新三板分层和交易制度改革取得重要突破。市场双向开放水平进一步提高，A股纳入明晟（MSCI）新兴市场指数。依法全面从严监管的态势进一步巩固，市场生态呈现积极变化，保护投资者合法权益的能力和水平进一步提升。作为证券市场的重要参与者，截至2017年末，全国证券公司数量达131家，比2016年增加2家。证券公司总资产为6.14万亿元，净资产为1.85万亿元，净资本为1.58万亿元，其中，总资产和净资产分别增长了6.04%和12.80%，资本实力增强，抗风险能力提升。

在金融去杠杆、防范发生系统性金融风险的宏观背景下，及时总结我国金融市场、证券行业运行状况，运用科学的评价方法对证券公司进行竞争力研究，发现证券公司在发展过程中呈现的特征和存在的问题，对于指导我国证券公司改革创新、完善证券市场监管体系具有重要意义。"证券公司蓝皮书"《中国证券公司竞争力研究报告（2018）》秉承及时有效、客观权威、科学严谨的理念，全面分析了中国证券公司作为资本市场主体之一不断呈现出的新特征，并运用科学的研究方法和评价体系对证券公司竞争力进行排名。报告回顾了一年来证券市场运行情况，并对证券公司业务开展和证券监管情况进行了总结和归纳。从事报告编写的研究团队属于独立的第三方学术机构，研究成果对于证券行业从业者来说具有借鉴意义和使用价值。全书分

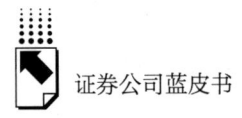

为总报告、分报告、专题报告和附录4个部分。

总报告从整体上总结了中国证券行业运行的宏观背景，介绍了我国2017年金融及证券行业运行概况并对证券公司经营与发展进行分析，总结了证券公司经营与发展中呈现的新特点。分报告从3个方面对我国证券公司进行深度剖析，运用科学的研究方法和评价体系对其竞争力进行了评比和排名。首先，介绍了本报告所采用的证券公司评价理论，通过取长补短，提出了更加符合实际的评价体系，并对指标体系的构成和计算方法进行了详细述评。其次，对证券公司进行了深层次剖析，在经纪业务、承销与保荐业务、资产管理业务等单项指标方面进行了对比、排名。最后，通过运用上述评价体系，对我国证券公司竞争力进行了综合排名，也即本报告的核心研究成果。

我们以专题报告的形式对我国证券公司的经营状况进行了分析。由于我国证券市场进入严监管时代，专题报告对我国证券市场的监管和处罚案例进行了分类总结。附录部分以"大事记"的方式对2017年我国证券市场上发生的事件进行梳理，供读者查阅和参考。

关键词： 证券市场　证券公司　竞争力　证券监管

Abstract

General Secretary Xi Jinping proposed at the 19th National Congress of the Communist Party of China: Improve the financial supervision system and hold the bottom line of systemic financial risks. In 2017, the China Securities Regulatory Commission adhered to the keynote of steady progress, the reform of the capital market in the whole year was orderly and stable. The direct financing function of the securities market to serve the real economy has been further enhanced, and the IPO "blocking lake" phenomenon has been effectively alleviated. The basic systems of stock issuance, reduction of shares, and delisting were further consolidated. The multi-level capital market system has been further improved, the reform of the stratification system and trading system have made important breakthroughs. The two-way openness of the market has further improved, and A-shares were included in the MSCI Emerging Markets Index. The situation of legal、 comprehensive and strict supervision was further consolidated. The market ecology showed positive changes, and the ability and level of protecting the legitimate rights and interests of investors were further enhanced. As an important player in the securities market, at the end of 2017, the number of securities companies in China arrive at 131, an increase of 2 from 2016. The total asset of the securities companies in 2017 is 6.14 trillion yuan, the net assets is 1.85 trillion yuan, and the net capital is 1.58 trillion yuan. Among them, the total assets and net assets have increased by 6.04% and 12.80% respectively. The capital strength is enhanced and the anti-risk ability is improved.

Under the macro background of financial deleveraging and prevention of systemic financial risks, summarizing the operation of China's financial market and securities industry in a timely manner, using scientific evaluation methods to study the competitiveness of securities companies, discovering the characteristics and existing problems of securities companies in the development process, have an great significance for guiding the reform and innovation of China's securities companies and improving the securities market supervision system. The "Blue Book of Securities Companies" *Annual Report on the Competitiveness of Securities Companies in China* (2018) adheres to the concept of timely and effective, objective and authoritative, scientific and rigorous, analyzes the new characteristics of China's securities companies as one of the main player in the capital market comprehensively. Using scientific research methods and evaluation system to rank the competitiveness of securities companies. The report reviews the operation of the securities market in the past year, and summarizes the securities companies' business development and securities supervision. The research team involved in the preparation of the report is an independent third-party academic institution, and the research results have reference significance and use value for the practitioners in the securities industry. The book is divided into four parts: the general report, the sub-reports, the special topic reports and the appendices.

The general report summarizes the macro background of China's securities industry operation, introduces the operation of China's finance and securities industry in 2017, analyzes the operation and development of securities companies, and summarizes the new features presented in the operation and development of securities companies. The sub-reports make an in-depth analysis of China's securities companies from three aspects, using scientific research methods and evaluation systems to evaluate and rank their competitiveness. On the one hand, it introduces the evaluation theory of securities companies adopted in this report. By learning from others, we put forward a more realistic evaluation system, and describe the composition factors and calculation methods of the index system in detail. On the other hand, the securities companies are deeply analyzed, the individual indicators such as brokerage business, underwriting and sponsoring business, and asset management business are compared and ranked. Finally, through the use of the above evaluation system, the competitiveness of China's securities companies is comprehensively ranked, which is the core research result of this report.

We analyze the operation status of China's securities companies in the form of special topic reports. As China's securities market entered the era of strict supervision, the special topic reports analysis and summary the cases of supervision and punishment in China's securities market. The appendices section sorts out the events happening in China's securities market in 2017 in the form of "memorabilia" for readers.

Keywords: Securities Market; Securities Companies; Competitiveness; Securities Supervision

序　言
发展资本市场要有全面视角

李　扬[*]

党的十九大报告部署的下一阶段金融改革任务，重点指向了三大领域："深化金融体制改革，增强金融服务实体经济能力，提高直接融资比重，促进多层次资本市场健康发展。健全货币政策和宏观审慎政策双支柱调控框架，深化利率和汇率市场化改革。健全金融监管体系，守住不发生系统性金融风险的底线。"在金融业三大重点改革领域中，发展资本市场被置于首位，可见资本市场对于中国金融改革与发展具有极端重要性。

一

发展资本市场问题，首先应置于国民经济长期发展的大背景下加以讨论。经过了近四十年高速发展，中国资本市场已经站在新的历史起点上。展望未来，我们需要牢记金融服务实体经济的基本原则，深入思考：中国未来的经济发展对金融发展到底提出了怎样的需求，基于此，应当将我国的金融发展引向何方？

从可以预见的今后若干年的情况来看，中国实体经济的发展及其金融需求可以归为以下四类。

其一，为基础设施建设融资。经过几十年持续不断的工业化，传统意义上的产业投资机会已经基本被扫荡殆尽。然而，如果放眼民生，我们将开辟

---

[*] 李扬，中国社会科学院原副院长、国家金融与发展实验室理事长。

一片新的天地,只要看一看中国数百座城市严重落后的地下基础设施,看一看满目疮痍、与人类已经极不友好的江河湖海、高原滩涂,就知道这方面的任务有多么繁重,就知道这个领域的用武之地有多么宽广。因此,中国今后20年甚至更长一段时间,基础设施将是主要的投资对象。基础设施投资需要长期资金,为了防范风险,基础设施尤其需要权益性资金。从世界范围看,包括美国在内的几乎所有国家都患有投资基础设施饥渴症,但是,几乎所有国家都难以有效筹集用于基础设施投资的长期资金,特别是权益类资金。这是一个普遍性的难题。正因如此,当中国倡导的亚洲基础设施投资银行发起时,才有那么多国家竞相加入,一些美国的传统盟友,甚至不顾美国的反对而争取成为发起国。从根本上说,未来几十年,我国的经济发展仍将需要"发挥好投资的关键性作用",因此,筹措长期资金依然是中国金融体系的首要任务之一。长期以来,期限错配和权益错配,构成中国资金动员体系的主要缺陷。银行资产负债表中的中长期贷款占比逐渐提高,潜在风险增大,地方融资平台愈演愈烈,均与这一缺陷有关。

其二,发展普惠金融。经过上一轮金融危机,多数人已经意识到,金融不应该只是一个为富人提供服务的行业,它应该在可负担的成本上向一切有真实金融服务需求的人群有尊严、可持续地提供服务,换句话说,享受金融服务应该是所有公民的天赋人权。但是,现在的金融体系并不能够有效地服务普罗大众,因此,如何让金融机构提供的产品和服务真正实现普惠,就是一个艰巨的任务,也是一个长期的过程。

其三,支持科技发展。党的十八届五中全会提出了"五大发展理念",排在第一位的就是创新发展。由于创新具有极大的不确定性且存在巨大风险,因此,支持科技创新和产业革命的金融机制,应能为实体经济提供"试错"和"选择"机制,应能"承担"创新不可避免出现的风险。就此而论,金融市场(直接融资)相比金融中介(间接融资)而言,具有明显的优越性。这是因为,中介(间接融资)虽长于处理标准化信息,因而在信息变动不剧烈的情况下,能获得规模收益递增的效益,但是,由于间接融资很难处理不确定性、创新和新的思想,势难支持高新科技的大规模产业化，难以适应经济结构的剧烈变动。市场（直接融资）允许每个人表达自己的意见，并允许投资者犯错误。因此，市场便于用来处理不确定性、创新和新思想、经济活动。总之，为了支持创新，我们必须大力发展资本市场，尤其是要发展创业投资市场。这是个全世界通行的道理。但是，我国在支持科技创新的资本供应方面存在明显不足，虽然风险投资机制已经建立了十余年，但迄今为止依然收效甚微。

其四，绿色经济投资。中国的绿色金融起步较晚，兴业银行是中国第一家"赤道银行"，而且取得了相当的成绩。但是，当全面发展绿色经济的目标提出之后，我们就发现，贯彻赤道原则只是通往绿色发展的起步阶段。因为，赤道原则或可保证金融机构不支持那些非绿色的投资和经营项目，但难以有效引导金融资源大规模向"绿色领域"配置。如所周知，如今发展绿色经济，首先要治理污染、恢复绿色，同时，为了推进绿色事业长期可持续发展，我们还需要建立一些以恢复绿色为主业的专门企业。如所周知，至少在一个相当长的时期内，恢复绿色是没有商业价值的，因此，发展绿色金融，至少在一个相当长的初期，仍然需要国家制定长期的战略安排，并提供长期资金支持来为其奠定发展基础，并最终创造出"绿水青山"也是"金山银山"的良性循环机制。在这个需要长期坚持同时充满风险的长过程中，社会需要权益资金来提供基础性支撑，同时，以它们为依凭，我们才能面向社会广泛吸收债务资金。

面向未来20年的主要金融需求即如上述。这四个方面涉及的所有项目所需资金都是长期资金，都需要有大量的权益资金予以保证。但是，客观地说，我们的金融体系目前还无法充分有效地提供这些机制，因此，改革和发展的首要任务落在资本市场上，就是顺理成章的了。

二

在讨论资本市场发展的实践性问题之前，有必要对这个概念深入探讨。我特别希望指出的是，我们不应对资本市场做狭义理解。资本市场是金融市场的组成部分,作为与货币市场相对应的理论概念,资本市场指的是一年期以上融资活动的市场,它不仅包括股票市场和债券市场,还包含中长期信贷市场。因此,资本市场也不等同于直接融资。现实中我们经常把资本市场和直接融资混在一起,但是作为政策设计,尤其是从事理论研究,必须要认识清楚两者之间的区别和联系。资本市场也不等同于股权市场,因为大量的超过一年期的银行信贷活动和债券发行也是资本市场的重要组成部分。因此,就本质而言,发展资本市场就是发展筹措长期资本的机制。

十九大将发展资本市场列为今后金融改革的三大任务之首,并不仅仅是要建立筹集长期资金的机制,更突出的是要建立筹集权益性资金的机制,并依此建立一种从根本上降低过高杠杆率的金融结构。回顾历史不难发现,在中国资本市场建立的早期,筹集长期性资金就已得到足够的重视。然而,随着时间的推移,更深刻的问题逐渐显现,那就是,我国金融体系中形成的权益性资本明显不够,久而久之,致使我国杠杆率不断上升,并已达到风险长期积聚、可能引发系统性金融危机的地步。换言之,权益性资本短缺是我国经济总体以及各个部门杠杆率上升的根本性原因。要降低杠杆率、根除金融体系的弊端,必须建立长期、稳定的筹集权益资本的机制。

从统计数据上看,中国是世界上 M2 最高的国家之一,就此而论,中国不应该是缺钱的国家。严格地说,从 1994 年大规模积累外汇储备开始,中国就已不是一个缺钱的国家。一个国家不断地积累外汇储备,就意味着不断地把自己的国内储蓄交给别国使用,更具体地说就是,中国居民的储蓄在国内不能完全有效地转化为投资,只好通过购买并持有美国的金融资产,交给美国人去使用,后者主要用于弥补长期持续的财政赤字。出现这种现象而且长期持续,说明我国的金融结构是扭曲的。具体地说,这种扭曲表现在两个方面。一是期限错配。尽管我们能够动员大量资金,但是这些资金绝大多数都是短期的,而中国在过去很长时期以及在目前和今后的发展阶段上,更多需要的是长期资金。二是权益性资金错配。中国经济增长极为迅速,无论是企业、居民还是政府,都希望用借钱扩张的方式加速赶上高速增长的步调,并在国民收入的蛋糕中分得更大的一块。各个部门共同如此行为，综合的结果自然就是宏观杠杆率过高。杠杆率过高带来的问题是显然的，它在扭曲了金融与实体经济关系的同时，还在经济中积累了越来越大的风险，并随时威胁着国民经济的健康。

三

促进资本市场健康发展，还须厘清若干基本理念。

第一个基本理念就是资本形成是资本市场的功能。必须强调，发展资本市场的目标是提高资源配置效率，舍此，不应有其他目标。然而，回顾我国资本市场发展历史便不难看到，这个市场一向被赋予大量的政策目标，从为国企解困、服务小微企业，直到助力脱贫等，不一而足。实在地说，如今寄望于发展资本市场来降低杠杆率，因循的也是这种政策思路。这种思路必须摒弃，我们必须创造有效的机制，选择效率最高、最有发展前途的企业上市；必须提供各种条件，为上市公司提供再融资便利，助其兼并重组，不断提升公司的水平。事实上，如果我们的上市公司都是企业中的翘楚，则我国的资本市场便会成为推动经济结构优化调整、促进国民经济平稳发展的积极力量，依托这样有效率的市场，其他的政策目标，诸如服务国企改革甚至服务脱贫攻坚，也就有了实现的物质基础。

第二个基本理念就是发展资本市场必须保障所有资本市场参与者的利益。资本形成是有风险的，所以资本市场要能够保证投资者的权益，这里不是说要保证投资者一定赚钱，而是说，要保证各类市场参与者的权利能够得到有效的实施和保护。同时，这个资本市场要能够促进资本形成，必须创造一个让广大投资者愿意长期持有资本的制度环境。在目前中国的资本市场上，多数投资者似乎都是短期炒作者，因为，在这个市场上，投资者若想挣钱，除了不断地炒作、赚取资本溢价，并无其他途径。中国资本市场的换手率之高，居全球前列。有研究者称，换手率高是市场效率高的表征，我不以为然。这要看从什么角度分析，还要看这样一种状况是同怎样的体制机制相联系的。在中国股票市场的状况下,除了不断"炒作",投资者基本上没有其他方式来分享被投资上市公司的业绩成长,也没法分享整个资本市场效率提高的好处,这种换手率高,恐怕更应当被视为效率不高的表征。其实,这种"炒作至上"的状态在各个金融领域均有表现。例如,在论及创业投资时,最常听到的话就是,要首先创造一个创业资本容易退出的机制。这话听起来似乎不错,但是,倘若上市就为"退出",那么,我们的资本市场上还能留下什么呢?资本形成的任务又要由谁来完成呢?总而言之,高投机性是中国目前资本市场的重大弊端之一,因此,未来我国资本市场发展的重点之一,就是要通过改革上市、退市机制,改革上市公司红利分配机制等,创造一种机制,提供一种激励,让那些愿意长期持有股份的投资者可以在不频繁换手的情况下,获得高于一般的银行系统所可能提供的收益。

在明确了以上两个基本理念的前提下,资本市场主要应做好三件事情,或者说有三大发展重点。一是要发展多层次股票市场,而且,要在最初级直至最高级的市场之间,形成连续的结构。大家都知道,成熟的市场体系应当是金字塔型的,基于金字塔状的多层次,市场体系才能是稳定、可发展、可深化的。但是,在中国,资本市场各层次之间的关系却一直被忽视。更有甚者,大家知道,中国资本市场的"金字塔结构"是上宽下窄,是一种无法稳定的结构。我以为,这正是我国市场发展后继无力的根本原因之一。所以,把中国资本市场的层次顺序"正过来",是我们发展多层次资本市场的第一要务。在这里,放松对民间资本形成的管制,放松对资本交易的管制,鼓励各种私募股权机制发展,均属题中应有之义。合理的资本市场结构,还意味着要大量满足地方金融发展的需求,满足地方小微企业筹措权益资金的需求。迄今为止,我国资本市场的发展一直抓在中央手里,对地方和基层"草根"们的需求比较忽视。在今后的发展中,这一短板也须尽快补上。当然,在补齐短板的过程中,我们还须重视市场中"优胜劣汰"机制的建设,也就是说,在放开准入限制的同时,我们一定要建立有效的退出机制,解决好市场中的僵尸企业,始终保持资本市场是有效率企业最集中的场所。

二是要完善各类长期信用机构。党的十八届三中全会曾经提出建立服务于长期融资的长期信用机制的任务。所谓长期融资机制，涉及住房、基础设施和城镇化三大领域。这些领域资金供应严重短缺，更容易出现资金错配。资金错配会导致商业银行中长期贷款在60%以上，会导致政府融资平台屡禁不止；只有建立了长期信用机构，我们才能确保长期资金的供应。发展长期信用机构，当然也包括推广新的产融结合形式，要大力发展各种类型的私募股份，要发展各种有助于信贷资金转换为股权资金的基金安排。

三是要鼓励和加强金融创新，促进资管行业健康发展。我国资管行业最近几年虽有跳跃性发展，但总体来说并不顺利，尽管前几年发展较快，但是"一年河东，一年河西"，现在正处于被"严监管"的境地。仔细分析可以看到，资管行业之所以这么快地从"九天之上"被抛到"九地之下"，与我们对新生事物分析与认识不够密切相关。资管行业是在传统金融产品和金融服务的基础上衍生出来的。资管行业能够大发展，说明市场有需求，而这种需求长期存在且长期得不到满足，就说明中国的金融结构和监管的框架存在严重问题。在中国，资管产品说到底就是一个交易结构，发行资管产品的大多是"银行影子"，用的则是冠冕堂皇的"影子银行"的名义。这种"银行的影子"们并不致力于发展新的科技、改造传统金融，而是如传统金融机构一样，在建资金池、在搞变相的证券发行和交易，都在用新的科技、新的平台、新的形式和新的名义办传统的银行和证券公司的业务。显然，这种金融创新中的多数是扭曲的，本质上是监管套利。总之，我国影子银行未中兴而至末路的发展历程告诉我们，基于传统金融产品和服务所衍生出来的新的产品和服务，必须是对传统金融业务真正的改造，而且，无论如何衍生，我们都要不忘初心，牢记服务实体经济的根本宗旨，同时，必须揭示并管理好它所蕴含的新的金融风险。

四

论及资本市场，我们不可忽视一个极为重要的市场主体——投资银行。投资银行曾经在20世纪中叶以来的美国金融市场发展中发挥过极为重要的作用；在20世纪七八十年代美国"新经济"的发展中更是功不可没；在其后全球"大稳定"发展过程中，也发挥了明显的积极作用；只是到了2008年全球金融风暴，它们过度发展造成的问题才被认识并开始纠正。

对于中国这样的后发国家，我们必须认真研究投资银行机构，必须看到：作为一种新的金融中介机构，投资银行不辞辛劳地穿梭于投资者和筹资者之间，游走于监管部门、金融部门和投资者之间。在这个过程中，它们致力于挖掘公司的潜在价值，"发现"具有发展前途的上市公司；致力于推动经济结构进行大规模调整，按照提高效率的基本要求对经济资源进行重新配置。中国的投资银行与中国资本市场基本上同时诞生，同样也为中国资本市场的发展做出了不可磨灭的贡献。在今后的发展中，中国的投资银行应当更深入地思考：在中国的国情下，怎样把发达经济体的规则和经验本土化，并与中国的文化相融合，在中国的土地上生成服务中国资本市场发展的金融中介机构。总之，牢记服务实体经济这个初心，是中国投资银行改革发展的基本方向。

青岛大学资本市场研究院的孙国茂教授和他的团队从2012年开始编写《中国投资银行竞争力研究报告》，这是迄今为止国内唯一对证券行业进行系统研究的年度报告。这份报告如今已连续出版七年，是一件非常了不起的大工程。对于整个行业发展而言，这是"基础设施"，它的成功，当对我国资本市场发展发挥极大的积极作用。

2018年，《中国投资银行竞争力研究报告》首次被纳入中国社会科学院的"蓝皮书系列"，并更名为《中国证券公司竞争力研究报告》，孙国茂教授盛邀我作序。出于对他们工作的敬意，我欣然接受邀请，并写上以上的话，以实际行动参与这项意义重大的讨论。我深信，随着中国资本市场的不断完善和发展，这本报告也会越做越好，其价值也会被越来越多的人所认识。因此，我由衷地希望孙国茂教授和他的团队能将这项研究坚持下去，为中国资本市场的发展做出应有的贡献。

2018年7月12日于北京

目 录

Ⅰ 总报告

B.1 中国金融运行及证券行业发展报告 …………………………… 001
　　一　金融运行概况 …………………………………………… 004
　　二　证券市场运行概况 ……………………………………… 011
　　三　证券公司经营与发展 …………………………………… 066

Ⅱ 分报告

B.2 中国证券公司竞争力评价体系 …………………………………… 081
B.3 中国证券公司单项指标排名 …………………………………… 092
B.4 中国证券公司竞争力排名 ……………………………………… 126

Ⅲ 专题报告

B.5 中国证券公司运营分析报告 ……………………………………… 146
B.6 中国证券市场监管体系研究 ……………………………………… 180
B.7 中国证券行业监管处罚研究报告 ………………………………… 198

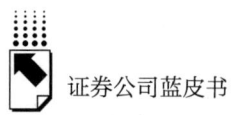

Ⅳ 附录

B.8 2017年中国证券市场大事记 …………………………………… 228
B.9 附表 …………………………………………………………… 247
B.10 参考文献 ……………………………………………………… 296

B.11 代后记 资本市场发展的内在逻辑 ………………………… 305

CONTENTS

I General Report

B.1 China Financial Operation and Securities Industry
Development Report / 001
    1. Financial Operation Overview / 004
    2. Stock Market Operation Overview / 011
    3. Securities Company Management and Development / 066

II Sub-reports

B.2 China Investment Bank Competitiveness Evaluation System / 081
B.3 China Investment Bank Single Index Ranking / 092
B.4 China Investment Bank Competitiveness Rankings / 126

III Special Topic Reports

B.5 China Investment Bank Operation Analysis Report / 146
B.6 Overview of Investment Banking Supervision / 180
B.7 China Investment Bank Regulatory Punishment Research Report / 198

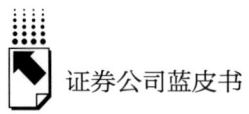

Ⅳ Appendices

B.8　Memorabilia of China's Securities Market　　　　　　　　　／ 228
B.9　Attached Lists　　　　　　　　　　　　　　　　　　　　／ 247
B.10　Reference　　　　　　　　　　　　　　　　　　　　　／ 296

B.11　Postscript　The Internal Logic of Capital Market Development　／ 305

总报告

General Report

B.1
中国金融运行及证券行业发展报告

摘　要： 2017年我国GDP达到82.71万亿元，增长6.9%，是2011年以来经济增速首次回升，全年经济社会保持平稳健康发展。经济稳定增长的同时，党中央、国务院把防范发生系统性金融风险作为工作重中之重，全年金融市场稳健运行。市场流动性方面，M2和社会融资规模稳步增长，市场运行更加规范，中长期信贷规模保持合理增幅。中国证监会等金融监管部门全年出台多项政策，强化依法理念，维护了资本市场秩序。经过规范资本市场，稳步推进供给侧结构性改革，去杠杆效果显著，金融服务实体经济能力不断增强，2017年IPO数量及其融资额均比2016年出现增长。全年证券市场价值投资显现；A股纳入MSCI明晟指数；并购市场回归初心，忽悠式重组被制止；债券托管规模平稳增长；新三板市场继续扩容。证券公司数量继续增加，资产规模继续扩大，受市场影响，全年利润出现下降，整个行业更加规

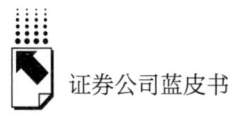

范,收入结构更加均衡。

关键词: 证券市场 证券公司排行 基金市场 新三板市场

2017年10月,党的十九大召开,习近平总书记在十九大报告中指出:"经过长期努力,中国特色社会主义进入了新时代,这是我国发展新的历史方位。"进入新时代,我国经济已由高速增长阶段转向高质量发展阶段,推动经济向着高质量发展,这对资本市场建设提出了更高要求。目前,国际环境不确定性增大,贸易保护主义和逆全球化开始抬头;国内推进供给侧结构性改革,产业结构转型升级,经济、金融推动去杠杆。面对错综复杂的国际形势,国内各地区、各部门在习近平总书记系列讲话精神的指导下,坚持稳中求进的工作要求,2017年我国GDP增长6.9%,达到82.71万亿元,是2011年以来经济增速首次回升,全年经济运行稳中有进、稳中向好,经济社会保持平稳健康发展。

在取得成就的同时,党中央、国务院强调经济运行中存在的隐患,把防范系统性金融风险作为全年工作重中之重。2017年7月,在第五次全国金融工作会议上,习近平总书记指出"金融是国家重要的核心竞争力,金融安全是国家安全的重要组成部分",强调了金融安全的重要性;12月召开的中央经济工作会议强调"今后三年要重点抓好决胜全面建成小康社会的防范化解重大风险、精准脱贫、污染防治三大攻坚战。打好防范化解重大风险攻坚战,重点是防控金融风险",同时指出"坚决打击违法违规金融活动,加强薄弱环节监管制度建设"。按照防范系统性金融风险要求,2017年,中国证监会履行职责,强化依法理念,从严监管,维护了资本、证券市场上公开、公平、公正的市场秩序,全年资本、证券市场监管"严"字贯穿始终。

2017年,中国证监会出台多项监管政策,监管取得了明显效果,市场运行稳定,金融服务实体经济能力增强,防范风险工作取得积极成效。回顾

2017年资本市场，其特征主要表现在以下几个方面。一是把防范金融风险放在突出位置，牢牢守住不发生系统性风险的底线。2017年，监管部门通过降低金融杠杆率，持续加强日常监管，狠抓监管政策落实，深化对交叉金融、互联网金融、普惠金融等多个热点领域的监管，防止发生系统性金融风险成为金融工作的主题。二是通过依法全面从严监管，市场秩序得到维护，监管能力继续提升。"治乱象、补短板、填空白"成为全年金融监管的重点内容，包括中国证监会在内的金融监管部门通过专项整治行动，重拳打击扰乱市场行为，据统计，2017年中国证监会共计开出200多张"罚单"，罚没款超过70亿元，成为史上最严的监管年。三是坚持供给侧结构性改革，金融服务实体经济能力得到提升。数据显示，2017年IPO数量达438家，比2016年增长92.95%，首发募集资金总额2301.09亿元，比2016年增长53.81%。2017年新三板市场累计挂牌11630家，融资金额为1336.25亿元。总体来看，无论是A股还是新三板，都有效地支持了实体经济发展。四是证券市场基础设施和监管保障能力建设得到加强。通过健全市场法制体系，强化监管科技应用实践，积极利用大数据、人工智能、云计算等技术丰富金融监管手段，提升跨行业、跨市场交叉性金融风险的甄别、防范和化解能力。五是资本市场法治与诚信建设进一步推进，投资者利益得到有效保护。尽管我国资本市场的法治建设取得了巨大成绩，但是市场内幕交易、欺诈发行、违规披露、侵害投资者利益的事件时有发生，必须加大监管和查处力度，保护投资者利益，同时通过资本市场诚信系统来约束市场违规行为，维护国家金融安全。

我国资本市场主要由股票、债券、基金和期货等市场组成，而股票市场、债券和基金市场是证券市场的主要组成部分，本报告对我国证券市场进行了重点介绍。从架构上来看，本报告从金融运行概况、证券市场运行概况、证券公司经营与发展三个维度进行阐述。其中，金融运行概况包括经济、金融和货币政策执行情况三个方面；证券市场运行概况包括证券一级、二级市场、基金市场、新三板市场运行情况四个方面；证券公司经营与发展主要分证券公司经营情况和证券公司呈现的特点两部分进行阐述。

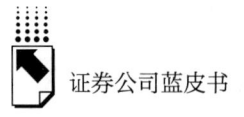

一 金融运行概况

(一) 经济运行情况

1. 经济运行稳中向好

李克强总理在2017年《政府工作报告》中指出:"要坚持稳中求进的工作基调,适应把握引领经济发展新常态,以推进供给侧结构性改革为主线,适度扩大总需求,加强预期引导,深化创新驱动,做好稳增长、促改革、调结构、惠民生、防风险各项工作,保持经济平稳健康发展和社会和谐稳定。"2017年,世界主要国家经济复苏,但是大部分经济体通胀处在较低水平,经济运行仍存在不确定因素。据国际货币基金组织(IMF)估计,2017年全球GDP增长3.7%。国内经济结构性矛盾突出,供给侧改革压力依然存在,防范金融风险挑战、实现经济稳定发展任务艰巨。面对错综复杂的国内外形势,各地区、各部门坚持习近平总书记系列讲话精神和稳中求进的工作要求,实现经济平稳健康发展。

2017年全国经济运行稳中有进、稳中向好、好于预期,经济社会保持平稳健康发展。全年我国GDP达82.71万亿元,比2016年增加6.9%,增速比2016年加快0.2个百分点(见图1),也是时隔6年来GDP增速首次回升。经济结构更加合理,第三产业增加值及占比继续提高,第一、第二、第三产业增加值分别为65468亿元、334623亿元、427032亿元,分别比2016年增长3.9%、6.1%、8.0%,三大产业增加值占GDP的比重分别为7.9%、40.5%、51.6%。消费带动经济增长显著,全年消费支出对GDP增长的贡献率为58.8%。

2. 供给侧结构性改革扎实推进

2017年我国供需结构问题突出,国家推进供给侧改革,部署"三去一降一补"重点任务并出台一系列政策措施,引导实体经济发展,推动产业结构升级,提高供给质量,解决供需矛盾,实现供需动态平衡。"三去一降

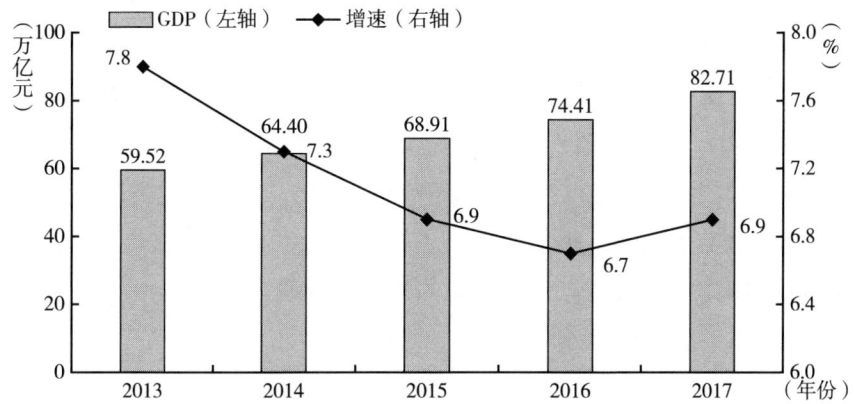

图1　国内生产总值（GDP）及增长速度（2013～2017年）

资料来源：国家统计局，齐鲁财富网。

一补"取得显著成效，以高耗能、高污染为代表的煤炭、钢铁行业全面完成了化解过剩产能的目标任务。

国家统计局数据显示，2017年，我国工业产能利用率继续提高，达到77.0%，而2016年为73.3%。年末，规模以上工业企业资产负债率比2016年同期下降0.6个百分点，达55.5%；全年规模以上工业企业每百元主营业务收入中的费用为7.77元，下降0.2元。2017年，工业制品出厂价格结束连续5年下跌的趋势，比2016年上涨6.3%；规模以上工业企业利润增幅扩大，同比增长21.0%，而2016年增速仅为8.5%；规模以上服务业企业实现营业利润比2016年增长24.5%。可见，供给侧改革效果显著，供求关系开始改善，有力促进了市场价格回升和企业利润增加。

3. 新动能、新产业、新业态加快成长

党的十八大以来，我国十分重视创新在经济社会发展全局中的核心作用，深入实施创新驱动发展战略。2017年，国家积极推动《中国制造2025》和"互联网+"行动，国务院出台《关于深化"互联网+先进制造业"发展工业互联网的指导意见》，优化创新生态，培育新产业，为经济平稳有序发展注入了新的动力。

2017年，全国新登记企业显著增多，比2016年增长9.9%。全年境内发明专利32万件，平均每万人口发明专利拥有量9.8件，比2016年增加1.8件。全年技术合同成交金额比2016年增长17.7%。2017年规模以上工业战略性新兴产业增加值比上年增长11.0%；高技术制造业增加值增长13.4%，占规模以上工业增加值的比重为12.7%。2017年规模以上服务业中，战略性新兴服务业营业收入4.12万亿元，比2016年增长17.3%；实现营业利润7446亿元，增长30.2%。新产业、新产品不断涌现，共享经济、平台经济等新经济形式正在改变着生产生活方式。

（二）金融运行情况

1. 防范系统性金融风险

（1）全国金融工作会议提出三大任务和四项原则

2017年7月，第五次全国金融工作会议召开。在会议上，习近平总书记强调，"金融是国家重要的核心竞争力，金融安全是国家安全的重要组成部分，金融制度是经济社会发展中重要的基础性制度"。提出金融要"服务实体经济、防控金融风险和深化金融改革"三项任务，针对三项任务提出"回归本源""优化结构""强化监管""市场导向"四项原则，强调要把主动防范化解系统性金融风险放在更加重要的位置。

近年来，我国金融业与实体经济之间的失衡不断加剧，各类金融风险时有发生。这些风险既受到经济下行和结构调整等周期性因素的影响，也与监管体制自身存在的缺陷密不可分。为改变目前金融分业监管格局、建立统一的金融监管部门，从宏观和整体的角度来防范系统性金融风险，第五次全国金融工作会议决定成立国务院金融稳定发展委员会，不仅能解决"一行三会"的协调统一问题，而且从体制上解决了"铁路警察，各管一段"的弊端。

（2）十九大提出防范系统性金融风险

2017年10月，党的十九大召开。习近平总书记在十九大报告中强调："深化金融体制改革，增强金融服务实体经济能力，提高直接融资比重，促进多层次资本市场健康发展。健全货币政策和宏观审慎政策双支柱调控框架，深化利率和汇率市场化改革。健全金融监管体系，守住不发生系统性金融风险的底线。"

从当前环境来看，我国金融领域尚处在风险易发高发期，结构失衡问题和违法违规乱象使得潜在风险和隐患不断积累，因此，既要防止"黑天鹅"事件，也要防止"灰犀牛"风险。随着金融创新加快和金融混业经营加速，金融机构、市场、产品之间容易发生风险交叉传染，造成系统性风险。为防止系统性风险发生，必须健全法律法规政策体系和监管部门，明确监管主体，落实监管责任，建立功能监管和行为监管框架，强化综合监管。

（3）中央经济工作会议再次强调金融防风险

2017年12月，中央经济工作会议举行。会议强调"今后三年要重点抓好决胜全面建成小康社会的防范化解重大风险、精准脱贫、污染防治三大攻坚战。打好防范化解重大风险攻坚战，重点是防控金融风险，要服务于供给侧结构性改革这条主线，促进形成金融和实体经济、金融和房地产、金融体系内部的良性循环，做好重点领域风险防范和处置，坚决打击违法违规金融活动，加强薄弱环节监管制度建设"。

与第五次全国金融工作会议、党的十九大报告中强调要防范金融风险一样，中央经济工作会议依然把金融风险防控作为重点，无论是房地产、实体，还是金融机构、地方融资风险，究其根本都在金融。因此，必须围绕防风险服务，采取措施控制和降低金融杠杆率，继续深化金融严监管。

2. 金融运行稳健

（1）M2增速减缓推动降杠杆

根据中国人民银行数据，2017年末，狭义货币供应量M1余额为54.38万亿元，比2016年末增长11.76%；流通中货币M0余额为7.06万亿元，增长3.43%；2017年末，广义货币M2余额为167.68万亿元，比2016年末增长8.17%（见图2），增幅降落至10%之内，再创历史新低。这反映了在金融去杠杆的背景下，银行等金融机构运作更加规范，资金运用更加科学，金融部门内部资金循环和嵌套减少，宏观审慎评估系统效果显著。

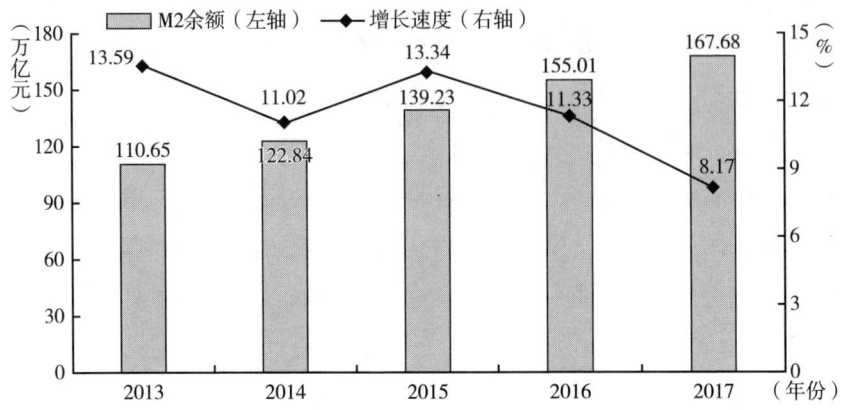

图 2　广义货币（M2）年末余额及增速情况（2013~2017年）

资料来源：中国人民银行，齐鲁财富网。

（2）上市公司融资额减少

2017年我国上市公司在境内市场累计融资40836亿元，比2016年减少12244亿元。其中，A股IPO完成申购419只，共计融资2186亿元；A股股票市场再融资9209亿元，比2016年减少4178亿元；在沪深交易所债券融资28105亿元，比2016年减少8563亿元。新三板市场新增挂牌公司2176家，全年新三板市场累计筹资1336亿元，比2016年减少3.95%（见图3）。[①]

与上市公司融资额减少相反，2017年社会融资规模扩大，全年增量19.4万亿元，年末社会融资存量174.6万亿元。年末全部金融机构本外币各项存款余额169.3万亿元，比年初增长8.8%，其中，境内住户人民币各项存款余额64.38万亿元，比年初增长7.7%。全部金融机构本外币各项贷款余额125.6万亿元，比年初增长12.1%（见表1），其中，人民币各项贷款余额120.1万亿元，增加13.5万亿元。

---

① 此处数据来源于中国证监会，由于统计口径不同，中国证监会数据与Wind数据有所不同，此区别对报告结论不会产生影响。

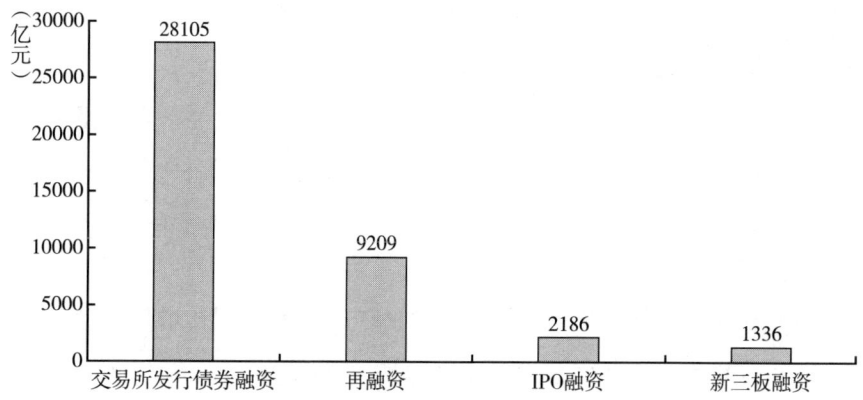

图 3　上市公司 A 股和新三板融资情况（2017 年）

资料来源：中国证监会，齐鲁财富网。

表 1　全部金融机构本外币存贷款余额及增长速度（2017 年）

单位：亿元，%

指　　标	年末余额	增幅
各项存款	1692727	8.8
其中：境内住户存款	651983	7.5
其中：人民币	643768	7.7
境内非金融企业存款	571641	7.7
各项贷款	1256074	12.1
其中：境内短期贷款	411153	8.2
境内中长期贷款	750894	18.2

资料来源：中国人民银行，齐鲁财富网。

（三）货币政策执行情况

1. 货币总量增长放缓

2017 年，广义货币供应量 M2 余额为 167.68 万亿元，同比增长 8.17%，增速比上年末低 3.16 个百分点。M2 增速下降主要反映了在去杠杆和金融监管逐步加强背景下，银行资金运用更加规范，金融部门内部资金循环和嵌套减少，资金更多流向实体经济，而缩短资金链条也有助于降低资金成本。随着供给侧结构性改革的推进，经济结构不断优化，经济增长对货币信贷的依赖程度降低，经济内生增长动力增强后，资金周转及货币流通速度随之加快，相对较慢的货币增速仍可以支持经济实现平稳较快增长。长期看，随着去杠杆深化和金融进一步回归为实体经济服务，M2增速放缓可能成为常态。

2. 社会融资规模合理增长

2017年末，社会融资规模存量为174.64万亿元，同比增长12%，增速比2016年低0.8个百分点。2017年社会融资规模增量为19.44万亿元，比2016年多增1.63万亿元。2017年社会融资规模增量具有以下特点。一是对实体经济发放的人民币贷款同比多增。全年金融机构对实体经济发放的人民币贷款增加13.84万亿元，比2016年多增1.41万亿元，占同期社会融资规模增量的71.2%。二是信托贷款和未贴现银行承兑汇票同比明显多增，委托贷款同比少增较多。全年信托贷款增加2.26万亿元，比2016年多增1.4万亿元；未贴现银行承兑汇票增加5364亿元，比2016年多增2.49万亿元；委托贷款增加7770亿元，比2016年少增1.41万亿元。三是企业债券融资和股票融资少于2016年，占比下降。全年企业债券净融资为4495亿元，比2016年减少2.55万亿元；非金融企业境内股票融资8734亿元，比2016年减少3682亿元。

3. 完善并执行逆周期调整的宏观审慎政策

党的十九大提出了健全货币政策和宏观审慎政策双支柱监管框架要求。中国人民银行贯彻落实党中央、国务院战略部署，积极构建和完善宏观审慎政策框架。宏观审慎评估（MPA）是中国人民银行在这方面的重要探索和实践，在防范系统性金融风险、维护金融稳定方面发挥了重要作用。MPA正式实施两年来，中国人民银行积极做好评估工作，引导金融机构加强自我约束和自律管理，促进金融机构稳健经营，增强金融服务实体经济的可持续性，守住了不发生系统性金融风险的底线。中国人民银行还不断总结经验，根据MPA实施情况及宏观调控需要，对指标构成、权重、相关参数等加以改进和完善。继2017年第一季度将表外理财纳入广义信贷指标范围之后，于 2017 年第三季度评估时，再将绿色金融纳入 MPA "信贷政策执行情况"进行评估。此后，还将在 2018 年第一季度的评估中把同业存单纳入同业负债占比指标，对资产规模 5000 亿元以上的银行发行的同业存单进行考核，对资产规模 5000 亿元以下的银行发行的同业存单进行监测。

2017 年，随着供给侧结构性改革、简政放权、创新驱动战略等深化实施，我国经济结构加快调整，发展新动能增强，经济增长的稳定性、协调性进一步增强。同时，市场对各主要货币走势看法合理分化，预期趋稳。在基本面因素的推动下，跨境资本流动和外汇供求更趋平衡，人民币对美元汇率双向波动，对一篮子货币汇率基本稳定。在市场环境转向中性的情况下，有必要使前期为抑制外汇市场顺周期波动而出台的逆周期宏观审慎管理措施也回归中性，强化外汇市场价格发现功能，提高市场流动性，更好地服务于实体经济，促进经济持续、协调、平稳发展。

二 证券市场运行概况

（一）证券一级市场情况

1. IPO 数量创历史新高

2017 年 2 月，全国证券期货监管工作会议召开，中国证监会主席刘士余在对 2017 年的工作要求中提到"紧紧围绕供给侧结构性改革这条主线，切实提升服务实体经济能力"。2017 年前三个季度，监管部门不断疏通 IPO "堰塞湖"；第四季度，新一届发审委正式上任，新发审委专业委员人数大幅增加，体现了监管部门对上市公司质量的重视。

2017 年，新股发行数量达到 438 只，比 2016 年增加 92.95%，2010 年 IPO 数量曾达到 348 只高位，但比起 2017 年来仍相差甚远。截至 2017 年末，A 股市场共计 3467 只个股，而 2017 年当年 IPO 数量就占到 A 股总数的 12.63%，IPO 提速疏通"堰塞湖"效果明显。438 只新股募集资金总额

2301.09亿元,同比增长53.81%(见图4、图5)。虽然2017年IPO数量居历史高位,但融资额却相对较少,融资额低于2010年的4885.14亿元、2007年的4770.82亿元以及2011年的2809.69亿元,居历史第4位。如果从平均募资额排名来看,2017年以5.25亿元/家的平均募资金额,仅列历史榜的第五位。

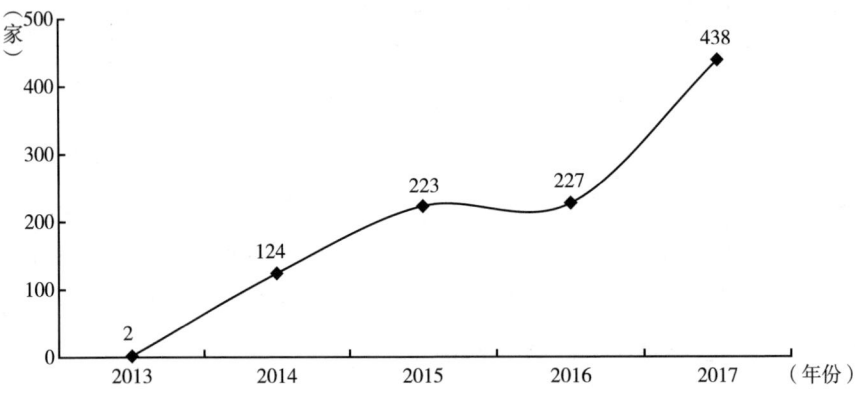

图4　IPO家数统计(2013~2017年)

资料来源:Wind,齐鲁财富网。

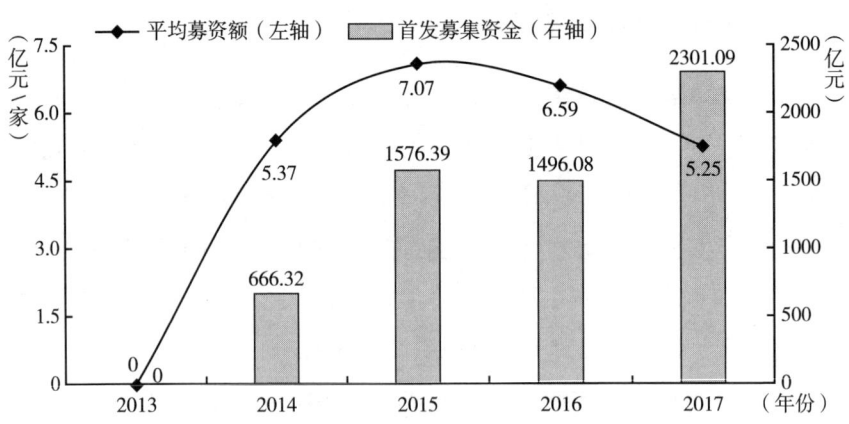

图5　IPO募集资金金额(2013~2017年)

资料来源:Wind,齐鲁财富网。

从月度IPO情况来看，2017年1月份首发数量居首位，高达54家，也是全年唯一超过50家的月份，其次是3月份的48家，全年首发数量最少的是12月份，仅24家。从募资金额来看，全年募资金额最高的月份是1月份，募资金额达299.47亿元，和首发数量成正比；全年募资金额最少的月份为2月份，募资金额为134.53亿元（见图6）。

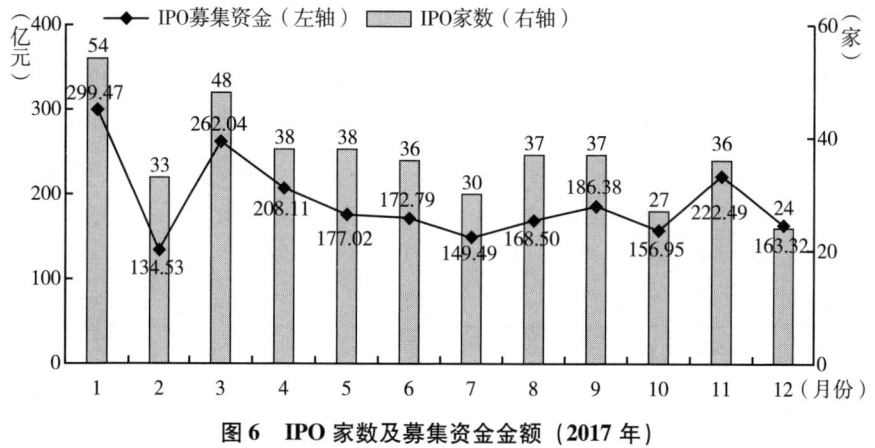

图6　IPO家数及募集资金金额（2017年）

资料来源：Wind，齐鲁财富网。

从上市后的股价表现看，出现大幅上涨的新股是至纯科技（603690.SH）、华大基因（300676.SZ）和建科院（300675.SZ）等股票。其中，至纯科技（603690.SH）、华大基因（300676.SZ）和建科院（300675.SZ）上市后3个月内分别增长了7.92倍、7.69倍、6.95倍（见表2）。值得一提的是，和2016年一样，上市3个月内涨幅最大的均为上交所上市股票，而2016年是海天精工（601882.SH），涨幅为9.07倍。

从行业分布来看，2017年IPO募集资金总额前三名行业分别为资本货物、技术硬件与设备、材料，3个行业共募集资金985.02亿元，占IPO总融资额的42.81%。融资过百亿元的行业共有7个，7个行业总融资额为1701.80亿元，占IPO总融资额的73.96%（见图7）。在融资额最大的资本货物行业中，3月初上市的科达利（002850.SZ）融资13.20亿元，占资本货物融资总额（385.91亿元）的3.42%。

表2　上市后三个月股票涨幅TOP10（2017年）

单位：元，%

股票代码	股票名称	发行价	收盘价	涨幅
603690.SH	至纯科技	1.73	22.21	791.97
300676.SZ	华大基因	13.64	170.6	768.64
300675.SZ	建科院	3.66	41.91	695.26
600903.SH	贵州燃气	2.21	24.48	669.81
603533.SH	掌阅科技	4.05	41.97	619.90
300708.SZ	聚灿光电	2.82	27.79	584.48
300603.SZ	立昂技术	4.55	43.9	570.23
002907.SZ	华森制药	4.53	42.88	557.67
300706.SZ	阿石创	9.97	92.75	545.89
300588.SZ	熙菱信息	4.94	44.34	523.63

资料来源：Wind，齐鲁财富网。

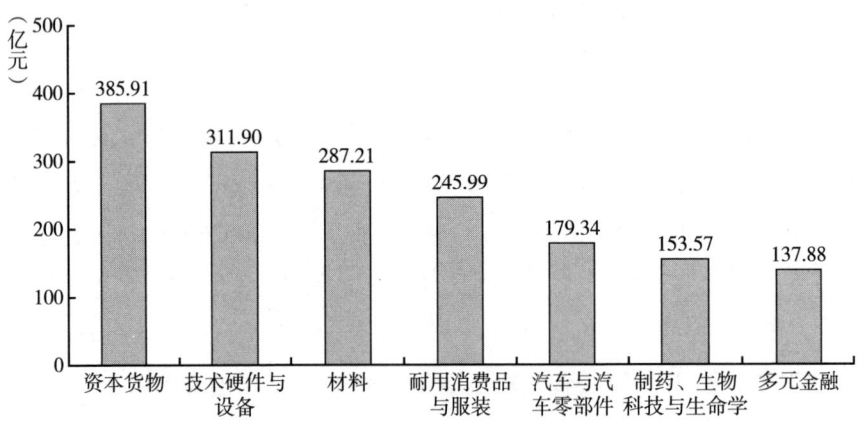

图7　IPO募集融资规模过百亿元行业（2017年）

资料来源：Wind，齐鲁财富网。

从新股发行市盈率来看，2017年新股上市股票市盈率整体维持在23倍之下，与2016年基本类似，但是市盈率波动区间比2016年大很多。2017

年市盈率最高的股票是白银有色（601212.SH），达到556.25倍，而2016年最高仅为22.99倍。白银有色（601212.SH）发行市盈率远远超过监管部门窗口指导的23倍市盈率上限，成为2017年初上市的热门新股。具体来看，新股发行市盈率超过23倍的有4只股票，分别为白银有色（601212.SH）556.25倍、华能水电（600025.SH）76.86倍、秦港股份（601326.SH）49.62倍和上海环境（601200.SH）30.73倍。新股市盈率在22~23倍的共有385只，占比87.90%；有47家企业首发市盈率在10~22倍，占比为10.73%；2家企业首发市盈率在10倍之下，占比为0.46%；发行市盈率最低的两只股票是中国银河（601881.SH）和拉夏贝尔（603157.SH），分别为7.02倍、9.76倍（见图8）。

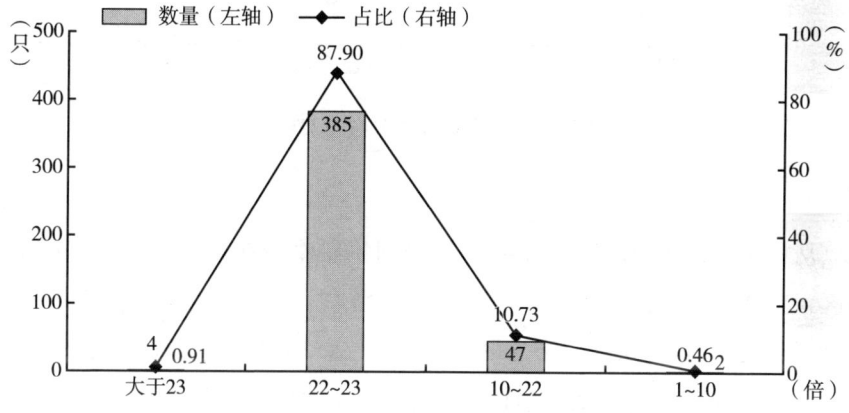

图8 新股发行市盈率分布（2017年）

资料来源：Wind，齐鲁财富网。

从募集资金额来看，与2016年相比，2017年新股募集资金总额大幅上涨，全年融资2301.09亿元，同比增长53.81%。与2016年相比，2017年没有出现融资金额过百亿元的公司，融资额整体来说相对均衡。而2016年融资金额超过百亿元的公司有1家，即上海银行（601229.SH）融资106.70亿元，排名第二的公司为江苏银行（600919.SH），融资72.38亿元。从2017年新股募集资金额分布来看，募集30亿元之上的公司有3家，占比为0.69%；募集规模在10亿到30亿元的公司有45家，占比为10.32%；募集规模在5亿至10亿元之间的公司有95家,占比为21.79%;募集规模在5亿元之下的占比最多,达293家公司,占比为67.20%,同比提高1.56个百分点(见图9)。

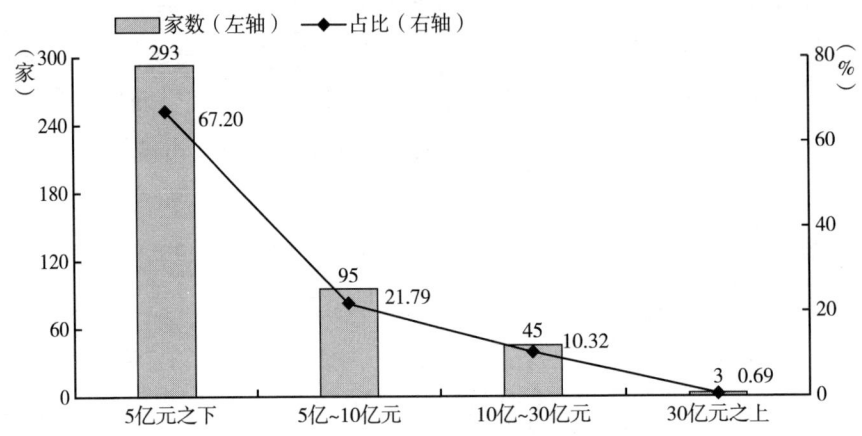

图9　IPO募集资金额分布(2017年)

资料来源:Wind,齐鲁财富网。

从地域分布来看,2017年新上市公司主要集中在经济较为发达的沿海地区,广东、浙江、江苏、上海和山东(山东、北京、福建并列第5,IPO数量均为25家)位居前5名。仅广东一省IPO数量就接近100家,广东和浙江两省IPO数量占全国总量的42.24%。全年共有8个省市IPO超过10家。此外,募集资金分布集中的区域与经济发展水平也高度吻合,2017年,募集资金地域分布居于前五位的省份与IPO数量前五位省份完全相同。广东省IPO募集资金521.23亿元,也是全国唯一IPO募集资金超过500亿元的省份,其中,排名前三的广东、浙江和江苏共募集1311.19亿元,占全国IPO融资总额(2301.09亿元)的比重为56.98%(见图10)。

中国证监会2017年2月发布定增新规《上市公司非公开发行股票实施细则》《发行监管问答——关于引导规范上市公司融资行为的监管要求》限制上市公司再融资规模和募集用途之后,5月再出减持新规《上市公司股东、董监高减持股份的若干规定》,将参与定向增发投资者的退出时间大幅

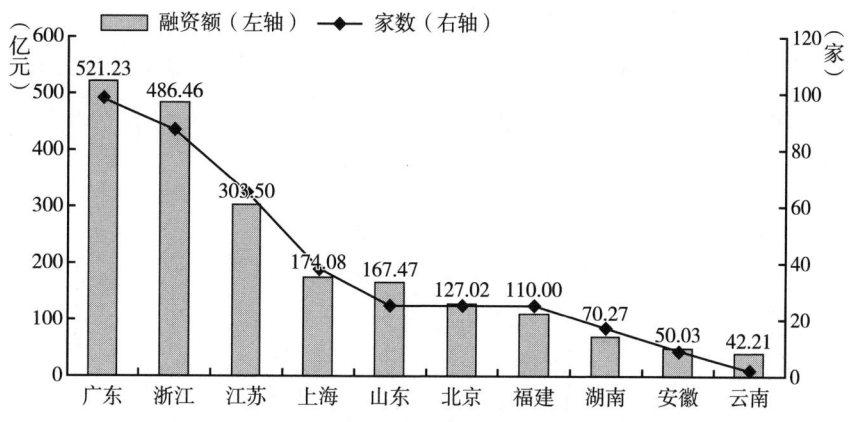

图 10 IPO 募集资金省市排名 TOP10（2017 年）

资料来源：Wind，齐鲁财富网。

延长。受此影响，与 2016 年相比，股权融资市场中的定向增发融资活跃度大幅降低。2017 年共有 540 家企业完成定向增发，比 2016 年减少 274 家，降幅为 33.66%；定向增发募资额为 12705.31 亿元，同比减少 24.90%。从月度数据来看，由于 1 月份没有受到新规影响，定向增发募集资金总额为 3335.76 亿元，同时也是定向增发家数最多的月份，达到 69 家（见图 11）。

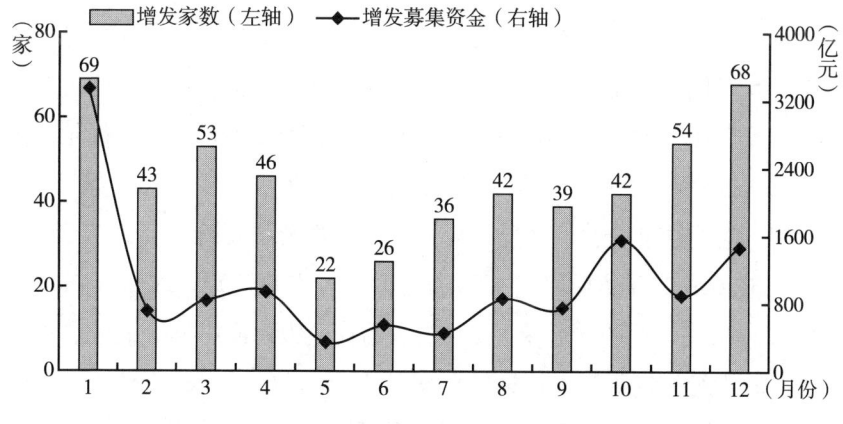

图 11 定向增发家数及募集资金（2017 年）

资料来源：Wind，齐鲁财富网。

与定向增发市场一样,配股融资规模也出现了不同程度的回落,2017年配股企业为7家,比2016年减少4家,配股募集资金总额为162.96亿元,同比下降45.41%。从月度数据来看,实施配股的企业数量在6月份为最多,共有3家,融资额为45.82亿元(见图12)。

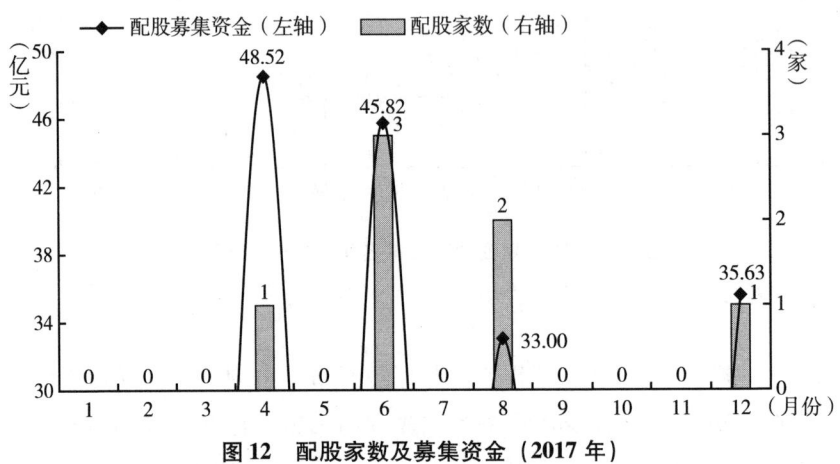

图12　配股家数及募集资金(2017年)

资料来源:Wind,齐鲁财富网。

2.债券发行平稳增长

(1)债券发行速度总体放缓

根据中央结算公司数据,剔除可转让存单后,2017年我国共发行各类债券18.96万亿元,比2016年减少15.13%。其中,在中央结算公司发行债券13.58万亿元,占比71.61%;在上海清算所发行债券4.07万亿元,占比21.46%;交易所新发债券1.31万亿元,占比6.93%(见图13)。

从银行间债券市场发行情况来看,中央结算公司发行国债3.67万亿元,同比增长33.68%;地方政府债4.36万亿元,同比下降27.92%;发行政策性银行债3.20万亿元,同比下降4.35%;发行商业银行债0.38万亿元,同比增长4.38%;发行信贷资产支持证券0.60万亿元,同比增长67.68%。在上海清算所发行中期票据1.03万亿元,同比下降6.50%;发行短期融资券(含超短融)2.34万亿元,同比下降29.80%;发行非公开定向债务融资工具0.49万亿元,同比下降18.06%。2017年银行间债券市场各券种发行量占比见图14。

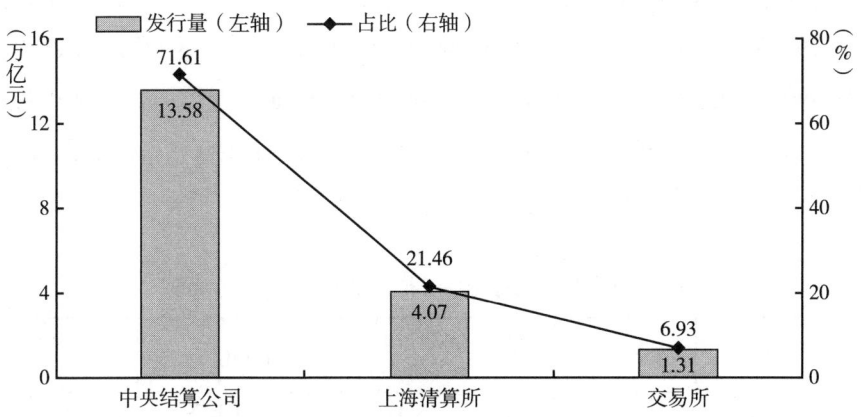

图 13 债券市场发行情况（2017 年）

注：统计不包括可转让存单，全年发行量为 20.19 万亿元，年末余额约为 8.01 万亿元。
资料来源：中国结算网，中国债券信息网，上海清算所网站，齐鲁财富网。

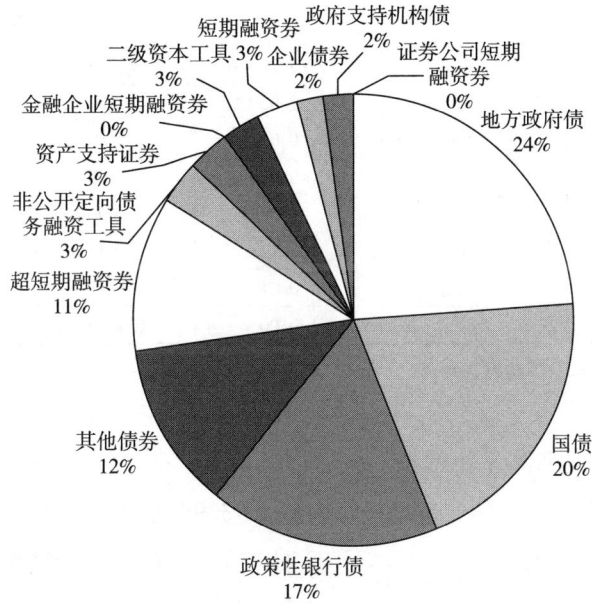

图 14 银行间债券市场各券种发行量占比（2017 年）

资料来源：中国债券信息网，上海清算所网站，齐鲁财富网。

从发行债券类型来看,2017年全年发行债券37305只,与2016年相比增长29.43%,各类债券累计发行额为40.80万亿元。[①] 债券发行延续了2016年资产证券化的良好态势,2017年资产支持证券持续增长,全年共发行资产支持证券2435只,同比增长6.56%,发行额合计1.47万亿元,同比增长67.82%(见表3)。

表3 债券发行规模统计(按债券类型)(2017年)

类 别	发行数量(只)	数量占比(%)	发行额(亿元)	发行额占比(%)
国债	160	0.43	40041.79	9.81
地方政府债	1134	3.04	43580.94	10.68
同业存单	26935	72.20	201675.70	49.43
金融债	1138	3.05	49521.41	12.14
企业债	382	1.02	3730.95	0.91
公司债	1201	3.22	11024.74	2.70
中期票据	910	2.44	10369.45	2.54
短期融资券	2140	5.74	23775.90	5.83
定向工具	720	1.93	4954.13	1.21
国际机构债	4	0.01	60.00	0.01
政府支持机构债	22	0.06	2460.00	0.60
资产支持证券	2435	6.53	14696.01	3.60
可转债	44	0.12	947.11	0.23
可交换债	80	0.21	1172.84	0.29
合 计	37305	100.00	408010.98	100.00

资料来源:Wind,齐鲁财富网。

(2)债券托管量平稳增长

截至2017年末,债券市场托管余额为73.94万亿元,比2016年末增加10.44万亿元,同比增长16.44%(见图15)。其中,银行间债券市场托管

[①] 关于2017年我国债券发行规模,由于统计口径的原因,披露数据有所区别。其中,中央结算公司统计为39.15万亿元,上海清算所统计为39.52万亿元,Wind资讯统计为40.80万亿元。

余额为67.29万亿元,同比增长15.74%,银行间债券市场托管占全国债券市场托管量的比重为91.01%;交易所公司债券托管余额为6.65万亿元,比上年末增加1.29万亿元,同比增长24.13%,交易所公司债券托管占全国债券市场托管量的比重为8.99%。

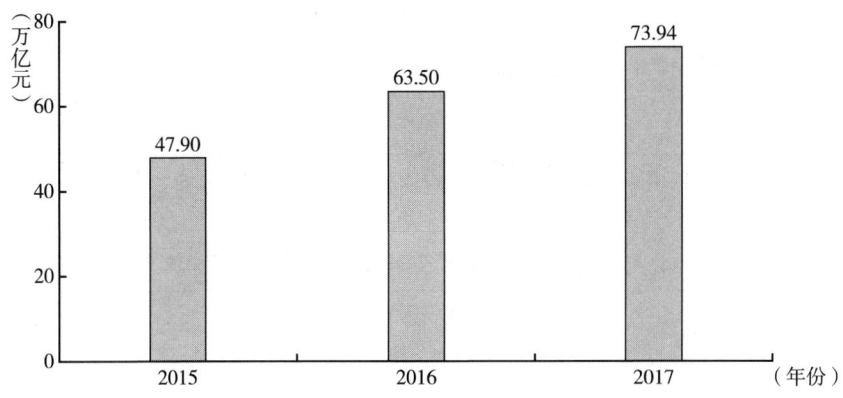

图15 债券市场托管量(2015~2017年)

资料来源:中国结算网,中国债券信息网,上海清算所网站,齐鲁财富网。

2017年末,国债托管余额为12.90万亿元,比2016年末增加1.43万亿元,同比增长12.51%;地方政府债托管余额为14.74万亿元,比2016年末增加4.12万亿元,同比增长38.74%;金融债券托管余额为18.02万亿元,比2016年末增加2.07万亿元,同比增长12.97%;同业存单托管余额为8.01万亿元,比2016年末增加1.73万亿元,同比增长27.55%(同期同业拆借余额为1.61万亿元,比2016年末增加2527.32亿元,同比增长18.57%)(见表4)。

从证券公司参与程度来看,2017年排名前20位的证券公司参与债券承销金额为35148.53亿元,同比减少22.05亿元;债券发行数量为5890只,同比增加1793只,这20家证券公司债券发行数量占发行总量的比重为65.93%。具体来看,中信证券(600030.SH)、中信建投、招商证券(600999.SH)位列承销金额前三名(见表5)。

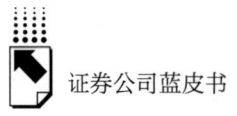

表4 债券市场主要券种托管余额增量（2017年）

单位：万亿元，%

券 种	托管增量	同比
国债	1.43	12.51
地方政府债	4.12	38.74
金融债券	2.07	12.97
同业存单	1.73	27.55
非金融企业债务融资工具	0.05	0.60
企业债券	0.17	3.41
公司债券	1.29	24.13

资料来源：中央国债登记结算有限公司，上海清算所，中国结算网，齐鲁财富网。

表5 证券公司债券承销金额TOP20及市场份额（2017年）

公司名称	总承销金额（亿元）	数量（只）	市场份额（%）
中信证券股份有限公司	5115.39	728	4.28
中信建投证券股份有限公司	3940.80	637	3.30
招商证券股份有限公司	3559.39	488	2.98
德邦证券股份有限公司	2821.38	347	2.36
国泰君安证券股份有限公司	2582.35	419	2.16
光大证券股份有限公司	2002.43	313	1.68
海通证券股份有限公司	1944.61	431	1.63
华泰证券股份有限公司	1636.00	320	1.37
国家开发银行股份有限公司	1581.39	225	1.32
广发证券股份有限公司	1478.90	286	1.24
平安证券股份有限公司	1221.51	194	1.02
国开证券股份有限公司	1214.30	136	1.02
中银国际证券股份有限公司	1070.21	226	0.90
国信证券股份有限公司	861.38	230	0.72
东方证券股份有限公司	800.99	236	0.67
兴业证券股份有限公司	761.27	226	0.64
中国银河证券股份有限公司	714.81	98	0.60
开源证券股份有限公司	683.03	89	0.57
中泰证券股份有限公司	617.69	148	0.52
天风证券股份有限公司	540.70	113	0.45

注：子公司上海证券承销金额加总计入母公司国泰君安证券；子公司华泰联合证券承销金额加总计入母公司华泰证券。

资料来源：Wind，齐鲁财富网。

3. 并购市场趋于规范

2017年的并购重组市场规模继续扩大，在交易数量和金额两方面创下了历史新高，其中，上市公司的并购重组发挥了主力作用。在2017年严监管背景下，以往年度发生的高杠杆收购、规避借壳上市、影视娱乐行业高溢价并购等事件不再出现。2017年典型并购案例有国家电力和中国神华（601088.SH）的合并，长实集团（01113.HK）收购DUET的100%股权，以及在2017年完成交割的中国化工收购先正达，美的集团（000333.SZ）收购库卡，青岛海尔（600690.SH）收购通用电气家电业务资产，等等。

根据统计，2017年中国并购重组交易（包括境内、出境、入境、境外并购四种形式）金额高达4.26万亿元，比2016年的3.18万亿元增长了34.26%（见图16）。在我国供给侧改革、产业升级的过程中，并购重组起到了推动作用。经济的发展带来市场需求的增加，从而促进了企业之间的联合重组，这一规律充分体现在并购重组市场上。

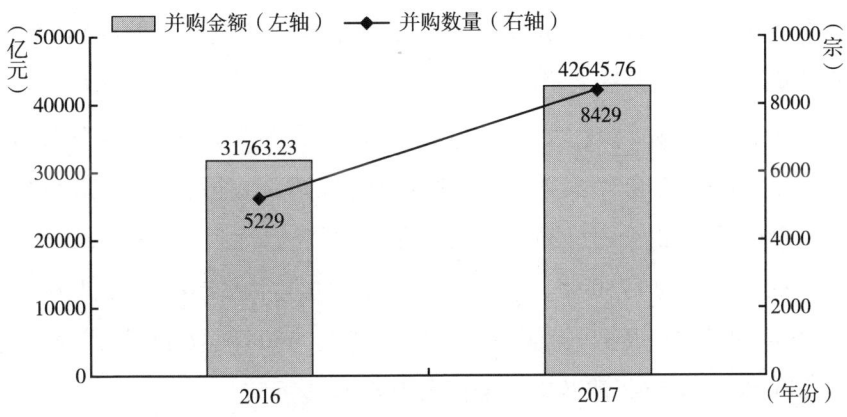

图16 并购数量和并购金额（2016、2017年）

资料来源：Wind，齐鲁财富网。

2017年，国内公司并购交易案例达7812宗，同比增加60.61%；并购交易总额达2.33万亿元，同比增长6.26%。与2016年相比，海外并购出现大幅上涨态势，全年海外并购（含出境、入境、境外3种）617宗，同比增长69.04%；并购交易额合计1.93万亿元，同比增长96.86%，几乎增长了1倍（见图17）。

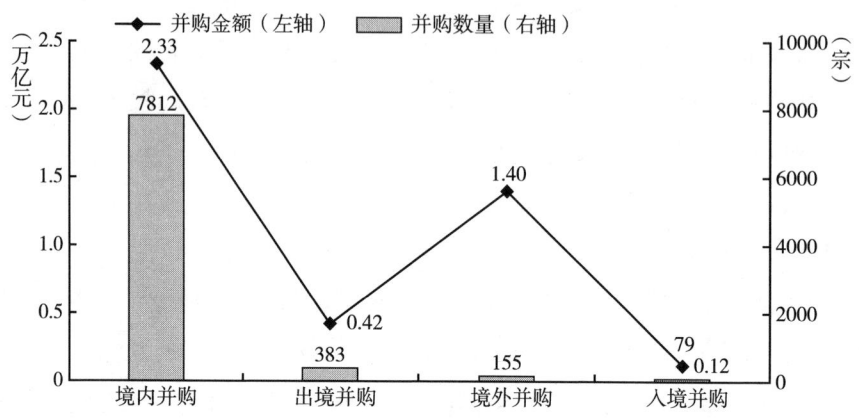

图17 国内外并购数量及金额（2017年）

资料来源：Wind，齐鲁财富网。

分季度来看，2017年并购金额分季度呈现递增趋势，并在第四季度出现大幅攀升；在数量上第二季度并购数量最多，而第一季度最少。第二季度完成并购交易2862宗，占全年数量的比重为33.95%；交易金额为6776.28亿元，占全年交易额的比重为15.89%。第四季度交易额为21378.36亿元，占全年交易额的比重为50.13%，达到全年一半之多；第四季度交易数量为1780宗，占全年交易量的比重为21.12%（见图18）。第四季度交易完成且金额最大的案例为360科技借壳江南嘉捷（601360.SH）上市，涉及交易金额为504.16亿元。

分行业来看，并购数量最多的为工业（运输、商业和专业服务，资本货物），共计1212宗，占行业比重为14.38%；其次是信息技术行业，并购案例发生942宗；电信服务行业并购数量最少，仅11宗。从交易金额来看，并购金额最大的行业为信息技术行业，交易额达1.09万亿元，占比为25.61%；其次是工业，发生交易额0.58万亿元；交易额最少的行业为电信

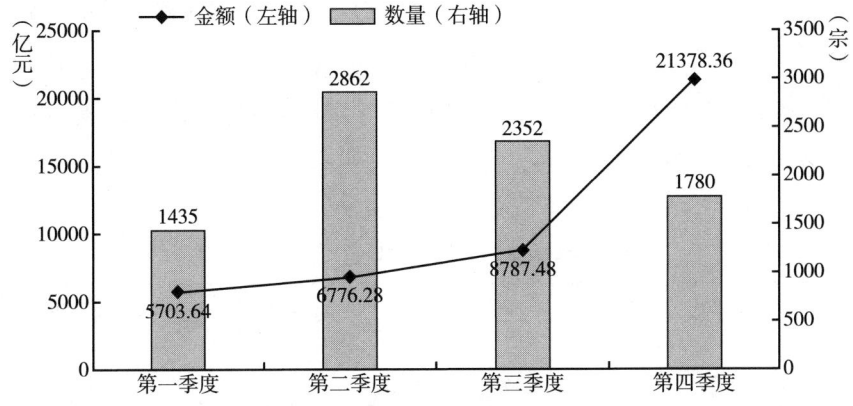

图18 并购案例数量及金额季度情况（2017年）

资料来源：Wind，齐鲁财富网。

服务行业，仅发生24.70亿元，但相对于2016年来说，却是并购金额增长最快的行业，同比增长16.81倍（见图19）。

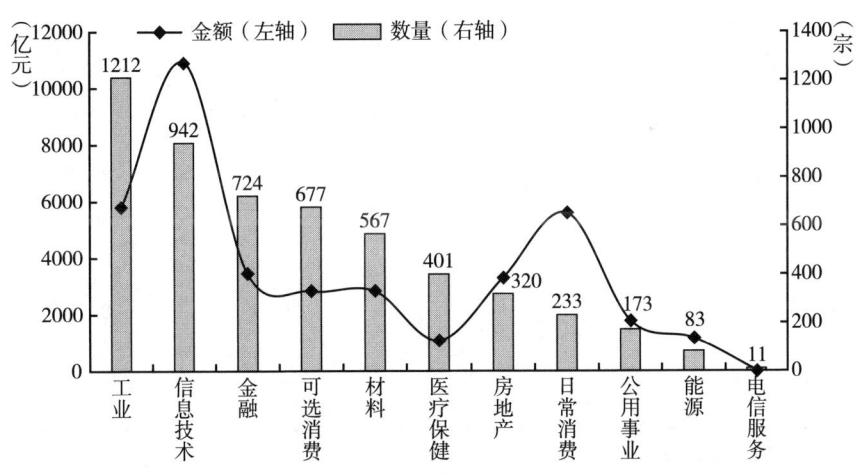

图19 行业并购案例数量及金额（2017年）

资料来源：Wind，齐鲁财富网。

从并购目的来看，公司通过收购生产类似产品的业务，在产生协同效应的同时还能够在一定程度上实现产品多样化目的；通过横向整合的方式，公司能够迅速扩大市场占有率。2017年公司以横向整合为战略目的的并购数量最多，达3057宗，占全年并购总量的比重为36.27%。而出于其他和资产调整目的的并购数量也较多，分别为2545宗和1489宗。以私有化和品牌收购为目的的并购数量较少，均发生1例（见表6）。

表6 并购原因具体分布情况（2017年）

并购原因	数量（宗）	金额（亿元）	金额同比变化（%）
横向整合	3057	20746.50	17.87
其他	2545	3740.48	88.34
资产调整	1489	3665.05	26.18
多元化战略	447	2293.48	-51.61
战略合作	322	7366.71	732.92
财务投资	228	2061.72	823.99
垂直整合	211	734.61	258.94
获取做市库存股	68	6.79	-72.08
业务转型	41	567.83	67.94
整体上市	8	239.64	-72.14
买壳上市	6	1048.70	-46.56
管理层收购	3	3.27	-78.65
获取资格牌照	2	0.01	0
私有化	1	167.79	783.94
收购品牌	1	3.20	0
合计	8429	42645.76	—

资料来源：Wind，齐鲁财富网。

针对2016年市场上出现的"野蛮人"和股权争斗等杠杆收购乱象，2017年监管部门严厉打击违法违规行为，让金融监管"长牙齿"，让机构"长记性"。反映在收购市场上一个典型的案例就是赵薇、黄有龙控制的龙薇传媒收购万家文化（600576.SH）。2016年12月，万家文化（600576.SH）发布公告称收到上交所问询函，2017年1月，根据龙薇传媒的回复，龙薇传媒使用杠杆比例高达51倍。经过中国证监会近一年的调查，2017年11月，中国证监会对孔德永、黄有龙、赵薇、赵政给予警告，并处以30万元罚款；对孔德永、黄有龙、赵薇采取5年证券市场禁入措施。此事件成为2017年监管部门整肃杠杆收购行为的一个缩影。

2017年，IPO数量创近年来新高，一定程度上对借壳上市造成了影响。2016年中国证监会出台的《关于严格重组上市监管工作的通知》（证监发〔2016〕47号）规定"对重组上市项目应当安排现场检查"，"现场检查重点关注拟购买资产的历史沿革、业绩真实性、资产权属真实性及中介机构勤勉尽责等情况"。监管部门严控"炒壳"以及加大新股发行等措施，使得市场借壳现象大大减少。2017年借壳上市交易仅发生6宗，其中最引人注目的一起案例为360科技借壳江南嘉捷（601360.SH）上市。针对市场对监管部门是否放松了严控中概股登陆A股的猜测，中国证监会在2017年11月迅速予以回应："我会将重点支持符合国家产业战略发展方向、掌握核心技术、具有一定规模的优质境外上市中资企业参与A股公司并购重组。"显然，中国证监会并不反对中概股回归国内资本市场，但对回归标的的质量提出了非常高的要求，因此，2018年科技"独角兽"公司回归A股将成为热点。

（二）证券二级市场概况

1. 全球主要国家股指上涨

世界银行数据显示，全球主要国家在经历了金融危机的打击后，开始加强金融监管，危机带来的负面影响得以缓解，世界经济开始复苏，2017年全球经济增长达到6年来最佳水平，经济增速达3%，经济向好为各国股市提供了强劲支撑，主要国家股市呈现上涨态势，甚至创出历史新高。越南HNX30指数和土耳其ISENational-100指数涨幅全球居前，分别为50.57%和42.18%。美国股市稳定上涨，特朗普税改政策的落地进一步强化了股市的乐观情绪，纳斯达克指数涨幅达29.11%。欧洲市场方面，2017年德国、英国、法国等欧洲主要国家经济持续向好，另外，欧洲企业盈利的回升也对欧洲股市提供了支撑。上证综指全年涨幅为6.56%，在全球股市涨幅榜中排名靠后（见图20）。

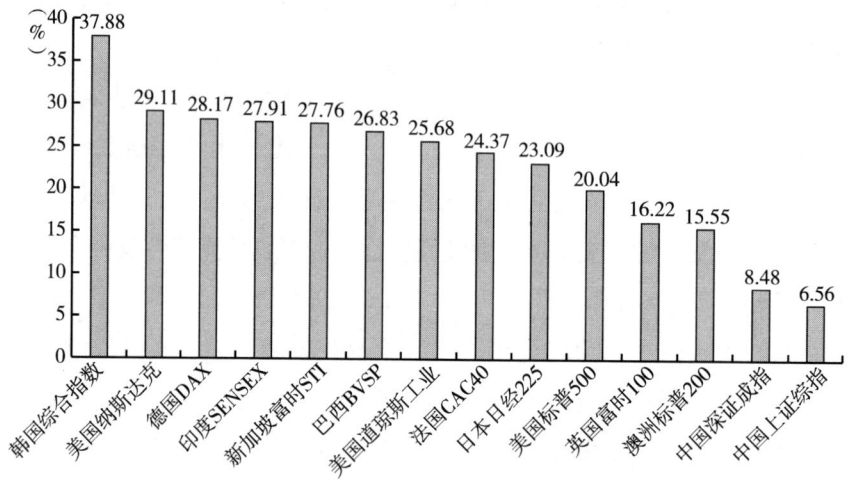

图20　全球主要国家股票指数涨幅（2017年）

资料来源：Wind，文华财经，齐鲁财富网。

2. 股票二级市场运行情况及特征

（1）股票市场呈现两大特征

2017年，上证综指和深证成指基本呈现上涨态势，但在4月、5月有一次明显的下跌过程。进入4月份，大股东限售解禁期集中到来，受此影响股市出现全年最大下跌幅度，5月27日，中国证监会发布了《上市公司股东、董监高减持股份的若干规定》，新规实施后效果显现，股指再次上涨。全年上证综指增长203.53点，涨幅为6.56%；深证成指增长831.31点，涨幅为8.48%（见图21）；但创业板指数依然下跌，下跌209.41点，跌幅为10.67%。2017年沪深两市股票成交额共计112.46万亿元，与2016年相比下跌11.71%；两市股票成交共计8.75万亿股，与2016年相比下跌7.11%；两市交易印花税总计1124.62亿元，与2016年相比下跌11.71%（见表7）。

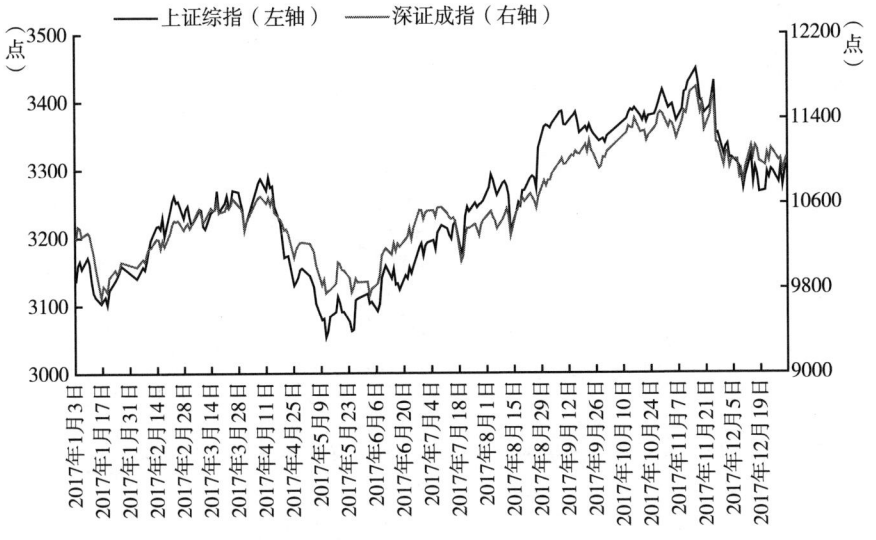

图 21　上证综合指数和深证成指分数走势（2017 年）

注：图中数据为当天指数收盘数据。
资料来源：Wind，齐鲁财富网。

表 7　沪深两市股票交易情况统计（2016、2017 年）

年份	交易天数	股票成交金额（亿元）	日均成交金额（亿元）	股票成交数量（亿股）	日均成交数量（亿股）	交易印花税（亿元）
2016	244	1273844.77	62446.39	94201.17	4623.16	1273.84
2017	244	1124625.07	55691.02	87495.32	4291.28	1124.62

资料来源：中国证监会，齐鲁财富网。

从换手率指标来看，2017 年股市平均换手率为 2.14%，2016 年股市平均换手率为 2.78%。与 2016 年相比，2017 年股市平均换手率下跌了 0.64 个百分点，股票市场个股交易量分化明显。从市盈率指标来看，2017 年平均市盈率为 19.51 倍，与 2016 年平均市盈率（21.41 倍）相比降低 8.87%；从市净率指标看，2017 年股市平均市净率为 2.03 倍，而 2016 年市净率为 2.05 倍，同比减少 0.98%（见图 22）。

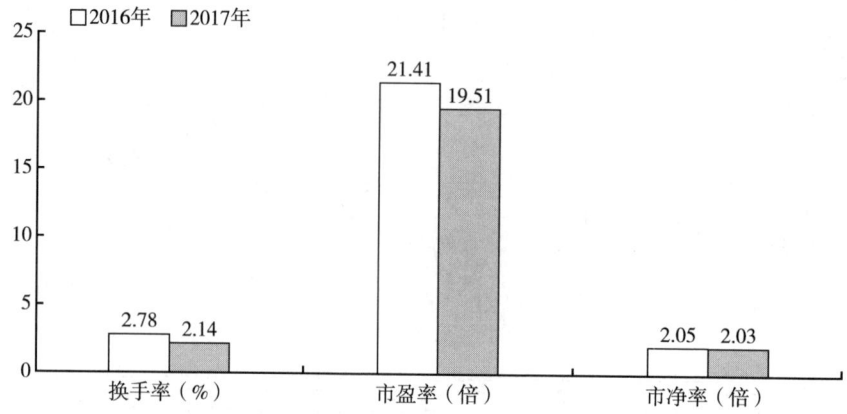

图22　股票市场换手率、市盈率和市净率（2016年、2017年）

资料来源：Wind，齐鲁财富网。

2017年，我国股票市场总体上呈现"稳中有升"的局面。随着我国证券市场制度的不断完善，股票市场不断趋于成熟，全年市场呈现两个重要特征，一是价值投资理念深入人心。2017年股票市场多个行业或者板块指数的表现，与上证综指、深证成指和创业板三大指数比较，走势各不相同，但上证50指数与沪深300指数的涨幅最为明显，这两只以白马股与蓝筹股为成分股的指数表现引人瞩目，如沪深300成分股贵州茅台（600519.SH）年内涨幅为113.07%、招商银行（600036.SH）年内涨幅为64.89%、中国平安（601318.SH）年内涨幅为103.55%，这类股票并不鲜见。市场的表现意味着投资者开始向价值投资理念转变。

二是股票市场逐渐呈现出港股化特征，出现"二八定律"。2017年日均交易额不足1000万元的个股数量在不断增加，1~4月份日均交易额不足1000万元的股票数量几乎为零，但是到11月份日均交易额不足1000万元的股票达到了17只，12月份增至124只，市场分化现象明显。进入12月，日均成交额不足2000万元的个股达到681只，占沪深两市股票总数（3485只）的比重为19.64%。过去几年股票市场整体上个股的换手率偏高，伴随着2017年多只股票成交额的减少，这一现象出现了变化，白马股和蓝筹股的强势上涨、IPO 数量的增加导致中小板和创业板中部分个股失去了稀缺性。因此，价值投资理念的转变，导致股票市场"二八定律"出现。

（2）市场运行情况

与以往相比，2017 年股市呈现明显分化现象。伴随着价值投资理念的兴起，机构投资者在市场中的地位不断上升，散户投资者影响力不断下降，中国股票市场正在朝着发达国家股票市场的机构化趋势演变。另外，代表未来新经济发展方向的科技、共享经济、物联网等概念继续吸引着投资者的兴趣，例如，2017 年半导体芯片、人工智能、3D 打印和 5G 等行业股票表现活跃，涨幅较大，科大讯飞（002230.SZ）、京东方 A（000725.SZ）、紫光国芯（002049.SZ）等个股成为代表未来经济发展"科技牛"。

从行业板块来看，2017 年在供给侧结构性改革以及环保限产的大环境下，以煤炭、钢铁等为代表的周期类行业产品价格大幅上涨，上市公司业绩持续改善；随着股市分化，2017 年绩优蓝筹股、白马股等业绩稳健增长，行业龙头地位突出的公司也吸引了市场的目光。按照申万一级 28 个行业计算，与 2016 年只有食品饮料和建筑材料两个行业上涨相比，2017 年共有 11 个行业呈现上涨状态，行业整体表现可圈可点。虽然 2017 年涨幅第一位的行业与 2016 年同为食品饮料行业，但是涨幅却高达 53.85%，远高于 2016 年 7.43% 的涨幅。得益于 2017 年白酒股价大幅上涨，所属食品饮料行业以 53.85% 的涨幅跑赢其他行业，白酒行业中的龙头股贵州茅台（600519.SH）涨幅更是高达 108.74%。另外，价值投资成为 2017 年主基调，绩优蓝筹股受到追捧，白色家电更是成为热门板块，家用电器行业全年涨幅 43.03%，居行业涨幅第二位，行业龙头股美的集团（000333.SZ）、青岛海尔（600690.SH）、格力电器（000651.SZ）涨幅分别为 96.77%、90.69%、77.50%。

统计显示，2017 年两市跌幅最大的行业为纺织服装业，其次是传媒行业，跌幅分别为 23.85%、23.10%（见图 23）。从证券公司股票价格的走势来看，剔除 2017 年新上市证券公司，中信证券（600030.SH）涨幅为

12.70%，居行业涨幅第一位，尽管与其他个股相比涨幅不大，但相对于多数下跌的证券公司个股来说难能可贵。

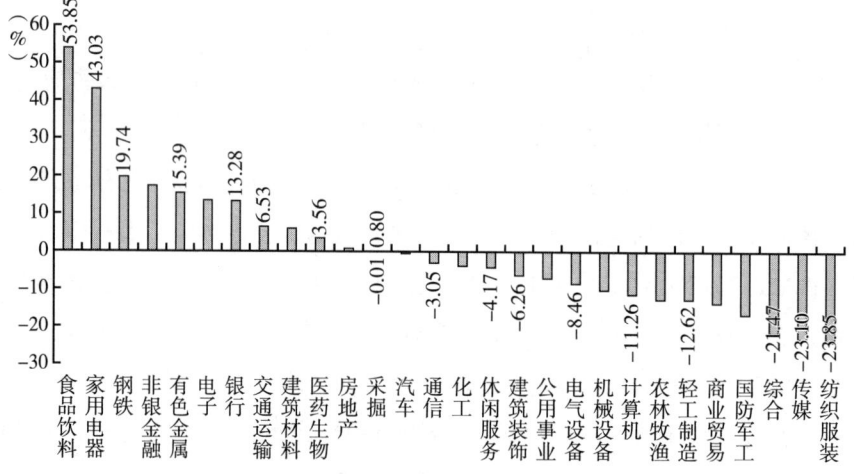

图 23 行业板块涨幅（2017 年）

资料来源：Wind，齐鲁财富网。

从个股来看，年度涨幅最大的 10 只个股为：寒锐钴业（300618.SZ）、华大基因（300676.SZ）、江丰电子（300666.SZ）、康泰生物（300601.SZ）、至纯科技（603690.SH）、掌阅科技（603533.SH）、聚灿光电（300708.SZ）、药石科技（300725.SZ）、德新交运（603032.SH）和阿石创（300706.SZ）。涨幅最大的个股主要集中在新股、半导体芯片、新能源等相关概念板块；寒锐钴业（300618.SZ）盘中最高价一度突破 260 元，成为 2017 年新股上市持续涨停时间最长的公司（见表 8）。

从成交量和成交金额来看，股票二级市场 A 股成交量在 2017 年达到了 8.71 万亿股，同比下降 7.29%；全年成交额 111.76 万亿元，同比下降 11.66%。具体来看，沪深两市 A 股月度成交量和成交额最高值均出现在 8 月份，其中成交量为 9827.19 亿股，成交额为 117329.62 亿元（见图 24）。

表8　个股涨幅TOP10股票（2017年）

单位：%

股票代码	股票简称	年涨幅	行业名称	省市
300618.SZ	寒锐钴业	1214.95	有色金属	江苏
300676.SZ	华大基因	959.06	医药生物	广东
300666.SZ	江丰电子	935.48	有色金属	浙江
300601.SZ	康泰生物	899.24	医药生物	广东
603690.SH	至纯科技	718.01	机械设备	上海
603533.SH	掌阅科技	677.36	传媒	北京
300708.SZ	聚灿光电	652.22	电子	江苏
300725.SZ	药石科技	601.23	医药生物	江苏
603032.SH	德新交运	549.69	交通运输	新疆
300706.SZ	阿石创	508.77	有色金属	福建

资料来源：Wind，齐鲁财富网。

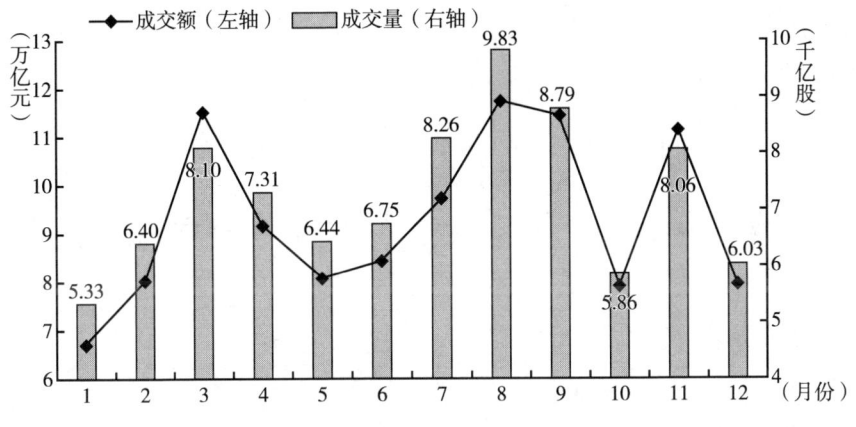

图24　A股市场成交量和成交额（2017年）

资料来源：Wind，齐鲁财富网。

从市值来看，截至2017年末，共有3485家上市公司，伴随着上市公司数量的增加，沪深两市市值也不断攀升，2017年末市值达63.18万亿元，比2016年增长了13.33%（见图25）。

从主板、中小板和创业板市值来看，2017年主板和中小板市值均呈现不同程度的上涨，而创业板出现小幅下跌。2017年主板市值为47.62万亿

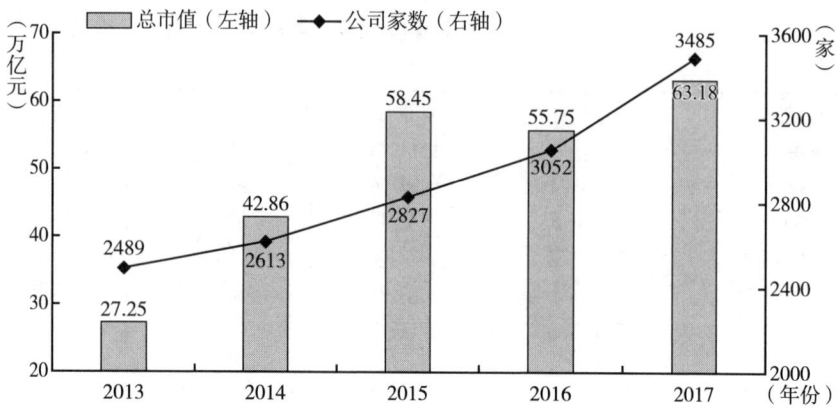

图 25 沪深两市公司家数及总市值（2013～2017年）

资料来源：Wind，齐鲁财富网。

元，同比增长 16.98%，也是三大板块中增幅最大的板块；中小板市值为 10.43 万亿元，同比增长 6.21%，继 2015 年之后再次突破 10 万亿元关口；创业板市值为 5.14 万亿元，同比下跌 1.71%（见图 26）。

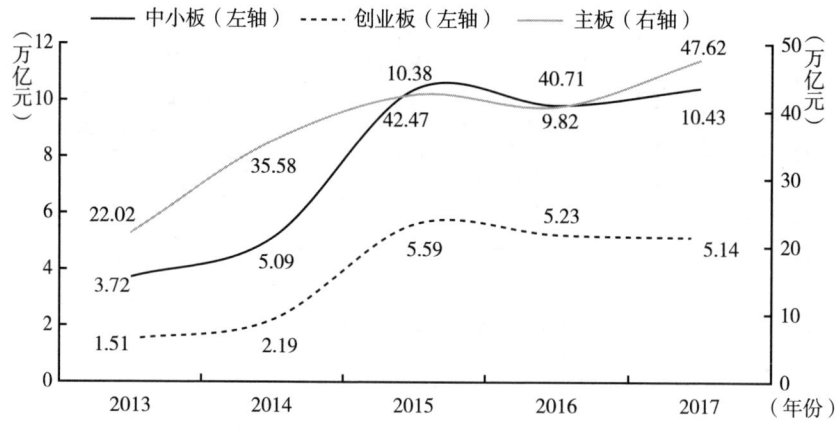

图 26 主板、中小板和创业板市值比较（2013～2017年）

资料来源：Wind，齐鲁财富网。

按照申万一级行业划分的市值来看，银行业、非银行金融业市值继续稳居前两名，而 2016 年行业市值排名第三位的化工行业 2017 年下降至第四位，2016年排名第四位的医药生物行业2017年升至第三位。具体来讲，银行业总市值为9.59万亿元，同比增加18.10%；非银行金融业总市值为5.01万亿元，同比增长26.84%；医药生物行业总市值为3.85万亿元，同比增长16.31%。另外，市值同比增长最快的行业是食品饮料行业，同比增长54.01%，其次是电子行业，增长50.82%，而纺织服装行业成为市值跌幅最大的行业，跌幅为24.45%（见表9）。

表9 不同行业上市公司市值（2017年）

序号	行业名称	公司家数（家）		总市值及变化	
		2016年	2017年	总市值（亿元）	增幅（%）
1	银行	24	25	95903.35	18.12
2	非银金融	44	55	50129.43	27.01
3	医药生物	229	274	38483.57	14.76
4	化工	281	317	34841.83	-0.22
5	电子	168	214	34126.69	50.82
6	采掘	61	63	28282.84	8.16
7	食品饮料	81	90	27129.53	54.01
8	房地产	138	131	26937.10	1.66
9	机械设备	288	324	26522.82	-0.14
10	交通运输	96	105	25297.37	34.62
11	汽车	127	161	24597.00	9.78
12	公用事业	124	145	24098.42	10.64
13	建筑装饰	95	121	20276.84	0.90
14	有色金属	109	118	19886.85	25.47
15	传媒	105	139	19292.00	-1.34
16	电气设备	167	190	18713.97	4.22
17	计算机	169	194	17629.12	-17.06
18	家用电器	62	65	14476.27	35.05
19	通信	78	99	11798.78	14.50
20	商业贸易	94	95	10833.90	-13.59
21	轻工制造	108	124	10031.48	-4.22

续表

序号	行业名称	公司家数(家)		总市值及变化	
		2016年	2017年	总市值(亿元)	增幅(%)
22	农林牧渔	87	93	9585.77	-4.36
23	钢铁	36	33	8817.58	22.03
24	国防军工	37	49	8312.15	3.29
25	建筑材料	73	75	7667.15	-2.02
26	纺织服装	82	90	6311.38	-24.45
27	综合	42	53	4214.36	-1.64
28	休闲服务	35	34	3583.15	-19.81

资料来源：Wind，齐鲁财富网。

3. A股纳入MSCI明晟指数

2017年6月，MSCI明晟指数官方宣布将中国A股纳入全球新兴市场指数体系。明晟指数是全球投资组合基金采用最多的基准指数。全球约10万亿美元的资产以明晟指数为基准，全球前100个最大资产管理者中，约97个是明晟指数的客户，其中美国95%的投资权益的养老金以明晟为基准。目前，明晟全球股票指数覆盖了70个发达及新兴国家超过14000只股票，是跨境股票基金最广泛使用的业绩基准指数之一。明晟指数从2018年6月开始将中国A股纳入MSCI新兴市场指数和MSCI ACWI全球指数。

A股纳入MSCI明晟指数，对我国股票市场来说是里程碑式的事件，并产生较大影响。首先，中国股票市场在国际化道路上迈出了重要一步。随着A股纳入MSCI新兴市场指数，许多海外投资基金将会配置A股股票，最终将带来换算成人民币高达上万亿元的投资，这将有效改善股票市场的流动性，增强我国股票市场的活力。其次，有效带动国外投资基金配置A股股票。2017年3月，MSCI在其官网上公布了将A股市场纳入全球新兴市场指数的新提案，按照新的方案，MSCI只纳入可以通过沪股通和深股通买卖的股票，解决了先前QFII制度下的资金汇回和自动停牌机制等问题。因此，A股纳入明晟指数，会提升市场对以上证50、沪深300、AH股为代表的大盘股的偏好，有利于场内场外资金流向估值相对合理的大盘蓝筹股，提升价值股的估值中枢。再次，改善投资者结构，提高机构投资者比重，A股市市场更加成熟。A股纳入MSCI后，我国股市与国际市场接轨，机构投资者地位将显著提高，价值投资理念进一步增强，有助于我国股票市场更加成熟完善，改善以散户为主的投资状态，优化A股市场的投资者结构。最后，随着更多海外资金进入A股市场，与MSCI有关的投资产品将不断出现，这将给投资者带来更加多元化的产品选择。

A股市场纳入MSCI是一个复杂的过程，并非一帆风顺、一蹴而就的，但总体趋势是我国股市与国际市场更加融合，两者之间的互动也会越来越多，A股市场纳入MSCI，能够带来合作共赢的结果。

4. 债券二级市场

债券价格指数2017年内经历两次较大调整。中债新综合指数（值）从年初的172.95点震荡下行至5月下旬的最低点170.35点，随后触底反弹，至10月中旬回升至174.32点后一路下行至11月下旬的172.88点，2017年底小幅反弹收于173.45点（见图27）。上海清算所银行间信用债综合指数（总收益）年初值为109.63点，年内一路震荡上行，除在4月末5月初和11月经历短时间小幅回落外，整体一直保持上升趋势，年末上升至113.03点。总体而言，4月至5月和10月至11月这两个时间段，利率债和信用债都经历了相对较大幅度的下调。

国债收益率曲线持续上行。2017年国债收益率曲线整体呈现上行态势。以10年期国债为例，一季度末收益率较年初上涨17.74基点，达到3.2828%；二季度至年末基本维持缓慢上行态势，在11月达到最高点3.9851%，较年初上涨87.97基点，年末稍有回落。截至2017年末，10年期国债收益率为3.8807%，较年初上涨77.53基点（见图28）。

债券市场交投量增速放缓。2017年，债券市场现券、借贷和回购交易结算量为1010.05万亿元，同比增长4.86%，增速同比下降37.81个百分点。中央结算公司的债券结算量为568.74万亿元，同比下降2.14%。中央结算公司结算量占银行间债券市场的75.79%（见表10）。

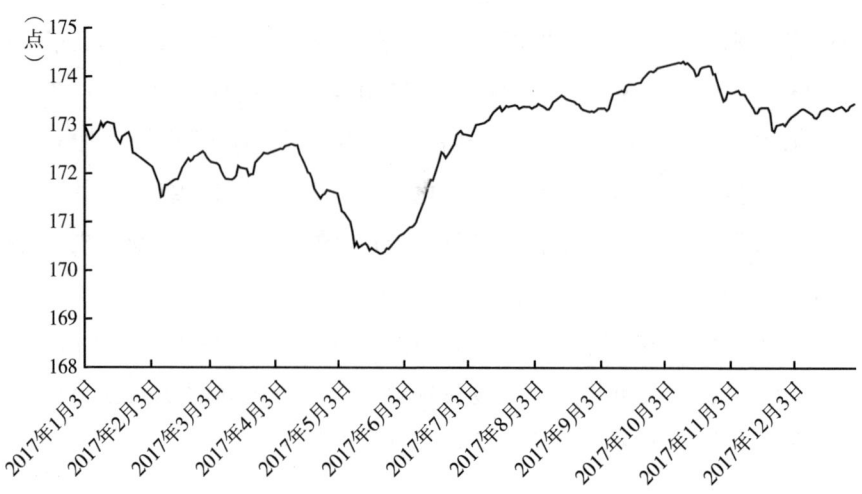

图 27　中债新综合指数（净价）走势（2017 年）

资料来源：Wind，齐鲁财富网。

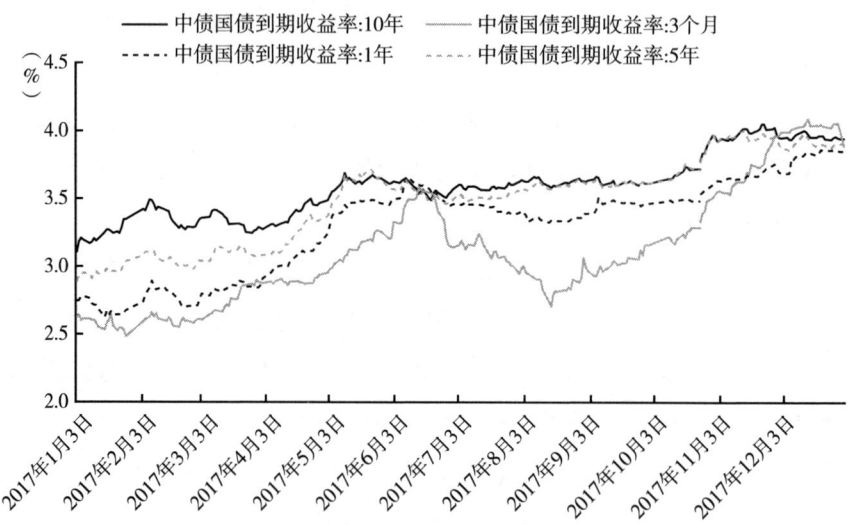

图 28　中债国债到期收益率走势（2017 年）

资料来源：Wind，齐鲁财富网。

表10 债券市场交易结算及同比情况（2017年）

单位：亿元，%

结算市场		结算量	同比
中央结算公司	现券交易	522194.83	-34.34
	回购交易	5142808.03	2.83
	债券借贷	22420.19	45.11
	小计	5687423.05	-2.14
上海清算所	现券交易	509367.6	22.19
	回购交易	1306959.88	20.87
	小计	1816327.48	21.24
交易所	现券交易	15374.51	22.82
	回购交易	2581404.17	11.77
	小计	2596778.68	11.83
总计		10100529.21	4.86

资料来源：中央结算公司《2017年债券市场统计分析报告》，齐鲁财富网。

从中央结算公司支持完成的现券交易看，国债和地方政府债券占市场的比重为26.65%，比2016年提高8.66个百分点，结算量同比下降2.74%；政策性银行债券现券结算量占市场的比重为64.16%，结算量同比下降38.49%；企业债占市场的比重为5.55%，结算量同比下降59.46%（见图29）。

在2017年债券市场创新品种中，绿色债券蓬勃发展。截至2017年末，绿色债券托管余额2593.05亿元，比2016年同期增长343.60亿元，增幅达15%。发行期限以中期为主，3年至5年期合计占比达44%。发行品种以绿色金融债为主，占比为63%。信用评级方面，AAA级占比为46%。此外，超过80%的绿色债券进行了第三方绿色认证。

（三）基金市场运行情况

1. 公募基金

（1）规模稳步增长

中国证券投资基金业协会数据显示，截至2017年末，我国境内共有基

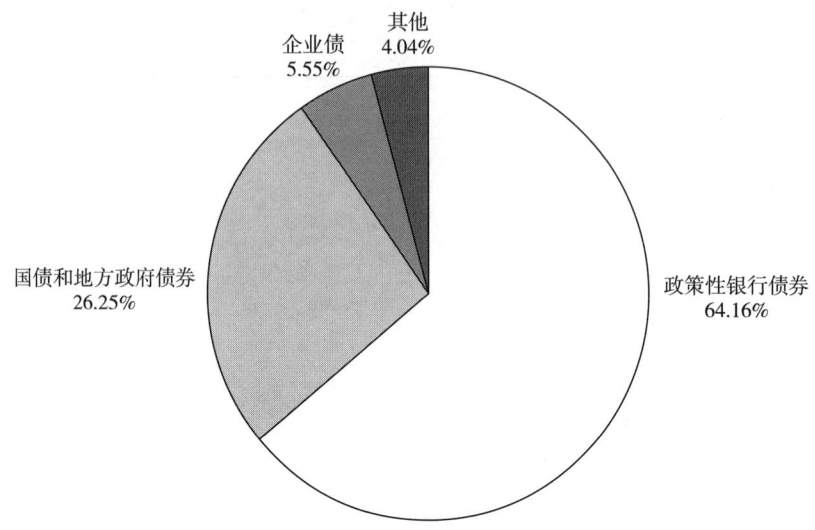

图 29　中央结算公司现券交易的券种结构（2017 年）

资料来源：中央结算公司《2017 年债券市场统计分析报告》，齐鲁财富网。

金管理公司 113 家，其中，中外合资公司 45 家，内资公司 68 家；取得公募基金管理资格的证券公司或证券公司资管子公司共 12 家，保险资管公司 2 家。113 家基金管理公司管理的公募基金资产合计 11.6 万亿元。自 2013 年 6 月基金牌照放开后，证券公司、保险、私募甚至个人都可以参与公募基金牌照申请，基金发行由审核制变为注册制，推动基金发行数量大幅增加。在互联网的推动下，各类服务创新不断，智能投顾、基金组合服务层出不穷，基金公司平台直销规模超过银行代销规模成为基金销售第一大渠道，机构投资者持有公募基金规模占比从 20% 上升到 50%，超过了个人投资者。另外，各类细分基金不断出现，房地产信托、混改、定增、打新、对冲基金、FOF 相继推出。

从数量来看，截至 2017 年末，公募基金数量达 4692 只，是 2013 年数量（1552 只）的 3 倍，比 2016 年增加 871 只，增幅为 22.80%，但低于 2016 年新增加的 1134 只（见图 30）。从份额来看，2017 年末基金份额突破 11 万亿份关口，达到 11.04 万亿份，比 2016 年增加 2.17 万亿份，增幅为 24.60%，高于 2016 年新增加的 1.18 万亿份。从管理规模来看，2017 年年中基金管理规模已突破10万亿元大关，年末达到11.55万亿元，创出历史新高，占2017年我国GDP的比重为13.96%，全年基金管理规模比2016年增加2.44万亿元，增幅为26.78%（见图31）。

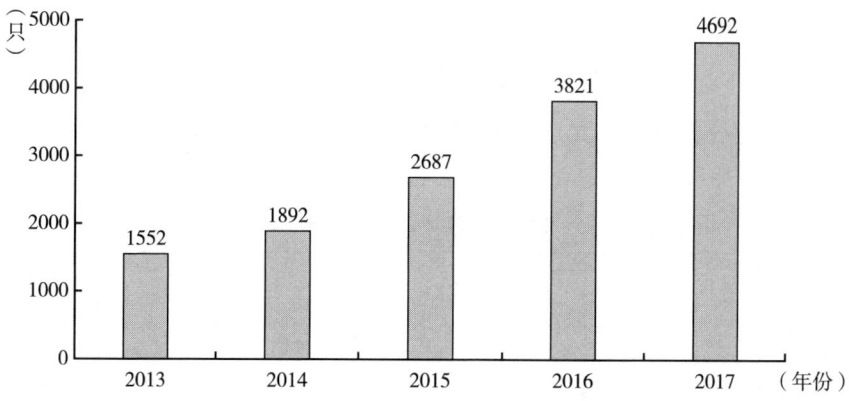

图30 公募基金数量统计（2013~2017年）

资料来源：Wind，齐鲁财富网。

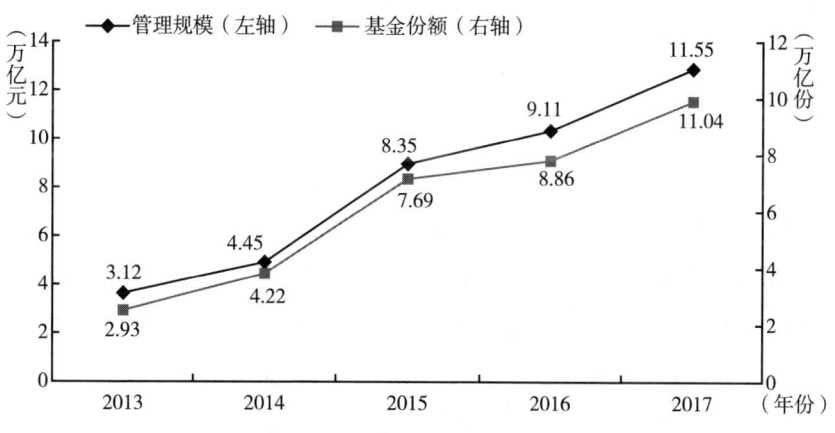

图31 公募基金份额及其管理规模统计（2013~2017年）

资料来源：Wind，齐鲁财富网。

从2017年末各类型基金规模来看，货币市场型基金管理规模为7.13万亿元，占据公募基金管理规模的比重为61.74%，是最大类型公募基金；其次为混合型基金，基金管理规模为2.08万亿元，占比为17.98%；债券型基金，基金管理规模为1.57万亿元，占比为13.56%，排名第三；股票型基金管理规模为0.67万亿元，占比为5.83%，排名第四；QDII基金、另类投资基金管理规模分别为0.08万亿元和0.02万亿元，占比分别为0.71%和0.19%，两款基金类型占比较低（见表11）。货币市场型基金投资品种为货币市场工具，能够支持较大规模的运作，每只基金平均规模相对较大。而QDII基金规模较小，主要是受到额度的限制，难以扩大规模。

表11 六种类型公募基金规模统计（2017年）

基金类型	总数（只）	占比（%）	份额（万亿份）	占比（%）	资产规模（万亿元）	占比（%）
货币市场型基金	395	8.42	7.13	64.63	7.13	61.74
混合型基金	2186	46.59	1.75	15.83	2.08	17.98
债券型基金	1190	25.36	1.51	13.65	1.57	13.56
股票型基金	759	16.18	0.56	5.08	0.67	5.83
QDII基金	133	2.83	0.08	0.69	0.08	0.71
另类投资基金	29	0.62	0.01	0.12	0.02	0.19

资料来源：Wind，齐鲁财富网。

从月度变化情况来看，基金管理规模增加最多的是9月份，新增规模高达9971.88亿元，环比增长10.78倍。2017年9月25日，中国证监会发布《公开募集开放式证券投资基金流动性风险管理规定》，新规在规范开放式基金投资运作、完善基金管理人内部控制、保护投资者合法权益上进行了严格的管控，受此影响，很多基金公司赶在新规实施之前发行自己的产品，从而造成9月份基金规模大幅增加。从月度新增数量来看，2017年公募基金新增数量最多的是3月份，也是新增数量唯一超过百只的月份，新增基金177只。新增基金数量最少的是10月份，仅新增4只（见图32）。《公开募集开放式证券投资基金流动性风险管理规定》于2017年10月初正式实施，其对货币基金提出了更多要求，风险准备金等措施的实施使货币型基金结束了高速增长的阶段；合规部门禁止基金公司宣传货币型基金、弱化规模排名考核等措施也起到了一定的规范作用。

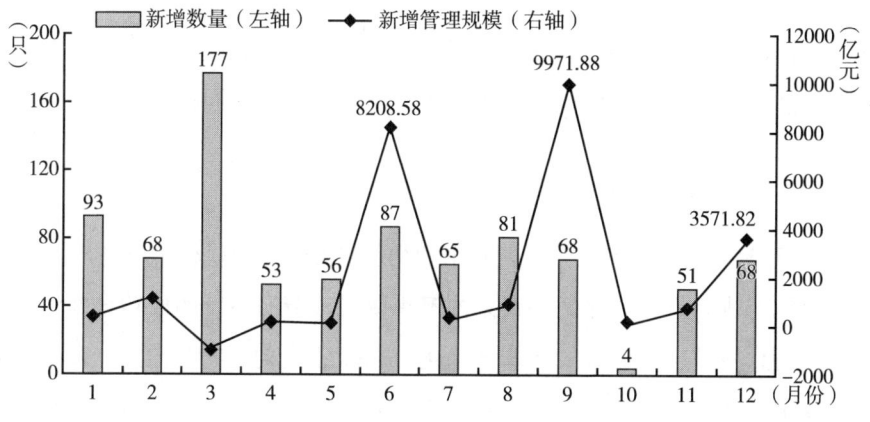

图 32 公募基金规模变化情况（2017 年）

资料来源：Wind，齐鲁财富网。

（2）坚持价值投资　收益效果显著

公募基金具有专业人才优势，依托长期、价值投资理念，行业规模不断扩大，发展成效明显，成为个人、家庭和机构理财工具的主要选择对象。根据中国证监会数据，截至 2017 年末，我国公募基金行业累计分红达 1.71 万亿元，行业受益显著，其中偏股型基金平均年化收益率为 16.5%，超过同期上证综指平均涨幅 8.8 个百分点。

从投资回报看，除偏股型基金跑赢大盘外，债券型投资基金表现不凡，平均年化收益率为 7.2%，比现行 3 年定期存款利率高出 4.5 个百分点。同时，基金管理公司受托管理基本养老金、企业年金、社保基金等各类养老金 1.5 万亿元，在养老金境内投资管理人市场上份额超过 50%，总体上收益良好。以社保基金为例，2001～2016 年实现年化平均收益率 8.4%，2017 年收益率在 9% 左右。

从产品种类看，公募基金产品向着多元化方向发展，创新品种不断涌现，大大丰富了投资理财市场。截至 2017 年末，我国境内共有基金管理公司 113 家，其中公募基金管理人 14 家，管理资产合计达 11.6 万亿元。公募基金产品数量达到 4841 只，范围涵盖股票基金、混合基金、债券基金、货币市场基金、商品期货基金和 ETF 基金。① 同时，养老目标基金、FOF 基金等以价值投资为理念、倡导获取长期稳定收益的新产品逐步推出，使得公募基金产品体系更加精细化，范围更广泛，有利于满足不同投资者的需求。

2. 私募基金

（1）私募基金登记备案情况

2017 年 4 月，中国证券投资基金业协会"资产管理业务综合报送平台"第二阶段上线运行，原登记备案系统停止使用。新旧系统的成功合并，实现了行业信息报送、存储方式从非结构化、非标准化文档向结构化、标准化数据的关键转变，有效提高了私募基金管理人及产品的信息报送质量和覆盖维度，提升了数据采集、监测监控与统计分析的技术基础。截至 2017 年末，中国证券投资基金业协会已登记私募基金管理人 22446 家，同比增长 28.76%；已备案私募基金 66418 只，同比增长 42.82%；管理基金规模为 11.10 万亿元，同比增长 40.68%。私募基金管理人员工总人数达 23.83 万人，同比减少 3.37 万人，其中，已在从业人员系统注册员工人数为 19.40 万人。

（2）资产规模逼近公募基金

截至 2017 年末，私募基金备案数量达到 66418 只，比 2016 年增加 19913 只，增幅为 42.82%，2017 年私募基金备案数量是 2015 年（25369 只）的 2.62 倍；私募基金行业管理资产规模达到 11.10 万亿元，比 2016 年增加 3.21 万亿元，增幅为 40.67%，2017 年私募基金管理资产规模是 2015 年（4.16 万亿元）的 2.67 倍，管理规模比公募基金少 4500 亿元（见表 12）。随着 2016 年以来一系列监管新规的实施，公募基金规模增长速度放缓，私募基金在经过规范之后继续快速发展，2016 年曾一度超越公募基金管理规模。从国际经验看，未来我国将会出现更多的私募机构，基金数量、机构数量、从业人员数量都将会继续增长，经过市场的洗礼，最终将会留下一批深耕投资研究，业绩优秀的公司，成为行业巨头。

---

① 2018 年 5 月 16 日，中国证监会发言人高莉就公募基金行业发展情况答记者问，其中提到 2017 年公募基金数量为 4841 只，和中国证券投资基金业协会统计的 4692 只有所区别。

表 12　公募和私募基金数量及资产规模对比（2017 年）

备案情况	公募基金	私募基金
备案数量（只）	4692	66418
资产规模（万亿元）	11.55	11.10

资料来源：中国证券投资基金业协会，齐鲁财富网。

从私募基金类型来看，截至 2017 年末，数量最多的是私募证券投资型基金，达 30284 只；其次是股权投资型基金，数量为 21826 只；两种类型基金数量均超过 2 万只。数量最少的基金类型为顾问管理型基金，数量仅 3814 只。从规模来看，截至 2017 年末，资产管理规模最大的是股权投资型基金，达 5.96 万亿元，数量超过其余 4 种类型基金规模之和，可谓一枝独大。资产规模最小的是顾问管理型基金，资产规模为 0.88 万亿元（见图 33）。与 2016 年相比，虽然私募基金管理人及管理基金规模均实现增长，但私募证券投资型基金规模却出现了缩减。

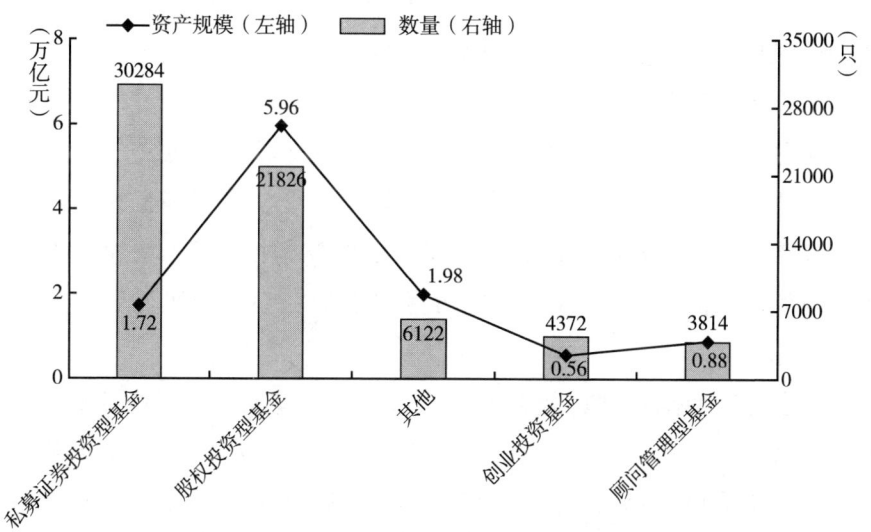

图 33　五种类型私募基金年末数量及资产规模对比（2017 年）

资料来源：Wind，齐鲁财富网。

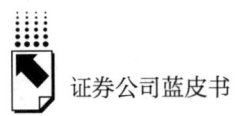

另外,从私募基金管理人地域分布情况来看,截至2017年末,已登记私募基金管理人注册地(按36个辖区)主要集中在上海、深圳、北京、浙江(除宁波)、广东(除深圳)等经济发达地区,合计占全国的比重达72.42%。

(3)市场更加规范

2017年基金行业成绩斐然,在整个行业健康发展的同时,市场制度建设也更加规范。据不完全统计,2017年金融监管部门共出台重要监管文件超过20个,对基金子公司、私募基金管理、基金流动性等方面做出了更加严格的规定。

基金子公司管理规定。继2016年12月中国证监会发布《基金管理公司子公司管理规定》《基金管理公司特定客户资产管理子公司风险控制指标管理暂行规定》之后,2017年基金管理公司子公司开始对增资控股、业务调整、母公司员工持股平台等进行全面清理。

最严私募基金管理新规。2017年8月,国务院发布《私募投资基金管理暂行条例(征求意见稿)》,被业界称为史上最严私募基金条例。从新稿内容来看,私募基金管理人准入标准得到提高,对信息披露、行业自律监督管理、创业投资基金等内容进行了详细的规定。截至2017年末,中国证券投资基金业协会已注销13789家私募基金管理人。

公募基金FOF批准发行。2017年9月,中国证监会公布首批公募FOF基金名单,南方基金、华夏基金、建信基金、嘉实基金等6家公司旗下相关基金获准发行。这是我国首次推出公募系FOF,增加了我国普通投资者的投资渠道,同时也有助于发挥公募基金在公民养老资金管理中的作用。

基金流动性新规实施。2017年10月,《公开募集开放式证券投资基金流动性风险管理规定》正式实施,该规定对产品的设立、投资、申赎、估值及信息披露等各方面提出系统性要求,重点防范流动性风险。新规影响主要体现在三方面:一是使基金公司从"重规模"向"重质量"方向发展;二是对基金公司内部治理水平提出更高要求,有助于基金运作更加规范;三是基金公司对证券价格的影响力被进一步削弱。

（四）新三板市场运行情况

1. 市场规模继续扩容

截至2017年末，全国新三板挂牌企业共计11630家，全年新增1467家，同比增长14.43%（见图34）；年末总股本为6756.73亿股，同比增长15.47%；年末总市值为49404.56亿元，同比增长21.81%；作为多层次资本市场体系的重要组成部分，股转系统的发展引人注目（见图35）。2017年12月发布的《全国中小企业股份转让系统挂牌公司分层管理办法》，对新三板分层制度进行改革，包括调整净利润标准、营收标准，共同准入增加合格投资人人数不少于50人等，将维持标准改为合法合规为主。截至2017年末，在股转系统挂牌的11630家企业中，创新层企业1353家，占挂牌企业数量的11.63%。

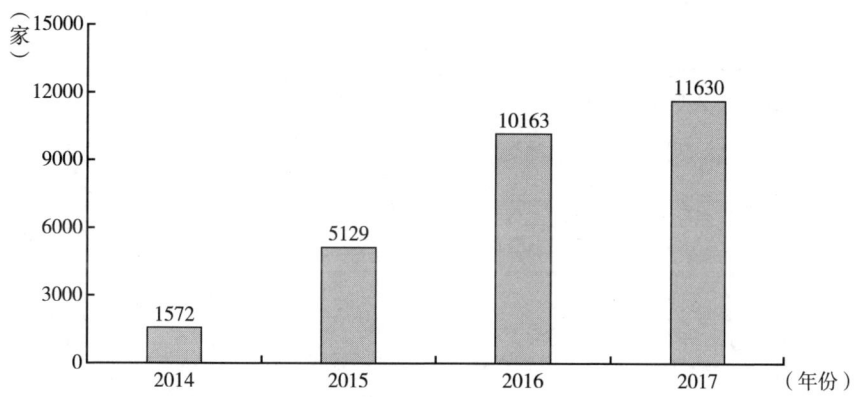

图34　新三板市场挂牌家数统计（2014~2017年）

资料来源：全国中小企业股份转让系统，齐鲁财富网。

自2015年3月全国中小企业股份转让系统发布"三板成指"和"三板做市"两项指数以来，新三板也正式进入了"看盘"时代。与上证综指和创业板指数相比，2017年三板成指与三板做市指数走势也出现分化现象，三板成指2017年开于1237.74点，全年小幅震荡上行，收于1275.32点，

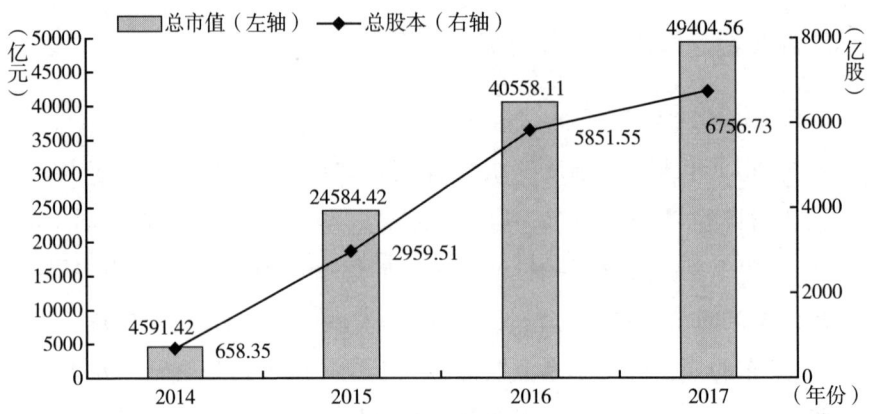

图35　新三板市场股本及总市值统计（2014～2017年）

资料来源：全国中小企业股份转让系统，齐鲁财富网。

全年涨幅3.04%；三板做市在2017年整体呈现下跌走势，年初开盘于1109.62点，收于993.65点，全年跌幅10.45%（见图36）。

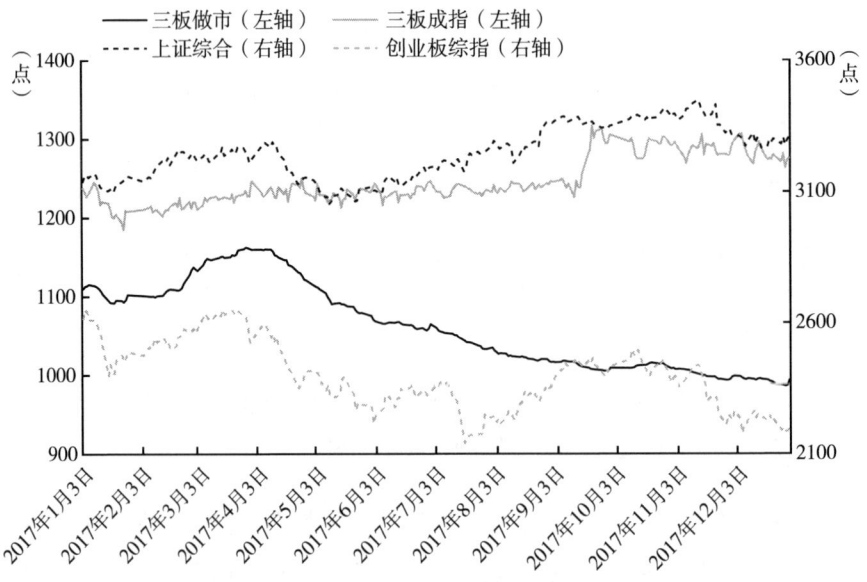

图36　新三板成指、做市指数与主板指数比较（2017年）

注：图中指数取自每日收盘价格。
资料来源：Wind，齐鲁财富网。

从月度挂牌数量来看，2017年挂牌数量最多的为2月份，达到303家；挂牌数量最少的月份为10月份，为25家。此外，2017年也出现了月度挂牌数量负增长的情况，分别出现在7月份和12月份（见表13）。新三板挂牌企业数量负增长，与主板IPO数量大幅增长有很大关系，受此影响，很多挂牌企业选择退板；同时还与市场融资功能未得到充分发挥有关。对于新三板市场来说，退出和进入同样重要，负增长说明市场退出机制正在完善，有利于市场从量变向质变发展。新三板退市未来将更加常态化。

表13 新三板市场挂牌情况统计（2017年）

月份	新增家数（家）	挂牌家数（家）	总股本（亿股）	流通股本（亿股）	总市值（亿元）	市盈率（倍）
1	291	10454	5972.95	2479.15	41386.01	28.28
2	303	10757	6097.74	2569.16	42849.64	28.94
3	266	11023	6294.33	2728.95	44390.92	29.54
4	90	11113	6339.60	2775.05	44266.30	29.52
5	131	11244	6505.14	2918.09	47863.30	27.36
6	70	11314	6651.01	3035.08	48798.40	27.90
7	−30	11284	6658.65	3114.43	48727.82	28.08
8	267	11551	6713.97	3203.30	50052.68	29.07
9	43	11594	6811.68	3289.88	52452.60	30.65
10	25	11619	6846.98	3344.31	51697.27	30.42
11	26	11645	6850.72	3408.02	50948.99	30.59
12	−15	11630	6756.73	3416.92	49404.56	30.18

资料来源：全国中小企业股份转让系统，齐鲁财富网。

与2016年相比，新三板股票发行与股票转让融资额出现下降。全年完成股票发行2725次，同比减少7.31%（见图37）；全年发行股票239.26亿股，同比减少18.79%；融资总额达1336.25亿元，同比减少3.93%。2017年是新三板自成立以来股票发行规模首次出现下跌的一年（见图38）。

从成交量和成交金额来看，全年新三板成交量共计433.22亿股，相比2016年增长19.14%；成交金额总计2271.80亿元，比2016年增长18.80%。2017年新三板市场的流动性大幅提升。对月度数据进行分析，新三

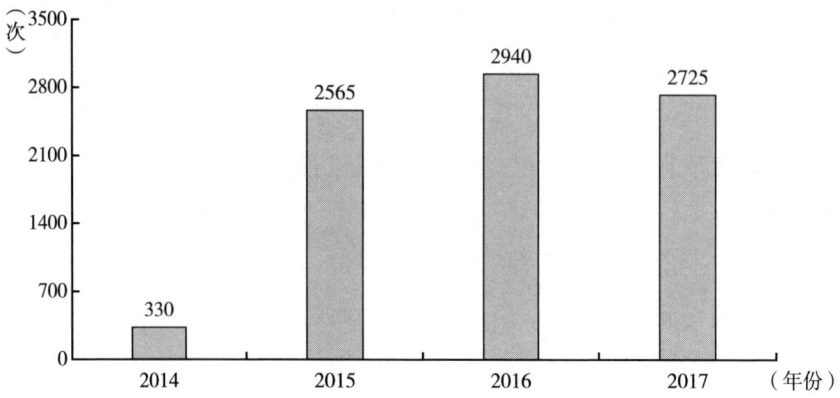

图 37　新三板市场发行次数统计（2014～2017 年）

资料来源：全国中小企业股份转让系统，齐鲁财富网。

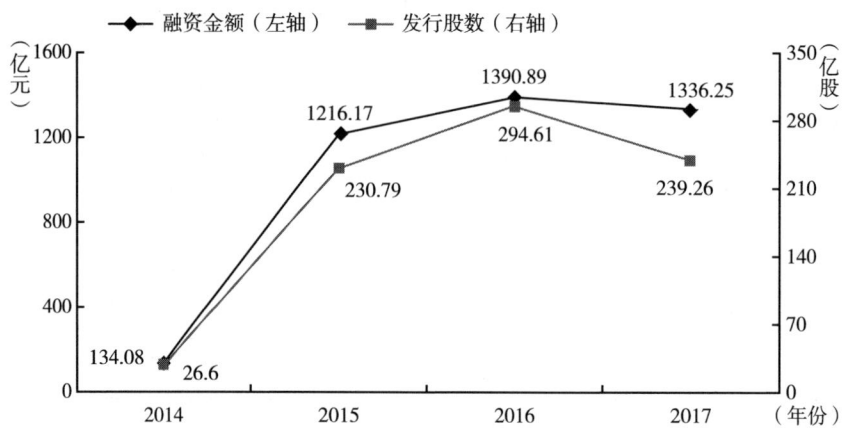

图 38　新三板市场发行股数及融资金额（2014～2017 年）

资料来源：全国中小企业股份转让系统，齐鲁财富网。

板成交量在 12 月份达到最高值，成交 55.83 亿股，环比增长 48.84%；成交金额最大值出现在 3 月份，达 293.90 亿元，环比增长 84.02%（见图 39）。

按照中国证监会一级行业标准划分，2017 年新三板挂牌企业主要分布在制造业与信息传输、软件和信息技术服务业，两个行业挂牌企业共 8070 家，占新三板挂牌企业总数的 69.39%。其中，制造业挂牌企业数量为 5795

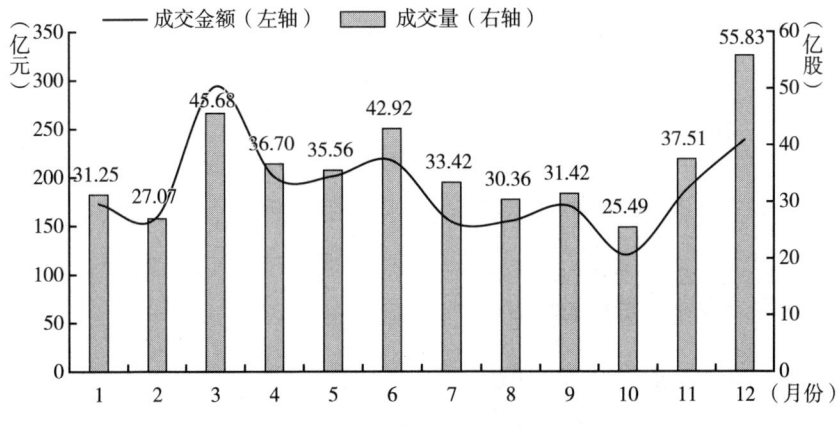

图39 新三板市场股票成交统计（2017年）

资料来源：Wind，齐鲁财富网。

家，占比为49.82%，几乎占到挂牌企业总量的一半；信息传输、软件和信息技术服务业挂牌企业数量为2275家，占比为19.56%（见图40）。与2016年相比，新三板挂牌企业数量占比提升较快的行业是居民服务、修理和其他服务业，同比提升45.45%；其次是房地产业，同比增长41.79%；增长最慢的是采矿业，仅增加了2家，同比增长4.88%。整体而言，2017年新三板挂牌企业的行业分布与2016年相比没有太大变化，挂牌企业涵盖18个行业，制造业挂牌企业数量继续领先；代表新兴产业的信息传输、软件和信息技术服务业挂牌企业占比超过A股市场。

从地域分布来看，2017年股转系统挂牌企业已经涵盖我国31个省区市（不含港、澳、台）。挂牌企业集中在广东、北京、江苏、浙江、上海等东部地区。其中，广东省挂牌企业数量居首位，达到1878家，占全国新三板挂牌企业总量的比重为16.15%，比2016年提高7.26个百分点。广东、北京、江苏和浙江的挂牌企业数量均超过1000家，四省市共计挂牌5917家，占总量的比重为50.88%。其中，北京和江苏的挂牌企业数量分别为1617家和1390家，分别占全国的比重为13.90%和11.95%，两省市所占比重与2016年相比均出现下降（见图41）。新三板挂牌企业数量靠前的5个省份

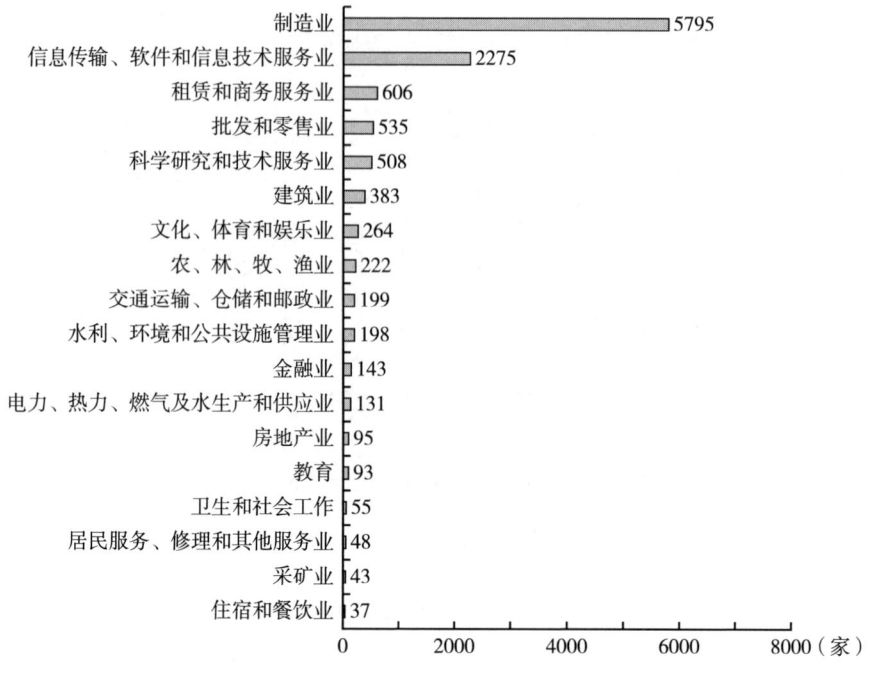

图40 新三板市场挂牌企业行业分布（2017年）

资料来源：Wind，齐鲁财富网。

中，领头羊广东省的挂牌数量增长幅度大于其他4省。

在披露2017年年报的6828家挂牌企业中，有6409家企业公布了总资产数据，总资产合计为22364.90亿元。总资产集中分布在1亿~5亿（含）元和1000万~5000万（含）元的区间，占披露年报挂牌企业总数的比重分别为41.23%和21.54%（见图42）。具体来看，总资产排名第一位的是齐鲁银行（832666.OC），2017年末资产为2362.95亿元，也是唯一一家资产过千亿元的挂牌企业；排名第二位的是九鼎集团（430719.OC），资产接近千亿元，达991.55亿元；其余企业资产均未超过500亿元，其中资产过百亿元的挂牌企业共计19家。

在披露2017年年报的6828家挂牌企业中，有6403家企业公布了营业收入数据，营业收入合计为12919.47亿元。营业收入集中分布在1亿~5亿（含）元和1000万~5000万（含）元的区间，分别为2268家和1881

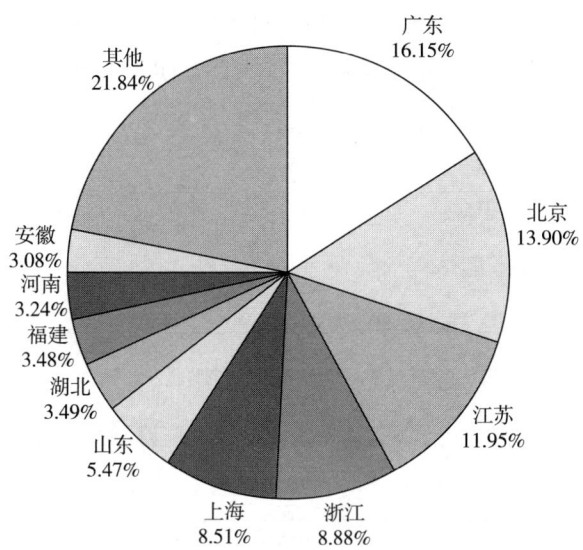

图41 新三板市场挂牌企业地域分布（2017年）

资料来源：Wind，齐鲁财富网。

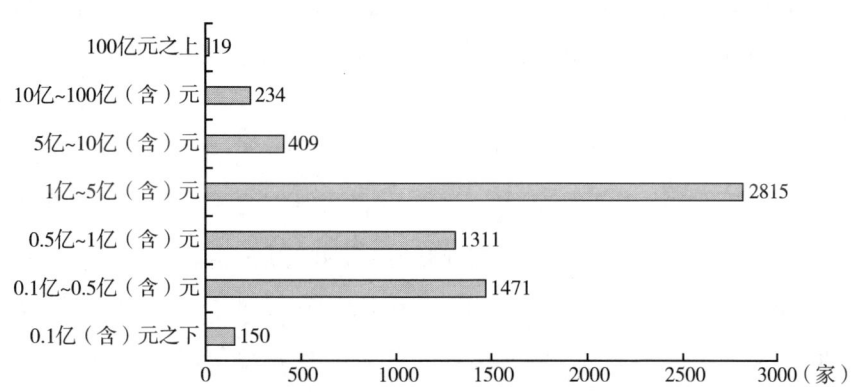

图42 新三板市场挂牌企业总资产分布（2017年）

资料来源：Wind，齐鲁财富网。

家，占披露年报挂牌企业总数的比重分别为33.21%和27.55%；营业收入分布在5000万~1亿（含）元区间的挂牌企业有1422家，占披露年报挂牌企业总数的比重为20.83%（见图43）。具体来看，营业收入过百亿元的企业有 5 家，分别为钢银电商（835092.OC），734.50 亿元；金田铜业（834178.OC），359.93 亿元；翰林汇（835281.OC），152.35 亿元；中建信息（834082.OC），113.32 亿元；兴达泡塑（834090.OC），108.41 亿元。

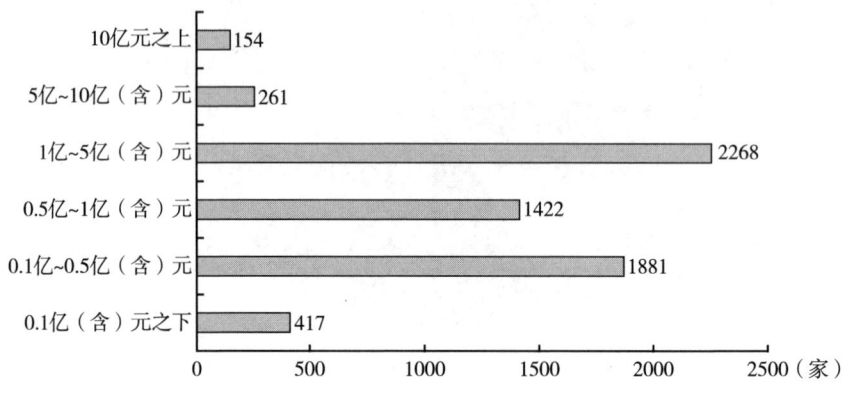

图 43　新三板市场挂牌企业营业收入分布（2017 年）

资料来源：Wind，齐鲁财富网。

在披露 2017 年年报的 6828 家挂牌企业中，有 6409 家企业公布了净利润数据，净利润合计为 755.02 亿元。整体而言，共有 4748 家企业实现盈利，占披露年报挂牌企业数量的比重为 69.54%；亏损企业为 1661 家，占比为 24.33%。从盈利企业的情况来看，净利润集中分布在 100 万～500 万元和 1000 万～5000 万元的区间，分别为 1188 家和 1961 家，占比分别为 17.40%和 28.72%；净利润分布在 500 万～1000 万元企业为 789 家，占比为 11.56%（见图 44）。其中，2017 年实现净利润最多的为齐鲁银行（832666.OC），高达 20.15 亿元，紧随其后的是九鼎集团（430719.OC），达 11.54 亿元，它们也是 2017 年净利润过 10 亿元的公司，其余企业净利润均在 10 亿元之下。亏损超过 1 亿元的企业共有 22 家，其中亏损额最大的为 ST 恒宝（834338.OC），亏损额达 9.87 亿元。

2. 新三板市场融资情况

（1）融资额首次回落

与过去的定向增发融资相比，新三板市场的融资方式和融资工具现已趋

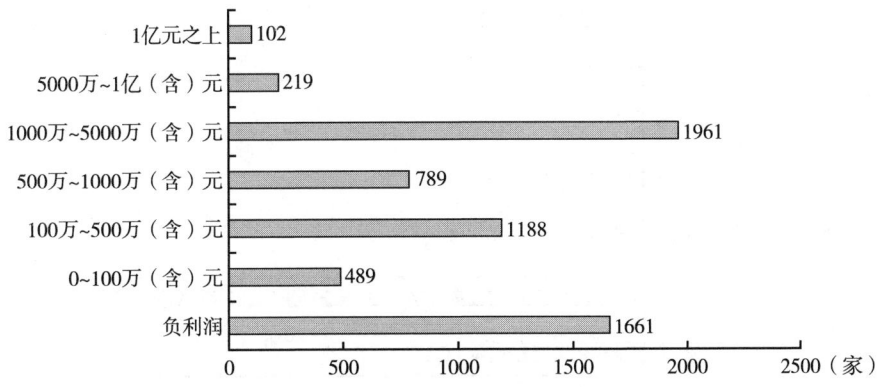

图44　新三板市场挂牌企业净利润分布（2017年）

资料来源：Wind，齐鲁财富网。

于多样化，2016年8月，股转系统发布通告《全国股转系统为非公开发行优先股提供转让服务》，开启了新三板融资的"优先股"时代。除了股权融资，部分企业开始谋求债权融资，除了常见的私募债和公司债外，创新创业债券的发行引人注目，双创债在某种程度上更适合新三板企业融资。尽管融资方式趋多，但是融资额与2016年相比出现回落。

——定向增发融资。从定向增发融资来看，2017年共发生2259次定向增发融资，总共募集资金1142.55亿元，同比下跌19.27%。同时单笔融资额也大幅回落，2017年12月，齐鲁银行（832666.OC）定向增发募集资金50.00亿元，比2016年12月华龙证券（835337.OC）单笔融资额少46.21亿元。在2259次的定向增发中，融资额集中分布在1000万（含）~5000万元区间，占比为54.80%；融资额在1000万元（不含）以下的有494次，占比为21.87%。与2016年相比，融资额在50亿元之上的公司没有出现，除了1亿(含)~5亿元区间的定向增发次数增加外，其余区间的次数均比2016年有所减少（见图45）。

2017年12月，齐鲁银行（832666.OC）披露了《股票发行情况报告书》，发行股票12.82亿股。其中，约11.13亿股为现金认购，募集资金为43.41亿元；1.69亿股为非现金资产认购，非现金资产的交易价格为6.59

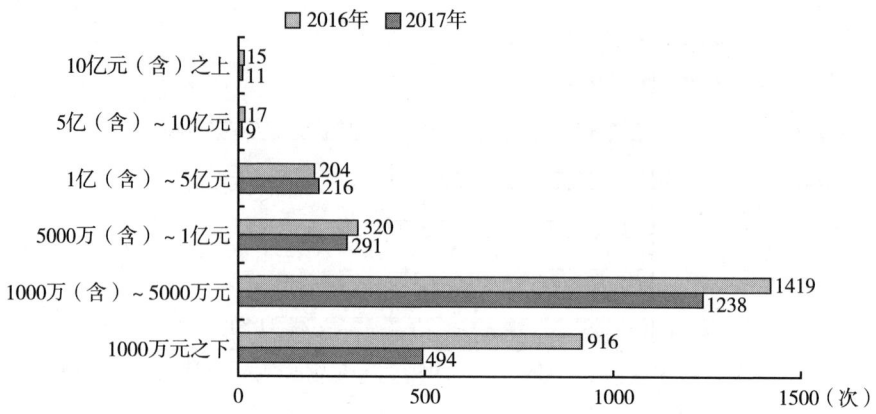

图 45　新三板市场挂牌企业定向增发募资金额（2016 年、2017 年）

资料来源：Wind，齐鲁财富网。

亿元，合计募资近 50 亿元，成为单次募集资金最多的新三板挂牌企业。此外，神州优车（838006.OC）2017 年 2 月完成 46.00 亿元的定增融资，2017 年 6 月完成第二笔 24.00 亿元的定增融资，成为 2017 年定增融资总额最多的新三板挂牌企业（见表 14）。

表 14　新三板市场定增募资金额 TOP10（2017 年）

单位：亿元

股票代码	股票简称	发行日期	募资额	认购方式	增发目的
832666.OC	齐鲁银行	12月5日	50.00	现金,资产	项目融资
838006.OC	神州优车	2月28日	46.00	现金	项目融资
838006.OC	神州优车	6月29日	24.00	现金	项目融资
871326.OC	武侯高新	11月25日	17.56	现金,债权	项目融资
832159.OC	合全药业	7月31日	15.20	资产	融资收购其他资产
430399.OC	湘财证券	11月15日	15.18	现金	补充流动资金
832396.OC	开源证券	1月4日	14.70	现金	项目融资
834793.OC	华强方特	8月10日	14.62	现金	项目融资
871728.OC	如皋银行	12月26日	14.49	现金	补充流动资金
870115.OC	先融期货	9月8日	10.88	现金	项目融资

资料来源：Wind，齐鲁财富网。

——优先股融资。随着市场制度的不断完善，新三板融资模式也不断翻新，越来越多的优质企业开始在新三板上开拓多元化的融资路径，为自身进一步发展提供了有力支撑。作为在公司资产、利润分配方面具有优先权的股票，优先股在A股市场上早已不是新鲜事物，而对于中小微创企业云集的新三板而言，优先股尚处于试水状态。从2017年发行情况来看，优先股融资方式在新三板市场上正在升温。按照上市日期统计，2017年新三板共有10家公司完成优先股发行，但募集资金总额较少，共募集1.80亿元，同比减少91.09%；另有7家公司发布发行预案，相比之下，2016年仅有3家公司完成优先股发行。在已经完成优先股发行的公司中，肇庆动力（820010.OC）共发行47万股、募集资金4700万元，为全年之最，根据其公告，肇庆动力（820010.OC）发行优先股计划用于"汽车发动机重力铸造缸盖生产技术改造项目"和"新能源公共交通装备驱动电机壳体研究开发及产业化技术改造项目"；裕丰威禾（820011.OC）于2017年4月完成了新三板优先股发行，共发行2400万股、募集资金2400万元，募集资金额全年排第二位（见表15）。

表15 新三板市场挂牌公司优先股募资统计（2017年）

单位：%，万元

股票代码	发行公司	上市日	股息率类型	票面股息率	募集资金总额
820010.OC	肇庆动力	8月2日	固定利率	2	4700
820011.OC	裕丰威禾	10月9日	固定利率	2	2400
820013.OC	中导光电	12月29日	固定利率	1	2200
820007.OC	钢泓科技	3月23日	固定利率	8	2000
820009.OC	晖速通信	7月4日	固定利率	2.5	1500
820005.OC	贝融股份	1月23日	固定利率	12.5	1500
820012.OC	通力定造	10月17日	固定利率	1.5	1000
820006.OC	中视文化	3月21日	浮动利率	3	1000
820014.OC	海帝股份	12月25日	固定利率	2.5	970
820008.OC	时代电影	5月22日	固定利率	12.5	750

资料来源：Wind，齐鲁财富网。

——债券融资。除了利用股份融资外,拥有较好业绩的新三板上市公司还选择发行债券来融资。随着制度不断完善,债券种类也不断推陈出新,2017年可转债、绿色债开始在新三板发行。按照公告显示,2017年新三板共有14家公司发行了19只公司债,发行规模合计128.03亿元。从单家公司发行规模看,有7家公司发行规模在1亿元以上,其中发行规模最大的是中国康富(833499.OC),公司发行3只共50亿元公司债;发行规模最小的2家公司分别为图南电子(839583.OC)和乐米科技(839603.OC),发行规模均为1000万元(见表16)。

表16 新三板市场挂牌公司债券发行统计(2017年)

单位:亿元

股票代码	股票简称	债券简称	发行起始日	发行规模	交易场所
835836.OC	青天科技	17青天债	02-24	0.1200	上交所
834777.OC	中投保	17中保Y1	10-25	20.0000	上交所
834777.OC	中投保	17中保Y2	10-25	5.0000	上交所
834777.OC	中投保	17中保债	03-15	5.0000	上交所
833499.OC	中国康富	17康富02	08-17	20.0000	上交所
833499.OC	中国康富	康富01	07-21	10.0000	上交所
833499.OC	中国康富	17康富03	10-19	20.0000	上交所
833819.OC	颖泰生物	17颖泰01	11-07	12.0000	上交所
836149.OC	旭杰科技	17旭杰债	07-10	0.1600	上交所
831099.OC	维泰股份	17维泰01	12-15	5.0000	上交所
839583.OC	图南电子	17图南01	08-28	0.1000	上交所
833979.OC	天图投资	17天图01	05-19	10.0000	上交所
833979.OC	天图投资	17天图02	10-19	8.0000	上交所
830881.OC	圣泉集团	17圣泉01	07-28	1.0000	上交所
838583.OC	南通三建	17南三01	04-12	10.0000	上交所
839603.OC	乐米科技	17乐米债	12-15	0.1000	上交所
430128.OC	广厦网络	17广厦债	01-20	0.2500	上交所
430211.OC	丰电科技	17丰电债	12-27	0.3000	上交所
831597.OC	苍源种植	17苍源债	05-16	1.0000	深交所

资料来源:Wind,齐鲁财富网。

相比传统的债券，2017年新三板市场融资的最大亮点为"双创"可转债的发行。2017年9月，沪、深交易所与全国股转公司、中国结算公司联合发布《创新创业非公开发行可转换公司债券业务实施细则（试行）》，明确规定新三板发行主体为创新层公司，为新三板公司发行"双创"可转债提供了政策保障。10月13日，深交所公布推出首单非公开发行"双创"可转债——蓝天环保（430263.OC），这成为新三板史上首单获批发行的可转债，公司首期募集资金2000万元。股转系统显示，截至2017年末，全年有14家公司成功发行"双创"可转债，另有近20家公司公布了"双创"可转债发行预案。

随着环保理念的不断增强，环保产业、绿色产业渐渐成为投资热门，资本市场也对此专门推出了新兴债权融资工具"绿色债券"。2017年11月，树业环保（430462.OC）发布公告称，公司为拓宽融资渠道拟发行绿色债券，计划融资规模为2亿元，债券面值为100元，债券期限为3年期，成为新三板史上第一例。

（2）成交额继续增长

2017年，新三板累计成交金额为2271.80亿元，同比增长18.80%，是2014年的17.43倍；累计成交数量为433.22亿股，同比增长19.14%；累计成交282.99万笔，同比下跌8.36%（见图46）。从换手率角度来看，全年新三板整体换手率仅为13.47%，比2016年（20.74%）下降了7.27个百分点（见图47）。因此，尽管成交金额有所增长，但换手率却连续两年下降，新三板的流动性亟待进一步改善。

从新三板月度成交情况来看，2017年3月，新三板流动性达到最佳，当月成交额为293.90亿元；成交数量45.68亿股，仅次于12月的55.83亿股。随着挂牌公司年报不达预期，成交开始快速滑落。从四季度开始，成交金额开始反弹，一直持续到2017年底（见图48）。

2017年12月，全国股转公司发布了新制定的《全国中小企业股份转让系统股票转让细则》，推出了新的交易制度，改革正式落地。其内容主要包括引入集合竞价、优化协议转让、巩固做市转让等具体措施。由于新

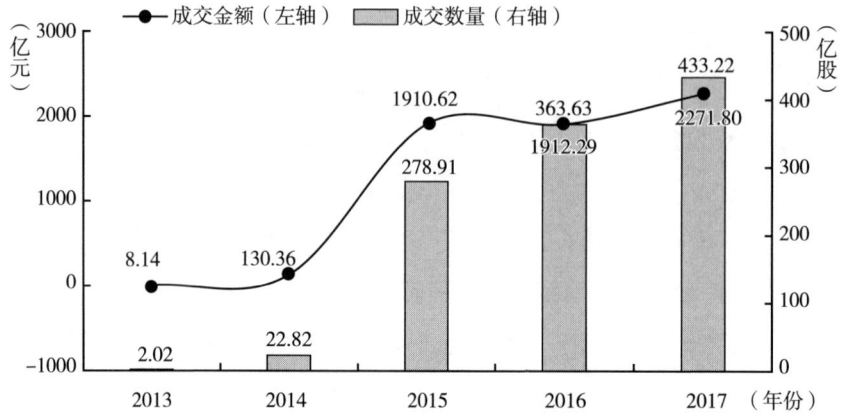

图 46　新三板市场成交量及成交金额统计（2013～2017年）

资料来源：全国中小企业股份转让系统，齐鲁财富网。

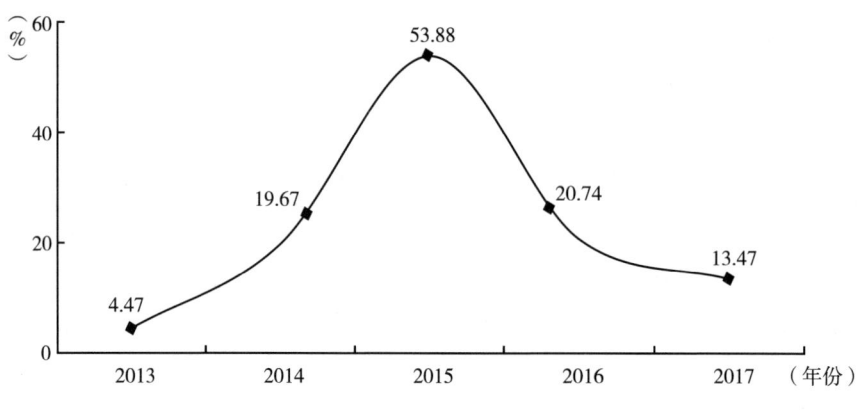

图 47　新三板市场换手率统计（2013～2017年）

资料来源：全国中小企业股份转让系统，齐鲁财富网。

的交易制度实施是在2018年1月中旬，本报告沿用了原协议转让统计方式。从协议转让交易情况来看，2017年协议转让家数继续攀升，达到4845家，比2016年增加1997家，同比增长70.12%。2017年协议转让成交量和成交额继续上涨，在成交量方面，2017年总成交量为242.20亿股，同比增长29.34%；在成交额方面，2017年累计成交额为1350.51亿元，

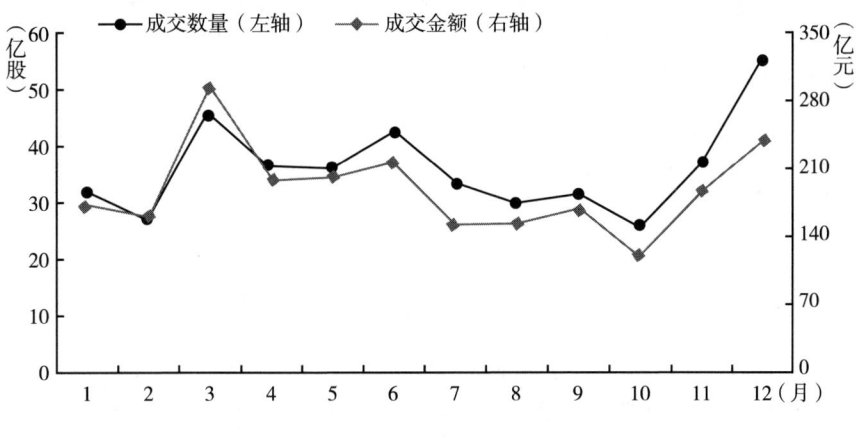

图48 新三板市场成交情况（2017年）

资料来源：全国中小企业股份转让系统，齐鲁财富网。

同比增长34.16%（见图49）。东海证券（832970.OC）协议转让成交额为88.09亿元，成为全年协议转让成交额最大的公司；国都证券（870488.OC）以全年8.52亿股的成交量成为2017年协议转让成交量最多的公司（见表17）。

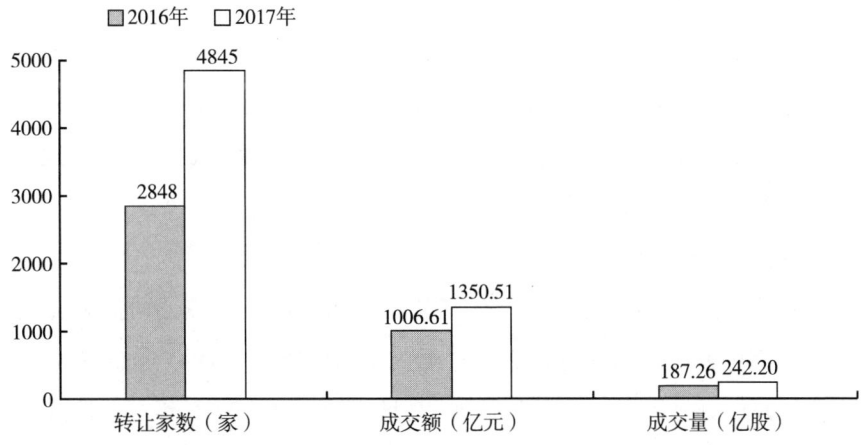

图49 新三板市场挂牌公司协议转让成交额和成交量（2016年、2017年）

资料来源：Wind，齐鲁财富网。

表17 新三板市场挂牌公司协议转让成交额TOP10（2017年）

股票代码	股票名称	成交额(亿元)	成交量(亿股)	成交均价(元)	涨幅（%）	换手率（%）
832970.OC	东海证券	88.09	7.56	11.65	-12.13	59.57
430127.OC	英雄互娱	22.43	2.47	9.07	4.90	19.28
833858.OC	信中利	16.50	2.27	7.28	22.29	32.56
870488.OC	国都证券	14.73	8.52	1.73	6.12	19.08
834299.OC	汇量科技	13.58	0.31	43.83	24.71	35.83
832800.OC	赛特斯	12.99	1.04	12.53	11.71	40.60
836053.OC	友宝在线	11.53	1.08	10.64	-0.38	28.69
834342.OC	慧云股份	9.38	1.02	9.19	-13.99	35.64
834818.OC	蓝海之略	9.33	0.82	11.36	564.23	53.86
430181.OC	盖娅互娱	9.01	0.30	29.92	4.89	23.98

资料来源：Wind，齐鲁财富网。

从新三板挂牌公司做市转让情况看，2017年共有1285家公司通过做市转让股票，比2016年的1164家增加121家。与协议转让不同，2017年做市转让成交量和成交额均出现下降，在成交量方面，2017年总成交量为131.82亿股，同比下跌4.99%；在成交额方面，2017年累计成交额为658.39亿元，同比下跌6.41%（见图50）。联讯证券（830899.OC）做市转让成交额为42.93亿元，成为全年做市转让成交量最大的公司，全年成交22.44亿股，也是全年做市转让成交量最多的公司。无论是协议转让还是做市转让，证券公司在新三板市场上均表现抢眼，在单家公司成交量和成交额方面均夺得第一（见表18）。

3.企业摘牌数量增加

2017年，新三板市场共有709家公司摘牌退市，挂牌公司摘牌成为常态，全年摘牌公司数量占挂牌公司总数（11630家）的比重为6.10%（见图51）。如果向前追溯，2016年摘牌公司仅为56家，2016年之前摘牌公司合计为37家，2017年摘牌数量是之前年度摘牌企业总和的7.62倍。截至2017年末，新三板挂牌公司累计摘牌802家。摘牌的原因有多种，如信批不完善被强制摘牌、融资受限主动摘牌，还有因转板或IPO而摘牌。

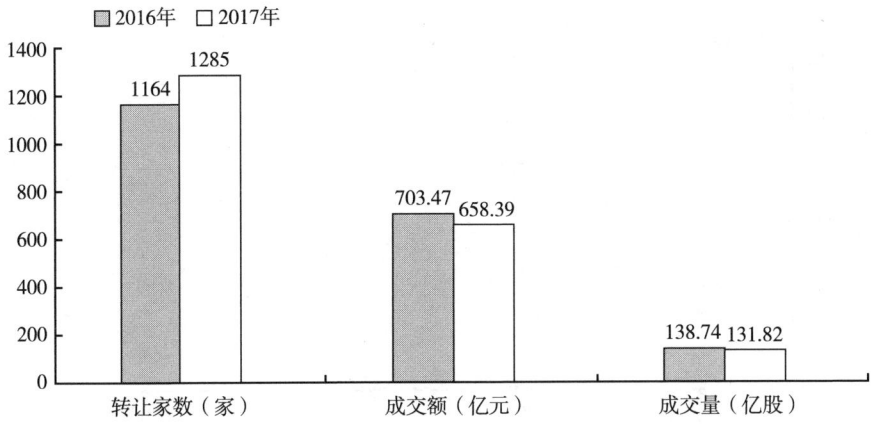

图50 新三板市场做市转让成交额和成交量（2016年、2017年）

资料来源：Wind，齐鲁财富网。

表18 新三板市场挂牌公司做市转让成交额TOP10（2017年）

股票代码	股票名称	成交额(亿元)	成交量(亿股)	成交均价(元)	涨跌幅（％）	换手率（％）
830899.OC	联讯证券	42.93	22.44	1.91	1.67	129.31
830809.OC	安达科技	34.71	2.54	13.67	-0.26	119.11
830881.OC	圣泉集团	22.30	2.25	9.91	42.54	44.61
830819.OC	致生联发	15.34	3.26	4.71	-70.83	115.95
834793.OC	华强方特	13.06	0.78	16.75	-13.11	16.06
833330.OC	君实生物	11.18	0.78	14.29	40.89	21.54
833684.OC	联赢激光	10.99	0.91	12.08	18.46	64.66
831550.OC	成大生物	10.70	0.63	17.00	8.29	18.09
430225.OC	伊禾农品	9.38	0.86	10.92	3.45	76.76
833656.OC	确成硅化	9.26	0.81	11.43	14.73	30.84

资料来源：Wind，齐鲁财富网。

2017年，新三板摘牌公司数量呈稳定上升趋势，平均每天有2家公司摘牌。分月份来看，挂牌公司方面，7月份出现了负增长现象，这也是新三板成立以来首次出现负增长的月份，除此之外，12月份也出现了负增长现象；摘牌公司方面，全年摘牌数量超过百家出现在7月、8月和12月，其

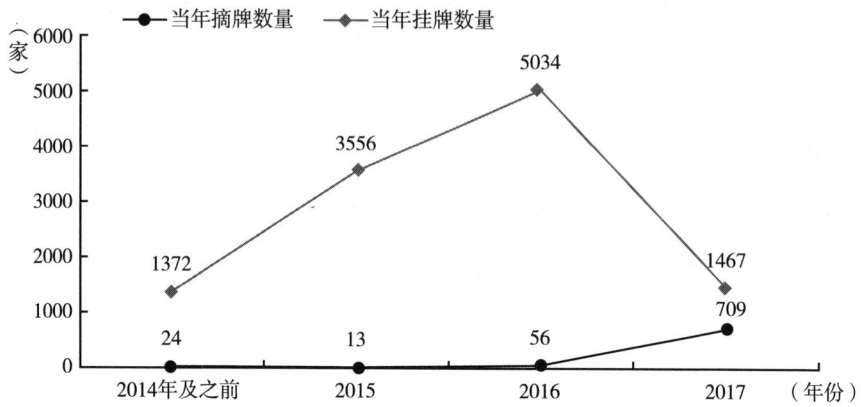

图 51　新三板市场挂牌及摘牌数量统计（截至 2017 年）

资料来源：Wind，齐鲁财富网。

中 12 月达 130 家，是 2017 年摘牌数量最多的月份（见图 52）。从摘牌公司数量（累计）和挂牌公司数量（累计）的对比来看，2017 年初新三板退市率为 0.92%，2017 年末则达到 6.90%，年末摘牌率是年初的 7.5 倍。退市率已经逐渐接近欧美发达国家资本市场的退市率水平——纽交所的退市率大约为 6%，纳斯达克每年约有 8% 的公司退市。

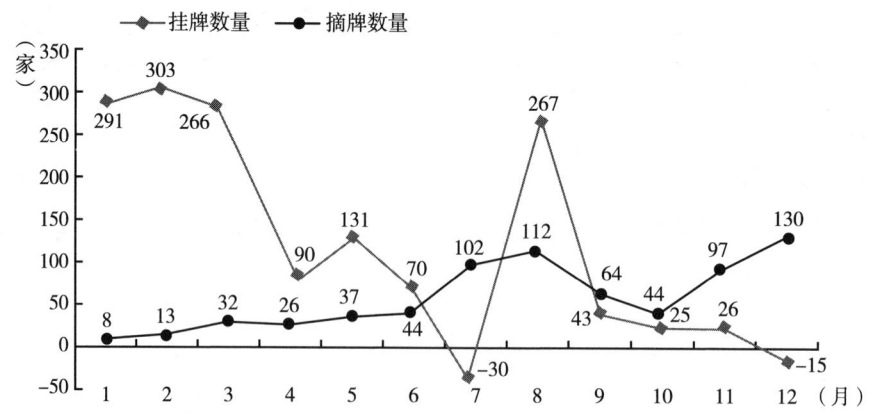

图 52　新三板市场挂牌及摘牌数量统计（2017 年）

资料来源：Wind，齐鲁财富网。

如前所述，按照中国证监会规定的行业划分标准，截至2017年底，制造业企业挂牌新三板数量最多（5795家），其次是信息传输、软件和信息技术服务业（2275家）。制造业属于大类行业，可以体现一个国家的生产力水平，随着供给侧结构性改革的提出和经济转型升级战略的实施，国家对制造业发展更加重视。2016年5月，国务院印发《中国制造2025》，实施制造强国战略，同时重视资本市场对制造业的扶持作用，支持高新技术企业挂牌新三板。然而，较高的挂牌数量也意味着较高的摘牌概率，在2017年709家摘牌企业中，制造业企业摘牌数量达361家，占比为50.92%，其次是信息传输、软件和信息技术服务业的130家，占比为18.33%，其余16个行业摘牌企业均未超过40家，其中住宿和餐饮业摘牌企业数量最少，仅为1家（见图53）。

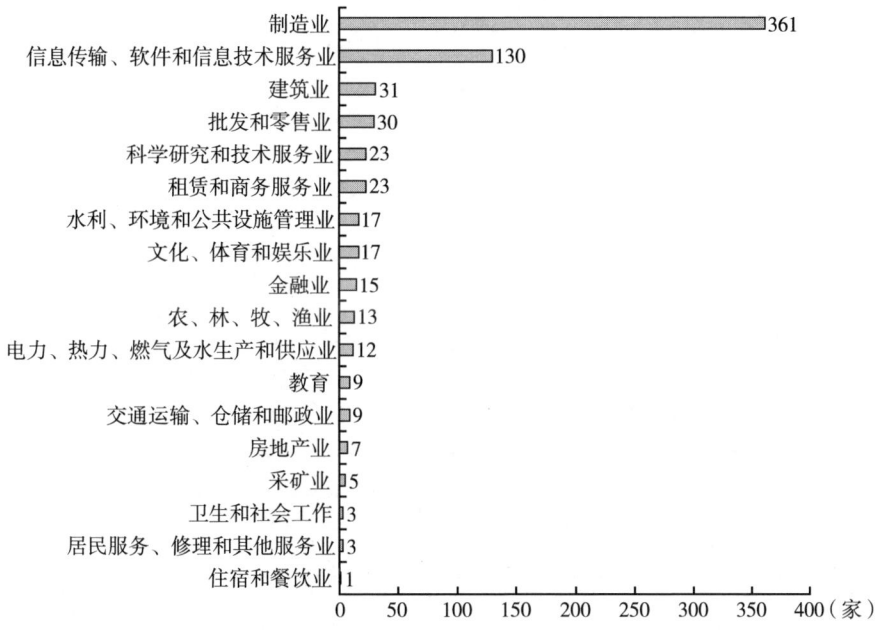

图53 新三板市场挂牌公司所属行业摘牌统计（2017年）

资料来源：Wind，齐鲁财富网。

三 证券公司经营与发展

(一)证券公司数量稳步增长

截至2017年末,全国共有证券公司131家,比2016年增加2家。其中,上市证券公司为40家,沪、深交易所上市的证券公司共计30家,比2016年增加4家。2017年新增上市证券公司为财通证券(601108.SH)和浙商证券(601878.SH),以及同时登陆上海证券交易所和香港证券交易所的中国银河(601881.SH)、中原证券(601375.SH);在新三板挂牌上市的证券公司有6家,在香港证券交易所上市的有4家。从近5年证券公司数量增长情况看,2013年、2014年增幅呈增长态势,自2014年之后,增幅开始下降。其中,2014年新增5家证券公司,成为增幅最大的一年;2013年新增1家证券公司,是5年增幅最小的一年;2017年新增2家证券公司,增幅为1.55%(见图54)。

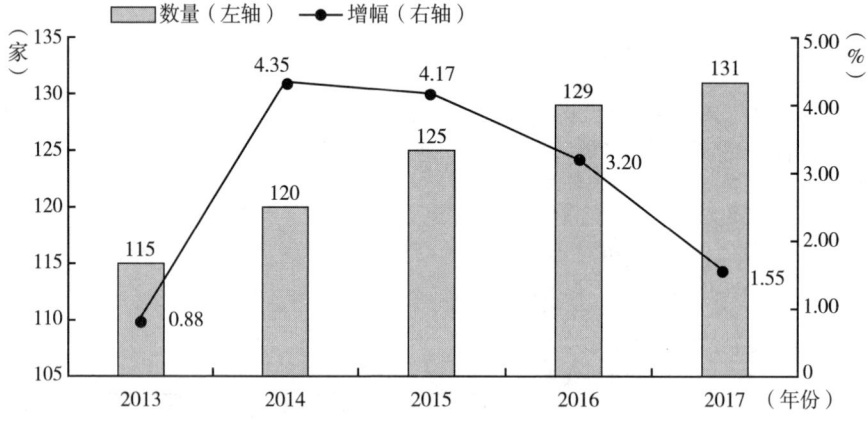

图54 证券公司数量及年度增长情况(2013~2017年)

资料来源:中国证券业协会,齐鲁财富网。

（二）证券行业经营情况

1. 资产规模增加

中国证券业协会数据显示，截至2017年末，131家证券公司总资产为6.14万亿元，净资产为1.85万亿元，净资本为1.58万亿元，客户交易结算资金余额（含信用交易资金）1.06万亿元，托管证券市值40.33万亿元，受托管理资本金总额17.26万亿元。

与2016年相比，2017年证券公司总资产和净资产分别增长了6.04%和12.80%，资本实力增强，抗风险能力提升。受2017年市场影响，2017年末证券公司客户交易结算资金余额为1.06万亿元，比2016年末的1.44万亿元减少0.38万亿元；托管证券市值40.33万亿元，比2016年的33.77万亿元增加19.43%；受托管理资金本金总额17.26万亿元，比2016年减少3.14%。

从近5年来证券公司总资产、净资产、净资本变化情况来看，证券公司总资产2014年和2015年增幅较大，其中2015年达到6.42万亿元，是5年中的最高值；2016年证券公司总资产比2015年稍有下降，2017年证券公司总资产比2016年又有所增加，而证券公司的净资产和净资本一直平稳增长。2016年、2017年证券行业监管全面革新，各项业务进入更为有序的新状态，推动了行业长期健康发展（见图55、图56）。

在披露2017年年报的115家证券公司中，总资产超过5000亿元的有2家证券公司，分别为中信证券（600030.SH）和海通证券（600837.SH），总资产分别为6255.75亿元和5347.06亿元（见图57）。总资产为1000亿~5000亿元的证券公司共计17家，占115家证券公司的比重为14.78%，其中，国泰君安（601211.SH）总资产为4316.48亿元，居此区间第一位；总资产为100亿~500亿元的证券公司共计51家，占披露年报的证券公司的比重为44.35%，成为总资产分布最为集中的区间，太平洋（601099.SH）以470.42亿元的总资产居此区间第一位；总资产在100亿元之下的证券公司共有29家，占披露年报的证券公司的比重为25.22%。

在公布净资本的89家证券公司中，净资本超过500亿元的证券公司共

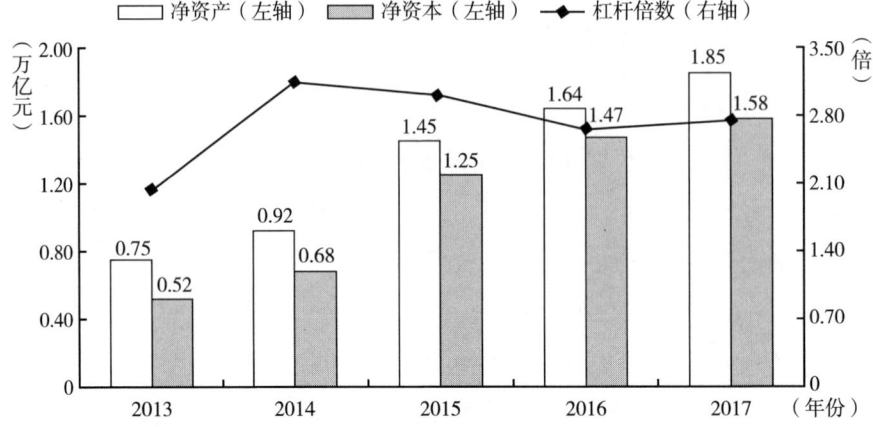

图 55　证券公司资本规模情况（2013～2017 年）

注：杠杆倍数 =（总资产 - 客户交易结算资金）/净资产。
资料来源：中国证券业协会，齐鲁财富网。

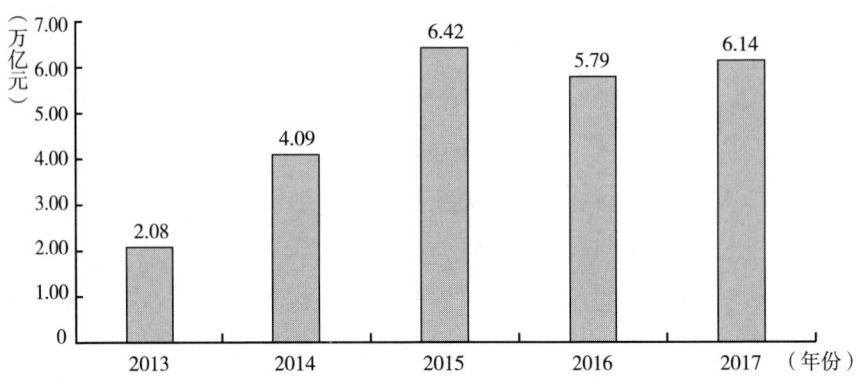

图 56　证券公司总资产情况（2013～2017 年）

资料来源：中国证券业协会，齐鲁财富网。

有 6 家，占 89 家公司的比重为 6.74%，其中，国泰君安（601211.SH）以 963.65 亿元居第一位，中信证券（600030.SH）以 867.08 亿元居第二位，海通证券（600837.SH）居第三位，净资本为 752.92 亿元（见图 58）。净资本分布在 200 亿～500 亿元区间的共有 11 家证券公司，占比为 12.36%；净资本分布在 100 亿～200 亿元区间的共有 23 家证券公司，占比为

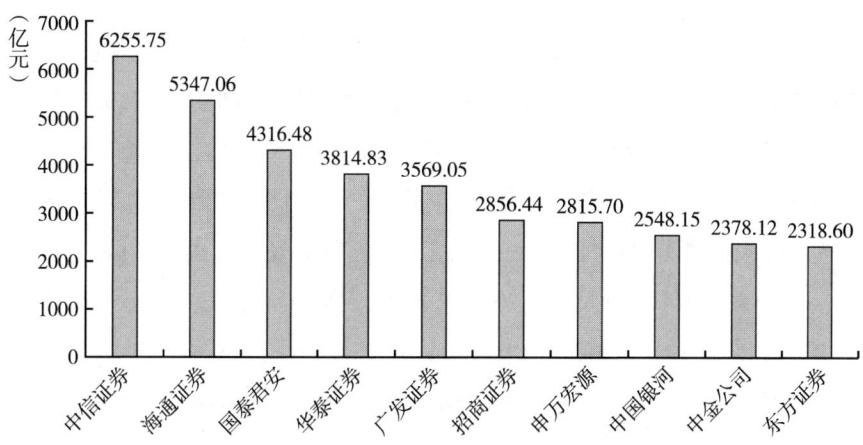

图 57　证券公司总资产排名 TOP10（2017 年）

资料来源：Wind，齐鲁财富网。

25.84%；净资本在 100 亿元之下的证券公司数量最多，达 49 家，占比为 55.06%。

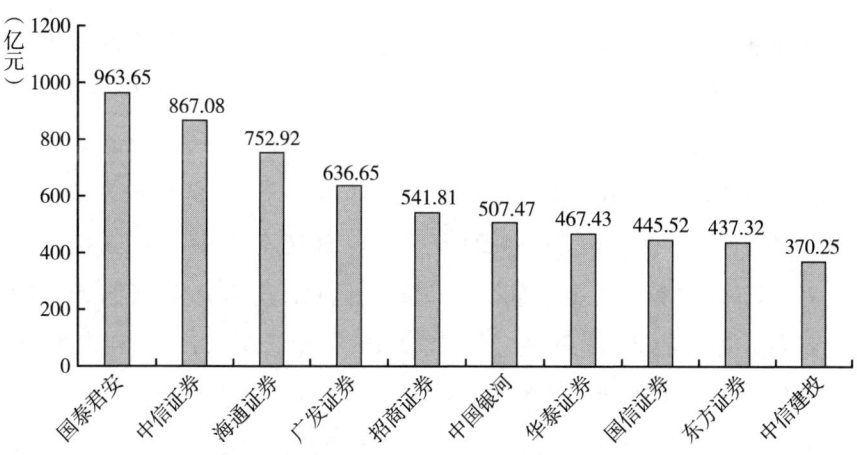

图 58　证券公司净资本排名 TOP10（2017 年）

资料来源：Wind，齐鲁财富网。

2. 证券行业利润下降

中国证券业协会数据显示，2017 年，131 家证券公司实现营业收入 3113.28 亿元，其中 120 家公司实现盈利，全年实现净利润 1129.95 亿元。

与 2016 年相比，2017 年证券市场热度降低。受此影响，尽管证券公司数量在增加，但是利润却在下降。2017 年证券公司营业收入和净利润与 2016 年相比分别下降了 5.08% 和 8.47%，显示了证券行业景气度出现下降。2017 年证券公司净利率为 36.29%，比 2016 年降低 1.35 个百分点。行业净资产收益率（ROE）为 6.91%，比 2016 年降低 1.59 个百分点。[①] 从近 5 年净利润、净利润率、ROE 数据来看，2013 年至 2015 年受股票上涨影响，市场热度增加，营业利润在 2015 年达到高值，在 2015 年、2016 年股灾发生后，市场热度下降，证券行业收入也跟着下降，可见行业收入受周期性因素影响较大（见图 59）。尽管近几年业务创新不断，但证券公司业务收入结构总体还是比较单一，主要依赖证券经纪（代理买卖证券）、承销与保荐、自营（证券投资）等传统业务，而这些业务又与市场热度相关，呈现出高度的周期性特点。

从 2017 年证券公司收入结构看，除了证券投资收益（含公允价值变动）和利息净收入比 2016 年增加外，其余 5 项均呈现不同程度的下降，业绩下降主要因经纪业务和投行业务（包括证券承销与保荐业务、财务顾问业务、投资咨询业务）收入出现了双降。具体来看，代理买卖证券业务净收入（含席位租赁）820.92 亿元，比 2016 年的 1052.95 亿元下跌 22.04%；证券承销与保荐业务净收入 384.24 亿元，比 2016 年减少 135.75 亿元，降幅为 26.11%；财务顾问业务净收入 125.37 亿元，比 2016 年降低 23.63%；投资咨询业务净收入 33.96 亿元，比 2016 年降低 32.81%；利息净收入 348.09 亿元，与 2016 年相比降幅为 8.83%。以上五项业务收入均出现了下降。而资产管理业务净收入 310.21 亿元，比 2016 年的 296.46 亿元增幅为 4.64%；证券投资收益（含公允价值变动）860.98 亿元，比 2016 年的 568.47 亿元增加 292.51 亿元，增幅为 51.46%，成为证券公司营业收入增

---

① 此处 2016 年、2017 年净资产收益率（ROE）的数据来自 Wind。

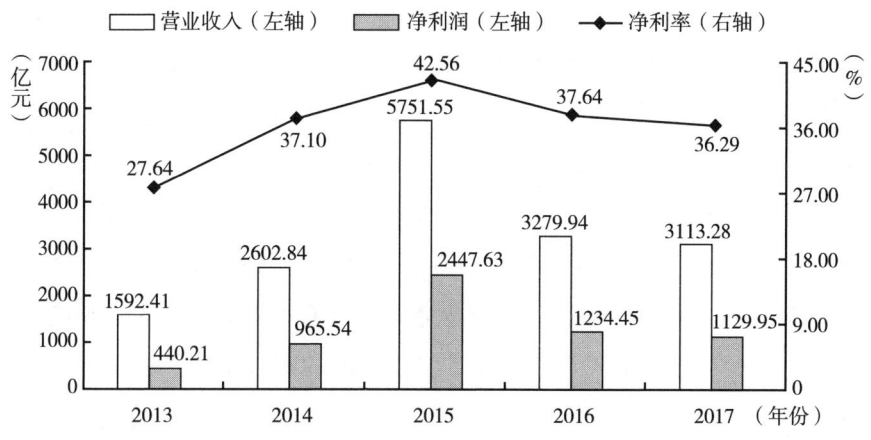

图 59　证券公司盈利情况（2013～2017 年）

资料来源：中国证券业协会，齐鲁财富网。

长最多的业务（见表 19）。资产管理业务净收入和证券投资收益的增长，尤其是证券投资收益增幅超过 50%，缘于在 2017 年结构化行情下，机构反应更为迅速，抱团蓝筹白马表现优异。

表 19　证券公司营业收入结构变动情况（2016～2017 年）

单位：亿元，%

营业收入结构	2016 年	2017 年	增长幅度
证券投资收益（含公允价值变动）	568.47	860.98	51.46
资产管理业务净收入	296.46	310.21	4.64
利息净收入	381.79	348.09	-8.83
代理买卖证券业务净收入（含席位租赁）	1052.95	820.92	-22.04
财务顾问业务净收入	164.16	125.37	-23.63
证券承销与保荐业务净收入	519.99	384.24	-26.11
投资咨询业务净收入	50.54	33.96	-32.81

资料来源：中国证券业协会，齐鲁财富网。

从行业收入结构来看，证券投资收益（含公允价值变动）860.98 亿元，占营业收入比重为 27.66%；代理买卖证券业务净收入（含席位租赁）为 820.92 亿元，占营业收入比重为 26.37%；证券承销与保荐业务净收入

384.24亿元,占营业收入比重为12.34%;利息净收入348.09亿元,占营业收入比重为11.18%;资产管理业务净收入310.21亿元,占营业收入比重为9.96%;财务顾问业务净收入125.37亿元,占营业收入比重为4.03%;投资咨询业务净收入33.96亿元,占营业收入比重为1.09%。从中我们不难看出,2017年证券公司主要业务收入进一步向均衡化发展,经纪业务占比继续下降,2017年经纪业务收入占营业收入的比重已经低于30%(26.37%)。总体来看,行业业务结构处有所改善。不过,传统的经纪业务、承销与保荐业务、自营业务仍是主要的收入来源,2017年这三项业务收入占为66.37%。但值得一提的是,自营业务收入首次超过过去占比最大的经纪业务收入(见表20)。

表20 证券公司营业收入结构占比情况(2017年)

单位:亿元,%

营业收入结构	营收额	占比
证券投资收益(含公允价值变动)	860.98	27.66
代理买卖证券业务净收入(含席位租赁)	820.92	26.37
证券承销与保荐业务净收入	384.24	12.34
利息净收入	348.09	11.18
资产管理业务净收入	310.21	9.96
财务顾问业务净收入	125.37	4.03
投资咨询业务净收入	33.96	1.09
其他	229.51	7.37
合计	3113.28	100

资料来源:中国证券业协会,齐鲁财富网。

在披露2017年年报的115家证券公司中,营业收入超过100亿元的有12家公司,占115家证券公司的比重为10.43%,其中,中信证券(600030.SH)以432.92亿元居第一位,是排名第二位海通证券(600837.SH,282.22亿元)的1.53倍(见图60);营业收入分布在10亿~100亿元之间的共计61家证券公司,占比为53.04%,可见,有超过一半的证券公司2017年营业收入分布在此区间;其余42家证券公司营业收入均在

10亿元之下,排名末位的金通证券年营业收入仅400万元,与行业龙头相比差距可谓巨大。

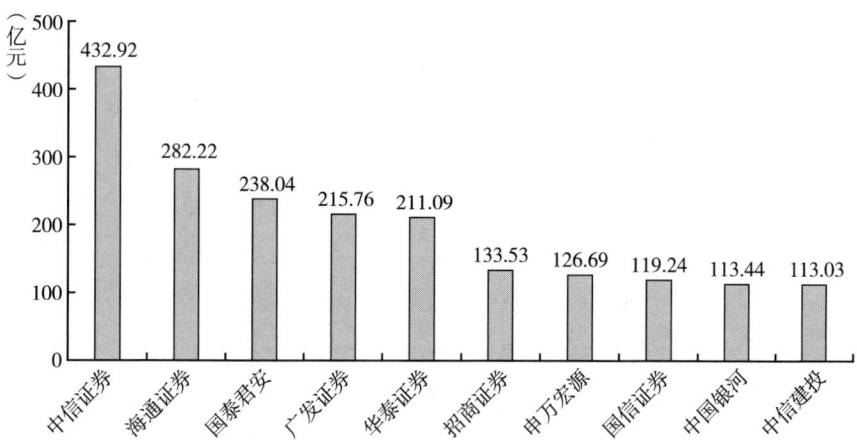

图60 证券公司营业收入排名TOP10(2017年)

资料来源:Wind,齐鲁财富网。

从净利润方面来看,中信证券(600030.SH)和国泰君安(601211.SH)均超过了百亿元,分别为119.77亿元和104.83亿元(见图61)。从净资产回报率(ROE)来看,11家证券公司或者子公司ROE超过了10%,其中,申万宏源承销保荐有限责任公司(申万宏源证券子公司)以16.70%的净资产回报率居第一位,东方花旗证券居第二位,ROE为15.68%(见图62);有6家证券公司净资产回报率为负。

3. 证券公司继续优化营业网点布局

由于轻型营业部运营成本相对较低,证券公司近三年在全国开设了大量轻型营业部。截至2017年末,证券公司营业部共计10873家,比2016年增加1488家,增幅为15.86%,是2015年数量的1.33倍。从新设营业部来看,加速扩张的区域主要集中于西部省份,西藏、新疆、陕西成为增设营业部数量靠前的地区,增幅分别为52.94%、24.72%、21.88%,但是整体数量和东部省份相比依然差距较大。区域分布上,东部沿海发达省份依然是营业部数量较多的区域,并依然呈现稳增加状态,2017年广东、浙江、江苏、

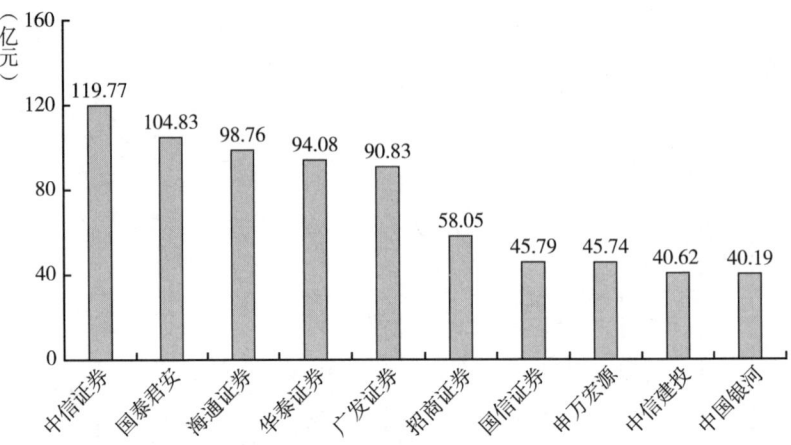

图61 证券公司净利润排名TOP10（2017年）

资料来源：Wind，齐鲁财富网。

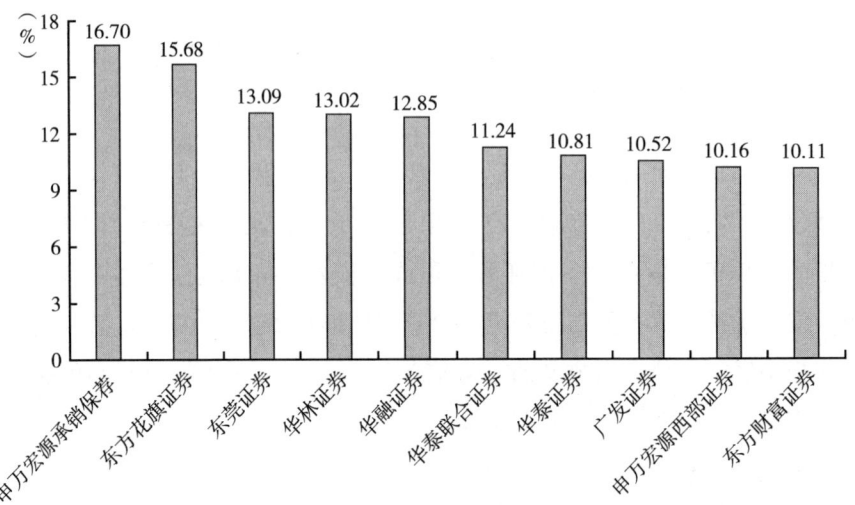

图62 证券公司ROE排名TOP10（2017年）

资料来源：Wind，齐鲁财富网。

上海、山东营业部数量增加幅度均超过了10%，分别增加15.50%、21.78%、16.33%、10.44%、16.44%，年末营业部数量分别为1446家、973家、919家、783家、602家。

从各省份每百万人口拥有证券营业部数量来看，拥有数量较多的主要分布在东部沿海地区,广大内陆省份相对较少。全国共有7个省份每百万人口拥有证券营业部数量超过10家,其中,上海是营业部密度最大的地区,百万人口拥有数量达到32家,其次是北京的25家,浙江、广东、福建、江苏和天津5个省市均在10家至20家之间。值得注意的是,山东虽位于沿海也是经济大省,但百万人口拥有证券营业部数量仅为6家,与吉林、湖南一样,并列全国第十位。百万人口拥有5家证券营业部的省份最为多,为山西、四川、安徽、青海、黑龙江、内蒙古和新疆7个省份。

从各省份每百亿元GDP拥有证券营业部数量来看,东部沿海省份依然具有数量优势,欠发达省份的数量较少。广东2017年GDP达到89879.23亿元,平均每百亿元GDP拥有证券营业部的数量达14家,居全国第一位,排名第二位的浙江,虽然2017年GDP全国排名第四位,但证券营业部拥有数量却超过GDP排名第二位的江苏和第三位的山东,平均每百亿元GDP拥有证券营业部的数量达10家,和广东一起成为2017年百亿元GDP拥有证券营业部数量超过10家的省份。江苏和山东虽为GDP大省,但平均每百亿元GDP拥有证券营业部的数量分别为9家和6家,分居全国第三、第五位。四川成为西部拥有数量较多的省份,数量达4家,表现抢眼。另外,青海和西藏由于GDP规模较小,百亿元GDP拥有证券营业部数量不及1家。有7个省份百亿元GDP拥有证券营业部数量为2家,成为分布最为集中的数量(见表21)。

表21 证券公司营业部辖区分布情况(2017年)

单位:家,%

省市	营业部数量	新增数量	增幅	百万人口营业部数	百亿元GDP营业部数
广东	1446	194	15.50	13	14
浙江	973	174	21.78	17	10
江苏	919	129	16.33	11	9
上海	783	74	10.44	32	8
山东	602	85	16.44	6	6
北京	553	97	21.27	25	6
福建	479	67	16.26	12	5

续表

省市	营业部数量	新增数量	增幅	百万人口营业部数	百亿元GDP营业部数
四川	443	63	16.58	5	4
湖北	403	70	21.02	7	4
湖南	393	42	11.97	6	4
辽宁	383	35	10.06	9	4
河南	378	62	19.62	4	4
江西	325	31	10.54	7	3
安徽	308	45	17.11	5	3
陕西	273	49	21.88	7	3
河北	272	38	16.24	4	3
重庆	222	27	13.85	7	2
广西	202	20	10.99	4	2
山西	199	26	15.03	5	2
黑龙江	181	13	7.74	5	2
天津	175	15	9.38	11	2
云南	174	22	14.47	4	2
吉林	157	17	12.14	6	2
贵州	118	20	20.41	3	1
内蒙古	116	11	10.48	5	1
新疆	111	22	24.72	5	1
甘肃	106	9	9.28	4	1
海南	72	10	16.13	8	1
宁夏	52	8	18.18	8	1
青海	29	4	16.00	5	0
西藏	26	9	52.94	8	0

注：各省份人口数量为年末常住人口数量。
资料来源：上海证券交易所网站，各省、区、市统计局，齐鲁财富网。

由上述分析可知，证券公司及营业部主要集中于经济较为发达的沿海地区，广东、浙江、上海等地也是证券公司新设分支机构的热门地区。

2017年，西部省份也受到证券公司的重视，西藏、新疆、陕西成为证券公司新设营业部增幅靠前的省份，与 2016 年相比，增幅分别为 52.94%、24.72%、21.88%，居全国前三位，但是新增绝对数量不及东部沿海省份。据统计，2017年新设的营业部多为 C 类营业部，C 类营业部开设成本较低，能够快速提高网点的市场覆盖率。营业网点是证券公司的形象和宣传窗口，通过线上与线下结合，不但扩大了业务范围，也给顾客带来了更好的服务体验。

（三）证券公司经营发展呈现新特点

1. 严监管下行业运行更加规范

2017 年初，中国证监会主席刘士余在全国证券期货监管工作会议上提出，2017 年要始终保持依法全面从严监管，保护投资者合法权益，着力提高和改进监管能力，提升资本市场服务实体经济和社会发展能力。在经济新常态和去杠杆的大背景下，中国证监会把主动防范化解系统性金融风险放在更加重要的位置，坚持依法、全面、从严的监管理念，会同中国银监会等金融监管部门先后修订非公开发行细则、规范股份减持行为、强化证券期货基金的合规风控和流动性管理、发布证券公司内控新规、股权质押新规、资管新规等政策①。这些新政策围绕着服务实体经济、持续深化资本市场改革、扩大对外开放、防范化解风险展开。在众多新规的保障下，行业运行更加规范。

证券公司是我国资本市场重要参与者之一，其合规诚信经营关乎市场的健康发展以及广大投资者尤其是中小投资者的根本利益。随着证券公司业务不断创新，资产与规模不断扩大，部分内控不严格的证券公司也伴随着诸如经营管理混乱、合规风控失效、违法违规频发等风险。中国证监会通过对证券基金经营机构的监管，勒令违法违规等问题机构整改，依法追究相关人员法律责任，保护了投资者利益，规避了金融风险的发生。

---

① 关于详细监管内容可参考专题报告中的 B.6、B.7 部分。

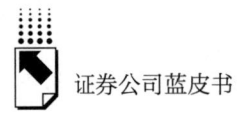

经过全行业的综合治理，我国证券公司在基础性制度建设、规范业务发展等方面均有较大改善，证券公司以净资本为核心的风险管理体系已经建立。证券行业监管体系的不断完善、公司治理机制日益成熟以及合规建设的不断深入，为证券公司稳健发展、做大做强奠定了坚实的基础。

2. 收入结构更加均衡

多层次资本市场的建立和完善，创新业务的不断推出和更多业务资格的逐步放开，大大拓展了证券公司的经营范围和业务空间，证券公司盈利对传统业务的依赖性有所降低。此外，多层次资本市场的不断完善也将使证券公司业务创新空间得到拓展，证券公司业务模式和盈利模式将逐步丰富，收入结构将进一步多元化。

2017年，证券行业营业收入居于前三位的依次为证券投资、代理买卖证券和证券承销与保荐业务，占总营业收入的比重分别为27.66%、26.37%和12.84%，作为传统收入第一位的经纪业务（代理买卖证券业务）占比首次跌至第二位（具体收入结构见表20）。伴随着全年沪深两市成交金额的缩水，经纪业务市场竞争激烈，根据计算，2017年证券行业佣金率已跌至万分之四之下，受此影响，传统的经纪业务收入占比下降至第二位。与此同时，随着新三板市场深化改革以及股票和商品期权、融资融券、IPO提速、资管业务、国债期货、股指期货等创新业务推出，以及私募投资基金等业务的进一步发展，证券公司盈利模式逐渐多元化，创新业务在盈利增长中的重要性开始显现，这将使证券公司收入结构更加均衡化。

3. 证券公司上市热情不减

2016年10月，修订后的《证券公司风险控制指标管理办法》正式实施。其中，明确规定"根据吸收损失能力的差异，净资本区分为核心净资本和附属净资本，将金融资产的风险调整统一纳入风险资本准备计算，不再重复扣减净资本"。这样，修改后核心净资本由吸收损失能力较强的资本构成，而附属净资本是补充，有利于增进证券体系的安全与稳健性。对于证券公司来说，净资本规模不足成为其发展的短板，对于扩充净资本的渴求愈发强烈。

为了补充公司资本，上市证券公司可以通过定增、发债等方式来融资，而一些非上市公司则谋求 IPO 来融资。2017 年共有 4 家证券公司上市，分别为中国银河（601881.SH）、中原证券（601375.SH）、浙商证券（601878.SH）、财通证券（601108.SH）。公开资料显示，天风证券、中泰证券、国联证券、南京证券、中信建投、红塔证券、华林证券、华西证券、长城证券、东莞证券共 10 家证券公司材料已经报会。另外，有 6 家证券公司在进行上市辅导备案登记，有恒泰证券、财达证券、渤海证券、湘财证券、国融证券等。此外，华金证券也在筹谋 IPO，为引进战略投资者，优化股东结构，完善公司治理结构，做好申报 IPO 的准备，其进行了增资扩股，最终"兄弟企业"华金资本（000532.SZ）参与认购。

4. 证券市场国际化明显

随着我国金融行业和金融市场的对外开放程度不断提高，我国证券行业加快了国际化步伐。除了外资证券公司进入中国市场，与国内证券公司共同竞争外，国内的部分证券公司也通过设立机构、业务合作和收购兼并等方式逐步进入国际市场，在全球的舞台参与国际竞争。

2017 年 1 月，摩根士丹利获得中国证监会批准，对在华证券合资企业摩根士丹利华鑫证券增持股份从 33.33% 升至 49%。根据监管规定，外国投资者持有在华合资证券公司股权不得超过 49%，摩根士丹利成为首家获得此类批准的银行。同时，瑞银集团也计划增持瑞银证券，将持股比例从 24.99% 升至 49%。2017 年 2 月，中国证监会副主席方星海表示，将逐步提高境外投资和持有境内证券期货经营机构的股比上限；2017 年 11 月，财政部副部长朱光耀在出席国新办会议时谈到，中方决定将单个或多个外国投资者直接或间接投资证券、基金管理、期货公司的比例限制放宽至 51%，三年后不受限制。

6 月 30 日，中国证监会批准设立汇丰前海证券有限责任公司、东亚前海证券有限责任公司，两家合资证券公司于 12 月开业。汇丰前海证券是内地首家港资控股证券公司，由香港上海汇丰银行有限公司与前海金融控股有限公司共同发起成立，双方占股比例分别为汇丰银行 51%、前海金控 49%。

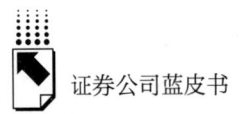

东亚前海证券由东亚银行有限公司和前海金融控股有限公司及另外两家内地公司（晨光控股有限公司持股20%、深圳银之杰科技股份有限公司持股26.1%）共同发起设立，其中东亚银行为第一大股东，持股比例为49%。外资控股证券公司的出现，意味着中国证券市场步入开放"加速期"。

5. 行业发展潜力依然巨大

随着供给侧改革和产业转型升级，那些代表着未来经济发展方向的中小企业、民营企业快速发展，他们在做大做强过程中迫切要求证券行业提供投融资、并购重组、财务顾问等专业服务，这就为证券行业带来新的发展机会。资本市场不断深化，股票、债券、基金深度融合，拓宽了证券行业的深度和广度，为证券公司创新发展带来机遇。同时，衍生品市场产品创新速度加快，股指期货、股票期权、商品期权以及2018年上市的原油期货等品种相继推出，为证券公司带来了业务机会。

服务实体经济是资本市场改革发展的稳固基石，证券公司可以协助实体企业"走出去"，发展国际业务。"一带一路"倡议的实施，不仅带来了大量的直接融资需求，也激发了更多国内企业和投资者"走出去"的热情。证券公司通过国际化战略，提高国际业务能力，发挥财务顾问的优势，帮助企业寻找和筛选标的，为企业提供财务顾问、联合股权投资、境内外股权融资、境内外债务融资等综合金融服务。"一带一路"倡议可以说为证券公司提供了成长和走向世界的机会。

分 报 告

Sub-reports

B.2
中国证券公司竞争力评价体系

摘　要： 随着证券市场的发展壮大，证券公司在引导金融资源合理流动、优化金融资源配置、促进经济发展等方面发挥着越来越重要的作用。在实行供给侧结构性改革和经济转型升级过程中，证券公司面临的压力与日俱增。不断提高自身竞争力是目前证券公司工作的重中之重，也是资本市场以证券公司为组织框架，更好地发挥金融资源配置功能的经济发展战略。一般来说，证券公司竞争力评价体系包括评价原则、评价对象、评价指标、评价方法和评价结果。本报告主要介绍中国证券公司竞争力评价研究动态，在遵循企业竞争力发展及评价客观规律的基础上，围绕证券行业发展现状构建中国证券公司竞争力评价指标体系，分析证券公司和行业竞争现状、变化及趋势。

关键词： 证券公司　竞争力评价　评价体系

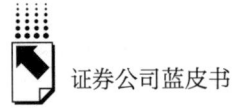

按照戈德史密斯（Raymond W. Goldsmith）和麦金农（Ronald I. Mckinnon）等人的金融发展理论（Financial Development Theory），一个国家证券行业的发展往往伴随着金融结构的优化和提高，证券行业及其管理的金融资产其实就是金融结构的重要组成部分。欧美等国投资银行发展历史和经验告诉我们，决定证券行业发展的关键因素是证券公司的差异化竞争战略。美国的证券行业呈现金字塔型的分布形态。自上而下看，位于塔顶的是个别几家超一流投行，例如高盛、美林、摩根士丹利，这些公司自身规模和客户资产规模庞大，业务复杂程度和国际化程度很高，在核心业务领域的市场份额具有较强的不可替代性；位于第二层的是为数不多的业务范围面向全国的综合类现代投行，例如花旗、摩根大通等，具有完整的业务、产品和服务链，能够向各类客户提供多层次、一站式的综合金融服务；位于第三层的是数量较多的专业化精品投行，例如分别关注于经纪业务、承销保荐业务和资产管理业务的嘉信、拉扎德、佩恩韦伯，这类公司围绕满足某一类客户，或专注于某个特定区域，或专注于某项专项业务，或发展某一类产品，走的是特色化经营道路；位于最底层的是大量的区域化小型投行，这些机构大多依托于大型投资银行，只办理一些特殊业务。

随着中国经济总量和全社会财富数量的快速增加，以及证券市场的发展壮大，证券业在引导金融资源流动、实现资源合理配置、促进经济发展等方面取得了显著的成果。在经济新常态背景下，证券公司由于自身的局限性以及国内国外环境带来的压力，所面临的市场竞争日趋激烈，不断提高自身的竞争力已成为目前证券公司工作的重中之重。为了更好地促进证券公司提高自身竞争力，中国证监会曾先后发文表示，要改变证券市场的制度，通过制度创新来提高整个行业的创新意识。同时，中国证监会自2010年开始，每年会对证券公司的风险控制能力、市场竞争力能力和合规管理水平三方面进行测评并对外公布分类评级结果。2017年，证券市场进一步加大了监管力度，依法、从严、全面监管成为金融体系防范系统性金融风险的重要保障。

本报告主要介绍中国证券公司竞争力评价研究动态，在遵循企业竞争力发展及评价客观规律的基础上，围绕证券行业发展现状构建中国证券公司竞争力评价指标体系，分析证券公司和证券行业竞争现状、变化及趋势。

一 证券公司竞争力评价研究现状

证券公司竞争力是指证券公司在资本市场上与国内外其他证券公司争夺市场份额以及生存空间的能力。不断提高自身的竞争力已成为目前证券公司工作的重中之重，证券行业竞争力的不断增强有助于资本市场合理配置金融资源。一般来说，竞争力评价体系由评价原则、评价对象、评价指标、评价方法和评价结果组成。党的十九大报告中明确提出要深化金融体制改革、提高直接融资比重，促进多层次资本市场的发展。证券市场作为资本市场重要组成部分，迫切需要提高行业竞争力，已有不少学者围绕证券公司竞争力展开研究，但目前并没有形成一套系统的、科学的评价体系。

加入 WTO 后，我国金融业有序对外开放。从那时起，国内金融机构开始秣兵厉马，做好与国外金融机构竞争的准备。因此，证券公司竞争力及竞争力评价也开始成为学界和业界的重点研究对象。谭显税（2002）首次从经营能力、盈利能力、创新能力和抵御风险能力四个方面构建了一套较为完整的评价指标体系。在已有的文献中，大部分研究的评价对象不够全面，不能真实地反映证券行业竞争力。张宗新等（2009）选取上海市证券公司为样本进行研究，衡量竞争力水平并与其他地方的证券公司比较，认为上海证券公司竞争力的提高受到金融创新、金融人才、交易机制和市场透明度的限制。王丽萍（2015）选取中国 6 个省份中 12 家上市证券公司为研究对象，比较不同省份上市证券公司竞争力水平的差异。事实上，大部分学者在选取样本时都倾向于先将整个行业的营业收入和总资产进行排名，然后选取排名靠前的为研究对象。2017 年证券公司营业收入 TOP20 占整个行业总收入的64.82%，这项指标近年来在 60% ~ 65% 区间波动，总资产也有类似情况。仅对行业内排名靠前的几家证券公司竞争力做出评价，并不能代表整个行业的竞争力水平，缺乏全面性。

近两年在全面从严监管政策下，证券公司风险控制、合规程度有所改善。不可忽视的是，证券公司仍然面临着盈利模式单一、服务实体经济能力不足等问题，以及境外金融机构、互联网金融机构的竞争和挑战。随着资本市场的发展，证券公司在金融资产配置中的作用越来越重要。证券公司必须克服竞争能力弱的缺陷，以适应服务实体经济的需要。

证券市场发展历史表明，由于缺乏科学、合理的竞争力评价体系和忽视对竞争力的培育，证券公司在发展过程中往往受市场因素影响较大。为了构建客观、系统、科学和全面的证券公司竞争力评价体系。许多学者进行了积极探索。从公司治理方面来看，王国海等（2004）和王聪等（2012）认为，证券公司股权集中度较高，对于公司经理人员的行为，缺乏一套完整的激励和约束机制，一系列的公司治理问题将会严重影响到证券公司竞争力的提高。从风险控制方面来看，证券公司不仅需要内部控制，也需要适当的外部控制，例如证监会对公司经营进行监督，刘增学等（2004）的研究表明，风险控制能力是证券公司竞争力的重要组成部分，建立健全风险控制体系是证券公司可持续发展的必要条件。

从经营和盈利方面来看，贺强等（2014）结合财务报表，选取资产总计、负债总计、所有者权益、交易性金融资产、手续费及佣金收入6个指标构成证券公司经营绩效的评价体系，研究认为证券公司的经营绩效与证券市场的走势密切相关，再次反映了证券公司盈利高度依赖二级市场表现的事实。万佳乐、李超伟（2017）以中国上市的证券公司以及美国的五大投资银行为研究对象，选取了ROA、ROE、营业收入、资产规模、营业部均收入、净资本6个指标，建立主成分分析模型以验证指标的显著性，得出中国证券公司竞争力明显不足，要全面提升竞争力的结论。

科学的研究方法对证券公司竞争力的评价至关重要。陈新国等（2003）建立了较为系统竞争力评价指标体系，但由于没有进行实证分析的研究，无法对指标的有效性进行证明。傅智能（2004）在分析证券公司竞争力时采用的是层次分析法，何晓斌（2006）首次将因子分析法运用到竞争力评价体系中，旨在避免对指标赋权重而导致主观性太强的后果。白涛（2013）

利用灰色关联度与理想点法进行组合，对 9 家上市证券公司进行研究综合评价，识别证券公司核心竞争力的构成要素，总结上市证券公司的经验、不足并提出建议。宋丹丹（2015）在结构方程模型基础上建立评价体系，分析影响证券公司竞争力水平的因素，认为证券公司提高竞争力应该注重总资产、净利润、人力资本等指标的提升。石宝峰、何绩欣、胡振等（2017）基于时序动态组合赋权评价模型，对中国 22 家上市证券公司的机制进行评价，认为偿债能力是决定上市证券公司竞争力的关键因素，各上市证券公司盈利能力、偿债能力、成长能力和营运能力存在差异。

现有研究大部分局限于证券公司某一项或某两项能力，缺少将经营、盈利、风险控制、创新等能力包括在内的客观全面的评价，在理解证券公司核心竞争力和评价指标选取中各有侧重，缺少对证券公司竞争力的系统性的综合评价。本报告在现有研究基础上，选取证券公司六大能力和共计 17 项二级指标构建综合竞争力评价体系。为保证评价过程和结果的科学性，以及保持证券公司之间和不同时期之间综合竞争力可连续比较的特性，我们将各项指标标准化后，利用层次分析和加权计算分析证券公司综合竞争力。

蒋健蓉等（2015）在总结欧美等多投资银行发展经验后提出，我国证券公司必将经历差异化发展阶段。未来中国证券行业将形成逐级分化的"金字塔"竞争格局。一方面，金融创新将推动证券行业的收入"蛋糕"快速变大，证券公司数量可能大大增加；另一方面，行业的收入和资本集中度明显提高，行业只能容纳下 10 家左右的大型全能投行，其他机构将朝着专业化和区域化的方向发展，针对某个细分市场进行服务，形成大量专项业务的精品机构或全能业务的区域霸主。此外，受"网络无边界"的理念影响，网络金融已经成为行业发展的共识并将演变成行业主流的服务模式。未来证券公司的金融服务按照"二八原则"实现分配，即 80% 的金融产品或服务都将通过互联网、移动终端等技术走向标准化、大众化、规模化；20% 的差异化、定制化、个性化的金融产品或服务需要借助实体经营网点的形式展开。

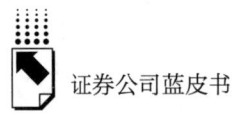

结合我国证券行业转型发展的趋势,重新建立科学有效的竞争力评价体系,对于证券公司而言,可以更准确地了解自身竞争能力,准确定位各项业务在市场中的位置,总结提高竞争力的方式和方法,掌握行业竞争发展的规律,进而采取适当的管理提高公司经营效率,改善业务结构和盈利模式,提升综合竞争力。对于行业自律组织而言,评价体系的建立及运用,为其了解行业发展全貌提供了方便,也有利于其参照评价结果,针对性地制定政策措施,引导和培育证券公司构建自身的核心竞争力。

二 证券公司竞争力评价方法

(一)证券公司竞争力评价指标体系

详细的中国证券公司竞争力评价方法请参阅《中国投资银行竞争力研究报告(2012)》,在此我们简单描述一下评价方法、构成指标体系的全部指标以及指标之间的逻辑关系。本报告的内在逻辑就是依据层次分析法原理,确定各定量因素 E_i 与证券公司竞争力之间存在的函数关系,即

$$C = f(E_1, E_2, E_3, E_4, E_5, E_6) \tag{1}$$

式中,C 为证券公司竞争力;E_i 为经营能力、盈利能力、风险控制能力、业务创新能力、业务结构优化能力和成长能力($i=1,2,3,4,5,6$)。

经营能力指标包括总资本、净资本、证券从业人员数量和构成等。受获取资料的限制,本报告主要从营业收入、资产规模、净资产三项指标来比较分析我国证券公司的经营能力;盈利能力指标包括 ROA、ROE 和单个营业部交易额排名三项指标;风险控制能力指标包括净资本与净资产比例、资本充足率、风险覆盖率、净资本和公司治理五项指标;业务创新能力指标包括中国证监会对证券公司进行分类监管的评级结果以及证券公司的研究能力(包括研究人员数量、研究报告数量、分析师评比获奖人次)两项内容;业

务结构优化能力采用非经纪业务收入占比指标衡量；成长能力包括营业收入增长率、营业利润增长率和资产规模增长速度三项指标。证券公司竞争力指标的计算公式为：

$$C = \sum_{i=1}^{6} E_i Q_i \qquad (2)$$

$$E_i = \sum_{j=1}^{n} e_{ij} q \qquad (3)$$

式中，E_i为经营能力、盈利能力、风险控制能力、业务创新能力、业务结构优化能力和成长能力指标；Q_i为各指标权重，$e_{i,j}$和$q_{i,j}$为决定前述各项指标的因素与权重（$i=1,2,3,4,5,6$；$j=1,2,3,4,\cdots,n$，$n=1,2,3,4,5$）。

（二）指标体系的构成

表1 证券公司竞争力评价指标体系

单位：%

评价指标	权重(Q_i)	分项评价指标	分项权重($q_{i,j}$)
经营能力(E_1)	25	营业收入($e_{1,1}$)	40
		资产规模($e_{1,2}$)	30
		净资产($e_{1,3}$)①	30
盈利能力(E_2)	25	ROA($e_{2,1}$)②	35
		ROE($e_{2,2}$)③	50
		单个营业部交易额排名($e_{2,3}$)	15
风险控制能力(E_3)	15	净资本与净资产比例($e_{3,1}$)	20
		资本充足率($e_{3,2}$)④	20
		风险覆盖率($e_{3,3}$)⑤	20
		净资本($e_{3,4}$)⑥	10
		公司治理($e_{3,5}$)	30
业务创新能力(E_4)	15	分类评级($e_{4,1}$)	50
		研究能力($e_{4,2}$)	50
业务结构优化能力(E_5)	10	非经纪业务收入占比($e_{5,1}$)⑦	100

续表

评价指标	权重(Q_i)	分项评价指标	分项权重($q_{i,j}$)
成长能力(E_6)	10	营业收入增长率($e_{6,1}$)	30
		营业利润增长率($e_{6,2}$)	30
		资产规模增长速度($e_{6,3}$)	40

注：①净资产＝资产－负债

②ROA（总资产收益率）＝净利润/资产规模

③ROE（净资产收益率）＝净利润/净资产

④资本充足率＝净资本/风险准备

⑤风险覆盖率＝净资本/各项风险准备之和

⑥净资本＝净资产－金融资产的风险调整－其他资产的风险调整－或有负债的风险调整－/＋中国证监会认定或核准的其他调整项目。

⑦非经纪业务收入占比＝1－（代理买卖证券业务净收入/手续费及佣金收入）

（三）评价指标的计算方法

根据表1列示的证券公司竞争力指标体系，在本研究报告中各指标具体计算办法如下。

1. 经营能力计算

$$E_1 = e_{1,1} \times 40\% + e_{1,2} \times 30\% + e_{1,3} \times 30\% \qquad (4)$$

式（4）中，E_1为经营能力分值，$(e_{1,i})$（$i=1, 2, 3$）为经营能力第i个二级指标的得分。

2. 盈利能力计算

$$E_2 = e_{2,1} \times 35\% + e_{2,2} \times 50\% + e_{2,3} \times 15\% \qquad (5)$$

式（5）中，E_2为经营能力分值，$(e_{2,i})$（$i=1, 2, 3$）为盈利能力第i个二级指标的得分。

3. 风险控制能力计算

$$E_3 = \sum_{i=1}^{3} e_{3,i} \times 20\% + e_{3,4} \times 10\% + e_{3,5} \times 30\% \qquad (6)$$

式（6）中，E_3为风险控制能力的分值，$(e_{3,i})$（$i=1, 2, 3, 4$）为风

险控制能力第 i 个二级指标的得分；$e_{3,5}$ 为公司治理指标，公司治理指标的计算方法如下：

$$公司治理 = 内部治理 \times 50\% + 外部治理 \times 50\%$$

其中，

$$内部治理 = (1/股权集中度) \times \beta$$

股权集中度采用第一大股东及其一致行动人的持股比例来衡量；β 取值为 2 或 1，公司上市赋值为 2，未上市赋值为 1。

外部治理采用近三年来中国证监会公布的证券公司分类评级结果变化和公司运行是否合规来衡量：A 类证券公司外部治理得分最高为 4 分，即经营合规、未被调降级别的 A 类证券公司其外部治理得分为 4 分；经营合规、被调降级别的 A 类证券公司外部治理得分为 3 分；非 A 类证券公司外部治理得分最高为 3 分，即经营合规、未降级的记为 3 分；非 A 类证券公司经营合规但被降级的记为 2 分；对于所有证券公司，若公司受到监管部门、行政部门或司法部门处罚则扣减 1 分，当公司面临未决诉讼以及公司董事、监事和高级管理人员出现违规现象也扣减 1 分。

4. 业务创新能力计算

对于创新能力的衡量，我们仍然区别于其他指标的计算方式（排名），继续采取计分的办法。本报告以分类评级和研究能力来综合评价业务创新能力，两者权重均为 50%，其中分类评级分数上限为 4 分；研究能力中，研究人员数量分数上限为 1 分，权重为 30%；研究报告数量分数上限为 2 分，权重为 30%；分析师评比获奖人次分数上限为 3 分，权重为 40%。各指标的得分计算情况如下。

（1）分类评级

本报告中分类评级得分由两部分构成：第一部分是根据中国证监会公布的前两个年度证券公司分类评级结果计算出的平均得分，第二部分是根据中国证监会公布的 2018 年证券公司分类评级结果计算出的得分，两部分的权重均为 50%。由于目前没有 D、E 类公司，因此分值从 C 级开始计分，每一个等级相差0.5分，即分类评价分值的计算方法为C级记为0.5分，CC级记为1分，CCC级记为1.5分，B级记为2分，BB级记为2.5分，BBB级计为3分，A级计为3.5分，AA级计分为4分。自2008年监管部门开始实行对证券公司分类监管以来，尚无获得AAA级的证券公司，最高评级为AA级。

（2）研究能力计算

$$S_{Research} = S_{Researcher} \times 30\% + S_{Report} \times 30\% + S_{Awards} \times 40\% \qquad (7)$$

式（7）中$S_{Researcher}$为研究人员数量得分，S_{Report}为深度研究报告数量得分，S_{Awards}为证券公司获奖情况得分。

5. 业务结构优化能力计算

$$E_5 = e_{5,1} \times 100\% \qquad (8)$$

式（8）中，E_5为业务结构优化能力分值，$e_{5,1}$为非经纪业务收入占比的得分。

6. 成长能力计算

$$E_6 = e_{6,1} \times 30\% + e_{6,2} \times 30\% + e_{6,3} \times 40\% \qquad (9)$$

式（9）中，E_6为成长能力分值，$(e_{6,i})$ $(i=1,2,3)$ 为成长能力第i个指标的得分。

三 分类监管下的证券公司分类

（一）证券公司业务分类

证券公司的业务主要为经纪业务、承销与保荐业务和资产管理业务等。本年度研究报告将经纪业务、承销与保荐业务、资产管理业务和全牌照业务分开，在证券公司单项指标排名中，根据其业务分类情况进行排名详见附表1。在131家证券公司中，拥有全牌照的证券公司有99家，非全牌照证券公司有32家。2017年新成立2家证券公司，分别为东亚前海证券有限责任公司和汇丰前海证券有限责任公司。

（二）证券公司监管分类

2016年12月，习近平总书记在中央经济工作会议上说："要把防控金融风险放到更加重要的位置，下决心处置一批风险点，着力防控资产泡沫，提高和改进监管能力，确保不发生系统性金融风险。"2017年证券行业围绕习近平总书记关于防范金融风险的系列讲话和全国金融工作会议精神，坚持依法从严全面监管，进一步加强制度建设和监管力度，行业合规意识和风险防控能力进一步增强。证券公司分类监管制度对促进证券公司加强合规管理、提升风险控制能力、培育核心竞争力，发挥了正向激励作用。为进一步提升分类监管制度的有效性，推动行业提高风险控制与合规经营水平，更好地服务实体经济，2017年7月，中国证监会在广泛征求行业意见的基础上研究修订了《证券公司分类监管规定》。这次修订内容包括五个方面。

一是分类监管制度框架保持不变。不改变目前以风险管理、合规经营为主要内容的评价体系，仅对相关评价指标根据实际需要进行改进。二是完善合规经营评价体系，加快依法全面从严监管的落实。完善监管措施，优化对风险事件的扣分机制，引导直接监管机构用好用足监管措施。客观、准确地识别证券公司在持续合规经营上的差异，引导公司按照监管导向依法合规、稳健经营。三是强化风险管理能力体系建设，加快全面风险管理能力的提升。完善风险管理评价指标和风控基础设施，引导证券公司资本实力强化、促进高端人才队伍专业化建设，形成精准计量各类风险、动态监测监控和有效应对风险的全面风险管理能力，实现风险管理全覆盖。四是坚持监管政策导向，引导证券行业突出主业。优化市场竞争力指标体系，剔除影响公司偏离主业、过度投机的因素，增加反映公司综合实力的指标，引导证券公司突出主业、做优做强，提升证券公司竞争力。五是为完善分类监管评价体系预留空间，增强制度适应性、有效性。对全面风险管理能力、合规管理能力、社会责任履行情况等进行专项定量评价，逐步提升风险管控能力在分类评价中的比重，确保分类评价结果切实管用、持续有效，不断提高监管资源配置的有效性。

B.3
中国证券公司单项指标排名

摘　要： 2017年，证券监管部门加大市场监管力度，全年市场小幅震荡，证券公司传统通道类业务同质化竞争严重，盈利空间继续萎缩。本报告通过对证券公司经纪类业务、投行类业务、资管类业务和财务指标中的单项指标进行排名对比，得出细分指标下证券公司竞争和业务排名情况。从业务分类来看，华泰证券经纪业务交易额排名第一位；广发证券IPO承销家数最多，达34家；主办券商申万宏源累计推荐新三板挂牌企业657家，继续位居榜首；中信证券发行集合理财产品365只，位居行业第一。从财务指标来看，中信证券和国泰君安在营业收入、净利润方面均分列第一名和第二名，中金公司增幅较大；中信证券总资产和净资产两项指标连续两年居首位；上海光大资产管理有限公司管理资产的ROA和ROE均位居榜首。通过对比可以很容易看出证券公司的差异化特征，并整体表现出强者恒强的态势。

关键词： 证券公司　财务指标　经纪业务　承销与保荐业务

2017年，国内证券市场小幅震荡，延续整体弱势格局，在强监管、防风险、降杠杆的宏观金融环境下，证券公司业务合规和风险管理要求趋严，展业难度加大。与此同时，证券公司传统通道类业务同质化竞争日益激烈，盈利空间持续压缩。2017年共有131家证券公司，较2016年新增2家，分别为汇丰前海证券和东亚前海证券。本报告对我国证券公司各项业务的单项指标进行排名,排名涉及经纪业务、承销与保荐业务、资产管理业务等主要业务指标及主要财务指标,证券公司一些主要指标的排名可参考本书附录部分。经纪业务是多数证券公司都会涉及的业务,其业务情况主要通过证券公司交易量、经纪业务收入、营业部部均交易量以及营业部部均收入来反映;证券公司承销与保荐业务情况主要用股票与债券主承销家数、主承销金额、主承销收入来描述;资产管理业务主要通过集合理财产品数量、资产数量反映。证券公司财务指标包括营业收入、净利润、总资产、净资产和净资本等方面内容。

一 业务指标

(一)经纪业务

1. 经纪业务市场概况

2017年,党中央、国务院加快推进和不断深化供给侧结构性改革,实施更加积极有效的财政政策和稳健中性的货币政策。受宏观经济回暖、市场利率上升和金融严监管的影响,股票市场结构性行情突出,上游行业和龙头企业受益于供给侧结构性改革和"三去一降一补",竞争格局改善,带来业绩好转,股价持续上涨;而绝大多数中小企业在新的竞争格局中则比较被动,效益不佳,股价持续下跌。整体上来看,A股市场总体呈现弱势格局,全年股基交易量为141.37万亿元,成交量和成交额已连续两年出现持续下降,成交量为8.71万亿股,同比下降7.29%;成交额为111.76万亿元,同比下降11.66%。A股市场日均成交额为4586.07亿元,较2016年下降了11.74%(见图1)。

互联网金融快速发展,开辟了证券公司移动端开户的新领域,简化了操作流程,在一定程度上打破了地域和空间束缚,便捷的开户方式让越来越多的人参与到二级市场交易之中。同时,允许一人多户监管政策的实施,降低了投资者在证券公司之间的转移成本,客户佣金议价能力明显提升,加剧了

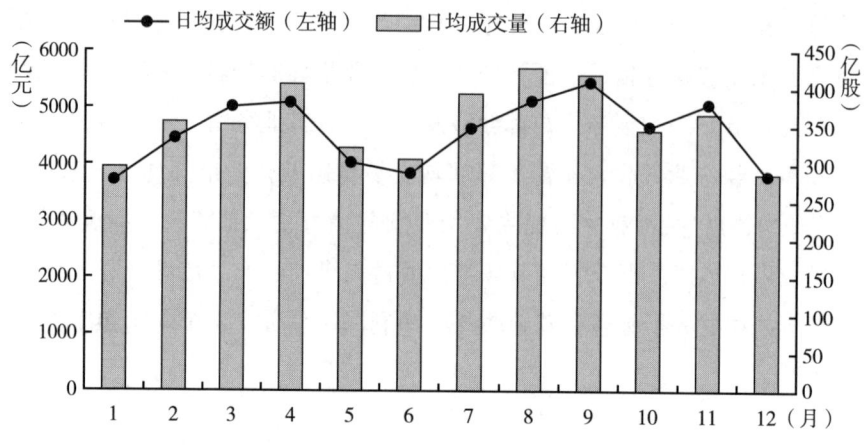

图1　A股市场日均成交量和成交额月度变化（2017年）

资料来源：Wind，齐鲁财富网。

各家证券公司经纪业务的竞争。2017年证券行业交易量继续萎缩，行业平均佣金率持续下降，佣金率水平继续保持下行态势，行业平均佣金率从2013年的0.08%下降至2017年的0.03%（见图2）。值得注意的是，整个行业平均佣金率下降速度显著放缓，但龙头证券公司佣金收入进入上升通道，比如中信证券（600030.SH）。

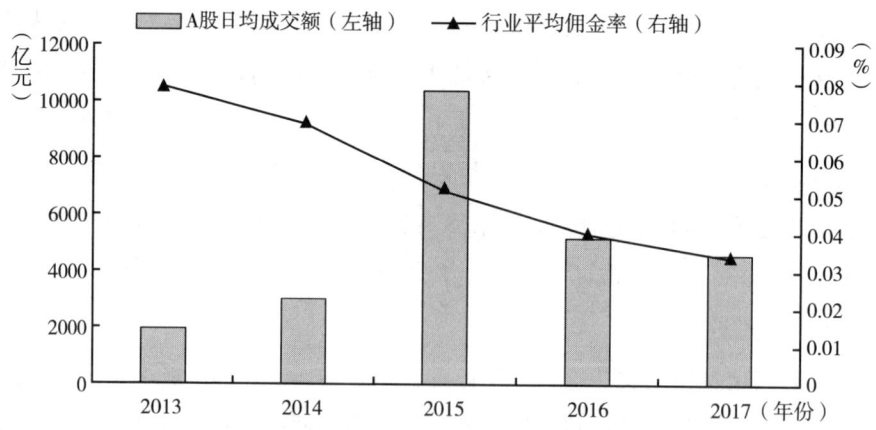

图2　股票市场日均成交额和行业平均佣金率（2013～2017年）

资料来源：Wind，齐鲁财富网。

2017年，131家证券公司经纪业务净收入为997.97亿元，同比下降18.85%，营收占比为22.98%，较2016年下降了5.1个百分点，经纪业务收入占比降至新低；承销与保荐业务净收入为605.32亿元，同比下降22.16%，营收占比13.94%，较2016年下降了3.72个百分点；资产管理业务净收入为310.21亿元，同比增长4.6%，营收占比7.14%，较2016年增加了2.28个百分点；自营业务收入为1201.34亿元，营收占比27.66%，较2016年大幅提高了14.68个百分点（见图3）。

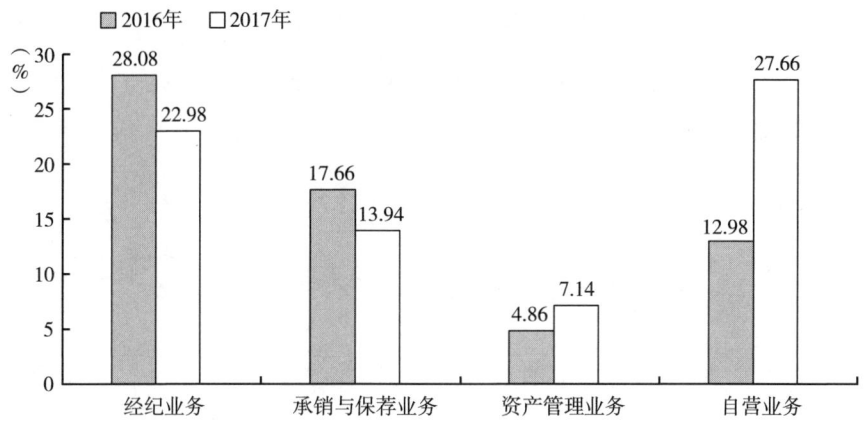

图3　证券公司营业收入结构比较（2016～2017年）

资料来源：Wind，齐鲁财富网。

2. 融资融券业务

2017年，94家证券公司开展融资融券业务，其中，融资融券余额超过500亿元的有6家，超过200亿元的有14家，和2016年保持一致。2017年末沪深两市的融资融券余额为10260.28亿元，同比增加9.24%，较2016年出现小幅增长。其中，年末融资余额为10215.75亿元，同比增加9.17%；年末融券余额为45.05亿元，同比增长29.49%（见图4、图5）。

从证券公司期末融资融券余额市场占比来看，中信证券（600030.SH）以650.11亿元的融资融券余额蝉联第一位，市场占比为6.34%；华泰证券（601688.SH）以588.13亿元的融资融券余额继续占据第二位，市场占比为

图4 证券行业融资融券余额年度趋势（2010～2017年）

资料来源：wind，齐鲁财富网。

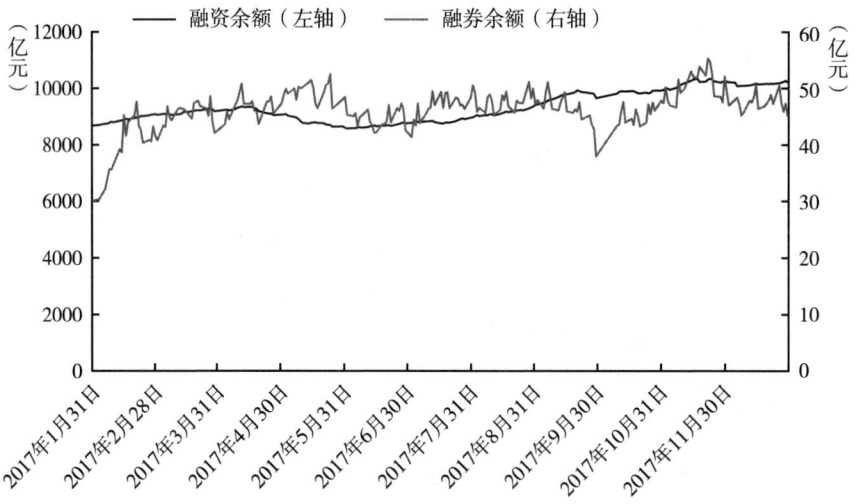

图5 证券行业融资融券余额月度趋势（2017年）

资料来源：wind，齐鲁财富网。

5.73%；国泰君安（601211.SH）以580.92亿元的融资融券余额和5.66%的市场占比上升到第三位，较2016年上升两个位次；广发证券（000776.SZ）融资融券市场占比为5.46%，较2016年小幅下降。值得注意的是，2017年中信建投（601066.SH）融资融券余额为464.09亿元，同比增长55.35%，市场占比为4.52%，跻身前10位。2017年末融资融券余额排名前10位的证券公司市场占比合计为50.78%，较2016年小幅上升，融资融券市场份额仍主要集中在大证券公司手中（见图6）。沪深两市融资融券交易统计情况见附录部分。

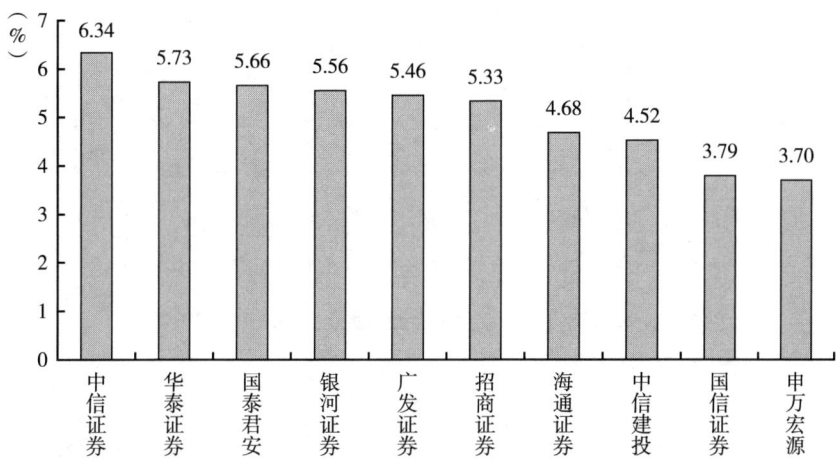

图6 证券公司融资融券市场占比TOP10（2017年）

资料来源：Wind，齐鲁财富网。

3. 经纪业务和经纪业务收入排名

从证券公司经纪业务交易金额来看，2017年共计实现241.88万亿元的交易金额，同比增长48.60%，较2016年实现一定幅度的增长。从证券公司具体排名来看，华泰证券（601688.SH）经纪业务交易金额为190138.96亿元，较2016年增长46.54%，蝉联第一位；国泰君安（601211.SH）经纪业务交易金额为126937.30亿元，同比增长87.76%，由2016年的第五位上升到第二位；中信证券（600030.SH）经纪业务交易金额为118403.53亿元，同比增长68.85%，排名不变，位列第三。在经纪业务交易金额TOP20的证券公司中，东方证券（600958.SH）和兴业证券（601377.SH）增幅最大，分别实现37588.24亿元、35943.74亿元的经纪业务交易金额和136.16%、100.24%的同比增长率，跻身前20行列（见图7）。

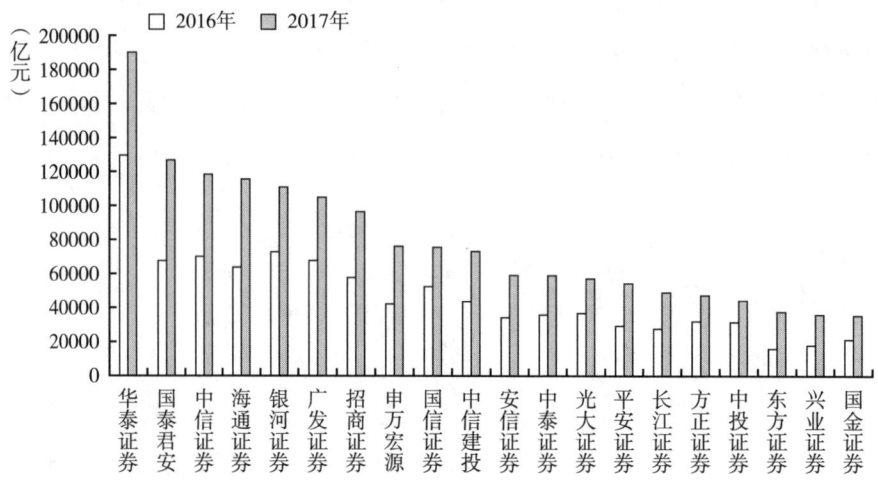

图 7　证券公司经纪业务交易额 TOP20（2016 年、2017 年）

资料来源：Wind，齐鲁财富网。

2017 年，我国证券公司未能实现经纪业务净收入和经纪业务交易金额的同步增长。证券公司合计经纪业务净收入为 997.97 亿元，同比下降 18.85%。从证券公司具体排名来看，2017 年经纪业务净收入位列前三的证券公司与 2016 年保持一致，中信证券（600030.SH）位列第一，经纪业务净收入 80.45 亿元，较 2016 年下降了 15.27%；国泰君安（601211.SH）位列第二，经纪业务净收入为 56.06 亿元，同比下降 20.58%；申万宏源（000166.SZ）位列第三，经纪业务净收入为 44.01 亿元，同比下降 25.36%。在经纪业务净收入 TOP20 的证券公司中，仅中金公司和平安证券 2 家实现正增长，中金公司增幅最大，实现 27.79 亿元的经纪业务净收入和 82.74% 的增长幅度，由 2016 年的第 21 位上升到第 12 位（见图 8）。

4. 营业部部均交易金额与营业部部均收入排名

2017 年，证券公司经纪业务交易金额出现小幅上升，但经纪业务净收入却出现同比下降，为进一步分析证券公司经纪业务交易及盈利状况，本报告对证券公司营业部部均交易金额和部均收入进行了排名。从营业部部均交易金额来看，平安证券以 2018.30 亿元/家的部均交易金额蝉联第一位；瑞

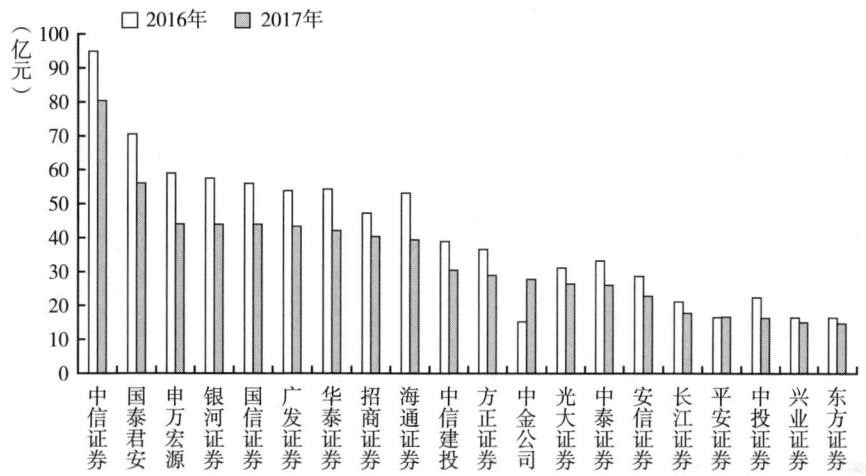

图8 证券公司经纪业务净收入TOP20（2016年、2017年）

资料来源：Wind，齐鲁财富网。

信方正和国都证券分别以1508.91亿元/家和1292.62亿元/家的部均交易金额居第二位和第三位（见图9）。

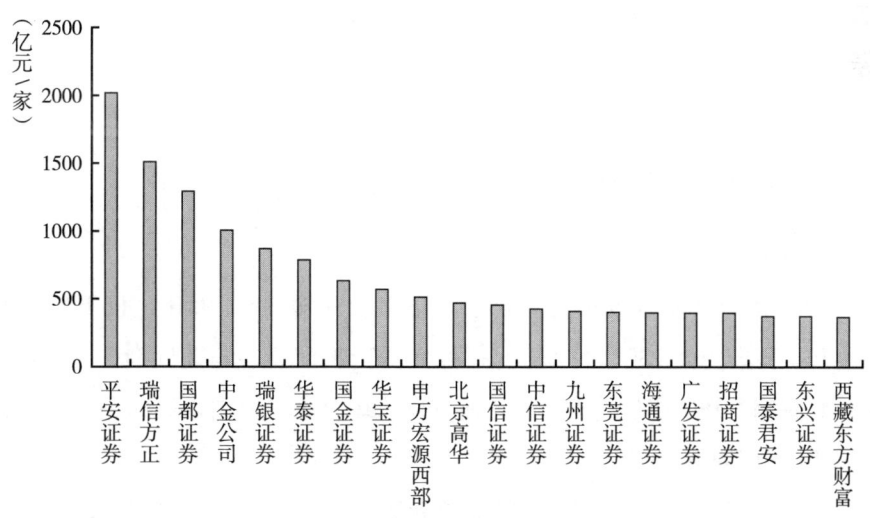

图9 证券公司营业部部均交易额TOP20（2017年）

资料来源：Wind，齐鲁财富网。

从营业部部均经纪业务收入来看，中金公司实现13235.51万元/家的部均经纪业务收入，位列第一；瑞银证券营业部部均经纪业务收入为6604.52万元/家，位列第二；平安证券实现6170.08万元/家的部均经纪业务收入，位列第三（见图10）。2017年证券公司部均交易金额及部均经纪业务收入排名详见附表4。

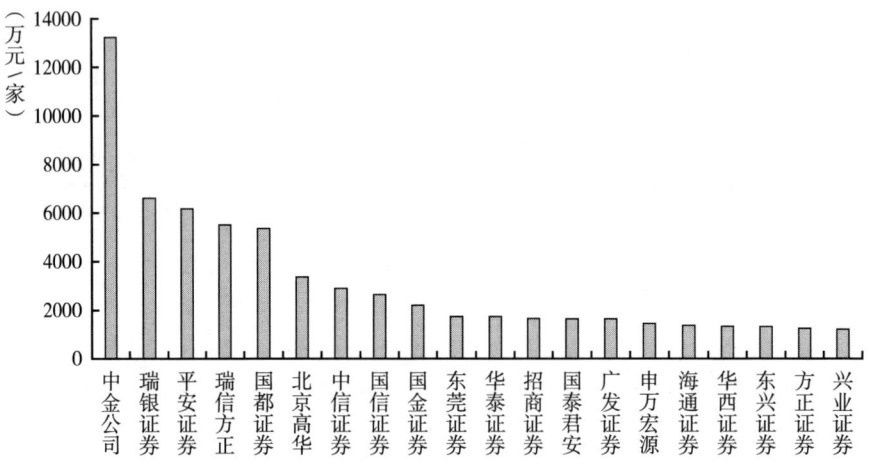

图10　证券公司营业部部均经纪业务收入TOP20（2017年）

资料来源：Wind，齐鲁财富网。

（二）承销与保荐业务

1. IPO业务概况

2017年IPO发行数量为438家，同比大幅增加92.95%，创下历史新高；IPO募集资金2301.09亿元，同比增长53.81%。与此同时，IPO被否率明显提高，IPO审核趋于严格，而首发暂缓表决、取消审核的企业数量相较2016年也明显增多。

从2017年证券公司IPO承销家数和所占市场份额的排名来看，广发证券（000766.SZ）位列第一，IPO承销家数为34家，占7.56%的市场份额，较2016年增加了19家；位列第二和第三的分别是中信证券（600030.SH）

和海通证券（600837.SH），IPO承销家数均为31家，占6.89%的市场份额（见图11）。从证券公司IPO承销金额和所占市场份额排名来看，中信证券（600030.SH）以210.99亿元的IPO承销金额和9.17%的市场份额位列第一，排名较2016年上升3个位次；广发证券（000776.SZ）位列第二，IPO承销金额为177.14亿元，占7.70%的市场份额；国信证券（002736.SZ）位列第三，IPO承销金额为152.76亿元，较2016年增加了97.41亿元，同比增长1.76倍，由第11位上升到第三位（见图12）。

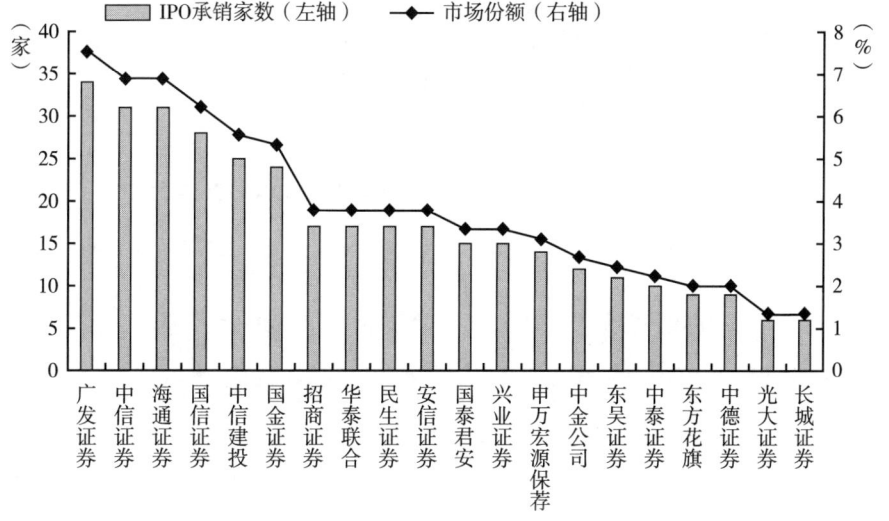

图11 证券公司IPO承销家数及市场份额TOP20（2017年）

资料来源：Wind，齐鲁财富网。

2. 股票再融资与债券承销业务概况①

2017年共有104家证券公司开展承销业务，合计承销数量8993只，较2016年增加1334只；全年证券公司承销金额合计61181.84亿元，较2016年下降8.70%；承销收入合计605.32亿元，较2016年下降22.16%。与

---

① 这里的股票再融资是指定向增发、配股、发售优先股等融资方式；债券承销业务包括可转债、可交换债、公司债、企业债、金融债、中期票据、定向工具、ABS等多种融资方式。

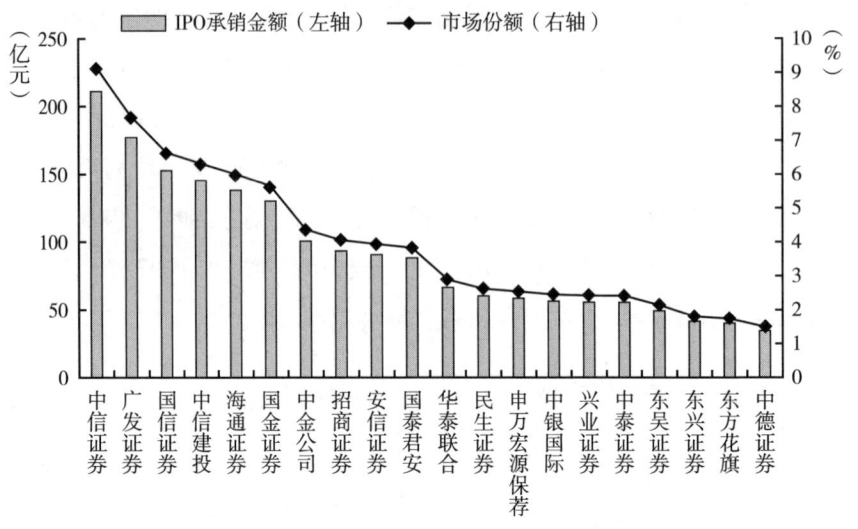

图 12　证券公司 IPO 承销金额及市场份额 TOP20（2017 年）

资料来源：Wind，齐鲁财富网。

IPO 相比，股票再融资是指已经上市的股票通过定向增发、配股、发售优先股等方式在股票市场上继续融资。从证券公司的承销数量来看，全年完成首发、增发、配股项目合计 985 家，其中首发（IPO）项目 438 家，占比 4.87%，较 2016 年增加了 1.58 个百分点；增发项目 540 家，占比 6.00%，较 2016 年减少了 2.53 个百分点；配股项目 7 家，占比 0.08%；可转债及各类债券发行项目合计 8008 只，较 2016 年增加了 1266 只，其中可转债发行 23 只，占比 0.26%；其他各类债券发行 7985 只，占比 88.79%，较 2016 年增加了 2.04 个百分点（见图 13）。

从证券公司在股票市场获得再融资家数来看，共有 69 家证券公司获得 655 家股票再融资项目。排名第一位的是中信建投（601066.SH），共计为 50 家公司实施了再融资业务；紧随其后的是中信证券（600030.SH），共计 48 家，与中信建投（601066.SH）仅差 2 家；国泰君安（601211.SH）和华泰联合证券都为 39 家，并列第三位；其余证券公司股票市场再融资家数依次递减（见图 14）。从债券市场承销家数来看，共有 104 家证券公司合计获

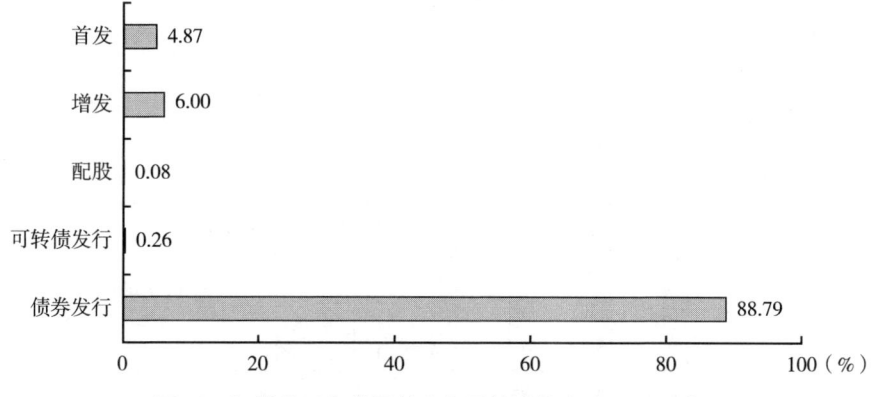

图13 证券公司各类承销业务承销家数占比（2017年）

资料来源：Wind，齐鲁财富网。

得8019只债券的发行融资。同股票再融资排名不同，中信证券（600030.SH）承销债券725只，数量位居券商首位，紧随其后的是中信建投（601066.SH），承销债券数量为635只，两家证券公司遥遥领先于其他证券公司。承销债券数量前10名的证券公司共计承销4109只，占全部承销数量的51.24%（见图15）。

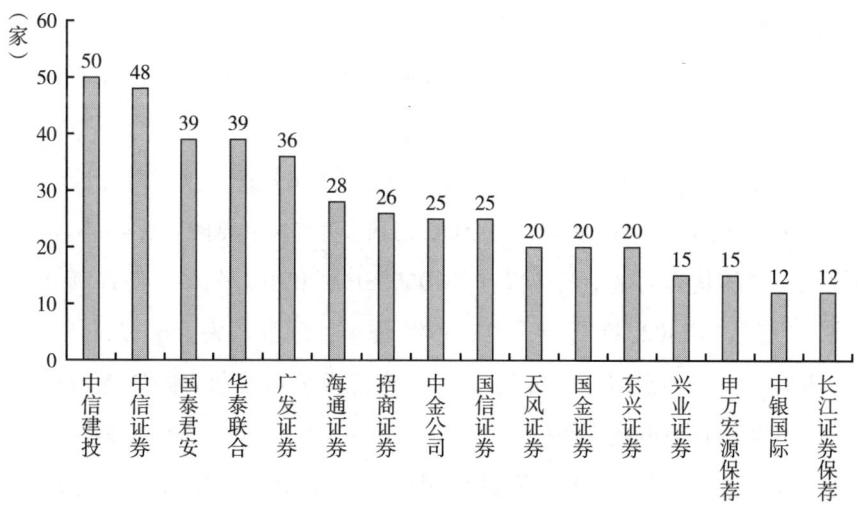

图14 证券公司股票市场再融资家数排名TOP10（2017年）

资料来源：Wind，齐鲁财富网。

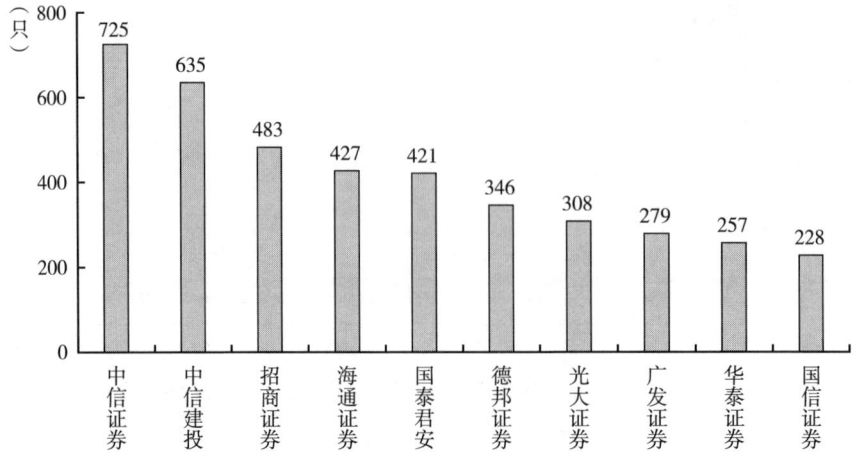

图 15 证券公司债券市场承销数量排名 TOP10（2017 年）

资料来源：Wind，齐鲁财富网。

从证券公司承销金额来看，首发承销金额为 2301.46 亿元，占比 3.76%，较 2016 年增加了 1.31 个百分点；增发承销金额为 12711.17 亿元，占比 20.78%，较 2016 年增加了 4.54 个百分点；配股承销金额为 362.96 亿元，占比 0.59%；可转债承销金额为 602.72 亿元，占比 0.99%；债券发行承销金额为 45203.52 亿元，占比 73.88%，较 2016 年下降了 5.84 个百分点（见图 16）。

从证券公司在股票市场上再融资金额来看，69 家证券公司合计融资金额 13074.13 亿元。中信证券（600030.SH）融资额达到 1726.43 亿元，位居第一；紧随其后的是中信建投（601066.SH）和中金公司，融资额分别为 1446.58 亿元和 1402.27 亿元，两者差距较小；国泰君安（601211.SH）以 1035.93 亿元的融资额位居第四。以上 4 家证券公司股票再融资额均超过千亿元，占据总股票再融资额的 42.92%。另外，华泰联合证券股票再融资额也达到近千亿元，其余 64 家证券公司股票再融资额均未过 500 亿元（见图 17）。

从债券市场发行金额来看，共有 104 家证券公司合计发行债券

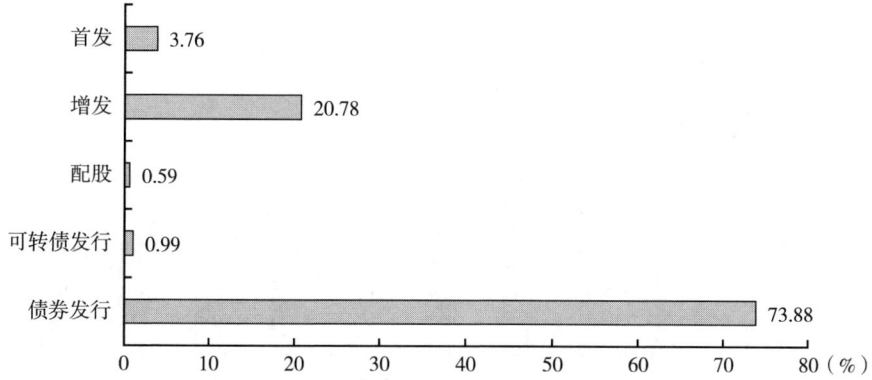

图 16　证券公司各类承销业务承销金额占比（2017 年）

资料来源：Wind，齐鲁财富网。

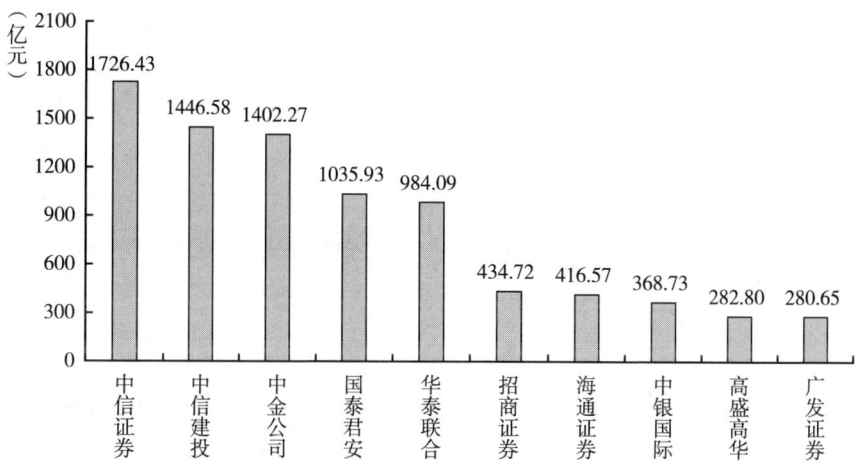

图 17　证券公司股票市场再融资额排名 TOP10（2017 年）

资料来源：Wind，齐鲁财富网。

45812.71 亿元。其中，共有 13 家证券公司债券发行金额过千亿元，合计发行 29653.26 亿元，占所有券商债券发行金额的 64.73%。中信证券（600030.SH）以 5066.93 亿元的债券发行金额居第一位（见图 18）。

从承销业务净收入来看，全年证券公司承销业务净收入合计 605.32 亿

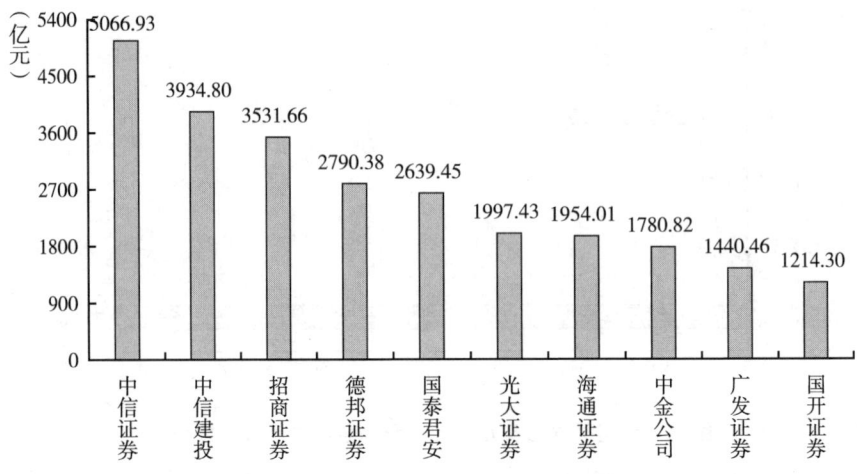

图18 证券公司债券市场承销额排名TOP10（2017年）

资料来源：Wind，齐鲁财富网。

元，证券公司主承销收入合计180.28亿元。其中，证券公司主承销首发收入合计150.13亿元，较2016年同比增长67.31%，占比83.28%；增发收入合计26.52亿元，同比减少57.80%，占比14.71%；配股收入2.02亿元，同比增长90.67%，占比1.12%；可转债收入1.63亿元，同比减少39.60%，占比0.90%（见图19）。

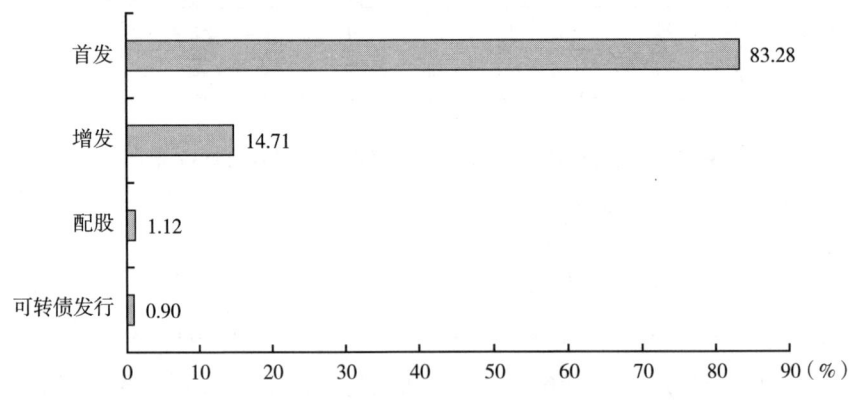

图19 证券公司各类承销业务承销收入占比（2017年）

资料来源：Wind，齐鲁财富网。

从证券公司股票市场再融资收入来看，共有49家证券公司合计收入32.56亿元。股票市场再融资承销收入金额超过1亿元的证券公司共有10家，10家证券公司共计收入19.09亿元，占全部收入的58.63%。中信证券（600030.SH）收入金额达3.59亿元，居第一名；紧随其后的是国泰君安（601211.SH），收入金额为2.69亿元；收入排行第三和第四名的是中信建投（601066.SH）和东兴证券（601198.SH），收入分别为2.26亿元和2.02亿元；其余证券公司收入金额均在2亿元之下（见图20）。从可转债发行收入来看，4家证券公司发行可转债收入合计1.63亿元，其中，安信证券以8711.95万元的收入居第一位，占4家证券公司可转债收入的53.37%；其余3家证券公司分别为国信证券（002736.SZ）、广发证券（000776.SZ）和招商证券（600999.SH），可转债发行收入分别为3700.00万元、3000.00万元和848.00万元（见图21）。

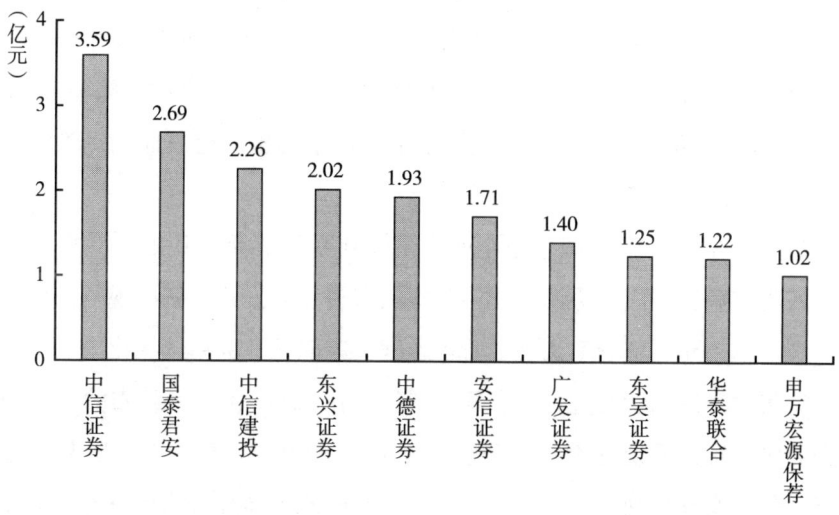

图20　证券公司股票市场再融资收入TOP10（2017年）

资料来源：Wind，齐鲁财富网。

3. 新三板业务

2017年4月24日，全国人大常委会对《证券法》修订草案进行了二审，明确新三板为多层次资本市场中的一层。目前我国已初步形成了由主

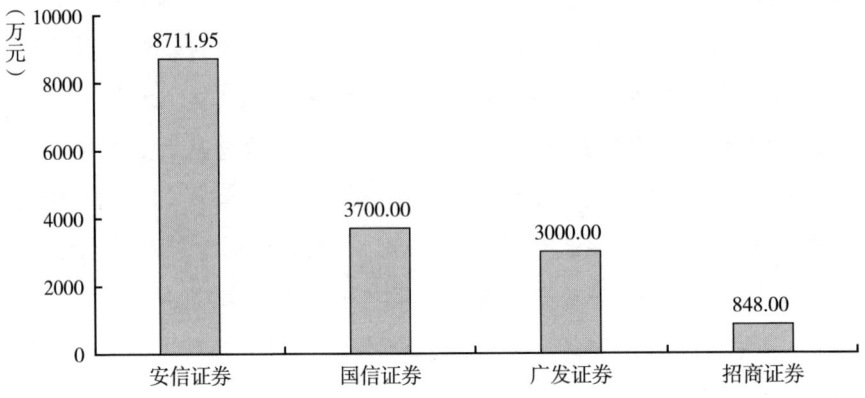

图21 证券公司可转债收入排名（2017年）

资料来源：Wind，齐鲁财富网。

板、中小板、创业板、股转系统和区域股权交易中心构成的多层次资本市场体系，通过不同层次市场的相互补充能更有效地匹配不同企业的融资需求。截至2017年末，股转系统有挂牌企业11630家，占股权市场全部上市/挂牌企业数量的13.02%。作为多层次资本市场体系的重要组成部分，股转系统的发展引人注目。

2017年12月，《全国中小企业股份转让系统股票转让细则》发布，通过引入集合竞价、优化协议转让、巩固做市转让等方式，解决现行协议转让方式定价不公允、市场不认可、监管难度大等问题，为后续深化改革交易制度，持续改善流动性奠定基础、预留空间。在2017年12月发布的《全国中小企业股份转让系统挂牌公司分层管理办法》中，对新三板分层制度进行改革，包括调整净利润标准、营收标准，共同准入增加合格投资者人数不少于50人等，将维持标准改为合法合规为主。新三板市场挂牌公司的信息披露制度并不像主板上市公司那样严格，披露程序也比较简单，体现在新三板定期报告披露的频次低、内容少、承担督导责任的单位不同等方面。因挂牌企业准入门槛低，企业质地参差不齐，信息披露质量普遍不高，信息披露不及时、不完整、不真实的情况频发。以年报披露为例，2017共有108家公司未能按照规定时间披露2016年年度报告,由此看来,即便新三板监管持续升级,但还是有不少挂牌企业触碰信息披露违规的红线。因此,在2017年12月颁布的《全国中小企业股份转让系统全国信息披露细则》中对信息披露方面提出更高要求,并区别对待、差异化进行,对信息真实性、完整性的监管要求进一步提高。

(1) 推荐挂牌业务

截至2017年末,新三板挂牌企业合计11630家,当年新增挂牌企业1467家,总股本6756.73亿股,总市值高达4.94万亿元,分别较2016年增长15.47%和21.81%,新三板市场持续扩容,但增长速度较2016年出现下降(见图22)。从主办证券公司角度来看,申万宏源(000166.SZ)蝉联2017年推荐挂牌家数第一名,累计推荐挂牌657家,较2016年增加15家;位列第二名的仍为安信证券,累计推荐挂牌609家,较2016年增加了75家;位列第三的为中泰证券,累计推荐挂牌486家,较2016年增加40家,名次保持不变(见图23)。

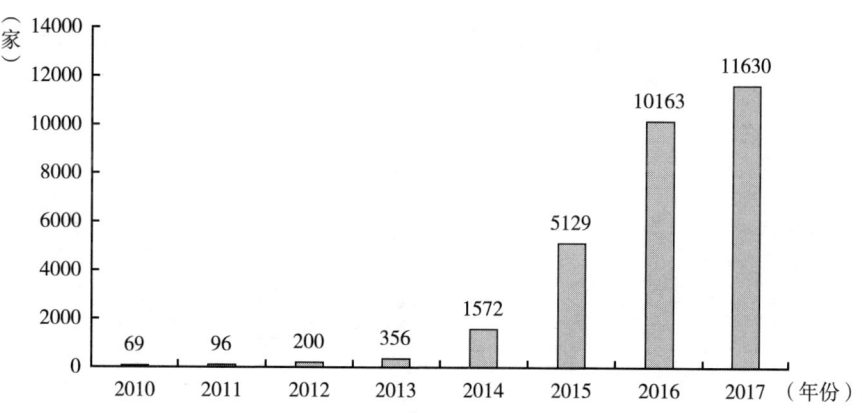

图22 新三板市场挂牌公司家数(2010~2017年)

资料来源:全国中小企业股份转让系统,齐鲁财富网。

(2) 融资规模

2017年,新三板股票发行次数合计为2725次,较2016年减少215次;

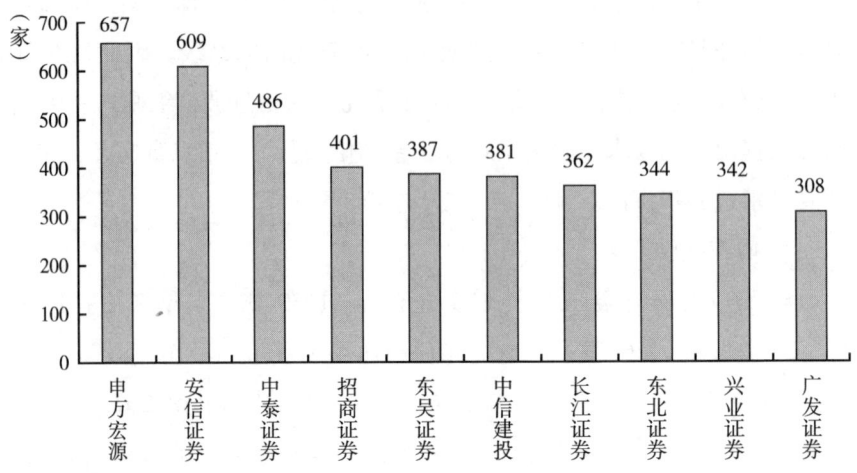

图 23 主办证券公司推荐挂牌家数 TOP10（2017 年）

资料来源：全国中小企业股份转让系统，齐鲁财富网。

发行股数为 239.26 亿股，同比减少 55.35 亿股；融资金额为 1336.25 亿元，同比下降 4.09%。不管是新三板的发行次数、发行数量还是融资金额，都出现了近年来的首次下降（见图 24）。从主办证券公司的发行承销情况来看，2017 年发行承销次数最多的是安信证券，发行次数为 154 次，融资

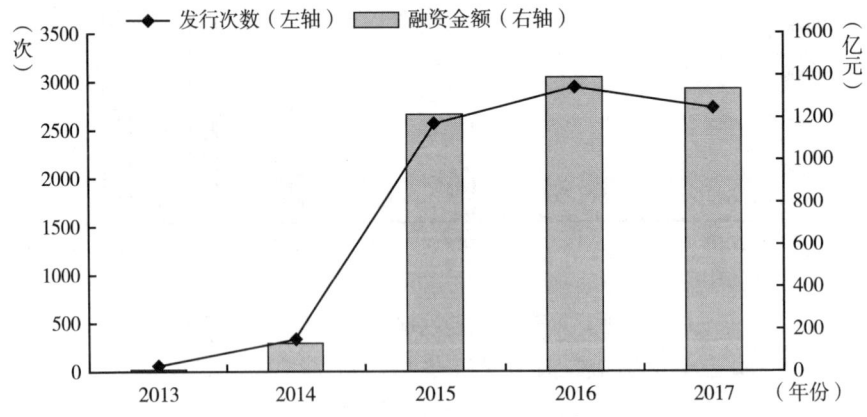

图 24 新三板市场融资情况（2013~2017 年）

资料来源：全国中小企业股份转让系统，齐鲁财富网。

46.38亿元；位列第二名的是申万宏源（000166.SZ），发行次数为151次，融资金额为72.97亿元；中信建投（601066.SH）以110次的发行次数位列第三名，融资金额为75.45亿元（见图25）。从主办证券公司的发行融资金额来看，招商证券（600999.SH）以99.58亿元的融资金额和7.45%的市场占比位列第一名，较2016年上升了6个位次；位列第二名的是中金公司，融资金额为83.49亿元，占比为6.25%，跻身前十行列；中信建投（601066.SH）融资金额为75.45亿元，位列第三名，占比为5.65%。而2016年位列第一名的中信证券（600030.SH）融资金额为47.2亿元，同比下降66.67%，占比为3.53%，位列第七名（见图26）。

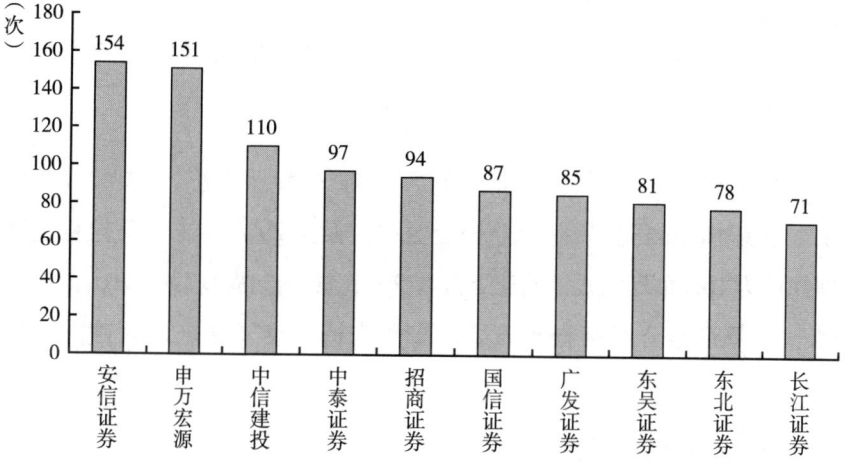

图25　主办证券公司发行次数TOP10（2017年）

资料来源：全国中小企业股份转让系统，齐鲁财富网。

（三）资产管理业务

1. 证券公司资产管理业务市场环境

2017年11月，中国人民银行、中国银监会、中国证监会、中国保监会和国家外管局联合发布了《关于规范金融机构资产管理业务的指导意见（征求意见稿）》，从监管部门的角度进一步强化了金融去杠杆的思路。在监

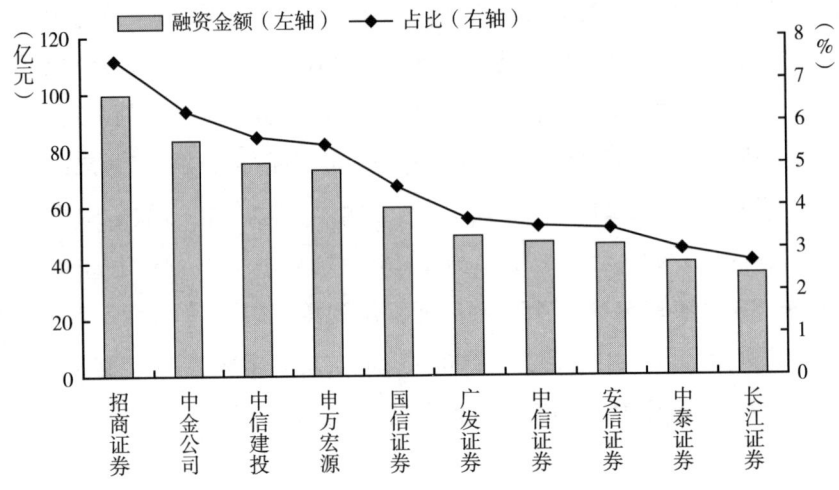

图 26　主办证券公司发行融资金额 TOP10 及占比（2017 年）

资料来源：全国中小企业股份转让系统，齐鲁财富网。

管部门推动金融去杠杆的背景下，证券公司资产管理业务整体规模出现明显缩水。根据中国证券投资基金业协会数据，截至 2017 年末，证券行业资产管理规模为 16.88 万亿元，同比下降 3.9%；资管产品 2.27 万只，同比下降 8.2%。这是证券公司资管业务规模多年来持续突飞猛进之后首次出现负增长。

2. 证券公司资产管理业务发展概况

随着资管行业去通道、降杠杆、防风险的推进，2017 年证券公司资管业务规模明显收缩。根据中国证券投资基金业协会公布的数据，截至 2017 年末，我国证券公司资管业务存续产品合计 22745 只，较 2016 年减少 3069 只；证券行业资产管理规模为 16.88 万亿元，同比下降 3.9%；资产管理业务净收入 310.21 亿元，同比增长 4.6%。2012 年以来，证券行业资产管理业务收入实现逐年增长。虽然证券行业资管规模整体在下降，但资管业务收入依然维持正增长。从各项业务占比来看，定向资产管理业务占绝对比重，集合资产管理业务、专项资产管理业务等占比较低，业务结构有待进一步完善。

证券公司资产管理业务包括定向业务、集合业务、专项业务、直投子公司的直投基金业务。从证券公司资管产品具体类型来看，2017年集合计划存续产品合计3718只，较2016年增加了147只，占比16.35%，实现21124.99亿元的资产净值，同比出现小幅下降，占比12.51%；定向资管计划存续产品18298只，较2016年减少了1898只，占比80.45%，资产净值合计14.39万亿元，同比下降2.04%，占比82.25%；专项资管计划存续产品15只，占比0.07%，资产净值为89.08亿元，占比0.05%；直投子公司只有基金，合计714只，占比3.14%，资产净值3690.79亿元，占比2.19%（见图27、图28）。

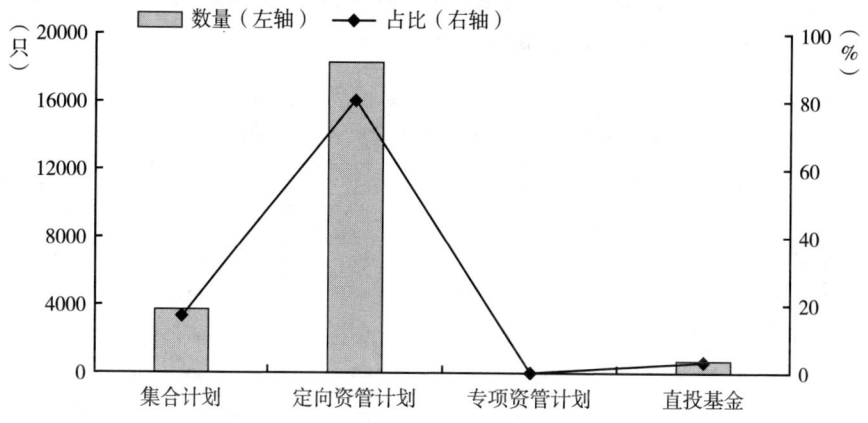

图27　证券公司资管业务产品数量及占比（2017年）

资料来源：中国证券投资基金业协会，齐鲁财富网。

根据中国证券业协会发布的《中国证券业发展报告（2017）》，另类产品及混合型产品在2017年获得的收益情况较为优秀。截至2017年末，统计的3498只产品中有2764只实现正收益，占比为79%，证券公司集合资产管理的平均收益率为4.19%。分产品类型来看，2017年FOT（信托投资基金）、FOF（基金中的基金）以及混合型产品的收益率均超过6%，股票型、货币市场型产品收益率则相对较低（见表1）。

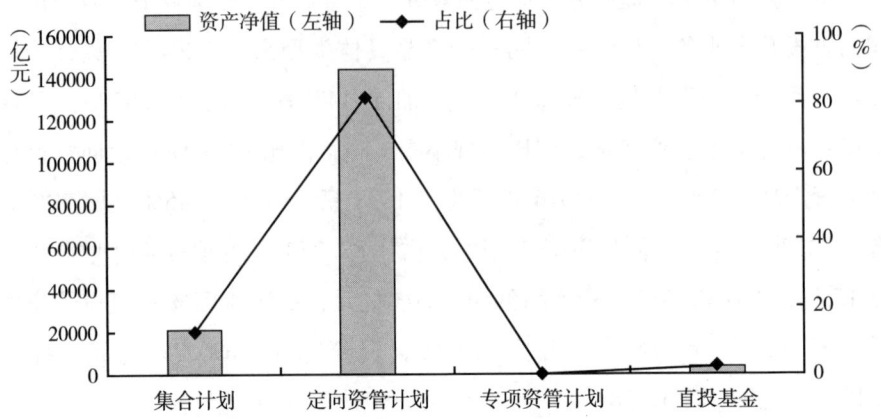

图 28　证券公司资管业务资产净值及占比（2017 年）

资料来源：中国证券投资基金业协会，齐鲁财富网。

表 1　证券公司集合资产管理收益统计（2017 年）

产品类型	近一年平均收益率(%)	正收益数（只）	负收益数（只）	正收益比例（%）	负收益比例（%）
FOF	6.04	102	36	73.90	26.10
FOT	7.87	142	8	94.70	5.30
QDII	3.10	16	16	50.00	50.00
股票型	2.91	127	90	58.50	41.50
混合型	6.55	705	339	67.50	32.50
货币市场型	0.99	441	1	99.80	0.20
债券型	3.09	1231	244	83.50	16.50
综合统计	4.19	2764	734	79.00	21.00

资料来源：中国证券业协会，齐鲁财富网。

3. 证券公司资产管理业务分析

2017 年，全国金融工作会议要求金融行业回归本源、优化结构、强化监管。"一行三会"在降低金融杠杆、打击资金空转、清理资金池等方面出台了一系列政策。这些政策将引导资产管理行业盈利模式从监管套利、利差套利逐步转向为资产配置、资产定价。随着监管政策的密集出台，资产管理行业整体从高速增长转向中速增长，行业竞争逐步从同质化转向差异化，证券公司资产管理业务的发展面临着巨大机遇和挑战。

从全行业资产管理业务收入占比来看，仅有德邦证券、华信证券、第一创业、中邮证券4家证券公司资产管理业务收入占总营业收入的比重超过30%。其中，德邦证券资产管理业务收入占比高达42.98%，华信证券资产管理业务收入占比也高达42.21%（见表2）。中信证券（600030.SH）总营业收入居全国证券行业的首位，但公司资产管理业务的营业收入占比相对偏低，仅为4.50%。通过对证券公司年报数据进行梳理发现，由于各证券公司在经营规模上存在巨大差异，各公司业务占比情况也不尽相同。部分证券公司资产管理业务营业收入占比明显偏高，佣金收入以及投资银行业务收入占比相对偏低，这些证券公司的营业收入较为集中。营业收入集中于资产管理业务虽然可以为证券公司带来可观的收益，但这样也蕴含着巨大的经营风险。

表2　证券公司资产管理业务收入占总营业收入比重TOP20

单位：万元，%

排名	公司简称	总营业收入	占比
1	德邦证券	189641.78	42.98
2	华信证券	83030.04	42.21
3	第一创业	195166.87	35.28
4	中邮证券	36060.94	33.58
5	太平洋证券	129689.56	28.94
6	中银国际	306752.58	27.84
7	东方证券	1053151.13	26.79
8	天风证券	298616.17	25.05
9	财通证券	401153.37	22.02
10	光大证券	983814.78	19.80
11	华福证券	300100.00	18.81
12	华融证券	681228.95	17.97
13	联储证券	70807.49	17.19
14	华林证券	64279.26	16.47
15	华创证券	144572.67	16.05

续表

排名	公司简称	总营业收入	占比
16	宏信证券	77376.98	15.79
17	中山证券	103670.78	13.99
18	湘财证券	134828.66	13.49
19	开源证券	99916.63	12.48
20	东吴证券	414424.05	12.39

注：由于数据采集存在较大的难度，本表格数据来源于证券公司年报资产管理业务介绍板块以及证券公司合并报表等。

资料来源：中国证券业协会，证券公司年报，齐鲁财富网。

通过统计数据看，资产管理营业收入占比排在前20位的证券公司中，仅东方证券（600958.SH）总营业收入超过100亿元，占比为26.79%，其余19家证券公司营业收入规模并不是特别大。据统计，东方证券（600958.SH）主要通过全资子公司东证资管开展资产管理业务，2017年，东证资管主动管理权益类产品的年化回报率为56.25%，同期沪深300指数回报率为21.78%。自2005年至报告期末，东证资管主动管理权益类产品的平均年化回报率25.16%，同期沪深300指数平均年化回报率为12.79%。截至2017年末，公司受托资产管理规模为2143.92亿元，较上年同期增长39.12%，主动管理规模突破2000亿元，占比高达98.02%，远超券商资管行业平均水平。据中国证券业协会统计，东证资管受托资产管理业务净收入行业排名第一位。东方证券资产管理规模情况见表3。

表3 东方证券资产管理规模情况

单位：百万元

资管业务名称	2016年	2017年
集合资产管理计划	29202.13	51544.49
定向资产管理计划	77909.87	75459.66
专项资产管理计划	10723.27	12054.49
券商公募基金	36272.98	75333.28
合计	154108.25	214391.92

注：数据为2016年、2017年年底的时点数据。

资料来源：东方证券年报，齐鲁财富网。

德邦证券资产管理营业收入占比明显偏高，公司其他业务收入占比不足60%。据德邦证券年报，公司在2017年共发行106只企业资产证券化项目，发行规模超过2700亿元，累计发行数量与规模保持行业第一位。截至2017年底，德邦证券资产管理业务规模高达5277.90亿元，与2016年同期相比增长28.53%，其中正在管理的156只定向资产管理计划规模高达2418.75亿元，54只集合资产管理计划规模达到142.79亿元，112只专项资产管理计划规模为2716.37亿元。

二 财务指标

（一）主要财务指标分析

经过20多年的发展，我国证券市场规模不断壮大，市场体系不断完善，制度体系也不断健全。随着证券市场的发展，证券行业也经历了不断规范完善、日益发展壮大的过程。2017年，131家证券公司实现营业收入4343.25亿元，较2016年下降了0.81%；当期实现净利润1362.31亿元，同比下降了7.74%。尽管全国证券公司数量在持续增加，但其营业收入和净利润却连续两年呈下降趋势，净利润下降幅度超过营业收入近7个百分点，说明近两年来，我国证券公司盈利能力持续下降。值得注意的是，2017年证券公司营业收入和净利润的降幅较2016年略有收窄（见图29）。131家证券公司中有125家公司实现盈利，占证券公司总数的95.42%，较2016年下降了2.25个百分点。6家证券公司净利润为负，分别为东亚前海证券、摩根士丹利华鑫、华信证券、华菁证券、汇丰前海证券和中天证券，亏损最严重的是中天证券，亏损金额高达2.2亿元，而华菁证券已连续两年净利润为负。2017年证券公司总资产、净资产和净资本较2016年均呈现小幅同比增长，总资产合计7.59万亿元，同比增长4.26%；净资产合计2.02万亿元，同比增长12.22%；净资本合计1.55万亿元，同比增长6.90%。①

从具体业务收入来看，2017年证券公司实现经纪业务净收入997.97亿元，同比下降18.85%；承销与保荐业务净收入605.32亿元，同比下降22.16%；资产管理业务净收入310.21亿元，同比增长4.64%。另外，2017年证券公司行业ROA均值为2.65%，ROE均值为6.29%，ROA和ROE继续呈现下降趋势，分别较2016年下降了1.09个和3.31个百分点，这两项指标衡量的是证券公司的盈利能力，指标的下降代表着证券公司盈利能力的持续下降。

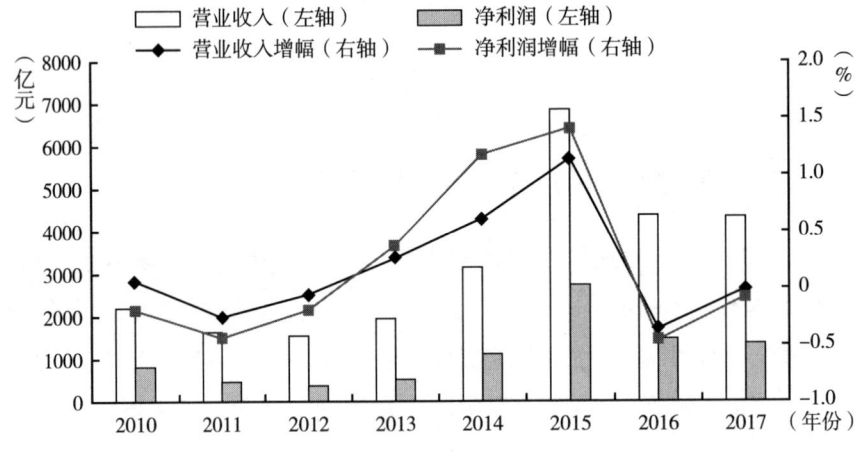

图29 证券公司营业收入和净利润比较（2010~2017年）

资料来源：Wind，齐鲁财富网。

（二）主要财务指标排名

1. 营业收入和净利润排名

2017年我国证券公司实现营业收入4343.25亿元，同比下降0.81%。从证券公司营业收入具体排名来看，证券公司前三名和2016年保持一致，中信证券（600030.SH）营业收入为432.92亿元，同比增长13.92%，蝉联第一位；海通证券（600837.SH）营业收入282.22亿元，同比增长0.75%，

---

① 为了更加详细地对证券公司财务指标进行对比分析，本节采用Wind资讯数据。

位列第二；国泰君安（601211.SH）营业收入238.04亿元，同比下降7.61%，位列第三。在营业收入TOP20的证券公司中，中金公司和东方证券（600958.SH）的增幅较大，分别实现112.09亿元、105.32亿元的营业收入和53.08%、53.14%的同比增长，排名均上升7个位次，位列第11名和第12名，TOP20的证券公司中有9家2017年营业收入出现同比下降（见图30）。

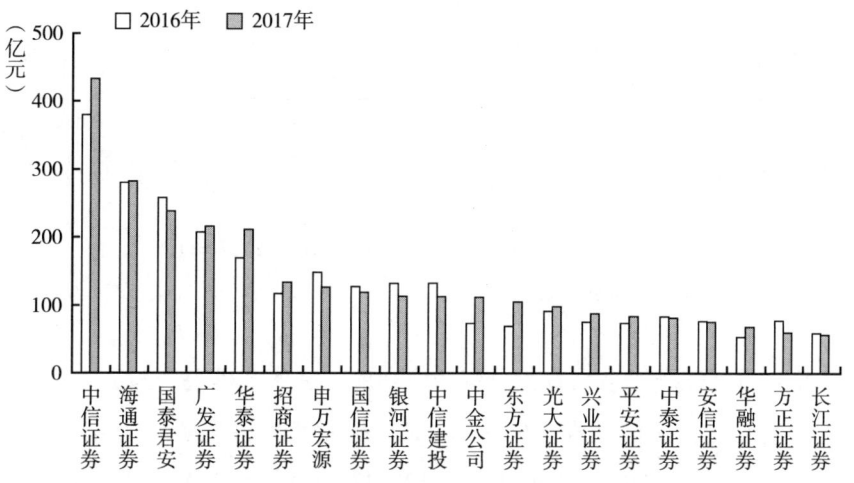

图30　证券公司营业收入TOP20（2016~2017年）

资料来源：Wind，齐鲁财富网。

2017年证券公司当期实现净利润1362.31亿元，同比下降7.74%。从证券公司净利润具体排名来看，中信证券（600030.SH）2017年净利润为119.77亿元，同比增长9.07%，由2016年的第二位上升到第一位；国泰君安（601211.SH）净利润为104.83亿元，同比下降7.66%，位列第二名；海通证券（600837.SH）净利润为98.76亿元，同比增长10.58%，位列第三名。在净利润TOP20的证券公司中，中金公司增幅最大，2017年实现净利润28.11亿元，同比增长52.77%，由2016年的第21名上升到第13名，TOP20的证券公司中有10家净利润呈现同比下降（见图31）。

2. 总资产、净资产和净资本排名

2017年131家证券公司总资产合计7.59万亿元，同比上升了4.26%。

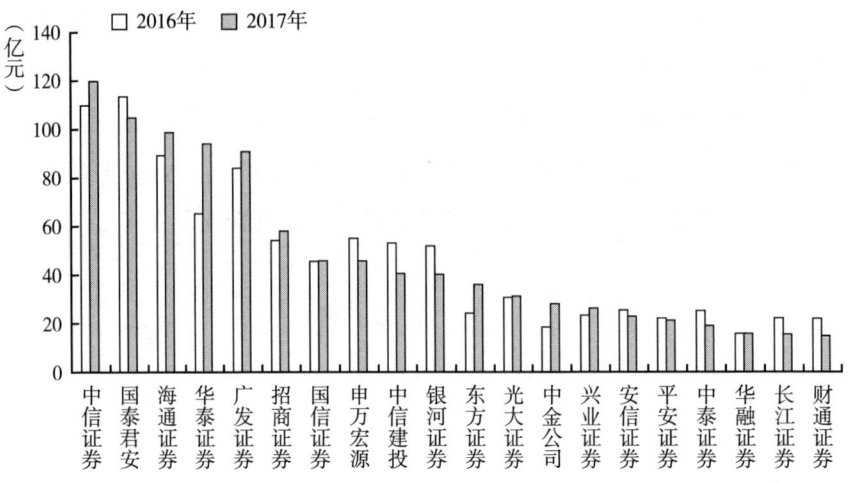

图31 证券公司净利润TOP20（2016~2017年）

资料来源：Wind，齐鲁财富网。

从证券公司总资产排名来看，总资产位列前三名的证券公司与2016年相比并未发生改变，中信证券（600030.SH）蝉联第一，总资产为6255.75亿元，同比增长4.71%；海通证券（600837.SH）位列第二名，总资产为5347.06亿元，同比下降4.66%；国泰君安（601211.SH）位列第三名，总资产为4316.48亿元，同比增长4.83%。值得一提的是，中金公司总资产为2378.12亿元，同比增长133.27%，实现TOP20证券公司最大增幅，上升10个位次，位列第9名。2017年总资产TOP20的证券公司中有5家呈现同比下降，分别为海通证券（600837.SH）、华泰证券（601688.SH）、广发证券（000776.SZ）、方正证券（601901.SH）和华融证券（见图32）。

2017年131家证券公司净资产合计为2.02万亿元，较2016年增长了12.22%。从证券公司排名来看，位列前三名的证券公司并未发生改变，依旧为中信证券（600030.SH）、国泰君安（601211.SH）和海通证券（600837.SH）。中信证券（600030.SH）净资产为1531.43亿元，同比增长5.04%，蝉联第一位；国泰君安（601211.SH）实现净资产1336.95亿元，同比增长20.72%，由第三名上升到第二名；海通证券（600837.SH）净资产为

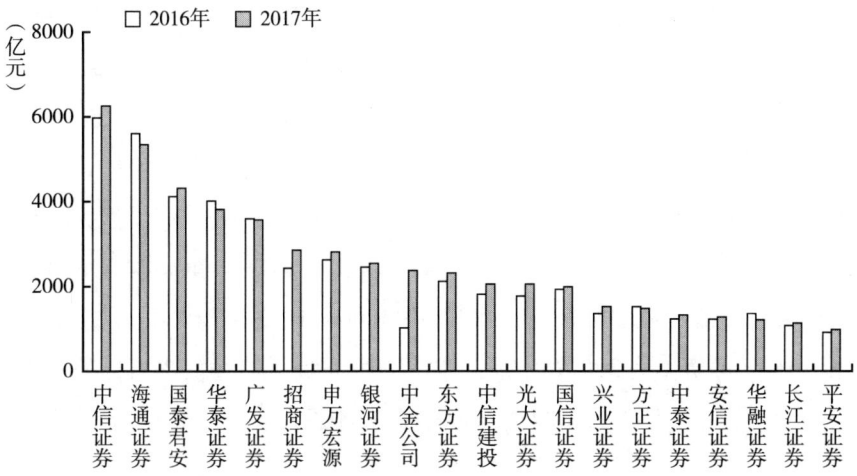

图 32　证券公司总资产 TOP20（2016～2017 年）

资料来源：Wind，齐鲁财富网。

1296.94 亿元，同比增长 6.34%，排名下降 1 个位次，位列第三名。2017 年净资产 TOP20 的证券公司变化不大，其中，中金公司涨幅最大，实现净资产 368.92 亿元，较 2016 年同比增长 99.45%，由第 24 名上升到第 14 名（见图 33）。

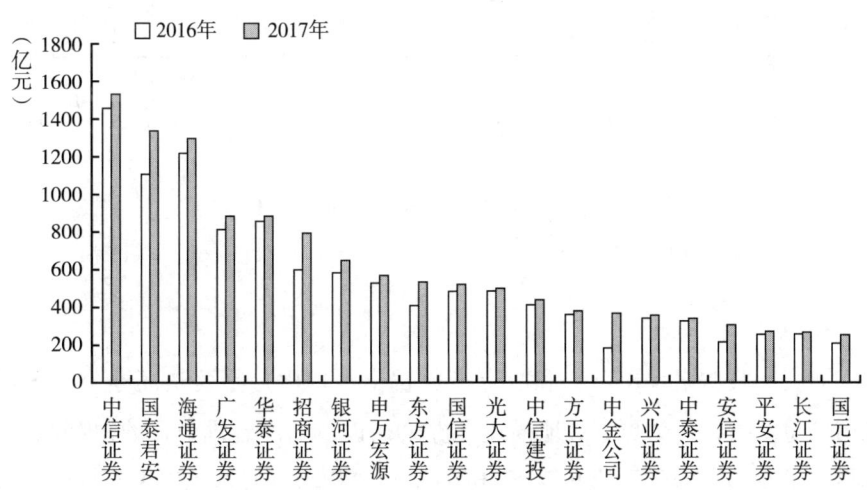

图 33　证券公司净资产 TOP20（2016～2017 年）

资料来源：Wind，齐鲁财富网。

2017年131家证券公司净资本合计为1.55万亿元，同比增长6.90%。从证券公司净资本排名来看，国泰君安（601211.SH）净资本为963.65亿元，同比增长19.95%，净资本位列全行业第一名，排名上升了1个位次；中信证券（600030.SH）净资本为867.08亿元，同比下降7.27%，净资本位列全行业第二名；海通证券（600837.SH）净资本为752.92亿元，同比下降4.29%，净资本依旧位列全行业第三名。在2017年净资本TOP20的证券公司中，安信证券增幅最大，实现59.48%的同比增长，由第21名上升到第14名，净资本为266.96亿元。值得注意的是，在净资本指标TOP20证券公司中，近一半证券公司净资本指标呈现同比下降（见图34）。

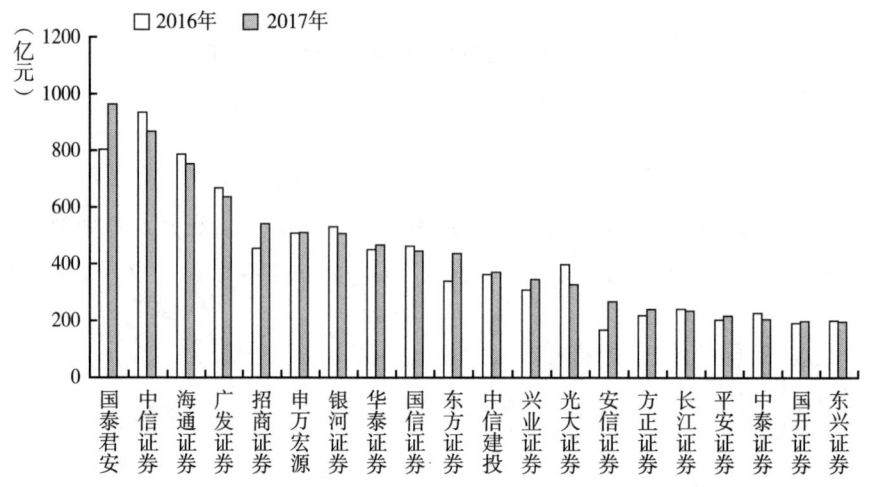

图34　证券公司净资本TOP20（2016～2017年）

资料来源：Wind，齐鲁财富网。

3. ROA和ROE排名

总资产收益率（ROA）和净资产收益率（ROE）是反映证券公司盈利能力的重要指标，为更直观地描述证券公司以及资产管理公司的盈利状况，本报告对我国证券公司的ROA和ROE进行了排名（具体见附表部分）。

从证券公司ROA排名来看，上海光大资产管理总资产收益率为27.01%，较2016年上升了4.02个百分点，由第四位上升到第一位；招商证券资产管理实现总资产收益率23.18%，较2016年下降了3.34个百分点，位列第二名；上海东方资产管理总资产收益率为20.79%，较2016年下降了5.59个百分点，位列第三名。而2016年位列第一名的长江证券资产管理实现15.47%的总资产收益率，下降了21.32个百分点，位列第四名（见图35）。本报告对剔除了资产管理公司之后的证券公司进行了排名，申万宏源保荐、华泰联合和东方花旗位列前三，分别实现12.51%、9.43%和8.65%的总资产收益率（见图36）。

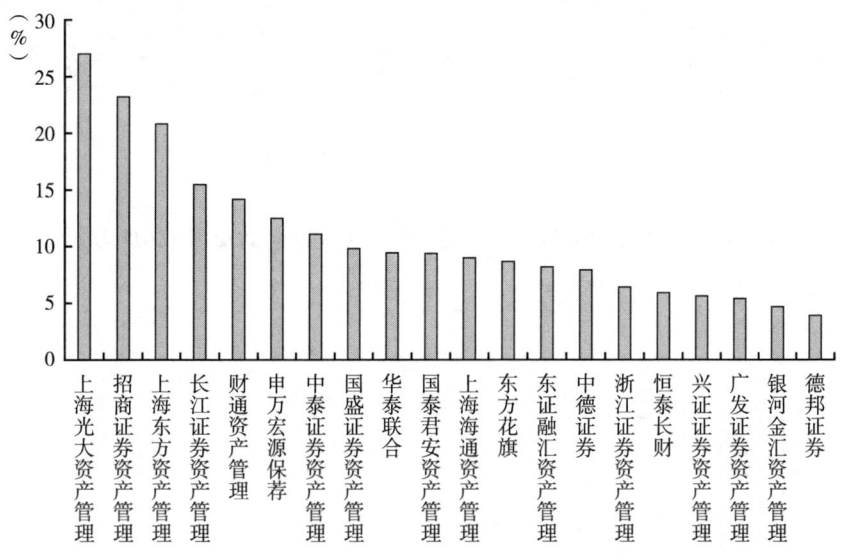

图35 证券公司ROA排名TOP20（2017年）

资料来源：Wind，齐鲁财富网。

从ROE排名来看，上海光大资产管理2017年净资产收益率为38.62%，较2016年上升了6.4个百分点，由第六位上升到第一位；上海东方资产管理净资产收益率为36.17%，较2016年上升了2.7个百分点，位列第二；招商证券资产管理位列第三，净资产收益率为26.02%（见图37）。在剔除了资产管理公司之后，位列前三的分别是申万宏源保荐、东方花旗和华泰联合，分别实现17.11%、14.54%和13%的净资产收益率（见图38）。

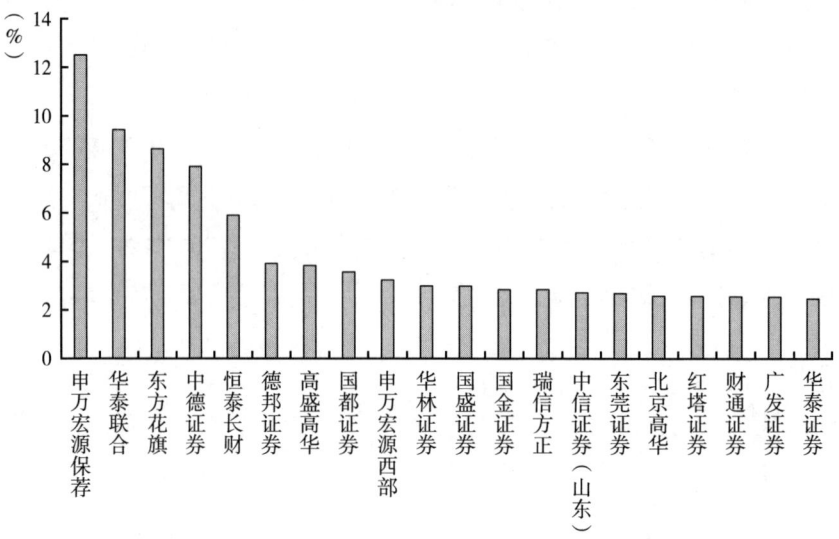

图 36　证券公司（剔除资产管理公司）ROA 排名 TOP20（2017 年）

资料来源：Wind，齐鲁财富网。

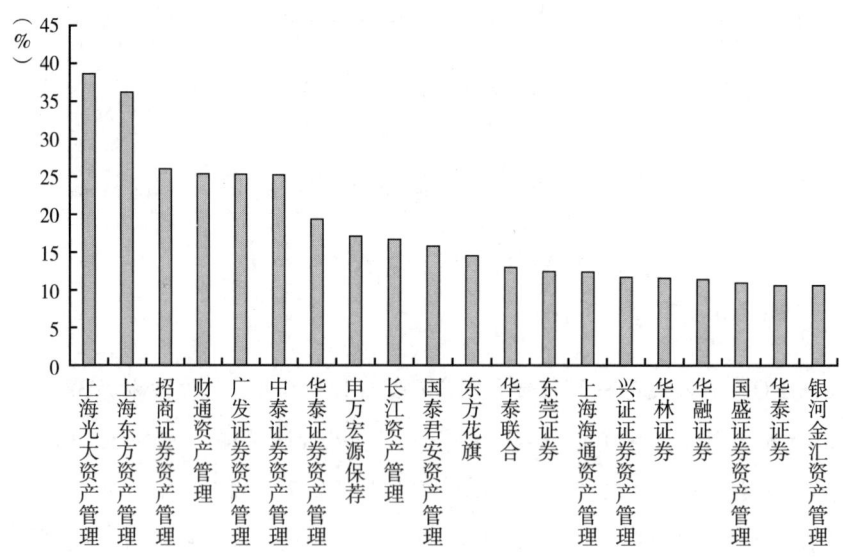

图 37　证券公司 ROE 排名 TOP20（2017 年）

资料来源：Wind，齐鲁财富网。

中国证券公司单项指标排名

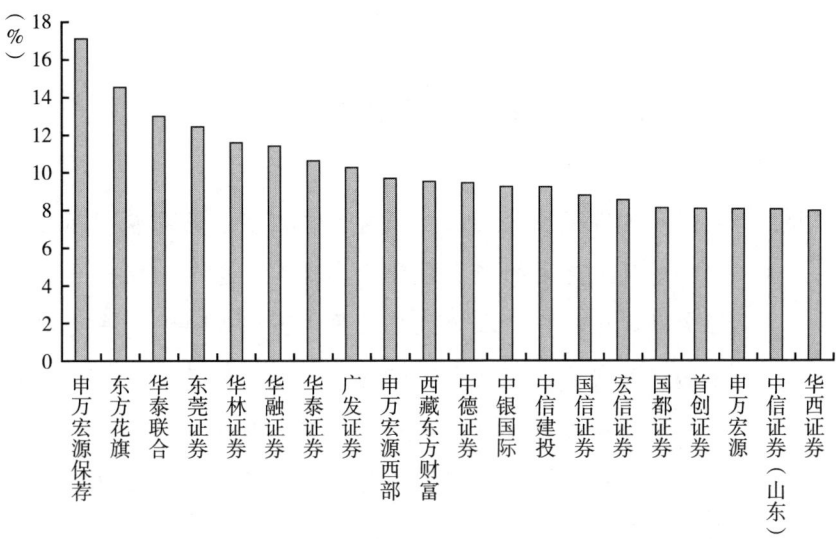

图 38　证券公司（剔除资产管理公司）ROE 排名 TOP20（2017 年）

资料来源：Wind，齐鲁财富网。

B.4
中国证券公司竞争力排名

摘　要： 我国资本市场已经进入以服务实体经济、防控金融风险、深化金融改革为主的新发展阶段。证券公司作为防范化解系统性金融风险的守门人角色日益重要，证券公司竞争力对资本市场服务实体经济效率的影响正在逐步加强。本报告对2017年全国证券公司竞争力进行了排名。数据显示，我国证券行业竞争力稳步提升，证券公司经营合规性整体增强，但仍然面临着风险防控、盈利模式转型、满足实体经济金融需求等多种挑战和资本市场开放进程中带来的竞争压力。随着监管方式转变、多层次资本市场日趋完善，以及信息技术在业务模式、金融产品和风险防控上深度融合与创新的加快，我国资本市场有望在新的发展阶段进一步深化服务实体经济的核心金融功能，证券公司等金融机构需以合规经营为原则，以不断提高综合竞争力为重要途径，深入践行防控金融风险、服务经济社会发展的时代要求。

关键词： 核心竞争力　经营能力　创新能力　风控能力

"深化金融体制改革，增强金融服务实体经济能力，提高直接融资比重，促进多层次资本市场健康发展。健全货币政策和宏观审慎政策双支柱调控框架，深化利率和汇率市场化改革。健全金融监管体系，守住不发生系统性金融风险的底线。"这是2017年党的十九大报告对国家金融体系和关于资本市场建设的新的重大战略规划。2017年7月，习近平总书记在全国金融工作会议上再次指出，服务实体经济是金融工作的首要任务，回归本源、服从服务于经济社会发展是做好金融工作的首要原则，金融是实体经济的血脉，为实体经济服务是金融的天职，是金融的宗旨，也是防范金融风险的根本举措。这标志着我国资本市场正在向服务实体经济、防控金融风险、深化金融改革这一更高维度的阶段迈进。

我国资本市场经过二十多年的发展，不仅市场规模逐渐扩大，服务实体经济效果显著增强，而且市场结构日趋丰富，业务规范性不断改善，抵御风险能力持续提高。包含主板、中小板、创业板、新三板及区域性股权转让市场等多层次资本市场体系初步建成。在多层次资本市场体系中，我国证券公司通过规范金融业务、防范金融风险、创新金融产品、开发金融科技和降低金融服务成本，不断提高市场竞争力，运用股票与债券、场内交易与场外交易等多种融资方式和融资渠道，满足了实体经济中创新创业企业、中小微企业以及"三农"等实体经济的多元化融资需求，有效对接实体经济投融资需求和多层次资本市场，促进了中小企业融资难、融资贵等问题的化解。在服务实体经济、防控金融风险、深化金融改革阶段中，证券公司等金融机构连接资本市场和实体经济的纽带作用日益显现，证券公司竞争力的提高将深入影响资本市场服务实体经济效率。证券公司作为防范化解系统性金融风险的守门人角色更为重要，对深化我国金融市场化改革、优化金融体系、完善现代金融制度的责任更为重大。

2017年证券行业竞争力变化表现为三个特征。一是证券行业的综合竞争力进一步提升。数据分析表明，证券公司综合竞争力平均得分比2016年明显提高，低竞争力证券公司数量与上个周期相比有所减少，较高竞争力证券公司数量逐渐增加。随着利率市场化进程的提速，居民理财需求与企业融资需求快速扩大，证券公司通过提高风险控制能力、创新能力，利用互联网、大数据、云计算、人工智能等信息技术创新金融产品、金融业务模式，提高金融服务效率，不断打通居民理财与企业融资需求之间的连接通道，消除风险沟壑，打破信息壁垒。二是证券公司经营合规性整体增强。2017年

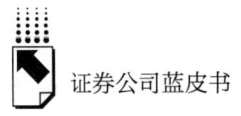

以来，各证券公司全面加强风险管理和合规经营机制建设，证券行业普遍建立了更完善、更全面、更严格的风险管理制度体系和组织架构，强化公司全员合规意识、风险意识，主动根据监管要求升级风险控制指标体系，全面落实风险管理规范与合规经营能力，有多家证券公司通过加强合规经营提高了综合竞争力。从中国证监会分类评级结果来看，评级遭到下调的证券公司远少于前两个周期平均情况，新的分类评级结果也说明了2017年依法全面从严监管初见成效，证券公司经营合规性获得大幅改善，行业竞争实力进一步增强。三是证券公司竞争力面临多样化挑战。包括防范系统性金融风险的挑战，行业传统盈利模式转型中的信用风险等挑战，切实满足实体经济金融需求、提高直接融资比重的挑战，有效降低资本市场中操纵市场、内幕交易和违规操作等痼疾的挑战，互联网金融机构的市场竞争和利用信息技术创新的挑战，以及应对资本市场开放进程中国外金融机构竞争的挑战等。

2017年11月，根据第五次全国金融工作会议部署，国务院金融稳定发展委员会成立。国务院金融稳定发展委员会全面统筹协调金融稳定和改革发展重大问题，注重跨部门协同监管，让严监管常态化，让金融回归本质。面对经济发展转型的要求和监管方式的转变，在未来一段时间，我国资本市场在新的发展阶段有望进一步深化服务实体经济的核心金融功能，证券公司等金融机构需要灵活应对经济变化，适时调整经营策略，以合规经营为原则，以不断提高自身综合竞争力为重要途径，深入践行防控金融风险、服务经济社会发展的时代要求。

一 核心竞争力评价

根据系统性、科学性和可操作性等原则，本报告构建了包括经营能力、盈利能力、风险控制能力、业务创新能力、业务结构优化能力和成长能力六项一级指标的竞争力评价体系，其中，经营能力、风险控制能力和创新能力是证券公司核心竞争力。

（一）经营能力

与2016年相比，证券业经营能力略微上升。截至2017年末，全行业131家证券公司营业收入总计达到4343.25亿元，与2016年基本持平，在参与排名的129家证券公司中，有58家公司营业收入实现增长，71家公司的营业收入出现下降；经营能力TOP20证券公司营业收入合计为2815.16亿元，占行业总体的64.82%，同比上升2.26个百分点。全行业证券公司总资产合计达75918.19亿元，同比增长4.31%；经营能力TOP20证券公司总资产合计为51260.47，占整个行业的67.52%，同比上升1.31个百分点。全行业净资产合计达20189.10亿元，同比增长11.98%；经营能力TOP20证券公司净资产合计12495.97亿元，占整个行业的61.89%，与2016年基本持平。可以看出，经营能力TOP20证券公司在营业收入、总资产方面的占比持续扩大，说明行业集中度进一步提升。

经营能力TOP20的排名与2016年相比变动不大（见表1），平均变动1.15个名次。中信证券（600030.SH）、海通证券（600837.SH）和国泰君安（601211.SH）继续稳居前三名。东方证券（600958.SH）较2016年上升了2个名次，位于第9名；国信证券（002736.SZ）较2016年下降了2个名次，位于第10名；光大证券（601788.SH）和方正证券（601901.SH）均因营业收入相对较低，导致经营能力分别下降至第13名和第16名。值得注意的是，财通证券的经营能力在过去四年中持续提升，2016年其经营能力位列第18名，但2017年突然急转下降至第25名。这是因为财通证券营业收入同比下降了5.73%，营业收入和总资产排名的下降拉低了经营能力排名。

经营能力TOP20中，排名上升的证券公司有8家。中金公司排名上升幅度较大，从第16名上升至第12名，并且已经连续第三年排名上升，主要原因是中金公司近年来经营实力不断增强。2017年中金公司总资产、营业收入和净利润分别同比增长133.27%、53.08%和52.77%，远远高于行业平均水平，经营能力获得大幅提升。华泰证券（601688.SH）、招商证券

(600999.SH)、中国银河（601881.SH）、中信建投（601066.SH）和平安证券都上升了1个名次，分别位列第4名、第6名、第8名、第11名和第18名；东方证券（600958.SH）和长江证券（000783.SZ）都上升了2个名次，分别位列第9名和第19名。

表1 证券公司经营能力排名TOP20（2015~2017年）

单位：位次

公司简称	2017年	2016年	2015年
中信证券	1	1	1
海通证券	2	2	2
国泰君安	3	3	3
华泰证券	4	5	6
广发证券	5	4	4
招商证券	6	7	9
申万宏源	7	6	6
中国银河	8	9	7
东方证券	9	11	11
国信证券	10	8	8
中信建投	11	12	12
中金公司	12	16	21
光大证券	13	10	10
兴业证券	14	14	16
中泰证券	15	15	14
方正证券	16	13	13
安信证券	17	17	15
平安证券	18	19	17
长江证券	19	21	18
华融证券	20	20	28

注：TOP20证券公司经营能力排名以2017年为比较主体。
资料来源：Wind，齐鲁财富网。

从全行业来看，经营能力排名波动较为明显，平均变化6.34个名次。共有25家证券公司经营能力排名变动在10个名次以上，其中13家公司排名上升，九州证券和中邮证券上升幅度最大，九州证券从第83名上升至第65名，中邮证券从第116名上升至第98名；另外12家公司排名下降，联讯证券经营能力排名下降幅度最大，从第47名下降至第84名。根据两年的数据对比，经营能力排名变动大的是资产管理公司或主营业务为资产管理的证券公司。这主要是因为2017年央行联合其他金融监管部门出台了一系列规范资产管理业务的政策，包括《关于规范金融机构资产管理业务的指导意见（内审稿）》，以及正式发布的《关于规范金融机构资产管理业务的指导意见（征求意见稿）》，其核心内容为：打破刚性兑付、减少影子银行风险、防范流动性风险、去杠杆、防范操作风险。受到新监管政策影响，证券公司资产管理业务出现了一定程度的萎缩，同时也是一个修正和调整业务规范性的时期。

（二）风险控制能力

全面从严监管不仅是对证券行业的要求，也是对整个金融业的要求。2016年，中国证监会公布和实施了新修订的《证券公司风险控制指标管理办法》，这标志着以净资本为核心的风险控制指标体系随着市场业务发展趋势迎来重大变革，正式转变为以净资本和流动性为核心的证券业风险监管方式。2017年，中国证监会又颁布了《区域性股权市场监督管理试行办法》、《证券公司和证券投资基金管理公司合规管理办法》以及《关于修改〈证券公司分类监管规定〉的决定》，充分显示出监管部门为打赢防控资本市场风险攻坚战开启强监管模式的决心。中国证监会主席刘士余在工作会议上强调，要把防控金融风险放到更加重要的位置，及时识别风险隐患，提高和改进监管能力，守住不发生系统性金融风险的底线。在依法全面从严监管的理念下，监管部门出台了多项业务规范措施，稳定了市场预期。

2017年，金融机构积极落实监管要求，全面强化风险管理和风险控制能力。随着监管模式转变，证券公司风险管理合规水平进一步提高，风险控制能力进一步增强。从数据上看，2017年全行业净资本达到15451.87亿元，比2016年增长6.53%；净资本/净资产行业平均值比2016年提高1.18个百分点；资本充足率和风险覆盖率均有明显提升。从金融机构的风险管理方式来看，多家机构已经布局全面风险管理体系框架。如广发证券

(000776.SZ）建立了一套全面风险管理的四支柱体系，包括风险文化、风险管理治理架构、风险管理机制与实践、风险管理基础设施。在全面风险管理四支柱体系下，广发证券按照监管要求对政策性风险、流动性风险、市场风险、信用风险、操作风险、合规风险、信息技术风险等进行有效防范，实现合规和风险控制对各部门、分支机构和控股子公司的垂直管理，拥有较强的风险抵御能力，是行业最早推行全面风险管理战略的金融机构之一。海通证券（600837.SH）根据全覆盖、可监测、能计量、有分析、能应对等监管要求，深入推进全面风险管理体系建设。在全覆盖方面，搭建了层级分明的风险管理组织架构，从风险类别、业务类别和组织部门等方面实行全面覆盖；在可监测方面，建立了监管指标、容忍度和限额、业务风控指标三层指标体系并进行持续监测，通过各类压力测试评估极端风险；在能计量方面，针对市场风险、信用风险、流动性风险等分别开展计量并不断优化量化风险模型；在有分析方面，定期编制各类报告，针对重大风险事件编制不定期报告；在能应对方面，根据风险评估和预警结果，选择合适的应对策略，建立了有效的应对机制，并制定了具体的应急制度，为深化落实全面风险管理提供坚实保障。

在实践全面风险管理过程中，一些金融机构、机构负责人和从业人员风险意识不强、风险管理能力不足，导致资本市场上出现一次又一次的违规甚至违法行为。东北证券（000686.SZ）因未能勤勉尽责地履行督导义务，2017年4月7日被全国股转系统要求提供书面承诺的自律监管措施。就在距离此事发生还不到一个月的时间，东北证券（000686.SZ）营业部部分员工私自推介代销的金融产品，涉嫌合同诈骗犯罪，数额巨大、影响恶劣，因而再次被监管部门处罚，其代销金融产品业务被暂停6个月。华泰证券（601688.SH）在2017年违规事件频繁发生，共收到监管部门的1份整改决定通知、3份警示决定通知以及4份行政处罚决定的通知。检查中发现，华泰证券（601688.SH）的多家营业部在履行反洗钱客户身份识别义务过程中存在违法行为，多家营业部未按照规定履行客户身份识别义务，因此，被处以共计115万元的罚款，公司违规员工被处以共计8.5万元的罚款。中原证券（601375.SH）情况则更为严重，因在担任财务顾问期间涉嫌未勤勉尽责被中国证监会立案调查,导致公司在中国证监会 2017 年证券公司分类评级结果中直接从 A 级降到 C 级,一次性下降了 6 个级别。而华信证券则因风控能力下降和业绩下降导致分类评级等级连降 5 级,从 BB 级直接降到 D 级,成为中国资本市场历史上首家获得最低评级的证券公司。根据净资本、风险覆盖率、资本充足率等多项指标,我们计算了全行业的风险控制能力并进行排名。表 2 列示了证券公司风险控制能力前 20 名近三年的排名变化。

表 2　证券公司风险控制能力 TOP20（2015～2017 年）

单位：位次

公司简称	2017 年	2016 年	2015 年
国泰君安	1	1	41
申万宏源	2	2	51
太平洋证券	3	44	11
东方证券	4	18	8
海通证券	5	38	24
招商证券	6	9	28
国金证券	7	5	2
中金公司	8	12	32
中信证券	9	4	21
华融证券	10	13	70
天风证券	11	48	29
联储证券	12	58	41
东海证券	13	25	15
长江证券	14	6	3
华信证券	15	87	88
华安证券	16	40	16
第一创业	17	31	39
中信建投	18	8	17
南京证券	19	19	36
万和证券	20	89	83

注：TOP20 证券公司风险控制能力排名以 2017 年为比较主体。
资料来源：齐鲁财富网。

以上所列反映了证券行业公司内部控制不完善、经营管理混乱的事实,说明全面风险管理的理念和监管要求未能在行业内全面有效执行,监管力度需要继续加强，监管方式需要进一步改进，在事前、事中、事后都应切入相应有效的风险监管机制。证券公司应当深入总结资本市场运作经营情况，充分利用专业人才队伍，发挥金融中介服务优势，加强服务企业与实体经济的依存度。尽快建立健全全面风险管理体系，完善异常交易监督机制，优化客户信息更新机制，更好地发挥证券公司资本市场"守门人"作用。

（三）创新能力

证券公司以通道收佣、资金收利为主的传统业务模式正面临收入下降和成本上升的双重挤压，迫切需要在服务收费模式上取得突破。随着互联网、大数据、人工智能等信息技术与金融深度融合，证券公司开启了新一轮金融科技革命。证券公司互联网开户数量已超过90%，启用互联网方式服务客户降低了市场参与者的交易成本。在保证资金安全、品种全面、真实交易前提下，证券公司用智能投顾、大数据分析打造智能化服务的财富管理平台，解决金融服务信息不对称和投资者保护问题的痛点，构建O2O系统，实现差异化竞争的金融服务生态，有效提高用户体验，拓展长尾客户，实现运营成本边际效益递减以增加营业收入。

"新零售"是指以互联网为依托，通过运用大数据、人工智能等技术，对商品的生产、流通与销售过程进行升级改造，重塑业态结构与生态圈，并对线上服务、线下体验以及现代物流进行深度融合的零售新模式。新零售为证券公司的发展带来了新的契机。尤其是针对传统经纪业务在经营理念和发展模式方面存在的诸多问题，可以通过技术变革和业务发展模式的创新来解决，结合新零售的思想，实现线上线下融合发展。

广发证券（000776.SZ）依托互联网首次推出智能客户服务模式，在传统经纪业务领域展开技术变革，结合自身资源特点，推出人人抢单的必答服务、员工理财网店平台及客户自媒体业务，缓解了因经纪业务佣金率下降带来的冲击。此后又陆续上线贝塔牛投顾系统、积分商城服务体系、金股棒投顾业务、投顾管理平台以及资产配置平台五大项目，以实现经纪业务向财富管理方向的转型。新的经纪业务发展模式融合了新零售的思想，实现了线上线下协同发展的模式。中泰证券的"齐富通答"是典型的O2O模式,有专业人员为顾客提供24小时的在线咨询服务,实现了秒速响应需求。

证券公司利用信息技术创新金融服务,本质上是针对证券经纪业务面临的困境而提出的新发展模式,是"新零售"概念在证券经纪业务领域的一次有效尝试,充分满足了经纪业务变革的内在需求,证券公司应积极适应这种变革,努力实现由通道收佣、资金收利模式向服务收费模式的转变。

本报告中衡量证券公司创新能力的指标包括分类评级和研究能力,其中研究能力又包括研究人员数、深度研究报告数量和证券公司获奖情况。按照本书B.2部分关于创新能力的计算方法,本部分计算出了2017年所有证券公司的创新能力得分和排名。在创新能力TOP20中,2017年证券公司业务创新能力前三名分别是海通证券(600837.SH)、广发证券(000776.SZ)和兴业证券。海通证券(600837.SH)在业内领先推出自主研发的证券交易系统,在互联网金融、合规与风险管理、数据服务等领域的自主研发能力大大提高;广发证券(000776.SZ)积极扩充研发团队,重视研发能力的提升,加大在大数据、人工智能、平台化、客户终端等方向的自主研发和技术创新的力度,通过合作研发上线了行业首家基于大数据的全链路量化交易云平台。另外,广发证券(000776.SZ)和海通证券(600837.SH)在吸取2016年被证监会处罚的教训之后,加强合规管理,建立了有效的风险和合规管理机制。兴业证券研究实力持续提升,在业内多项评选中屡创佳绩,获新财富最佳研究团队第三名,金融服务能力持续保持行业前列,四年蝉联最佳销售服务团队评选第一名。

表3 证券公司创新能力TOP20(2015~2017年)

单位:位次

公司简称	2017年	2016年	2015年
海通证券	1	9	3
广发证券	2	14	7
兴业证券	3	15	9
申万宏源	4	2	2

续表

公司简称	2017年	2016年	2015年
招商证券	5	3	5
国泰君安	6	1	1
中信建投	7	4	4
中信证券	8	11	13
天风证券	9	34	45
长江证券	10	13	27
安信证券	11	6	6
中泰证券	12	16	14
华泰证券	13	26	17
国金证券	14	5	10
光大证券	15	7	22
中金公司	16	8	8
东吴证券	17	18	29
国信证券	18	29	18
华创证券	19	24	52
方正证券	20	56	61

注：TOP20证券公司创新能力排名以2017年为比较主体。
资料来源：齐鲁财富网。

创新能力提升最明显的是方正证券（601901.SH）和天风证券，分别从第56名和第34名提高到了第20名和第9名。2017年，方正证券（601901.SH）的客户移动端交易笔数占比达到73.6%，抓住了移动金融的市场机会，推出的移动端理财应用月活跃用户同比增长39.6%。在外部形势复杂多变、监管环境持续趋紧的形势下，天风证券强化公司核心竞争力，提升合规风险管控能力，首次跻身分类评级A类证券公司之列。中银国际、东方证券（600958.SH）、中国银河（601881.SH）、国元证券（000728.SZ）和西南证券（600369.SH）因公司的研究能力不足导致创新能力得分较低跌出创新能力TOP20。

证券公司的创新能力是核心竞争力的重要组成部分。面对日趋激烈的市场竞争环境，尤其是在整个行业佣金率持续下降的背景下，证券公司要想在夹缝中求生存，就要打破传统的发展模式，结合自身的资源结构，将金融科技的新技术运用到证券业务中，形成多元化的经营模式，不断增强投资顾问和专业服务能力，重视对人才的培养，提高整个团队的研发能力，做好产品和服务的创新设计，结合市场化的需求和客户需求，分析行业特色，在合规经营的前提下，做好合理的创新，构建可持续发展的盈利模式。

二 综合竞争力评价

本报告对全行业证券公司竞争力进行评价，竞争力结果及排名如附表12所示，全部单项指标的计算结果详见附表13"中国证券公司竞争力指标汇总"。2017年，我国证券公司综合竞争力呈现以下特征。

（一）证券业综合竞争力稳步提升

参与排名的129家证券公司综合竞争力2017年平均得分61.07分，比2016年的均值提高1.5分，综合竞争力得分标准差为15.95，略高于2016年的15.68，说明行业竞争力集中性有所降低。图1以每10分为一个区间统计了证券公司综合竞争力得分分布，每个分数区间都对应着得分在此区间的证券公司家数。可以看到，从2016年到2017年，综合竞争力得分分布曲线峰值向右移动，从50~60分区间上移至60~70分，2016年处于峰值区间的证券公司有34家，2017年处于峰值区间的证券公司有39家。峰值区间代表着竞争力得分在60~70分的证券公司在行业内占比最高，达到30.23%，是竞争能力最为集中的区间。随着行业的成长，峰值区间不断向右移动，能成功越过峰值区间实现强竞争优势越来越困难，其中有66家证券公司处在行业综合竞争力平均水平以下。但与2016年相比，得分在40分以下的仅有8家，同比减少46.7%，得分在90分以上的达到15家，同比增加15.38%，说明整个行业低竞争力的证券公司正在逐步减少，高竞争力的证券公司逐步增加，整个行业综合竞争力稳步提升。

从各项能力得分来看，经营能力得分（E_1）与2016年基本持平，盈利

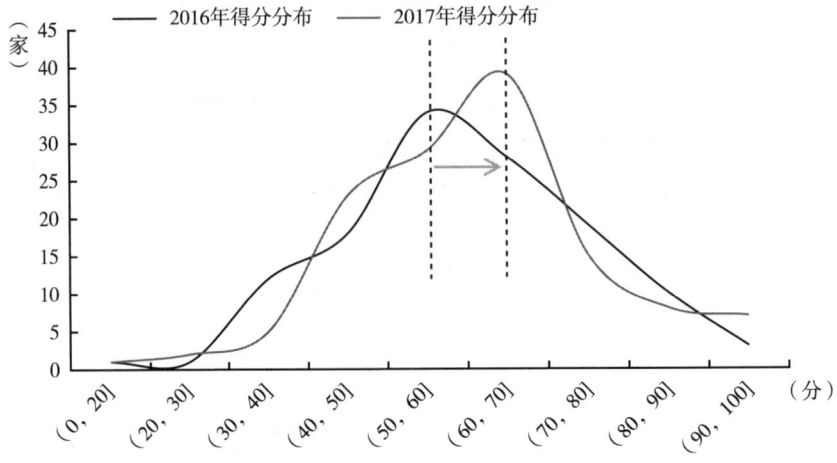

图1 证券公司综合竞争力得分分布（2016～2017年）

资料来源：齐鲁财富网。

能力得分（E_2）、业务结构优化能力得分（E_5）有所下降，风险控制能力得分（E_3）、创新能力得分（E_4）、成长能力得分（E_6）显著提升。

经营能力各项指标中，资产规模得分与2016年相同，虽然净资产得分有所增加，但与营业收入得分下降的影响相中和，经营能力得分（E_1）与2016年基本持平。在成长能力各项指标中，行业平均总资产增长率为12.5%，平均营业收入增长率为8.28%，虽然平均净利润增长率仍然为负值（-8.61%），但好于2016年的-14.05%，各项指标综合计算得到的结果表明证券行业成长能力获得显著提升。根据核心竞争力评价部分的分析，证券公司风险控制能力显著提升，其一是监管政策向从严监管、全面监管转变；其二是风险控制指标体系从以净资本为核心转变为更全面的以净资本、流动性为核心的风险控制指标体系；其三是证券公司等金融机构积极落实监管要求，强化全面风险控制能力，建立有效应对机制，为深化落实全面风险管理提供保障。因此，行业风险控制能力得分（E_3）获得显著提升。

在盈利方面，由于传统经纪业务竞争进一步加剧，通过开展经纪业务获取佣金已难以获利，2017年行业佣金率已经跌破0.04%的死亡佣金水平。

同时，在严监管的政策环境下，通过资产管理业务创新获取利润的途径收窄。从盈利能力得分（E_2）各项指标来看，2017年全行业总资产收益率（ROA）的平均值为2.65%，低于2016年的3.74%，净资产收益率（ROE）为6.29%，低于2016年的9.60%。虽然广发证券（000776.SZ）、华泰证券（601688.SH）、华融证券等实力较强的证券公司的ROE仍然能维持在10%左右，但金通证券、万和证券等中小型证券公司的ROE已经逼近0。中小型证券公司受规模和实力的限制而难以通过转型或创新增加收入途径，因此其盈利能力面临着巨大压力。

在创新能力方面，2016年证券公司研究人员总数为5988人，2017年研究人员数量达到6488人；分析师获奖数量为1504人次，同比增长20.70%；同时，根据中国证监会分类评级结果测算的分类评级得分在持续改善。上述指标的综合变化体现出全行业创新能力获得一定程度的提高。本报告测算的创新能力包括研究能力和反映市场竞争力的分类评级，不包含通过业务创新、技术创新、管理创新、商业模式等创新对公司利润的影响。实际上，从竞争力角度来看，证券公司都在加大研究和创新能力，试图提高综合竞争力和在市场中的地位与份额；从利润最大化的经济学原理角度看，大部分证券公司还未通过创新实现利润的明显改善。一方面，在守住不发生金融系统性风险的监管框架以及全面从严防范风险的监管方式之下，创新能力较强的证券公司更多的是做创新储备，部分已经可以应用的创新业务、产品或技术，在通过合规性检验之前还没有真正向市场投放；另一方面，创新能力两极分化态势进一步加重，中小型证券公司缺少研发和创新的资金、人才及技术，导致其创新发展速度严重滞后于实力较强的大中型证券公司。

在业务结构优化方面，2017年证券业非经纪业务收入占比进一步上升，达到51.63%。通过业务结构优化减少对传统通道业务的依赖，是所有证券公司追求的目标和转型路径。然而，业务结构优化的实现过程与创新能力密切相关，只有通过业务、产品、技术、商业模式等要素创新，才能拓展新的业务收入来源。当前，非经纪业务收入占比提高并不能说明业务结构得到了优化，因为发生这种变化也可能是因为一些不具备创新能力的证券公司在日益激烈的竞争中经纪业务收入被进一步压缩,而其创新业务收入仍然较低或者根本没有。通过减少经纪业务收入得到的业务结构优化不是真正的优化,所反映的事实仅是局部性竞争力的下降。

(二)证券公司经营合规性整体增强

2017年以来,证券行业全面加强合规和风险管理机制建设。各证券公司普遍建立了完善的合规管理、风险管理制度体系和组织架构,强化全员主动合规意识,升级风险控制指标体系,落实全面风险管理规范。

参与排名的129家证券公司中,国泰君安(601211.SH)和中信证券(600030.SH)综合竞争力得分排名分别为第1名和第3名,与2016年排名相同。海通证券(600837.SH)在2017年有过多次违规记录,受到中国证监会的警告和处罚,但其盈利能力、创新能力以及业务结构优化能力均得到明显改善,综合竞争力从第5名上升至第2名。申万宏源(000166.SZ)因经营能力、盈利能力、创新能力均略微下降,且其非经纪业务收入占比仅为38.52%,远低于行业51.63%的平均水平,业务结构优化能力大幅下降,综合竞争力从2016年的第2名下降至第7名(见表4)。

表4 证券公司综合竞争力TOP20(2015~2017年)

单位:位次

公司简称	2017年	2016年	2015年
国泰君安	1	1	3
海通证券	2	5	2
中信证券	3	2	1
中金公司	4	6	13
广发证券	5	8	4
招商证券	6	9	8
申万宏源	7	3	5
华泰证券	8	15	10
东方证券	9	13	7
中信建投	10	4	12
兴业证券	11	18	11

续表

公司简称	2017年	2016年	2015年
平安证券	12	12	44
光大证券	13	10	15
国金证券	14	11	6
安信证券	15	16	17
长江证券	16	19	20
华融证券	17	7	35
国信证券	18	24	16
中国银河	19	20	14
天风证券	20	17	45

注：TOP20 证券公司综合竞争力排名以 2017 年为比较主体。
资料来源：齐鲁财富网。

证券公司综合竞争力 TOP20 中变化较大的包括华融证券、国信证券（003627.SZ）和财通证券。其中，华融证券在创新方面的竞争力未能保持前两年的增长趋势，公司研究人员从 59 人减少至 41 人，同比下降了 30.51%，与行业 7.54% 的平均增长水平完全相逆，而且证券研究人员中没有一人获得"新财富""水晶球奖""金牛奖"中的任何一项。此外，在 2018 年中国证监会分类评级结果中，华融证券从 AA 级降至 BBB 级，最终导致华融证券综合竞争力从第 7 名下降至第 17 名。国信证券（002736.SZ）持续推动各项业务规范发展，加快提升专业服务能力，利用智能化应用为投资顾问和客户创造价值，利用大数据提供精准化服务和产品，不断利用技术创新改善盈利水平，盈利能力和业务创新能力明显提升，综合竞争力排名进入前 20。受监管政策趋严、金融去杠杆、境内外宏观政策变化、国内市场持续震荡、市场交易量、佣金费率进一步下降等系列因素影响，财通证券在 2017 年营业收入和净利润均大幅下降，最终导致综合竞争力从第 14 名下降至第 51 名。

根据各证券公司合规状况、经营情况、风险管理能力、市场竞争力、业务创新水平等方面，中国证监会对 96 家证券公司进行了分类评级。从证公司分类评级的分布来看，2016年和2017年都有40家A类评级和8家C类评级的证券公司；2017年有47家证券公司为B类评级，同比减少2.08%；2017年华信证券分类评级被评为D类，虽然在中国的资本市场历史上从未出现过AAA级的证券公司，但已经出现了首家获得D类评级的证券公司（见图2）。这一方面说明某些金融机构在履行市场责任、服务实体经济中未能守住合规的底线，另一方面也说明我国对资本市场的监管比以往任何时候都要严格，继续强化的趋势明显，而且不存在可容忍阈值，越来越多的违规行为都将成为监管部门零容忍的监管对象。

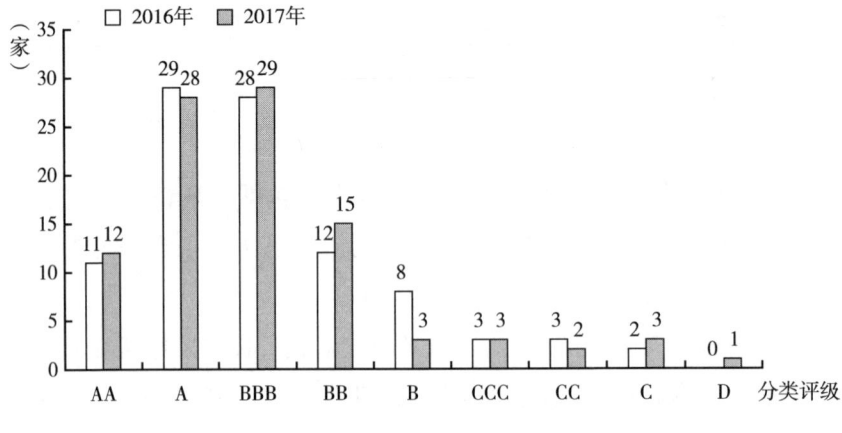

图2　证券公司分类评级分布（2016~2017年）

资料来源：中国证监会，齐鲁财富网。

从分类评级的变化来看，下降幅度最大的是中原证券（601375.SH），从A级下降6个级别至C级；评级上升幅度最大的是方正证券（601901.SH），上升6个级别达到A级。全部证券公司中，被下调评级的有24家，评级上升的也有24家，其余48家证券公司评级未发生变化（见图3）。而在前两个年度周期中，分类评级被下调的证券公司数量平均为40家，分类评级上调的数量平均为18家。相比前两个周期，新的分类评级结果也说明2017年证券公司经营合规性进一步改善，行业经营实力进一步增强。

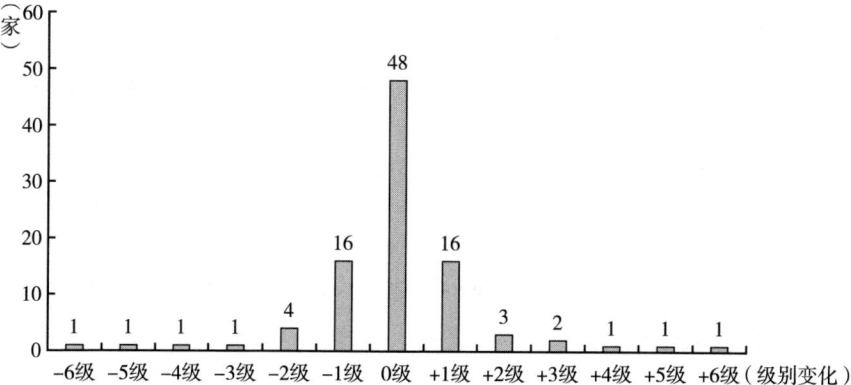

图 3　2017 年证券公司分类评级级别变化情况

资料来源：中国证监会，齐鲁财富网。

（三）市场竞争力面临多样化挑战

1. 防范系统性金融风险的挑战

中国人民银行前行长周小川指出，当前和今后一个时期我国金融领域尚处在风险易发高发期，在国内外多重因素压力下，风险点多面广，呈现隐蔽性、复杂性、突发性、传染性、危害性特点，结构失衡问题突出，违法违规乱象丛生，潜在风险和隐患正在积累，脆弱性明显上升，既要防止"黑天鹅"事件发生，也要防止"灰犀牛"风险发生。宏观层面的金融高杠杆率和流动性风险，微观层面的金融机构信用风险，跨市场跨业态跨区域的影子银行和违法犯罪风险，是我国所有金融机构必须面临和要有序解决的风险挑战。

2. 盈利模式转型的挑战

互联网技术的进步、行业竞争的加剧，使得经纪业务交易佣金费率持续下降。未来随着市场的进一步发展，证券交易佣金费率将完全市场化，手续费可能仅维持在成本线左右。因此，加快经营模式的转型，不断提高财富管理、产品销售、资本中介等服务收入，延缓或弥补通道收入的损失，是经纪业务发展的重要方向。同时，居民财富的大幅增长带来了巨大的财富管理需求，财富管理将成为金融发展的主旋律。

我国证券行业发展模式面临转型，将逐步从规模驱动转向创新驱动。随着经济规模的日益扩大和居民收入的不断提升，多元化投融资理财需求日益显现。一方面，既有不同形式、处于不同发展阶段的企业蓬勃发展，提出了不同的融资要求，对外投资增长和企业资产配置全球化，对专业服务需求增大；另一方面，也有广大居民财富的迅速增长，提出了多样化的投资理财需求。资本市场及行业创新改革，有望在多层次资本市场、私募产品、提高杠杆率等方面取得进一步突破。

3. 有效服务实体经济的挑战

目前，证券行业在支持实体经济，尤其是服务中小微企业发展方面还存在若干问题。一是证券行业服务中小微企业制度缺失，既缺乏国家相关金融政策的支持，又缺乏法律法规的权威监管。二是资本市场产品创新不足，结构失衡。一方面，资本市场现有直接融资手段缺乏，无法扭转中小微企业主要依赖银行贷款间接融资的局面；另一方面，资本市场内部债券产品结构失衡，以基础行业发行人为主体，针对中小微企业、高技术企业的债券发展不充分。三是各层次资本市场仍难以满足大部分中小微企业的融资需求。一方面，中小微企业体量庞大，而证券公司借助各层次资本市场所能服务的企业数量有限；另一方面，新三板和区域性股权市场融资交易不活跃，交易制度欠灵活，区域性股权市场禁止采用做市商制度，导致了市场流动性枯竭、估值定价功能缺失，阻碍了市场融资功能的发挥。

证券行业必须深入践行2017年全国金融工作会议与党的十九大精神，要紧紧围绕服务实体经济、防控金融风险、深化金融改革展开金融服务，必须回归金融本源，服务企业与居民多样化的投融资需求，提高直接融资比重以服务实体企业的融资需求，缩减通道型资管业务以降低企业融资成本，提升资产管理主动管理能力以服务居民多样化的资产保值增值需求。

4. 应对资本市场开放的挑战

目前，我国证券公司的国际化进程尚处于初级阶段，国际业务仍有待探索,海外市场仍有待扩张。总体而言,证券公司国际化业务存在以下问题:一是区域过于集中,内地证券公司的国际化业务大多停留在"立足香港"阶段,在发达国家成熟市场和"一带一路"沿线新兴市场布局较少;二是业务模式单一,内地证券公司在香港的国际化业务仍以经纪业务、投行业务、自营业务为主,再融资、并购重组、资产管理等业务占比较低;三是国际市场经验不足,国内证券公司普遍缺乏丰富的国际化经验,对海外商业环境、法律法规理解不深,对业务实力、操作能力的储备不足;四是风险控制手段缺乏,国际业务受国内政策导向、地缘政治形势、国际经济局势变化的影响较大,国内证券公司尚未建立起完备的国际业务风险防控体系。

资本市场改革开放促进了资本市场双向开放,为证券公司开展国际业务提出了需求。自贸区、沪港通、深港通等内外联系机制的建立,为境内外资本的跨境投资提供了便利,内地资本市场与国际接轨。证券公司是深耕资本市场,为企业股权、债权融资提供综合服务的专业金融机构,也是为资本市场提供流动性,为证券交易提供通道的主要金融机构。在资本市场双向流动不断发展的背景下,中国证券公司开展国际业务,搭建跨国资本流动平台,不仅是时代的要求,也是业务发展的新蓝海。

与发达国家的投资银行相比,我国证券行业规模仍然差距很大。从主要发达国家的发展路径来看,除德国之外,美国、日本、英国等国的证券业起步阶段业务同质化程度均较高,发展到一定程度均会出现分化,并且随着分化的加剧,整个行业愈加呈现出强者恒强的态势。具体表现形式为:大证券公司并购小证券公司,拥有较高的市场占有率,小证券公司采取差异化发展战略,发展优势业务在市场中获得一席之地,从而形成大型综合证券公司与特色化小证券公司共同竞争的局面。一方面,随着我国证券行业竞争格局的不断发展,不论是营业收入还是市场份额,综合性大型证券公司地位十分稳定,中小证券公司很难打败现存的大型证券公司进入行业前列。未来,大型证券公司凭借自身的人才、技术和资金优势,竞争优势将更加明显,证券行业市场集中度将进一步提升,中小证券公司的市场份额将进一步被挤压,生存状况堪忧。

专题报告

Special Topic Reports

B.5
中国证券公司运营分析报告

摘　要： 2017年，我国共有40家上市证券公司。与2016年相比，上市证券公司2017年的经营业绩进一步提升，全年实现营业收入合计3201.64亿元，比2016年增长6.08%；净利润合计1063.16亿元，比2016年增长0.49%；总资产合计58376.73亿元，比2016年增长7.13%；在沪深交易所上市的30家证券公司总市值合计2.05万亿元，比2016年增长1.84%。但有部分业务收入出现下降，与2016年相比，上市证券公司经纪业务收入下降20.07%，承销业务收入下降18.47%，资产管理业务收入减少1.48%。2017年整个行业营业收入比2016年下降0.81%，而上市证券公司营业收入增长6.08%，营业收入占行业比重也比2016年提升了4.80个百分点。由此可见，上市证券公司经营业绩明显高于整个行业的平均水平。2017年证券行业遏制了震荡下跌态势，显示出复苏迹象。

关键词： 上市证券公司　营业收入　净利润

与 2016 年证券行业整体陷入市场持续低迷的境况不同，2017 年证券公司经营状况普遍出现好转。市场暂时遏制了大幅震荡下跌局面，振幅收窄，显示出复苏迹象。值得关注的是，上市证券公司告别了经营业绩和盈利能力大幅下降的状况，表现为营业收入和净利润同比小幅上涨、收入结构进一步优化、传统业务权重下调、创新业务继续攀升等。上市证券公司与非上市证券公司相比在数据披露方面更加全面，且业务牌照齐全，在经营分析方面更具代表性，因此，本报告采用上市证券公司数据为样本进行分析，并且与整个行业进行对比。报告将从上市证券公司的估值指标、财务和业务数据这几个方面切入，剖析各上市证券公司的运营绩效、投资效率以及拓展业务情况，进而梳理上市证券公司竞争力现状，并将上市证券公司同证券行业、上市证券公司与其他金融企业做横向对比，从而探究上市证券公司的市场影响力状况。本报告中上市证券公司涵盖在沪深证券交易所、香港证券交易所上市的公司以及在新三板挂牌上市的公司。

一　上市证券公司整体现状

截至 2017 年底，已统计的 131 家证券公司中，上市证券公司有 40 家，较 2016 年增加 2 家。具体地说，在沪深交易所上市的证券公司有 30 家，较 2016 年增加 4 家。其中，新增财通证券（601108.SH）和浙商证券（601878.SH）2 家；还有 2 家港股公司同时在上海证券交易所上市，分别为中国银河（601881.SH）、中原证券（601375.SH）。在新三板挂牌上市的证券公司有 6 家，与 2016 年相同。在香港证券交易所上市的有 14 家，与 2016 年相同（见表 1）。

综观 2017 年全年上证综指（000001.SH）、证券公司指数（399975.CSI）以及中证银行指数（399986.SZ）整体波动状况，三者涨跌幅度均紧紧围绕 0

表1 上市证券公司一览表

股票简称	上市日期	股票代码
中信证券	2003-1-6	600030.SH,6030.HK
华泰证券	2010-2-26	601688.SH,6886.HK
海通证券	1994-2-24	600837.SH,6837.HK
东方证券	2015-3-23	600958.SH,3958.HK
光大证券	2009-8-18	601788.SH,6178.HK
招商证券	2002-4-9	600999.SH,6099.HK
中国银河	2013-5-22	601881.SH,6881.HK
中原证券	2014-6-25	601375.SH,1375.HK
广发证券	1997-6-11	000776.SZ,1776.HK
申万宏源	2015-1-26	000166.SZ,00218.HK
国泰君安	2015-6-26	601211.SH
兴业证券	2010-10-13	601377.SH
国金证券	1997-8-7	600109.SH
安信证券	1997-5-19	600061.SH
太平洋证券	2007-12-28	601099.SH
东兴证券	2015-2-26	601198.SH
华安证券	2016-12-6	600909.SH
东吴证券	2011-12-12	601555.SH
方正证券	2011-8-10	601901.SH
西南证券	2001-1-9	600369.SH
财通证券	2017-10-20	601108.SH
浙商证券	2017-6-26	601878.SH
东北证券	1997-2-27	000686.SZ
西部证券	2012-5-3	002673.SZ
国元证券	1997-6-16	000728.SZ
长江证券	1997-7-31	000783.SZ
国海证券	1997-7-9	000750.SZ
第一创业	2016-5-11	002797.SZ
国信证券	2014-12-29	002736.SZ
山西证券	2010-11-15	002500.SZ
中信建投	2016-12-9	6066.HK
中金公司	2015-11-9	3908.HK
恒泰证券	2015-10-15	1476.HK
国联证券	2015-7-6	1456.HK

续表

股票简称	上市日期	股票代码
湘财证券	2014-1-24	430399.OC
南京证券	2015-10-28	833868.OC
东海证券	2015-7-27	832970.OC
开源证券	2015-4-30	832396.OC
联讯证券	2014-10-30	830899.OC
华龙证券	2016-1-21	835337.OC

注：同时在沪深证券交易所和港交所上市的证券公司，上市日期标注为沪深证券交易所上市日期。

资料来源：Wind，齐鲁财富网。

点上下浮动，趋渐平稳。具体来看，上证综指从2016年12月30日收盘点3103.64点上涨到2017年12月29日的3307.17点，涨幅为6.56%；而证券公司指数同期收盘点面临从843.3点到739.12点的下跌，跌幅为12.35%；与此同时，中证银行指数实现从5702.88点到6522.55点的攀升，涨幅为14.37%（见图1）。

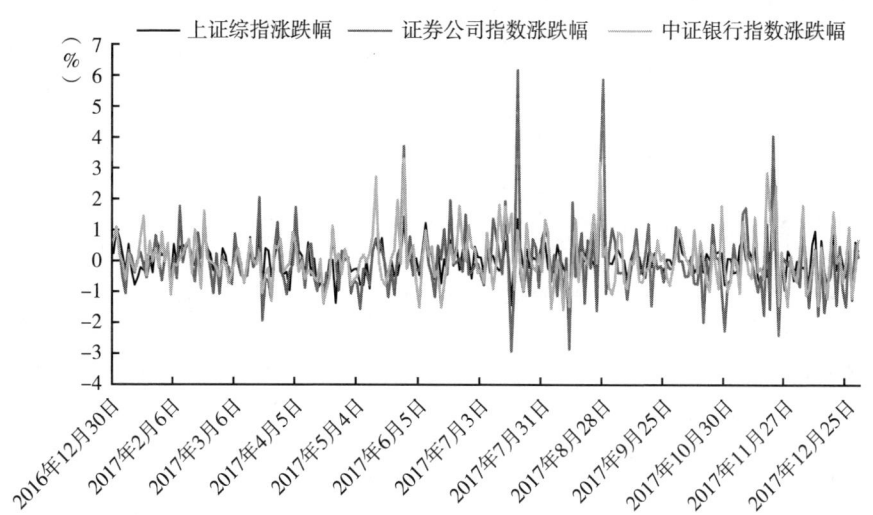

图1　上证综指、证券公司指数、中证银行指数涨跌变化（2017年）

资料来源：Wind，齐鲁财富网。

继2016年证券行业经营业绩惨淡之后,2017年证券行业经营业绩出现小幅下降。证券公司营业收入和净利润均略有下降,但总体来说较2016年变化不明显。131家证券公司实现营业收入4343.25亿元,同比下降0.81%;净利润1362.30亿元,同比下降7.74%。然而,上市证券公司的各项财务指标均有好转。2017年,上市证券公司营业收入总计3201.64亿元,较2016年同比增长6.08%;净利润合计1063.16亿元,同比增长0.49%。A股上市证券公司收入结构见表2。可以看出,上市证券公司经营业绩开始回升,证券行业暂时遏制了震荡下跌的态势,显示出复苏迹象。

表2 上市证券公司收入结构

单位:%

股票代码	股票简称	经纪业务	自营业务	资产管理业务	投行业务	其他业务
600030.SH	中信证券	24.98	17.85	17.50	9.24	30.42
600837.SH	海通证券	23.73	23.28	8.19	7.26	37.53
601211.SH	国泰君安	21.14	28.98	7.49	9.76	32.62
000776.SZ	广发证券	37.22	14.52	32.62	12.60	3.04
601688.SH	华泰证券	40.03	40.59	15.77	8.48	-4.87
600999.SH	招商证券	53.06	6.30	11.99	16.25	12.40
000166.SZ	申万宏源	34.74	31.36	10.28	10.99	12.63
002736.SZ	国信证券	45.43	19.59	3.41	17.81	13.75
601881.SH	中国银河	77.20	19.89	7.83	4.34	-9.26
600958.SH	东方证券	43.53	37.71	26.79	14.43	-22.47
601788.SH	光大证券	25.34	26.20	19.80	12.31	16.34
601377.SH	兴业证券	29.44	28.64	21.10	12.85	7.96
600061.SH	安信证券	30.22	18.99	4.44	17.63	28.72
601901.SH	方正证券	88.03	13.66	6.31	7.81	-15.81
000783.SZ	长江证券	33.57	13.36	11.71	12.36	28.99
000686.SZ	东北证券	17.73	9.00	4.23	6.63	62.42
601878.SH	浙商证券	22.91	10.41	7.67	10.54	48.47
002500.SZ	山西证券	17.51	7.00	2.74	14.53	58.22
600109.SH	国金证券	32.25	5.19	6.39	30.88	25.28
601555.SH	东吴证券	32.12	39.04	12.38	18.75	-2.29
601108.SH	财通证券	28.08	1.07	22.02	6.46	42.38
601198.SH	东兴证券	25.85	11.73	13.77	19.48	29.17

续表

股票代码	股票简称	经纪业务	自营业务	资产管理业务	投行业务	其他业务
000728.SZ	国元证券	28.27	18.43	4.45	13.35	35.49
002673.SZ	西部证券	26.59	27.46	3.84	11.92	30.19
600369.SH	西南证券	43.60	34.61	3.55	18.60	-0.35
000750.SZ	国海证券	25.24	45.24	6.24	17.37	5.90
601375.SH	中原证券	26.61	1.23	3.77	3.77	64.62
002797.SZ	第一创业	26.80	1.70	35.28	11.09	25.13
600909.SH	华安证券	45.79	7.11	3.08	4.73	39.28
601099.SH	太平洋	46.69	5.83	28.94	10.01	8.54

注：由于篇幅限制，本表仅包含30家沪深证券交易所上市的证券公司信息。
资料来源：Wind，齐鲁财富网。

再看2017年上市证券公司的收入结构变化，证券公司经纪业务和投行业务收入占比有所下降，资管业务收入占比与2016年基本持平，自营业务和其他收入权重有所攀升。从纵向对比来看，2017年上市证券公司的经纪业务收入占总营业收入比重为33.90%，比2016年下调6.74个百分点，占比继续缩水；自营业务收入占比为21.83%，比2016年增长9.43个百分点；资产管理业务收入占比为12.70%，与2016年基本持平；投行业务占比为12.31%，比2016年降低5.29个百分点；其他业务收入占比继续上升，占比达19.27%（见图2）。

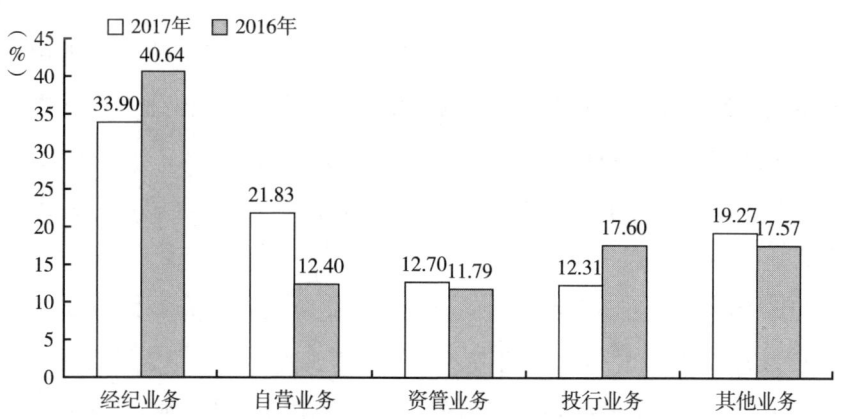

图2 上市证券公司收入结构变化（2016~2017年）

资料来源：Wind，齐鲁财富网。

二 上市证券公司业务分析

（一）经纪业务

2017年股市震荡趋稳并呈现跌幅收窄变化，沪深两市股票成交量和成交金额均略低于2016年同期。具体来看，成交量为8.72万亿股，同比下跌7.08%；成交金额达111.80万亿元，较2016年下降11.54%。作为证券公司主要收入构成的经纪业务收入占比仍持续下调，但跌幅收缩。2017年证券公司的经纪业务净收入总和为1047.10亿元，比2016年下降14.85%。与之相对应，2017年上市证券公司的经纪业务收入也出现轻微下调，40家证券公司的经纪业务收入合计为662.41亿元，比2016年下降20.07%。

从证券公司的角度看，经纪业务收入排名前10名与2016年相同，只是排列次序有所调整。具体为：中信证券（600030.SH）经纪业务收入为51.59亿元，继续保持第一，但较2016年下降18.03%；位列第二的是国泰君安（601211.SH），经纪业务收入50.32亿元，同比下降22.89%；中国银河（601881.SH）以43.37亿元的经纪业务收入位列第三，同比下降24.06%（见图3）。

2017年，证券公司的经纪业务交易量和行业佣金率出现双重下调，上市证券公司经纪业务收入占营业收入比重也随之下降，经纪业务收入占比高于40%的仅有方正证券（601901.SH）一家，占比为42.23%；中国银河（601881.SH）、华安证券（600909.SH）等8家证券公司经纪业务收入占营业收入比重在30%以上（见表3）。

2017年全年，上市证券公司的经纪业务净收入总计为761.19亿元，市场份额为72.70%，比2016年下降了1.4个百分点。其中不乏综合实力较强的证券公司，这类证券公司数目虽然不多，但其经纪业务收入所占比重较高，经纪业务净收入前10名的上市证券公司市场份额达44.47%，表现为市场集中度较高。与2016年一样，中信证券（600030.SH）经纪业务净收

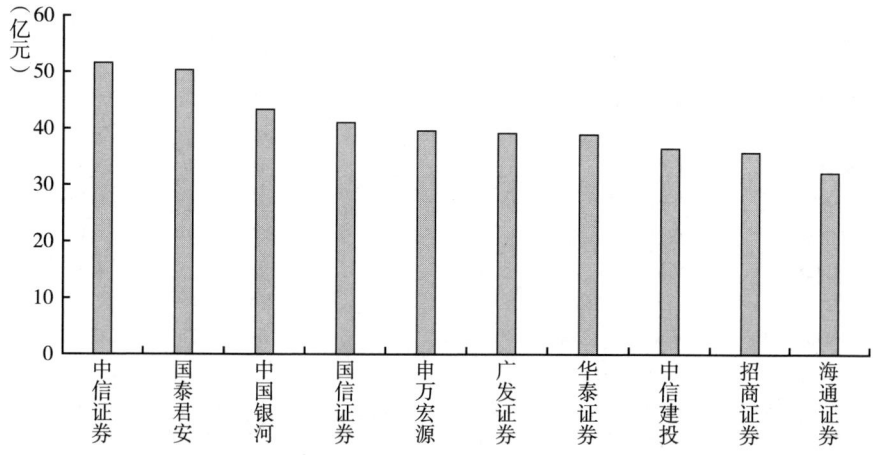

图 3　上市证券公司经纪业务收入 TOP10（2017 年）

资料来源：Wind，齐鲁财富网。

表 3　上市证券公司经纪业务收入变化（2017 年）

单位：亿元，%

股票代码	股票简称	经纪业务收入	增幅	占营业收入比重
600030.SH	中信证券	51.59	-18.03	11.92
601211.SH	国泰君安	50.32	-22.89	21.14
601881.SH	中国银河	43.37	-24.06	38.23
002736.SZ	国信证券	41.05	-5.57	34.43
000166.SZ	申万宏源	39.62	-26.03	31.27
000776.SZ	广发证券	39.19	-21.27	18.16
601688.SH	华泰证券	38.97	-24.20	18.46
600999.SH	招商证券	35.81	-17.34	26.82
600837.SH	海通证券	32.15	-28.40	11.39
601901.SH	方正证券	25.14	-23.89	42.23
601788.SH	光大证券	19.94	-20.49	20.27
600061.SH	安信证券	19.76	-24.20	26.11
000783.SZ	长江证券	15.91	-17.05	28.21
601377.SH	兴业证券	13.43	-10.94	15.23
600958.SH	东方证券	12.42	-10.84	11.79
600109.SH	国金证券	11.69	-20.10	26.62
601878.SH	浙商证券	9.73	-26.23	21.10

续表

股票代码	股票简称	经纪业务收入	增幅	占营业收入比重
601555.SH	东吴证券	9.46	-17.45	22.83
601108.SH	财通证券	8.31	-26.85	20.71
601198.SH	东兴证券	7.85	-23.41	21.64
600909.SH	华安证券	7.13	-24.71	37.17
000686.SZ	东北证券	6.98	-22.70	14.17
000728.SZ	国元证券	6.88	-23.98	19.60
002673.SZ	西部证券	6.70	-24.89	21.14
600369.SH	西南证券	6.48	-23.04	21.17
601375.SH	中原证券	5.22	-26.99	24.30
000750.SZ	国海证券	4.88	-29.58	18.35
002500.SZ	山西证券	3.58	-31.68	8.15
601099.SH	太平洋证券	2.90	-30.79	22.36
002797.SZ	第一创业	2.76	-15.34	14.14

注：由于篇幅限制，表格仅包含30家沪深证券交易所上市的证券公司信息。
资料来源：Wind，齐鲁财富网。

入蝉联首位，占有最大市场份额，为7.68%，同比降低0.04个百分点；国泰君安（601211.SH）排名第二，市场份额为5.35%；申万宏源（000166.SZ）市场份额为4.35%，排第三位（见图4）。

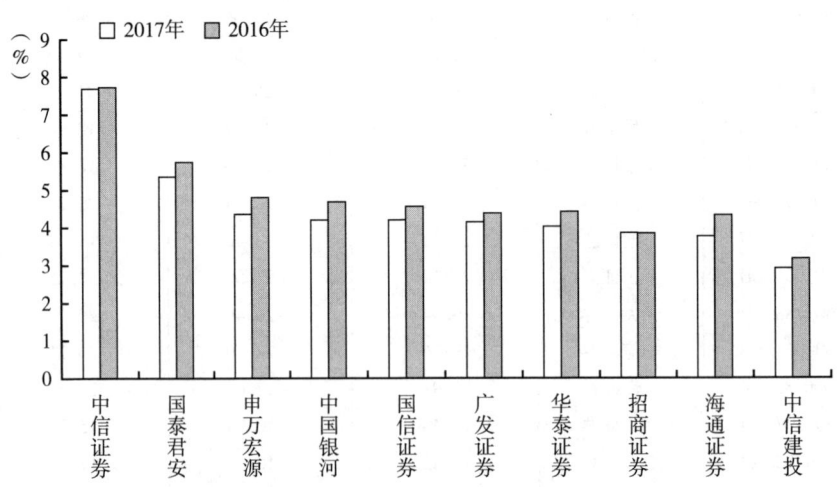

图4　上市证券公司经纪业务市场份额TOP10（2016~2017年）

资料来源：Wind，齐鲁财富网。

（二）承销与保荐业务

2017年全部证券公司承销收入合计625.47亿元，比2016年下跌19.56%；40家上市证券公司承销收入共计430.32亿元，比2016年下降18.47%。从证券公司排名来看，中信证券（600030.SH）承销业务收入为44.06亿元，位列第一，同比下降18.24%；中信建投（6066.HK）实现承销业务收入33.48亿元，同比下调19.58%；海通证券（600837.SH）排名第三，承销业务收入为33.30亿元，同比下降0.78%。在承销业务收入TOP10的上市证券公司中，只有招商证券（600999.SH）承销业务收入实现正增长，较2016年增加2.03%，其承销业务收入为21.98亿元，位列第七；而申万宏源（000166.SZ）承销业务收入较2016年降幅最大，下跌了34.71%，承销业务收入为13.97亿元，位列第十（见图5）。

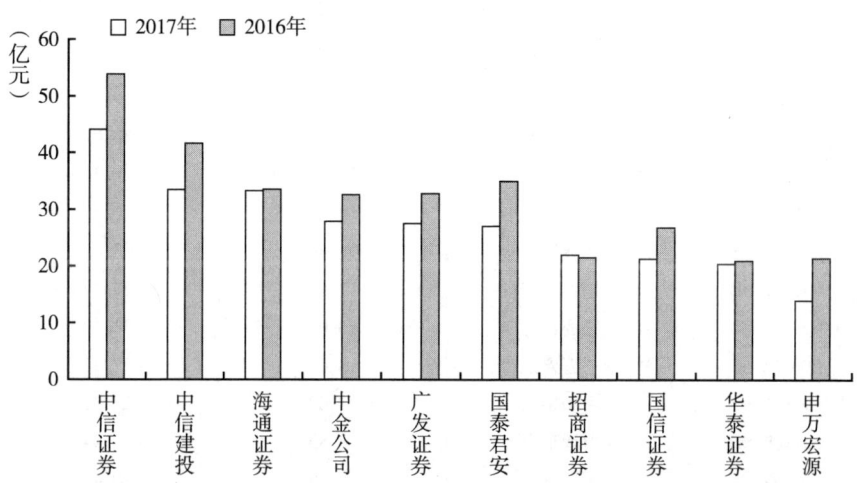

图5　上市证券公司承销业务收入TOP10（2016~2017年）

资料来源：Wind，齐鲁财富网。

（三）资产管理业务

2017年资产管理业务规模与2016年基本相当，131家证券公司资产管理业务收入总计479.59亿元,同比下降27.87%;资产管理业务收入对证券公司收入的贡献度达11.04%,较2016年下降4.14个百分点。截至2017年末,40家上市证券公司资产管理业务收入为410.67亿元,同比降低1.48%。

再看上市证券公司的资产管理业务收入排名,中信证券(600030.SH)2017年资产管理业务收入为75.75亿元,同比上升5.78%,但仍旧位列第一;广发证券(000776.SZ)实现资产管理业务收入70.37亿元,同比增长13.83%,排名第二;华泰证券(601688.SH)以33.28亿元的资产管理业务收入位列第三,同比增长19.11%(见表4)。

表4 上市证券公司资产管理业务收入(2017年)

单位:亿元,%

股票代码	公司简称	资产管理业务收入	增幅
600030.SH	中信证券	75.75	5.78
000776.SZ	广发证券	70.37	13.83
601688.SH	华泰证券	33.28	19.11
600958.SH	东方证券	28.22	58.01
600837.SH	海通证券	23.10	28.33
601788.SH	光大证券	19.48	10.68
601377.SH	兴业证券	18.61	-3.92
601211.SH	国泰君安	17.83	-24.77
600999.SH	招商证券	16.01	33.19
000166.SZ	申万宏源	13.03	-27.77
601881.SH	中国银河	8.88	28.32
601108.SH	财通证券	8.83	-27.44
002797.SZ	第一创业	6.89	10.42
000783.SZ	长江证券	6.60	-1.79
601555.SH	东吴证券	5.13	16.06
601198.SH	东兴证券	5.00	-18.83
002736.SZ	国信证券	4.07	-9.35
601901.SH	方正证券	3.76	88.00
601099.SH	太平洋证券	3.75	19.05
601878.SH	浙商证券	3.54	-38.54

续表

股票代码	公司简称	资产管理业务收入	增幅
600061.SH	安信证券	3.36	-8.45
600109.SH	国金证券	2.81	-20.17
000686.SZ	东北证券	2.08	-50.71
000750.SZ	国海证券	1.66	-9.29
000728.SZ	国元证券	1.56	33.33
002673.SZ	西部证券	1.22	-0.81
002500.SZ	山西证券	1.21	42.35
600369.SH	西南证券	1.09	-41.71
601375.SH	中原证券	0.81	22.73
600909.SH	华安证券	0.59	40.48

注：由于篇幅限制，本表仅包含30家沪深证券交易所上市的证券公司信息。
资料来源：Wind，齐鲁财富网。

（四）其他业务

1. 新三板业务

截至2017年底，新三板挂牌公司数量合计为11630家，较2016年增加1467家；做市公司数量为1311家，新三板市场持续扩容。40家上市证券公司累计在新三板挂牌公司7471家，比2016年减少279家，其中居首位的是申万宏源（000166.SZ），累计挂牌631家；安信证券累计挂牌560家，排名第二；东吴证券（601555.SH）位列第三，累计挂牌377家。在累计挂牌家数TOP10的证券公司中，申万宏源（000166.SZ）做市家数为108家，位列第一；其次是广发证券（000776.SZ）58家；中信建投（6066.HK）和国信证券（002736.SZ）并列第三，做市家数均为54家（见图6）。

2. 融资融券业务状况

2017年证券行业的融资融券业务出现小幅扩增，截至年底，沪深两市的融资融券余额总计为10260.23亿元，同比增长9.24%；而仅仅40家上市证券公司融资融券余额就高达8208.77亿元，同比上浮16.48%，占据市场

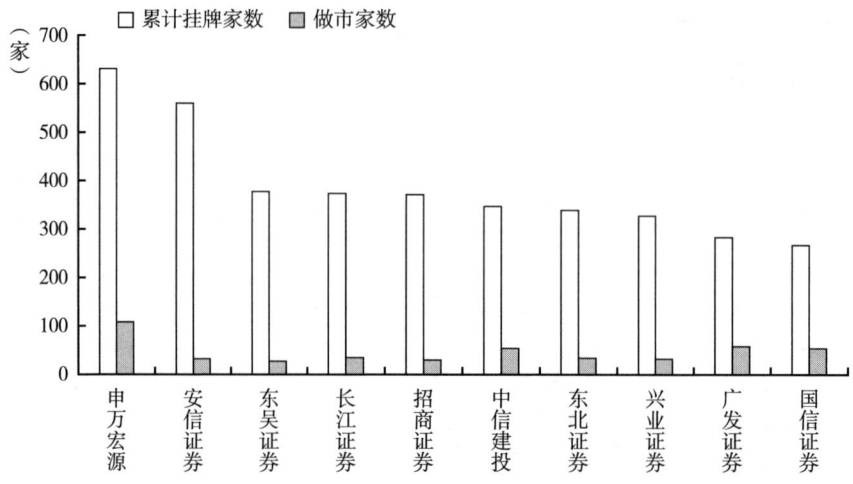

图 6 上市证券公司累计挂牌家数 TOP10 及做市家数（2017 年）

资料来源：Wind，齐鲁财富网。

份额为 80.01%，较 2016 年增加 4.98 个百分点。再看证券公司的融资融券余额排名，中信证券（600030.SH）凭 709.36 亿元的融资融券余额夺魁，同比增加 25.27%，并占据 6.91% 的市场份额；国泰君安（601211.SH）位列第二，融资融券余额为 641.37 亿元，也同比增加 25.27%，占据 6.25% 的市场份额；华泰证券（601688.SH）以 588.13 亿元的融资融券余额和 5.73% 的市场份额位列第三，同比增加 6.66%（见图 7、表 5）。

3. 自营业务

2017 年，证券行业自营业务收入共计 1511.80 亿元，比 2016 年增长 59.78%。40 家上市证券公司自营业务收入合计 1178.96 亿元，较 2016 年增长 75.07%。从上市证券公司自营业务收入排名来看，中信证券（600030.SH）自营业务收入为 142.21 亿元，位列第一，且同比增长 63.02%；海通证券（600837.SH）位列第二，实现自营业务收入 135.70 亿元，同比增长 102.36%；广发证券（000776.SZ）以 123.31 亿元的自营业务收入位列第三，同比增长 88.54%（见图 8）。

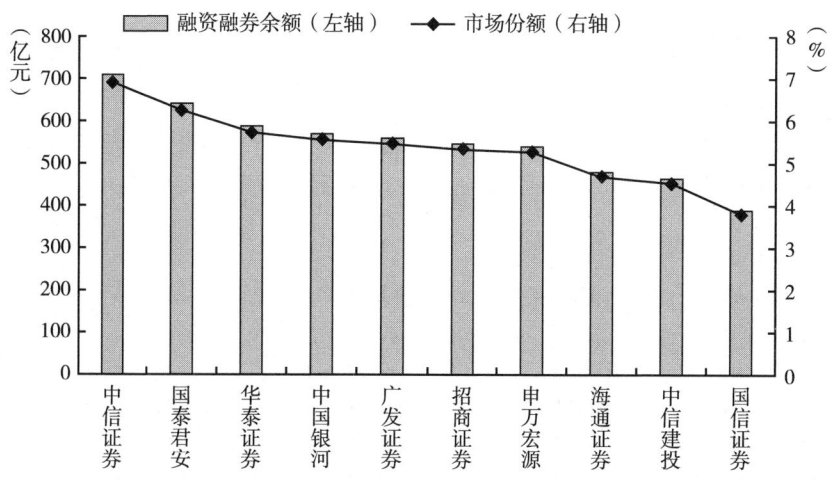

图 7　上市证券公司融资融券余额 TOP10 及市场份额（2017 年）

资料来源：Wind，齐鲁财富网。

表 5　上市证券公司融资融券余额及市场份额（2017 年）

单位：亿元，%

股票代码	股票简称	融资融券余额	增幅	市场份额
600030.SH	中信证券	709.36	25.27	6.91
601211.SH	国泰君安	641.37	25.27	6.25
601688.SH	华泰证券	588.13	6.66	5.73
601881.SH	中国银河	570.09	7.74	5.56
000776.SZ	广发证券	560.03	3.55	5.46
600999.SH	招商证券	546.99	7.24	5.33
000166.SZ	申万宏源	540.56	45.26	5.27
600837.SH	海通证券	480.09	7.38	4.68
002736.SZ	国信证券	389.18	2.58	3.79
601788.SH	光大证券	300.82	-1.03	2.93
600061.SH	安信证券	251.74	9.40	2.45
601901.SH	方正证券	235.95	36.47	2.30
000783.SZ	长江证券	227.60	1.88	2.22
601377.SH	兴业证券	142.44	18.19	1.39
000728.SZ	国元证券	127.52	18.94	1.24

续表

股票代码	股票简称	融资融券余额	增幅	市场份额
600958.SH	东方证券	126.53	22.82	1.23
601108.SH	财通证券	106.27	28.45	1.04
601198.SH	东兴证券	95.76	0.19	0.93
600909.SH	华安证券	89.17	24.02	0.87
600369.SH	西南证券	82.28	6.80	0.80
000686.SZ	东北证券	81.93	8.26	0.80
601555.SH	东吴证券	80.65	-6.29	0.79
601878.SH	浙商证券	77.00	-1.62	0.75
600109.SH	国金证券	73.54	17.33	0.72
000750.SZ	国海证券	60.65	-6.84	0.59
601375.SH	中原证券	57.38	-2.60	0.56
002673.SZ	西部证券	53.41	0.38	0.52
002500.SZ	山西证券	52.39	1.65	0.51
002797.SZ	第一创业	36.81	13.05	0.36
601099.SH	太平洋证券	23.92	10.23	0.23

注：由于篇幅限制，本表仅包含30家沪深证券交易所上市的证券公司信息。
资料来源：Wind，齐鲁财富网。

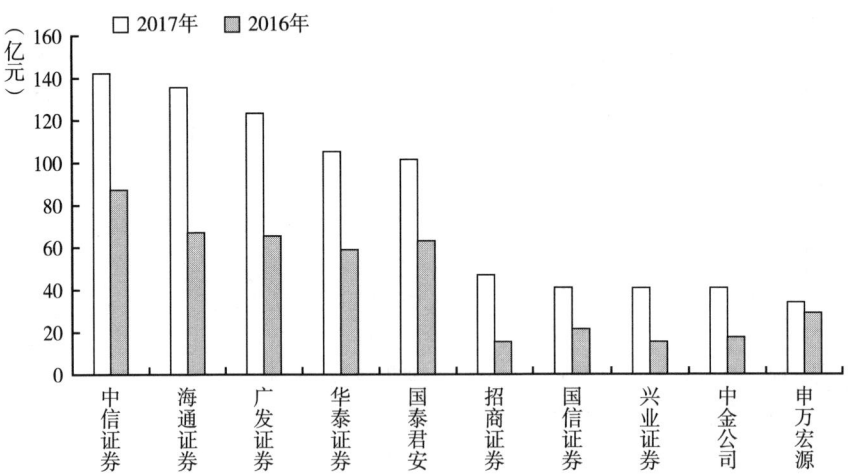

图8 上市证券公司自营业务收入TOP10（2016~2017年）

资料来源：Wind，齐鲁财富网。

与2016年相比，2017年上市证券公司自营业务收益率也大幅提高，其中自营业务收益表现突出的公司有光大证券（601788.SH）和东海证券（832970.OC），二者均实现扭亏为盈。在40家上市证券公司中，财通证券（601108.SH）自营业务收益率为10.84%，较2016年降低2.93个百分点，位列第一名；浙商证券（601878.SH）以9.84%的自营业务收益率位列第二名，同比增加5.25个百分点；海通证券（600837.SH）自营业务收益率为9.31%，同比增加4.92个百分点（见图9）。

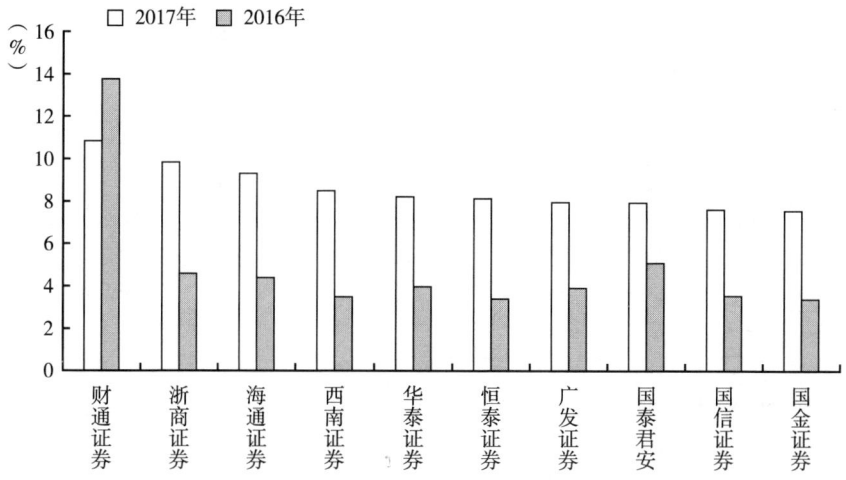

图9 上市证券公司自营业务收益率TOP10（2016~2017年）

资料来源：Wind，齐鲁财富网。

4. 股票质押式回购

2017年，证券公司股权质押式回购业务实现大幅增长，这与其负债融资能力提高密不可分。40家上市证券公司共实现交易7510次，同比增长49.72%；交易股份市值合计16672.38亿元，同比下降9.99%。从排名来看，中信证券（600030.SH）股票质押式回购交易次数和交易股份的市值均排名第一，分别为765次和2517.72亿元，实现大规模增长；国泰君安（601211.SH）和海通证券（600837.SH）分别交易720次和643次，位列第二名和第三名（见表6）。

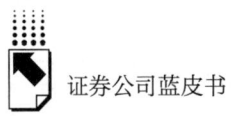

表6 上市证券公司股票质押式回购业务规模（2017年）

单位：次，亿元

股票代码	股票简称	全部交易		未解押交易		已解押交易	
		交易次数	交易股份参考市值	交易次数	交易股份参考市值	交易次数	交易股份参考市值
600030.SH	中信证券	765	2517.72	414	1433.51	351	1084.21
601211.SH	国泰君安	720	1346.50	469	1006.21	251	340.28
600837.SH	海通证券	643	1378.58	503	1106.90	140	271.68
601688.SH	华泰证券	541	1297.85	388	870.73	153	427.13
000776.SZ	广发证券	507	763.47	265	465.51	242	297.96
002736.SZ	国信证券	447	710.99	381	616.59	66	94.40
601377.SH	兴业证券	384	736.69	261	562.19	123	174.50
000166.SZ	申万宏源	319	896.79	242	699.45	77	197.34
600999.SH	招商证券	307	591.95	254	494.42	53	97.53
601881.SH	中国银河	303	720.41	236	649.02	67	71.39
000783.SZ	长江证券	192	308.43	87	196.27	105	112.16
601555.SH	东吴证券	184	497.16	149	410.63	35	86.53
601901.SH	方正证券	160	369.27	127	327.53	33	41.74
002797.SZ	第一创业	148	562.03	116	441.52	32	120.51
600061.SH	安信证券	136	271.93	105	226.27	31	45.66
600958.SH	东方证券	130	181.91	92	152.62	38	29.29
601788.SH	光大证券	125	406.10	98	335.56	27	70.55
600109.SH	国金证券	108	276.73	71	181.35	37	95.38
601198.SH	东兴证券	101	249.18	66	167.31	35	81.87
601878.SH	浙商证券	83	111.90	45	75.58	38	36.31
000686.SZ	东北证券	78	106.29	52	81.49	26	24.80
000728.SZ	国元证券	76	226.87	53	168.61	23	58.26
600909.SH	华安证券	73	92.59	56	75.64	17	16.96
601099.SH	太平洋证券	65	101.02	34	51.54	31	49.48
002673.SZ	西部证券	65	91.67	44	62.98	21	28.69
000750.SZ	国海证券	62	86.15	43	66.28	19	19.87
601375.SH	中原证券	52	86.65	45	69.38	7	17.27
002500.SZ	山西证券	46	98.76	39	96.36	7	2.40
600369.SH	西南证券	34	101.20	24	58.20	10	43.00
601108.SH	财通证券	20	40.79	14	33.61	6	7.18

注：由于篇幅限制，本表仅包含30家沪深证券交易所上市的证券公司信息。
资料来源：Wind，齐鲁财富网。

三 上市证券公司与其他金融行业财务比较

（一）营业收入和净利润比较

2017年，整个证券行业经营业绩小幅下滑，证券公司营业收入和净利润均呈下降趋势，但总体来说，与2016年相比变化不是非常明显。131家证券公司实现营业收入4343.25亿元，同比下降0.81%；净利润1362.30亿元，同比下降7.74%。然而上市证券公司的经营状况却出现回转，2017年全年上市证券公司实现营业收入总计3201.64亿元，同比上升6.08%；净利润合计1063.16亿元，同比上升0.49%。可以看出，上市证券公司经营业绩开始好转，证券行业遏制了震荡下跌的局面，显示出复苏迹象（见表7）。

表7 上市证券公司营业收入、净利润及变动情况（2017年）

单位：亿元，%

股票代码	股票简称	营业收入	营业收入增幅	净利润	净利润增幅
600030.SH	中信证券	432.92	13.92	119.77	9.07
600837.SH	海通证券	282.22	0.75	98.76	10.58
601211.SH	国泰君安	238.04	-7.61	104.83	-7.66
000776.SZ	广发证券	215.76	4.17	90.83	8.02
601688.SH	华泰证券	211.09	24.78	94.08	44.32
600999.SH	招商证券	133.53	14.18	58.05	7.16
000166.SZ	申万宏源	126.69	-14.49	45.74	-16.90
002736.SZ	国信证券	119.24	-6.47	45.79	0.50
601881.SH	中国银河	113.44	-14.32	40.19	-22.49
600958.SH	东方证券	105.32	53.25	36.03	48.45
601788.SH	光大证券	98.38	7.34	31.27	1.62
601377.SH	兴业证券	88.19	16.21	26.35	12.41
600061.SH	安信证券	75.67	-1.39	22.92	-10.19

续表

股票代码	股票简称	营业收入	营业收入增幅	净利润	净利润增幅
601901.SH	方正证券	59.53	-23.29	14.53	-43.73
000783.SZ	长江证券	56.40	-3.70	15.43	-30.40
000686.SZ	东北证券	49.26	9.91	7.03	-48.38
601878.SH	浙商证券	46.11	0.35	10.64	-14.26
002500.SZ	山西证券	43.93	87.25	4.42	-16.29
600109.SH	国金证券	43.91	-5.99	12.02	-7.11
601555.SH	东吴证券	41.44	-10.79	8.11	-46.57
601108.SH	财通证券	40.12	-5.73	14.77	-16.88
601198.SH	东兴证券	36.27	1.51	13.10	-3.18
000728.SZ	国元证券	35.11	4.00	12.14	-14.20
002673.SZ	西部证券	31.70	-6.93	7.54	-32.26
600369.SH	西南证券	30.61	-15.72	6.91	-24.32
000750.SZ	国海证券	26.59	-30.72	4.31	-59.57
601375.SH	中原证券	21.48	5.97	5.21	-30.25
002797.SZ	第一创业	19.52	-3.75	4.32	-26.78
600909.SH	华安证券	19.18	10.61	6.52	7.95
601099.SH	太平洋证券	12.97	-28.10	1.26	-81.08

注：由于篇幅限制，本表仅包含30家沪深证券交易所上市的证券公司信息。
资料来源：Wind，齐鲁财富网。

证券公司的净利率是反映盈利能力的指标。2017年，有4家上市证券公司净利率高于2016年，分别为华泰证券（601688.SH）、海通证券（600837.SH）、国信证券（002736.SZ）和广发证券（000776.SZ），净利率分别比2016年高出6.03个、3.11个、2.66个和1.50个百分点；而其他证券公司净利率均呈现不同程度的下降，体现了整体盈利能力的下降。聚焦证券公司的净利率排名，华泰证券（601688.SH）位列第一名，其净利率为44.57%，且与2016年相比提高了6.03个百分点；国泰君安（601211.SH）排第二名，其净利率为44.04%，出现小幅下浮；招商证券（600999.SH）排第三名，净利率为43.47%（见表8）。

表8 上市证券公司净利率及变动情况

单位：%，百分点

股票代码	股票简称	净利率	净利率变动
601688.SH	华泰证券	44.57	6.03
601211.SH	国泰君安	44.04	-0.02
600999.SH	招商证券	43.47	-2.85
000776.SZ	广发证券	42.10	1.50
002736.SZ	国信证券	38.40	2.66
601108.SH	财通证券	36.81	-4.94
601198.SH	东兴证券	36.12	-1.74
000166.SZ	申万宏源	36.10	-1.05
601881.SH	中国银河	35.43	-3.73
600837.SH	海通证券	34.99	3.11
000728.SZ	国元证券	34.58	-7.35
600958.SH	东方证券	34.21	-1.08
600909.SH	华安证券	33.99	-0.86
601788.SH	光大证券	31.78	-1.79
600061.SH	安信证券	30.29	-2.96
601377.SH	兴业证券	29.88	-1.00
600030.SH	中信证券	27.67	-1.23
600109.SH	国金证券	27.37	-0.32
000783.SZ	长江证券	27.36	-10.49
601901.SH	方正证券	24.41	-8.87
601375.SH	中原证券	24.26	-12.59
002673.SZ	西部证券	23.79	-8.89
601878.SH	浙商证券	23.08	-3.93
600369.SH	西南证券	22.57	-2.56
002797.SZ	第一创业	22.13	-6.95
601555.SH	东吴证券	19.57	-13.11
000750.SZ	国海证券	16.21	-11.56
000686.SZ	东北证券	14.27	-16.12
002500.SZ	山西证券	10.06	-12.43
601099.SH	太平洋证券	9.71	-27.22

注：净利率=净利润/营业收入×100%。
由于篇幅限制，表格仅包含30家沪深证券交易所上市的证券公司信息。
资料来源：Wind，齐鲁财富网。

（二）总资产比较

2017年，全部证券公司总资产共计7.59万亿元，同比上升4.31%；40家上市证券公司总资产合计58376.73亿元，较2016年增加7.13%。再看上市证券公司总资产排名情况，中信证券（600030.SH）总资产达6255.75亿元，排名第一，同比上升4.71%；海通证券（600837.SH）总资产为5347.06亿元，排名第二，同比下降4.66%；国泰君安（601211.SH）以4316.48亿元位列总资产第三，同比上升4.83%（见图10）。

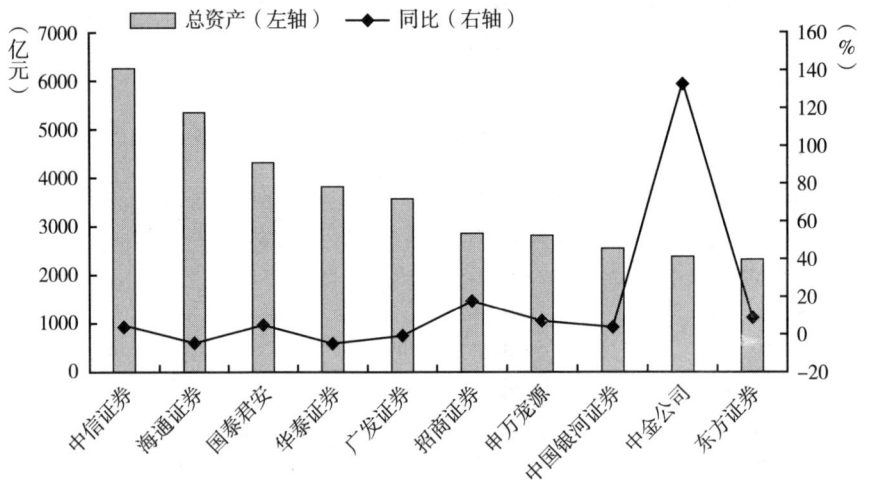

图10 上市证券公司总资产TOP10及变动（2017年）

资料来源：Wind，齐鲁财富网。

（三）ROA、ROE比较

2017年，证券公司总资产收益率（ROA）较2016年出现小幅下调，盈利能力有所下降。40家上市证券公司中，国金证券（600109.SH）以2.86%的总资产收益率位列第一；财通证券（601108.SH）实现ROA 2.67%，位列第二；广发证券（000776.SZ）位列第三，ROA为2.70%（见图11）。

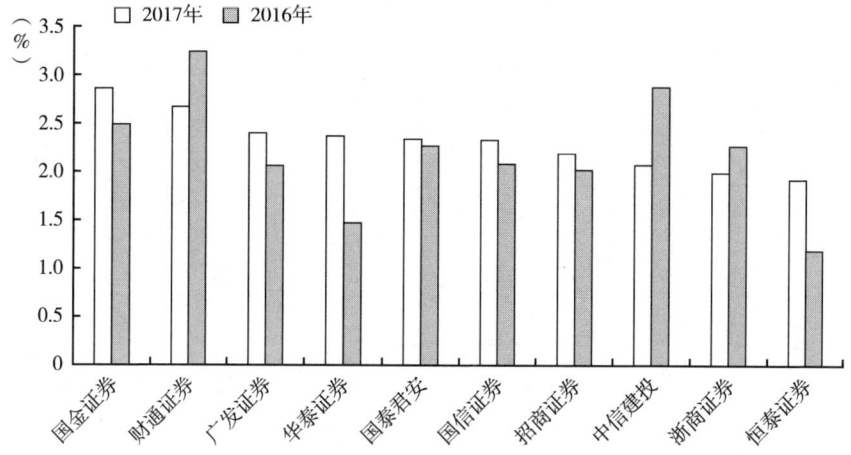

图 11 上市证券公司 ROA TOP10（2016～2017 年）

资料来源：Wind，齐鲁财富网。

从净资产收益率（ROE）来看，2017 年上市证券公司的净资产收益率也呈现小幅下降，在排名前 10 位的证券公司中，只有华泰证券（601688.SH）和广发证券（000776.SZ）出现同比增长，分别位列第一和第二，华泰证券（601688.SH）ROE 为 10.81%，较 2016 年提升 3.22 个百分点；广发证券（000776.SZ）实现 ROE 为 10.52%，较 2016 年提升 0.23 个百分点；中金公司（3908.HK）位列第三，净资产收益率为 10.03%，较 2016 年下降 0.40 个百分点（见图 12）。

（四）市值比较

截至 2017 年末，沪深证券交易所全部上市公司合计 3467 家，较 2016 年增加 426 家，其总市值为 61.50 万亿元，同比上升 12.39%。2017 年上市证券公司扩增至 40 家，其中沪深证券交易所上市证券公司为 30 家，较 2016 年增加 4 家，总市值为 2.05 万亿元，同比上升 1.84%。上市证券公司市值总和占上市公司总市值的 3.33%，较 2016 年下调 0.34 个百分点。再看 2017 年上市证券公司市值的排名状况，中信证券（600030.SH）市值

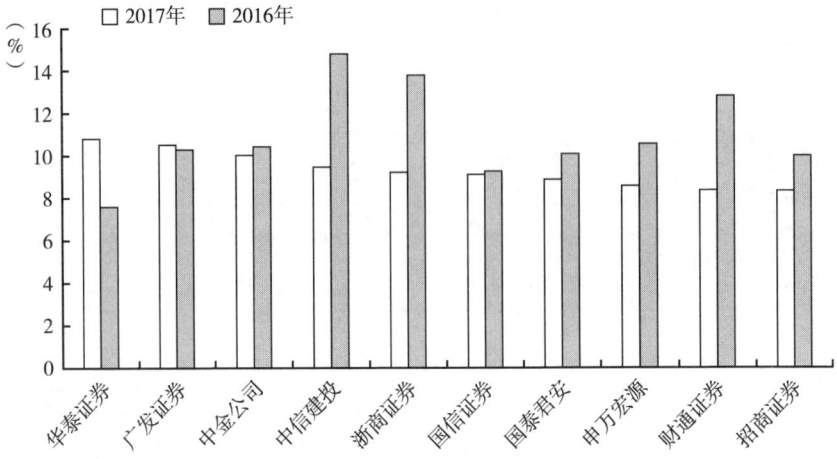

图 12 上市证券公司 ROE TOP10（2016~2017 年）

资料来源：Wind，齐鲁财富网。

为 2193.16 亿元，居上市证券公司市值榜首，同比上升 15.35%；国泰君安（601211.SH）位列第二，市值为 1613.82 亿元，同比增长 13.85%；海通证券（600837.SH）位列第三，市值为 1480.27，同比下降 11.90%（见表 9）。

表 9 上市证券公司市值及变动（2017 年）

单位：亿元，%

股票代码	股票简称	市值	增幅
600030.SH	中信证券	2193.16	15.35
601211.SH	国泰君安	1613.82	13.85
600837.SH	海通证券	1480.27	-11.90
000776.SZ	广发证券	1257.48	1.06
601688.SH	华泰证券	1230.56	2.56
600999.SH	招商证券	1134.21	9.07
000166.SZ	申万宏源	1077.04	-14.08
601881.SH	中国银河	1065.43	—
002736.SZ	国信证券	869.20	-31.83
600958.SH	东方证券	861.46	-1.72
601108.SH	财通证券	659.66	—

续表

股票代码	股票简称	市值	增幅
601788.SH	光大证券	619.23	-12.11
601901.SH	方正证券	567.19	-9.34
600061.SH	国投安信	557.14	-3.39
601878.SH	浙商证券	554.00	—
601377.SH	兴业证券	487.52	-4.84
000783.SZ	长江证券	435.17	-23.07
002673.SZ	西部证券	431.43	-25.70
601198.SH	东兴证券	397.15	-28.22
000728.SZ	国元证券	370.20	-5.29
002797.SZ	第一创业	343.24	-54.94
601555.SH	东吴证券	291.60	-26.75
600109.SH	国金证券	288.52	-26.78
600909.SH	华安证券	263.25	-42.07
600369.SH	西南证券	261.37	-35.06
002500.SZ	山西证券	260.81	-23.29
601099.SH	太平洋证券	246.75	-29.71
601375.SH	中原证券	242.09	—
000750.SZ	国海证券	206.56	-29.70
000686.SZ	东北证券	205.26	-29.04

注：本表仅包含30家沪深证券交易所上市的证券公司信息。
中国银河、财通证券、浙商证券和中原证券于2017年在沪深证券交易所上市。
资料来源：Wind，齐鲁财富网。

（五）每股收益比较

由于2017年上市证券公司净利润下降，与2016年相比40家上市证券公司每股收益也出现下降。从具体排名来看，华泰证券（601688.SH）每股收益为1.30元，排名第一，同比上涨0.42元/股；广发证券（000776.SZ）紧随其后，每股收益达1.13元，比2016年增加了0.08元/股；国泰君安（601211.SH）以1.11元/股的收益位列第三，比2016年下降了0.1元/股（见图13、表10）。

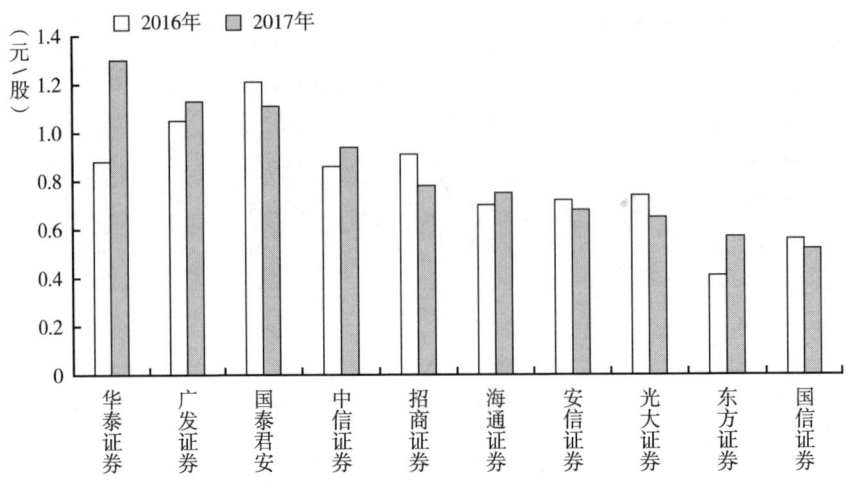

图 13　上市证券公司每股收益 TOP10（2016～2017 年）

资料来源：Wind，齐鲁财富网。

表 10　上市证券公司每股收益

单位：元/股

股票代码	股票简称	2017 年	股票代码	股票简称	2017 年
601688.SH	华泰证券	1.30	601377.SH	兴业证券	0.34
000776.SZ	广发证券	1.13	000686.SZ	东北证券	0.28
601211.SH	国泰君安	1.11	000783.SZ	长江证券	0.28
600030.SH	中信证券	0.94	601555.SH	东吴证券	0.26
600999.SH	招商证券	0.78	002673.SZ	西部证券	0.23
600837.SH	海通证券	0.75	000166.SZ	申万宏源	0.23
600061.SH	安信证券	0.68	601901.SH	方正证券	0.18
601788.SH	光大证券	0.65	600909.SH	华安证券	0.18
600958.SH	东方证券	0.57	002500.SZ	山西证券	0.14
002736.SZ	国信证券	0.52	600369.SH	西南证券	0.12
601198.SH	东兴证券	0.48	002797.SZ	第一创业	0.12
000728.SZ	国元证券	0.40	000750.SZ	国海证券	0.09
600109.SH	国金证券	0.40	601099.SH	太平洋	0.02

注：由于篇幅限制，本表仅包含 30 家沪深证券交易所上市的证券公司信息。
中国银河、财通证券、浙商证券和中原证券于 2017 年在沪深证券交易所上市，不包含在其中。
资料来源：Wind，齐鲁财富网。

(六)市盈率、市净率比较

市盈率与投资者对上市公司股票价格的预期相互影响。从行为金融学角度看,市盈率越高投资者期望收益就越高,羊群效应致使公司股票价格攀升,进一步助推市盈率的提高,循环往复。但从投资学角度看,市盈率与投资价值成反比,股票的市盈率越高通常越不具有投资价值。因为股票市盈率过高,必定存在非理性因素,因此风险越高,越应当关注和防范。在2017年市盈率排名前10的上市证券公司中,第一创业(002797.SZ)以83.95倍的市盈率位列第一名,较2016年降低27.15%;位居第二名的山西证券(002500.SZ)市盈率为58.18倍,同比上升7.54%;中原证券(601375.SH)以56.33倍的市盈率位列第三名(见图14)。

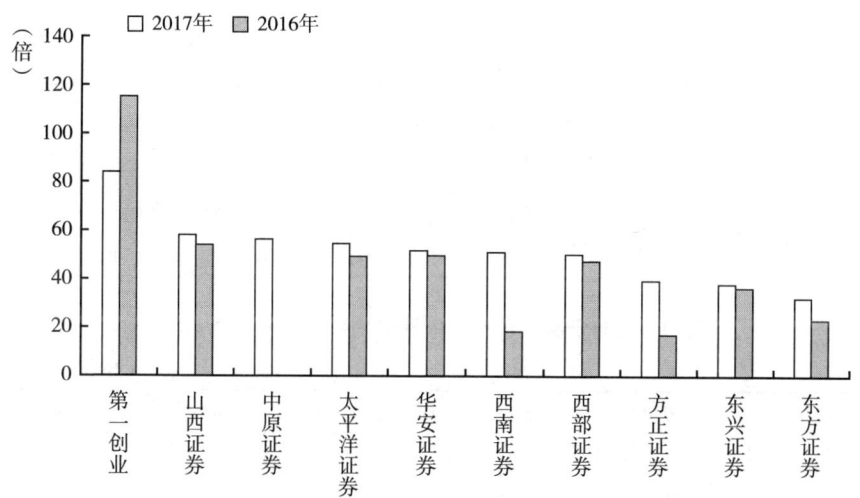

图14 上市证券公司市盈率TOP10(2016~2017年)

注:由于中原证券于2017年在沪深证券交易所上市,所以2016年的数据缺失。
资料来源:Wind,齐鲁财富网。

从上市证券公司市净率排名来看,第一创业(002797.SZ)以5.29倍的市净率位列第一名,较2016年下降43.18%;中原证券(601375.SH)市净率为3.50倍,位列第二名;西部证券(002673.SZ)以3.32倍的市净率位列第三名，同比下降41.13%。2017年市净率TOP10的上市证券公司均较2016年出现下降，这与证券市场的下跌行情有关（见图15）。

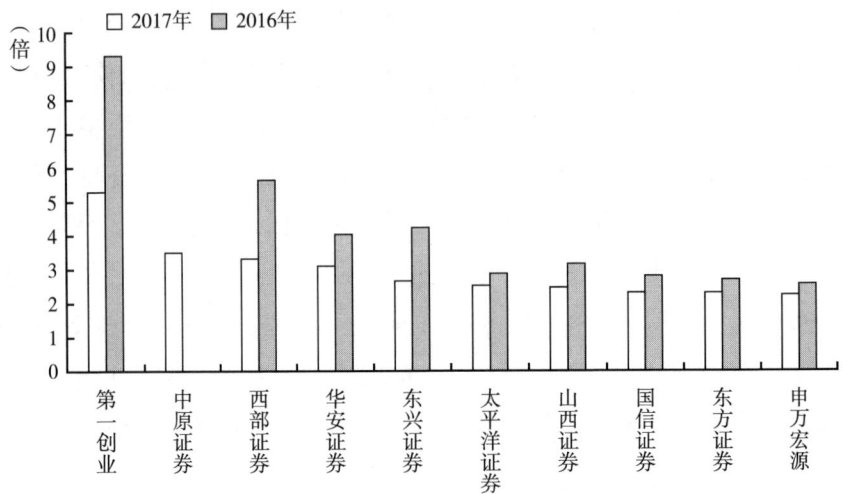

图15　上市证券公司市净率TOP10（2016～2017年）

注：由于中原证券于2017年在沪深证券交易所上市，所以2016年的数据缺失。
资料来源：Wind，齐鲁财富网。

部分上市证券公司市盈率及市净率情况见表11。

表11　上市证券公司市盈率及市净率（2016～2017年）

单位：倍

股票代码	股票简称	市盈率(2017)	市盈率(2016)	市净率(2017)	市净率(2016)
601901.SH	方正证券	39.55	17.10	1.92	1.78
601788.SH	光大证券	22.50	12.70	1.48	1.71
601688.SH	华泰证券	21.00	14.99	1.60	1.61
601555.SH	东吴证券	25.82	18.63	1.75	2.04
601377.SH	兴业证券	23.05	16.49	1.63	1.83
601211.SH	国泰君安	17.03	10.53	1.48	1.47
601198.SH	东兴证券	38.10	36.53	2.66	4.23
601099.SH	太平洋证券	54.64	49.40	2.52	2.87
600999.SH	招商证券	20.63	13.02	1.81	2.15
600958.SH	东方证券	32.38	23.21	2.30	2.69

续表

股票代码	股票简称	市盈率(2017)	市盈率(2016)	市净率(2017)	市净率(2016)
600837.SH	海通证券	20.90	14.19	1.53	1.64
600369.SH	西南证券	51.15	18.41	1.76	2.41
600109.SH	国金证券	27.06	19.80	2.05	2.40
600061.SH	安信证券	22.51	16.18	2.08	2.41
600030.SH	中信证券	19.82	13.05	1.44	1.44
002736.SZ	国信证券	24.52	14.44	2.31	2.8
002673.SZ	西部证券	50.29	47.52	3.32	5.64
002500.SZ	山西证券	58.18	54.10	2.46	3.16
000783.SZ	长江证券	24.99	20.76	2.04	2.73
000776.SZ	广发证券	15.79	11.43	1.67	1.62
000750.SZ	国海证券	28.47	19.82	1.81	2.24
000728.SZ	国元证券	28.02	20.42	1.84	1.87
000686.SZ	东北证券	23.12	15.42	1.59	2.08
000166.SZ	申万宏源	21.64	14.33	2.24	2.56
002797.SZ	第一创业	83.95	115.24	5.29	9.31
600909.SH	华安证券	51.80	49.69	3.10	4.03

注：由于篇幅限制，本表仅包含30家沪深证券交易所上市的证券公司信息。
中国银河、财通证券、浙商证券和中原证券于2017年在沪深证券交易所上市，不包含在其中。
资料来源：Wind，齐鲁财富网。

四 上市证券公司市场影响力分析

（一）上市证券公司与证券行业比较

1. 营业收入对比

统计显示，到2017年末，131家证券公司营业收入合计为4343.25亿元，同比下降0.81%；40家上市证券公司实现营业收入3201.64亿元，同比增长6.08%，占证券行业总收入比重为73.72%，同比增加4.80个百分点。再看2017年每家上市证券公司的营业收入行业占比，中信证券（600030.SH）的营业收入行业占比为9.97%，继续保持首位，比2016年增加了1.29个百分点；

位居第二名的海通证券（6000837.SH）营业收入行业占比为6.50%，同比增加0.10个百分点；排在第三名的是国泰君安（601211.SH），营业收入行业占比为5.48%，同比下降0.40个百分点（见表12）。

表12 各上市证券公司营业收入占比及增幅（2017年）

单位：%，百分点

股票代码	股票简称	营业收入占比	增幅
600030.SH	中信证券	9.97	1.29
600837.SH	海通证券	6.50	0.10
601211.SH	国泰君安	5.48	-0.40
000776.SZ	广发证券	4.97	0.24
601688.SH	华泰证券	4.86	1.00
600999.SH	招商证券	3.07	0.40
000166.SZ	申万宏源	2.92	-0.46
002736.SZ	国信证券	2.75	-0.16
601881.SH	中国银河	2.61	-0.41
600958.SH	东方证券	2.42	0.85
601788.SH	光大证券	2.27	0.18
601377.SH	兴业证券	2.03	0.30
600061.SH	安信证券	1.74	-0.01
601901.SH	方正证券	1.37	-0.40
000783.SZ	长江证券	1.30	-0.04
000686.SZ	东北证券	1.13	0.11
601878.SH	浙商证券	1.06	0.01
600109.SH	国金证券	1.01	-0.06
002500.SZ	山西证券	1.01	0.47
601555.SH	东吴证券	0.95	-0.11
601108.SH	财通证券	0.92	-1.56
601198.SH	东兴证券	0.84	0.02
000728.SZ	国元证券	0.81	0.04
002673.SZ	西部证券	0.73	-0.05
600369.SH	西南证券	0.70	-0.13
000750.SZ	国海证券	0.61	-0.27
601375.SH	中原证券	0.49	0.03
002797.SZ	第一创业	0.45	-0.01
600909.SH	华安证券	0.44	0.04
601099.SH	太平洋证券	0.30	-0.11

注：由于篇幅限制，本表仅包含30家沪深证券交易所上市的证券公司信息。
资料来源：Wind，齐鲁财富网。

2. 净利润比较

统计至2017年底,证券公司获得净利润总计1362.30亿元,同比下跌7.74%;其中40家上市证券公司净利润总和为1063.16亿元,同比增加0.49%,占证券行业的78.04%,同比上浮6.39个百分点。可以看出,上市证券公司净利润占行业的比重稳步增长,其账面信息进一步改善,盈利能力明显提高。再看务上市证券公司净利润的占比情况,中信证券(600030.SH)净利润占比为8.79%,排第一名,比2016年增加1.35个百分点;国泰君安(601211.SH)和海通证券(600837.SH)位列第二名和第三名,占比分别为7.70%和7.25%,较2016年增加0.01个和1.20个百分点(见表13)。

表13 各上市证券公司净利润占比及增幅(2017年)

单位:%,百分点

股票代码	股票简称	净利润占比	增幅
600030.SH	中信证券	8.79	1.35
601211.SH	国泰君安	7.70	0.01
600837.SH	海通证券	7.25	1.20
601688.SH	华泰证券	6.91	2.50
000776.SZ	广发证券	6.67	0.98
600999.SH	招商证券	4.26	0.59
002736.SZ	国信证券	3.36	0.27
000166.SZ	申万宏源	3.36	-0.37
601881.SH	中国银河	2.95	-0.56
600958.SH	东方证券	2.64	1.00
601788.SH	光大证券	2.30	0.22
601377.SH	兴业证券	1.93	0.34
600061.SH	安信证券	1.68	-0.05
000783.SZ	长江证券	1.13	-0.37
601108.SH	财通证券	1.08	-0.40
601901.SH	方正证券	1.07	-0.68
601198.SH	东兴证券	0.96	0.04
000728.SZ	国元证券	0.89	-0.07
600109.SH	国金证券	0.88	0.00
601878.SH	浙商证券	0.78	-0.06

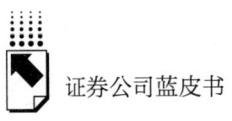

续表

股票代码	股票简称	净利润占比	增幅
601555.SH	东吴证券	0.60	-0.43
002673.SZ	西部证券	0.55	-0.20
000686.SZ	东北证券	0.52	-0.40
600369.SH	西南证券	0.51	-0.11
600909.SH	华安证券	0.48	0.07
601375.SH	中原证券	0.38	-0.13
002797.SZ	第一创业	0.32	-0.08
000750.SZ	国海证券	0.32	-0.40
002500.SZ	山西证券	0.32	-0.04
601099.SH	太平洋证券	0.09	-0.36

注：由于篇幅限制，本表仅包含30家沪深证券交易所上市的证券公司信息。
资料来源：Wind，齐鲁财富网。

（二）上市证券公司与其他金融公司比较

2017年沪深两市上市公司共计3467家，金融类上市公司合计65家，占全部上市公司的1.87%，具体包括证券公司30家、银行25家、信托公司4家以及保险公司6家。综合来看，65家金融业上市公司市值总计达15.22万亿元，占上市公司总市值的24.75%。

1. 市值比较

截至2017年末，65家上市金融企业市值合计15.22万亿元，同比上升26.41%。具体来看，证券、银行和保险业上市公司总市值较2016年均出现上浮，只有信托业上市公司总市值出现同比下降。2017年证券业上市公司市值总量达20470.77亿元，同比增长1.93%；银行业上市公司总市值为102569.35亿元，同比增长26.33%；保险业上市公司总市值为27994.86亿元，同比增长65.52%，涨幅最大；信托业上市公司总市值为1162.15亿元，同比下跌47.63%（见表14）。

表14 各类上市金融公司总市值及增幅（2010～2017年）

单位：亿元，%

年份	证券业	增幅	银行业	增幅	保险业	增幅	信托业	增幅
2010	7447.21	-6.29	60511.76	-5.36	12282.73	-19.07	97.24	-28.65
2011	5360.80	-28.02	58391.17	-3.50	10232.97	-16.69	97.46	0.23
2012	7664.70	42.98	61939.71	6.08	12571.87	22.86	135.09	38.61
2013	7470.07	-2.54	55759.54	-9.98	9972.80	-20.67	161.40	19.48
2014	20678.12	176.81	81838.28	46.77	20844.72	109.02	393.95	144.08
2015	23416.52	13.24	83471.92	2.00	18938.42	-9.15	848.24	115.32
2016	20082.59	-14.24	81191.09	-2.73	16913.50	10.69	2219.03	161.60
2017	20470.77	1.93	102569.35	26.33	27994.86	65.52	1162.15	-47.63

资料来源：Wind，齐鲁财富网。

从各类上市金融公司总市值占比来看，证券业、银行业和信托业上市公司总市值占比均出现下降，只有保险业上市公司总市值占比较2016年出现上升，占比达18.39%；银行业占比依然最大，为67.39%；信托业占比最小，为0.76%；而证券业占比为13.45%。（见图16）。

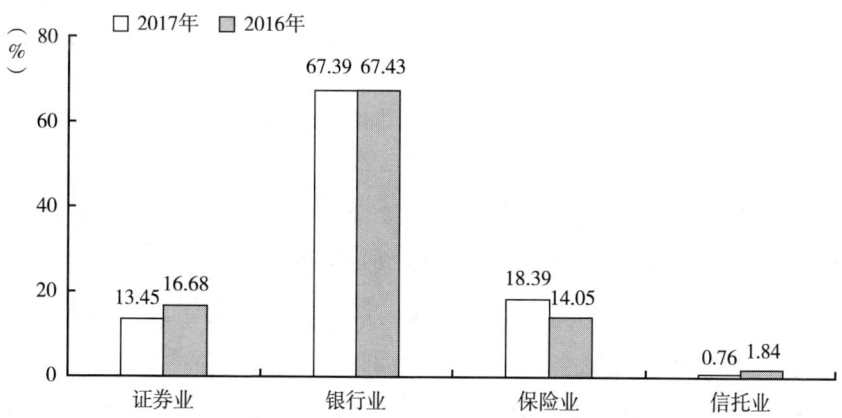

图16 各类上市金融公司总市值占比及变化（2016～2017年）

资料来源：Wind，齐鲁财富网。

2. 营业收入比较

2017年，65家上市金融公司的营业收入合计为6.30万亿元，较2016年增加9.95%。其中，证券业上市公司实现营业收入2854.62亿元，由于股票市场回暖，营业收入较2016年增加了16.11%；银行业上市公司营业收入为37237.60亿元，虽然占比最大，但同比下跌1.08%；保险业上市公司营业收入为22510.23亿元，同比增加31.91%；信托业上市公司营业收入虽仅为427.27亿元，但收入增长幅度最大，达到220.44%（见表15）。

表15　各类上市金融公司营业收入及增幅变化（2010~2017年）

单位：亿元，%

年份	证券业	增幅	银行业	增幅	保险业	增幅	信托业	增幅
2010	911.13	37.31	18106.53	52.59	7206.76	21.15	68.71	72.84
2011	761.76	-16.39	23162.01	27.92	9020.96	25.17	80.65	17.38
2012	648.43	-14.88	26993.93	16.54	9936.14	10.14	61.31	-23.98
2013	813.58	25.47	30276.68	12.16	11091.6	11.63	73.46	19.81
2014	1855.00	128.00	34685.97	14.56	12716.7	14.65	77.63	5.67
2015	4096.34	120.83	36436.83	5.05	15570.41	22.44	97.59	25.72
2016	2458.64	-39.98	37645.56	3.32	17064.5	9.60	133.34	36.63
2017	2854.62	16.11	37237.60	-1.08	22510.23	31.91	427.27	220.44

资料来源：Wind，齐鲁财富网。

3. 净利润比较

2017年，上市金融公司共实现净利润1.62万亿元，较2016年增长3.85%。其中，证券业上市公司实现净利润962.87亿元，较2016年增加7.80%；银行业上市公司净利润为13744.03亿元，较2016年小幅增长，增长幅度为1.73%；保险业上市公司净利润为1378.19亿元，同比增长26.02%；信托业上市公司净利润下降幅度较大，降幅为35.12%，实现净利润72.24亿元。保险业上市公司净利润的大幅提升，一方面与上市公司数量增多有关，另一方面也表明我国保险行业盈利能力增强（见表16）。

表16 各类上市金融公司净利润及增幅（2010～2016年）

单位：亿元，%

年份	证券业	增幅	银行业	增幅	保险业	增幅	信托业	增幅
2010	418.32	35.54	5765.73	37.00	604.49	9.21	6.85	3363.52
2011	307.30	-26.54	8824.74	53.05	522.75	-13.52	15.16	121.22
2012	218.41	-28.93	10355.68	17.35	464.65	-11.11	17.45	15.12
2013	284.45	30.24	11682.91	12.82	751.85	61.81	23.74	36.02
2014	674.00	136.95	12589.25	7.76	985.08	31.02	33.77	42.25
2015	1659.65	146.24	12696.67	0.85	542.03	-44.98	26.34	-22.00
2016	893.23	-46.18	13510.43	6.41	1093.63	101.77	111.35	322.74
2017	962.87	7.80	13744.03	1.73	1378.19	26.02	72.24	-35.12

资料来源：Wind，齐鲁财富网。

B.6
中国证券市场监管体系研究

摘　要： 2013年修订的《证券法》规定，国务院证券监督管理机构依法对全国证券市场实行集中统一监督管理。2017年全国第五次金融工作会议提出服务实体经济、防控金融风险、深化金融改革三项任务，决定成立国务院金融稳定发展委员会，对证券市场监管产生重大影响。2017年全国证券期货监管工作会议提出，紧紧围绕统筹推进"五位一体"总体布局和协调推进"四个全面"战略，始终保持"依法、全面、从严"监管，保护投资者合法权益，着力提高和改进监管能力，把防控金融风险放在更加突出位置。监管部门坚持第五次全国金融工作会议提出的金融服务实体经济和党的十九大提出的守住不发生系统性风险的底线，坚持稳中求进总基调，牢固树立和贯彻落实发展新理念，对证券市场依法从严监管。全年多层次资本市场体系进一步完善，新三板分层和交易制度改革取得重要突破，资本市场尤其是股权融资在近年来有了长足发展。

关键词： 证券市场监管　监管体系　监管政策　监管改革

2017年7月，习近平总书记在第五次全国金融工作会议上强调，"要坚持稳中求进工作总基调，遵循金融发展规律，紧紧围绕服务实体经济、防控金融风险、深化金融改革三项任务，创新和完善金融调控，健全现代金融企业制度，完善金融市场体系，推进构建现代金融监管框架，加快转变金融发展方式，健全金融法治，保障国家金融安全，促进经济和金融良性循环、健康发展"。中国证监会把防范金融风险放到更加重要的位置，守住不发生金融风险的底线成为金融监管部门的工作主线和政策主线。一系列严监管措施连续出台，金融服务实体经济能力显著增强。中国证监会在整治市场乱象、弥补制度短板、防范金融风险等方面取得了阶段性成效。第五次全国金融工作会议提出"构建现代金融监管框架"，决定成立国务院金融稳定发展委员会，这是一次重大的金融监管改革，将对中国证券市场监管体系和监管模式产生重大影响。

过去的一年，在以习近平同志为核心的党中央坚强领导下，中国证监会坚持稳中求进总基调推进各项监管工作，资本市场的改革与发展迈出了坚实步伐，新股发行明显提速，证券市场服务实体经济的能力进一步增强。中国多层次资本市场体系进一步完善，股票发行、减持和退市等基础性制度体系进一步完善，证券市场双向开放水平也进一步提高。经过各方面的努力，尽管资本市场股权融资方面有了长足发展，但整个融资体系中仍然存在很多不足。中国证监会按照中央统一部署，牢牢坚持资本市场服务实体经济的发展方向和保护投资者合法权益的监管使命，并坚持"依法监管、全面监管、从严监管"的理念，推动中国资本市场稳定健康发展。

一 中国证券市场监管体系

根据我国《证券法》、《公司法》和《证券公司监督管理条例》等法律法规规定，我国证券市场形成了以中国证监会依法对全国证券市场进行集中统一监督管理为主，证券业协会和证券交易所等自律性组织对会员实施自律管理为辅的证券监管体制。中国证监会依法对证券市场实行监督管理，维护证券市场秩序，保障其合法运行。中国证券业协会是社会团体法人，通过证券公司等全体会员组成的会员大会对证券行业实施自律管理。上海证券交易所和深圳证券交易所作为一线监管机构，在中国证监会的领导下，为证券集中交易提供场所和设施，通过组织和监督证券交易，对证券公司及上市公司实行自律管理，以使会员更好地遵循法律法规及职业道德准则。尽管第五次全国金融工作会议已经决定成立国务院金融稳定发展委员会，但是，这项重大的金融改革举措并未在2017年内实施。

（一）中国证监会的职责

2013年修订的《证券法》第七条规定，国务院证券监督管理机构依法对全国证券市场实行集中统一监督管理。具体地说，就是由中国证监会依法对证券市场实行监督管理，维护证券市场秩序，保障其合法运行。中国证监会依法履行如下职责：

——依法制定有关证券市场监督管理的规章、规则，并依法行使审批或者核准权；

——依法对证券的发行、上市、交易、登记、存管、结算进行监督管理；

——依法对证券公司、上市公司、证券投资基金管理公司、证券服务机构、证券交易所、证券登记结算机构的证券业务活动进行监督管理；

——依法制定从事证券业务人员的资格标准和行为准则，并监督实施；

——依法监督检查证券发行、上市和交易的信息公开情况；

——依法对证券业协会的活动进行指导和监督；

——依法对违反证券市场监督管理法律、行政法规的行为进行查处；

——法律、行政法规规定的其他职责。中国证监会可以与其他国家或者地区的证券监督管理机构建立监督管理合作机制，实施跨境监督管理。

（二）中国证券业协会

2013年修订的《证券法》第八条规定，在国家对证券发行、交易活动实行集中统一监督管理的前提下，依法设立证券业协会，实行自律性管理。中国证券业协会属于社会团体法人，接受中国证监会的指导和监督，主要履行如下职责：

——教育和组织会员遵守证券法律、行政法规；

——依法维护会员的合法权益，向证券监督管理机构反映会员的建议和要求；

——收集整理证券信息，为会员提供服务；

——制定会员应遵守的规则，组织会员单位从业人员的业务培训，开展会员间的业务交流；

——对会员之间、会员与客户之间发生的证券业务纠纷进行调解；

——组织会员就证券业的发展、运作及有关内容进行研究；

——监督、检查会员行为，对违反法律、行政法规或者协会章程的，按照规定给予纪律处分；

——证券业协会章程规定的其他职责。

（三）证券交易所

2013年修订的《证券法》第一百零二条规定，证券交易所是为证券集中交易提供场所和设施，组织和监督证券交易，实行自律管理的法人。证券交易所的设立和解散，由国务院决定。证券交易所主要履行如下职责：

——提供证券交易的场所和设施；

——制定证券交易所的业务规则；

——接受上市申请，安排证券上市；

——组织、监督证券交易；

——对会员进行监管；

——对上市公司进行监管；

——管理和公布市场信息；

——依照规定办理股票、公司债券的暂停上市、恢复上市或者终止上市事务；

——在突发性事件发生时采取技术性停牌措施或者决定临时停牌；

——证券监督管理机构赋予的其他职能。

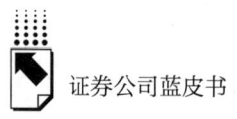

二 证券市场监管的法律法规和政策

经过近30年的发展，我国证券市场已经形成了一套较为完整的监管体系，主要包括法律、行政法规和部门规章三个层级。法律主要包括《公司法》《证券法》《中华人民共和国证券投资基金法》等；行政法规主要包括《证券公司监督管理条例》《证券公司风险处置条例》等；部门规章主要包括中国证监会颁布的部门规章、规范性文件和自律机构制定的规则、准则，涉及行业管理、公司治理、业务操作和信息披露等方面。

2012年后，我国证券行业进入了创新发展时期，监管机构的整体思路从事前审批制转变为事中、事后的监督检查，对证券公司的监管主要体现在以下四个方面。

（一）证券公司市场准入和业务许可

通过《证券法》、《证券公司监督管理条例》、《外资参股证券公司设立规则》、《证券公司业务范围审批暂行规定》和《证券公司分类监管规定》等法律法规的规定，对证券市场准入设置条件，如设立证券公司应当具备的条件、证券公司股东资格的要求、证券公司重大事项变更的报批、证券公司业务范围的确定等，并明确规定，未经中国证监会批准，任何单位和个人不得经营证券业务。

（二）证券公司业务监管

证券公司发展业务以及开展新业务，都离不开法律法规的监管框架，通过《证券法》《证券公司监督管理条例》《证券公司风险处置条例》《证券公司分类监管规定》《证券发行与承销管理办法》《证券发行上市保荐业务管理办法》《证券公司客户资产管理业务管理办法》《证券公司资产证券化业务管理规定》《证券公司融资融券业务管理办法》《证券投资顾问业务暂行规定》《发布证券研究报告暂行规定》《证券自营业务指引》《关于证券公司证券自营业务投资范围及有关事项的规定》《证券公司直接投资业务规范》《证券公司参与股指期货、国债期货交易指引》等法律法规和政策文件明确了证券公司开展业务的资格、程序、责任及处罚措施，是证券公司需要遵守的规范性文件。

（三）证券公司日常管理及风险防范

对于证券公司的日常运营、公司治理、内控制度、财务风险控制指标、信息披露和日常监督检查等日常管理方面，《证券法》《证券公司监督管理条例》《证券公司治理准则》《证券公司分类监管规定》《证券公司风险控制指标管理办法》《关于加强上市证券公司监管的规定》《证券公司合规管理试行规定》《证券公司内部控制指引》《证券公司风险处置条例》《证券公司全面风险管理规范》《关于证券公司信息公示有关事项的通知》《关于证券公司执行〈企业会计准则〉的通知》《证券公司年度报告内容与格式准则》等法律法规及相关文件做了严格、明确的规定。

（四）证券公司从业人员的管理

证券公司的董事、监事、高级管理人员和分支机构负责人需要依据《证券公司董事、监事和高级管理人员任职资格监管办法》的规定，取得任职资格，并遵守法律、行政法规和中国证监会的规章、规范性文件，遵守公司章程和行业规范，恪守诚信，勤勉尽责；证券公司从事证券业务的专业人员需要依据《证券业从业人员资格管理办法》的规定，取得从业资格和执业证书。

三 证券市场监管理念与监管重点

2017年2月，全国证券期货监管工作会议在京召开，中国证监会主席刘士余发表"不断强化'四个意识'牢牢把握稳中求进协调推进资本市场改革稳定发展"的讲话。会议提出，2017年，资本市场运行内外环境将更趋复杂，必须深刻理解十八大以来党中央对经济形势做出的重大判断、对经济工作做出的重大决策、对经济工作思想方法做出的重大调整，贯彻落实中央经济工作会议精神，牢牢把握稳中求进工作总基调，以改革为引领，以稳定为底线、以发展为主旋律，协调推进资本市场改革稳定发展和监管各项工作。

全国证券期货监管工作会议认为，当前全球经济调整仍未到位，国际复杂因素影响不可低估，"逆全球化"倾向上升，全球金融市场仍面临巨大风险，我国经济运行虽总体平稳，但是要清醒地看到我国经济还处于三期叠加的特定阶段，在发展的道路上依然存在不少困难和挑战。金融领域面临的问题与我国经济运行所面临的问题基本一致，根源是重大结构性失衡。中国证券市场经过30多年发展取得举世瞩目成就，但是由于国内资本市场发展仍不成熟，证券市场内在的脆弱性和复杂性不可低估。

2017年，中国证监会坚持第五次全国金融工作会议提出的稳中求进总基调，把防控金融风险放在更加突出位置，牢牢守住不发生系统性风险底线，全面强化新股发行、并购重组、借壳上市以及公司发行债券等方面的监管，证券市场监管透明度进一步增强。

2017年6月，时任中国证监会副主席姜洋在陆家嘴论坛发表的讲话中提到，"当前我国资本市场稳定运行的内在基础还不牢靠，股市、债市、期市、汇市等风险关联度明显上升，境内与境外市场的共振性明显增强，我们要把防控金融风险放到更加重要的位置，不断深化对稳中求进工作总基调的认识，保持战略定力，对行业和市场证明行之有效的监管政策和做法不动摇。同时，要在证券市场稳定的前提下有所作为，不断加快完善多层次资本市场体系，为资本市场长期稳定健康发展打下坚实基础"。姜洋同时强调，"要坚持'依法、全面、从严'监管，加强对'忽悠式'、'跟风式'重组和盲目跨界重组的监管，遏制投机炒'壳'之风。中国证监会将继续保持监管定力，改进监管方式，继续依法深入推进全面从严监管，继续引导上市公司、证券期货经营机构回归本源，专注主业，严防投机炒作和资金脱实向虚"。

2017年7月，中国证监会主席刘士余在全国证券期货监管系统年中监管工作座谈会上再一次强调,"中国证监会的监管工作要紧紧围绕贯彻落实全国第五次金融工作会议确定的服务实体经济、防控金融风险、深化金融改革三项任务,坚持稳中求进工作总基调,贯彻落实新发展理念,把主动防范化解系统性金融风险放在更加重要的位置,确保资本市场稳健运行,确保各项改革稳步推进,并统筹谋划好资本市场近中远期的发展战略和改革举措"。刘士余在年中监管工作座谈会上还提到,中国证监会要依法规范和拓展各类资金的入市渠道,发展长期机构投资者,维护和巩固资本市场良好发展势头。切实加大发行质量审核力度,保持首次公开发行的常态化,规范和支持上市公司并购重组,完善退市制度,加大退市力度,充分发挥好资本市场的功能。年中监管工作座谈会再一次明确了证券监管工作的思路,同时也对证券市场监管部门、发行审核机构以及证券公司等提出了明确要求。

总体来看,中国证监会2017年全年坚持稳中求进工作总基调,在监管过程中坚持抓好资本市场服务实体经济、防控金融风险、深化金融改革三大任务,在资本市场改革发展等方面迈出坚实步伐。中国证监会"依法、全面、从严"监管的态势进一步巩固,市场监管状况也呈现积极变化,证券市场运行更趋稳健。另外,通过出台一系列监管政策,中国证监会对投资者合法权益保护的能力和水平进一步提升,资本市场新闻舆论工作水平和市场沟通能力也进一步增强。

四 证券市场监管分析

中国证券市场成立以来取得举世瞩目的成就,但应该清醒看到,监管部门风险控制及监管的缺陷一直存在,证券市场上一些违法违规行为屡禁不止。中国证券市场的监管更倾向于计划管理的形式和行政手段,近年来有关监管部门出台一系列监管政策来规范证券市场的发展。但由于证券市场发展迅速,现有监管政策往往在践行过程中存在一定时滞,监管所依据的法律法规不健全也大大增加了监管难度。加快建成融资功能完备、基础制度扎实、市场监管有效、投资者权益得到充分保护的强大资本市场必须厉行法治,不

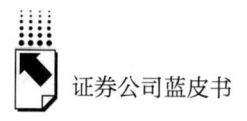

断提高资本市场的法治化水平。分析2017年全年证券市场出台的监管政策可以有效把握证券市场监管趋势,并可以不断改进和完善证券公司经营思路,促使机构合规经营。

(一)证券公司监管

2017年,监管部门坚持"依法、全面、从严"监管的思路,证券行业也持续维持强监管的态势。全年中国证监会对多项制度进行修订,重点治理证券行业乱象,重塑行业生态,同时将合规意识贯穿到证券公司决策、执行、监督、反馈等各个环节。在监管部门正确引导下,证券公司合规意识与风控水平均有明显提升,大局意识也在不断强化。2017年"合规"无疑是证券行业的"主旋律",4月召开的证券基金行业监管视频会提到,"证券行业机构要充分发挥资本市场'守门人'的作用,全面落实客户适当性管理和异常交易监控职责,坚持合规风控先行、紧密围绕服务实体经济的原则稳步推进行业创新发展,提升核心竞争力和综合服务能力,促进资本市场稳定健康发展,着力维护市场稳定"。

6月,中国证监会发布《证券公司和证券投资基金管理公司合规管理办法》,通过明晰董事会、监事会、高级管理人员、合规负责人等各方职责,提高合规履职保障,加大违法违规追责力度等措施,切实提升证券公司合规管理有效性,不断增强自我约束能力,促进行业持续健康发展。随后中国证券业协会推出《证券公司合规管理实施指引》,主要阐明合规理念,细化合规管理各项职责,明确合规管理考核问责机制。具体而言,《证券公司和证券投资基金管理公司合规管理办法》主要是对合规人员的数量及其薪酬进行规定。同时要求证券公司各层级子公司纳入统一合规管理体系,其目的在于促进证券公司回归主业,并加强对子公司的管理。新规对证券公司子公司和孙公司所存在的风险进行有效管控,促使相关机构回归主业。

2017年6月,中国证监会发布《证券期货投资者适当性管理办法》。作为我国证券期货市场首部投资者保护方面的部门规章,《证券期货投资者适当性管理办法》规定,在提供证券期货服务或者销售证券期货产品的时候机构要严格遵守相关法律政策，勤勉尽责、审慎履职地全面了解客户情况，同时也要充分揭示投资风险。机构在服务过程中要基于投资者风险承受能力等因素，将适当的理财产品提供给适合的投资者，并对违规行为承担法律责任。

中国证券业协会、中国基金业协会和中国期货业协会以及上海证券交易所、深圳证券交易所、全国股转系统和中国金融期货交易所都陆续公布了相关自律指引规则，投资者适当性管理也成为2017年证券行业高频词。中国证券业协会起草《证券经营机构投资者适当性管理实施指引（试行）》，要求证券公司未来要考察投资者风险承受能力，通过多种方式和途径了解客户。证券监管部门还要求，证券公司在确定投资者风险等级、普通投资者申请转化成专业投资者、销售产品揭示风险等工作中需要留痕处理。这也是监管部门对证券公司在修订管理制度、梳理业务流程、完善技术系统和人员培训等方面提出更高要求。

7月，中国证监会对《证券公司分类监管规定》进行修订。修订后的《证券公司分类监管规定》除对评价指标进行优化外，还完善了证券公司合规评价指标体系，引导证券行业机构聚焦主业。具体来看，新规不仅增加了常规监管措施扣分档次、自律监管措施、被立案调查或发生重大风险事件的扣分项，同时增加了营业收入排名。在对证券公司的实际影响上，证券公司评级越低，投资者保护基金缴纳规模越大，风险资本准备金比例越高，同时还要增加监管部门现场检查频率。在具体业务上，分类结果的变动也对并购重组财务顾问执业能力评价、担任公司债主承销商、创新业务资格获取等产生较大的影响。

11月，中国证监会发布《证券交易所管理办法》，该管理办法的主要内容包括："完善交易所内部治理结构，增设监事会并进一步明确会员大会、理事会、监事会、总经理的职权；突出交易所自律管理属性，明确交易所依法制定的业务规则对证券交易活动的各参与主体具有约束力；强化交易所对证券交易活动的一线监管职责，明确交易所对于异常交易行为、违规减持行为等的自律管理措施；强化交易所对会员的一线监管职责，建立健全证券交易所以监管会员为中心的交易行为监管制度，进一步明确会员的权利义务；强化证券交易所对证券上市交易公司一线监管职责，要求证券交易所对证券上市公司的信息披露、停复牌等履行自律管理职责；进一步完善证券交易所在履行一线监管职责、防范市场风险中的手段措施，包括实时监控、限制交易、现场检查、收取惩罚性违约金等"。《证券交易所管理办法》的出台有利于促进证券交易所依法全面履行证券市场一线监管的职责并对包括证券公司在内的各市场主体实施有效的监管，同时还有利于维护证券市场正常秩序，保护投资者合法权益，促进证券市场健康稳定发展。

在强化证券市场监管的同时，中国证监会严格贯彻落实国务院关于简政放权、简化优化公共服务的要求。根据《国务院办公厅关于进一步做好"放管服"改革涉及的规章、规范性文件清理工作的通知》要求，为深入推进"放管服"改革，确保各项改革措施有效落实，中国证监会在同步修改、同步落实的基础上对现行有效的规章和规范性文件进行全面系统清理。所涉清理内容主要是解决此前清理时的遗留问题，切实"简政放权"，贯彻"放管结合"。

中国证监会主席刘士余在深圳证券交易所2017年会员大会致辞中强调，证券公司要回归本源、专注主业，真正讲诚信，做天使。从事证券业务的注册会计师与会计师事务所，要做资本市场的"看门人"，不要让劣质企业混进来。交易所、证券公司及注册会计师事务所等要共同努力，支持上市公司并购重组、整合资源、做优做强。要缩短服务链条，降低融资成本，让资本市场红利惠及广大投资者，惠及各类企业。

刘士余在中国证券业协会第六次会员大会讲话中提到，"证券行业始终扮演着投资者与融资者之间、投资者与市场之间、政府与市场之间的桥梁作用。伴随着全面深化改革的推进，高水平对外开放的展开，中国资本市场正在展示出更加广阔的前景，希望证券公司专注主业，更好地服务于创新驱动战略和供给侧结构性改革。证券公司要心无旁骛做好主业，真正履行勤勉尽责等责任，从源头上严把上市公司质量关，不能'只荐不保'、一上了之。证券公司不能只盯着承销保荐，更要在并购重组、盘活存量上做文章，为国企国资改革、化解过剩产能、'僵尸企业'的市场出清、创新催化等方面提供更加专业化的服务并加快对产业转型升级的支持力度。各类证券经营机构必须把防控金融风险放到更加重要的位置，共同创造良好的市场秩序、稳定的市场环境。证券公司不能光想着招揽客户、收取佣金，要切实履行投资者保护的相应责任，还要识别好客户，发现异常交易行为，要按照法律法规，该制止的要制止，该报告的要报告"。同时，刘士余还提到证券公司要约束好自己的员工，坚守职业操守，体现专业精神，为市场发展注入正能量。

党的十八大以来，中国证券行业在资本实力、发展理念、服务质量、规范水平、市场竞争力等方面都有显著提升和改善。整个证券行业在促进资本形成、优化资源配置、服务实体经济等方面发挥着越来越重要的作用。当前，全国经济呈现稳中向好的态势，经济新动能不断增强，新业态也在不断发展壮大。随着经济深化改革全面推进，中国资本市场也正展示出更加广阔的前景。全国证券公司应坚持新的发展理念，在控制风险、合规经营的前提下努力提升服务质量。

（二）上市公司监管

2017年，中国证监会坚持稳中求进的工作总基调，主动防范化解系统性金融风险，对证券市场各参与机构依法全面从严监管。全年中国证监会多次表态要继续加强上市公司监管力度。中国证监会主席刘士余在中国上市公司协会第二届会员代表大会致辞中提到，上市公司作为资本市场的基石必须提高透明度，切实加强以投资者需求为导向的信息披露，保证各类股东公平、及时地获得上市公司信息。中国证监会将牢牢肩负起保护投资者，特别是中小投资者合法权益这副神圣重担，出重拳治理市场乱象，不管是谁犯规，都要让他付出沉重的代价。中国证监会原副主席姜洋在中投论坛2017暨"一带一路"与跨境投资CEO峰会演讲中提到，中国证监会将坚决落实《上市公司重大资产重组管理办法》，加大对虚假披露、内幕交易等违法行为的查处力度，维护市场秩序，净化市场环境，抑制各种形式的盲目跨界重组，引导上市公司专注主业，防止资金"脱实向虚"。

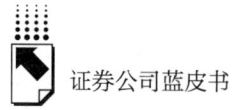

为深入贯彻落实中央经济工作会议工作部署，助力供给侧结构性改革，引导规范上市公司融资行为，完善非公开发行股票定价机制，中国证监会在2017年2月发布修订后的《上市公司非公开发行股票实施细则》（以下简称《实施细则》），并同时出台《关于引导规范上市公司融资行为的监管要求》，以此来规范上市公司再融资行为。本次修订《实施细则》坚持服务实体经济导向，积极配合供给侧结构性改革，助力产业转型和经济结构调整，充分发挥市场的资源配置功能，引导资金流向实体经济最需要的地方，避免资金"脱实向虚"。《实施细则》坚持疏堵结合的原则，立足保护投资者尤其是中小投资者的合法权益，堵住监管套利漏洞，防止"炒概念"和套利性融资等行为。同时满足上市公司正当合理的融资需求，优化资本市场融资结构。本次修订后的《实施细则》进一步突出市场化定价机制的约束作用，取消了将董事会决议公告日、股东大会决议公告日作为上市公司非公开发行股票定价基准日的规定，明确定价基准日只能为本次非公开发行股票发行期的首日。

中国证监会主席刘士余在2017年4月召开的中国上市公司协会第二届会员代表大会致辞中提到，"上市公司作为公众公司，必须提高透明度。切实加强以投资者需求为导向的信息披露，保证各类股东公平、及时地获得上市公司信息。上市公司的控股股东、实际控制人要切实履行信息披露义务，落实内幕信息知情人登记、保密等要求"。9月，中国证监会时隔两年后对重大资产重组信息披露准则进行集中修订，并同时发布实施《公开发行证券的公司信息披露内容与格式准则第26号——上市公司重大资产重组（2017年修订）》（以下简称《准则》），中国证监会修订后，《准则》在提高并购重组效率，打击限制"忽悠式""跟风式"重组，增加交易的确定性和透明度以及规范重组上市等方面起到重要作用。与之前运行的准则相比，新修订的《准则》主要是尽量简化披露内容和流程，以缩短重组预案的停牌时间，降低对市场的影响。

2017年，中国证监会对上市公司年度报告和半年度报告信息披露内容与格式进行统一修订并分别发布修订后的《公开发行证券的公司信息披露内容与格式准则第二号——年度报告的内容与格式》和《公开发行证券的公司信息披露内容与格式准则第三号——半年度报告的内容与格式》。本次修订明确提出上市公司分层次环境信息披露制度，进一步强化上市公司承担环境与社会责任。本次修订还进一步完善了上市公司委托理财的信息披露要求，明确了委托理财信息披露范畴。

中国证监会在2017年还发布了《上市公司股东、董监高减持股份的若干规定》，以此来规范上市公司股东、董监高减持股份行为。该规定出台后，沪、深证券交易所也出台相应规则就规范上市公司股东减持股份的行为进行全面完善。新规从适用对象、股份来源、减持力度、信息披露、减持方式和监管主体等多方面做出调整，进一步细化完善限售股解禁后的减持行为。新规对于适用对象也做出更加明确的界定，除持股5%以上的大股东外，其他减持造成持股比例已低于5%以及通过定增、大宗交易等方式取得股份的股东都在监管之列。新规出台有效助力股票市场企稳，通过对减持数量、减持时间的安排，有效减少集中减持股票对股价的直接冲击。2017年，中国证监会接连出台一系列法规文件，有效地规范证券市场秩序，同时也对各种金融乱象起到强有力遏制作用。

2017年9月，时任中国证监会副主席姜洋在上市公司监管工作座谈暨培训班讲话中提到，"上市公司是国民经济的中坚力量、资本市场的基石、投资者回报的源泉，提高上市公司质量是资本市场有效服务实体经济发展、支持推进供给侧结构性改革的重要举措，也是防范资本市场风险，保护广大投资者合法权益的重要手段。我国资本市场仍处于新兴加转轨的阶段，上市公司监管工作面临复杂的国际国内形势，要时刻保持头脑清醒、防患未然，牢牢守住不发生系统性、区域性金融风险的底线，为我国经济稳健发展保驾护航"。

（三）新股发行市场监管

2017年，中国证监会始终牢记服务实体经济和保护投资者合法权益的监管使命，不断强化"依法、全面、从严"监管的理念，着力提升上市公

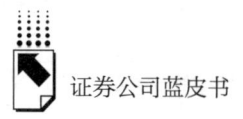

司质量。全年证券市场监管水平不断提升，监管部门通过出台一系列法规文件对市场各参与者进行有效引导，证券市场也保持平稳有序的运行态势。

监管部门明确要求提高直接融资比例，全年中国证券市场新股审核发行明显提速。2017年发审委共审核479家公司的首发申请，其中有380家成功过会，通过率高达79.33%，另有86家未通过审核，13家暂缓表决或取消审核。数据显示，2016年中国证监会共审核271家企业IPO申请，过会率为91.14%，2014年和2015年的过会率也分别达到89.34%和92.28%，与2016年的过会率相比，2017年发审过会率下降近12个百分点。7月7日，中国证监会发布《关于修改〈中国证券监督管理委员会发行审核委员会办法〉的决定》，本次修订的《发审委办法》修订内容主要涉及保护投资者合法权益、强化发审委选聘工作、增加对发行审核工作进行监察的制度安排等十个方面。修订后的《发审委办法》在严把审核信息披露质量关、规范审核权力运行机制和防范权力寻租等方面进行了优化。在第十七届发审委上任后，新股发审通过率一度不足六成。修订后的发审委制度坚持以问题为导向，强化发审委制度运行监督管理，同时对审核发行的权力予以监督。

修订后的《发审委办法》还提到，"要坚持发审委选聘、运行、监察相分离原则，设立发审委遴选委员会，增加面试和考察环节，按照依法、公开、择优的原则选聘发审委委员；设立发行审核监察委员会，采取按一定比例对发行审核项目进行抽查的方式，对发行审核工作进行监察。打造忠诚可靠、干事创业的发审委队伍，树立风清气正、团结向上的工作氛围"。新修订的《发审委办法》坚持"依法、全面、从严"监管，切实提升发行审核质量，严把上市公司准入关，防止"病从口入"，防范恶性与重大审核风险，切实保护投资者特别是中小投资者合法权益。

同年10月，中国证监会发布关于修改《证券发行与承销管理办法》的决定，公告中对第九条第二款、第三款修改为："首次公开发行股票采用询价方式的，公开发行股票后总股本4亿股（含）以下的，网下初始发行比例不低于本次公开发行股票数量的60%；发行后总股本超过4亿股的，网下初始发行比例不低于本次公开发行股票数量的70%。"第十三条第一款、第二款修改为:"网下和网上投资者申购新股、可转换公司债券、可交换公司债券获得配售后,应当按时足额缴付认购资金。网上投资者连续 12 个月内累计出现 3 次中签后未足额缴款的情形时,6 个月内不得参与新股、可转换公司债券、可交换公司债券申购。"

修改后的《证券发行与承销管理办法》提出,股票首次公开发行优先向通过公开募集方式设立的证券投资基金、全国社会保障基金和基本养老保险基金配售的比例应该不低于本次网下发行数量的 40%,同时要安排一定比例的股票向根据《企业年金基金管理办法》设立的企业年金基金和符合《保险资金运用管理暂行办法》等相关规定的保险资金配售。修改后的《证券发行与承销管理办法》还规定,网下和网上投资者在申购新股、可转换公司债券、可交换公司债券获得配售后,应按时足额缴付认购资金。

2017 年 12 月,时任中国证监会副主席姜洋在"2017 央视财经论坛暨中国上市公司峰会"讲话中提到,几年时间中国上市公司家数由 2400 多家增加至 3400 多家,一大批创新能力强、发展潜力大的企业逐渐成为资本市场生力军,更多优质企业享受到资本市场的便利。中国证监会要继续保持新股发行常态化,完善股票发审委制度,坚持选聘、运行、监察相分离,提高透明度,严把审核质量关,推动更多优质企业进入资本市场,防止"病从口入"。

(四)新三板市场监管

全国中小企业股份转让系统是中国多层次资本市场重要组成部分。2013 年扩大试点以来,全国股转系统逐渐成为服务实体经济、提高直接融资比重、扩大投资途径的重要渠道,在服务"创新型、创业型、成长型"中小微企业方面发挥了极其重要的作用。随着市场规模不断扩大,有些中介机构、挂牌公司等市场参与者在信息披露及市场交易等方面存在一些不足,严重制约了新三板市场发展。在经历迅速扩容后,新三板市场的体量和影响力均不断扩大,但应该清楚看到,新三板市场化制度并不完善。2016 年 6 月 20 日,国务院总理李克强明确提出"探索建立多层次资本市场转板机制",

此后国务院对新三板发展越来越关注。

2017年全国证券期货监管工作会议上，中国证监会主席刘士余在提到新三板定位问题时表示，"新三板挂牌公司还需优化分层的制度和办法，新三板既要有'苗圃'功能，又要发挥'土壤'功能"。作为中国多层次资本市场建设的重要一环，新三板承载着超过一万家企业的梦想。在经历了加速扩容、市场疲软、流动性匮乏之后，分层管理办法及时推出，经过多年发展，新三板已经进入全新发展阶段。十二届全国人大五次会议上，国务院总理李克强在《政府工作报告》中指出，"2017年要深化多层次资本市场改革，完善主板市场基础性制度，积极发展创业板、新三板，规范发展区域性股权市场"。"新三板"首次被明确写入《政府工作报告》。

近年来，新三板市场受到越来越多人的关注，市场暴露出的一些问题也引发监管部门关注。在"依法、全面、从严"监管理念下，监管部门对新三板市场各类违法违规行为维持高压监管态势，全年各主要监管部门陆续出台一系列监管措施来规范新三板市场，保障市场正常运行。2017年12月，股转公司发布新制定的《全国中小企业股份转让系统挂牌公司分层管理办法》、《全国中小企业股份转让系统股票转让细则》和《全国股转系统交易细则以及全国股转系统信息披露细则》三个文件，这标志着新三板改革迈出关键步伐。制度改革的内容分为三大块：引入集合竞价交易、盘后大宗交易、修订分层制度。

原本采取协议转让方式的股票统一调整为集合竞价，盘中时段的交易方式将变更为集合竞价与做市转让两种，供挂牌公司自主选择。同时与市场分层配套，全国股转公司对采取集合竞价转让方式的股票实施差异化的撮合频次，基础层采取每日收盘时段1次集合竞价，创新层采取每小时撮合1次的集合竞价，每天共5次。

《全国中小企业股份转让系统股票转让细则》规定"集合竞价将按照价格优先、时间优先的原则，分档位匹配成交。通过引入集合竞价、优化协议转让、巩固做市转让等方式，解决现行协议转让方式定价不公允、市场不认可、监管难度大等问题，为后续深化改革交易制度，持续改善流动性奠定基础"。《全国中小企业股份转让系统挂牌公司分层管理办法》将原标准"最近两年连续盈利,且年平均净利润不少于1200万元"调整为"最近两年的净利润均不少于1000万元",将原标准中的"最近两年营业收入平均不低于4000万元"调整为"最近两年营业收入平均不低于6000万元"。新三板分层制度对净利润标准、营收标准,以及共同准入增加合格投资人数不少于50人等进行调整,同时将维持标准改为合法合规为主。

与沪、深证券交易所上市的公司相比,新三板挂牌公司的信息披露制度并不是特别严格,披露程序也比较简单,新三板定期报告披露的频次明显偏低、内容也相对较少。2017年12月全国股转系统颁布的《全国中小企业股份转让系统全国信息披露细则》对信息披露方面提出更高要求,并进一步提高信息真实性、完整性,重点加强对信息披露真实性的监管。新三板信息披露监管的强化体现了监管部门的一贯思路,创新层公司除正常履行披露年报和半年报义务外,还需披露季度报告。2017年,中国证监会坚持"依法、全面、从严"监管的思路,严厉打击新三板市场各类违法违规行为,有效保障市场规范运行。

B.7
中国证券行业监管处罚研究报告

摘　要： 2017年，证券市场延续严监管基调，严格防控金融系统风险，中国证监会从维护市场稳定的全局出发，立足于防控系统性风险、净化市场环境，始终保持对各类违法活动从严监管的态势。在"依法、全面、从严"监管理念下，监管机构采取行政监管措施数量大幅上升。全年共采取行政监管措施1269件，比2016年大幅增长30%。从中国证监会监管执法统计数据看，无论是体现日常监管力度的行政监管措施数量，还是体现稽查执法态势的立案调查、行政处罚数量均大幅度增加。2017年，中国证监会新增立案调查312起，作出行政处罚237件，针对44人做出市场禁入处罚。监管部门在保护投资者合法权益、严厉打击对股价恶性操纵和内幕交易的同时，也严加规范证券公司各种业务，重点强调上市公司并购重组的信息透明化等。在金融防风险大环境下，上市公司信息披露、中介机构合规经营也成为监管部门的监管重点。另外，针对中介机构存在的问题，中国证监会发布多项行政处罚决定书对中介机构未勤勉尽责或虚假陈述案件进行处罚。

关键词： 证券市场监管处罚　处罚案由　处罚对象

2017年，为深入贯彻落实全国第五次金融工作会议精神，中国证监会紧紧围绕"服务实体经济、防控金融风险、深化金融改革"三项任务，坚持"依法、全面、从严"监管工作理念,不断加强证券市场的监管力度,严厉打击各类违法违规行为,努力为市场营造公开、公平、公正的环境,促进证券期货市场健康稳定发展。监管部门在保护投资者合法权益、严厉打击对股价恶性操纵和内幕交易的同时,也强调上市公司并购重组的信息透明化。针对证券公司等中介机构存在的问题,中国证监会发布多项行政处罚决定书对中介机构未勤勉尽责或虚假陈述等案件进行处罚。

全年中国证监会从维护市场稳定的全局出发,立足于防控系统性风险、净化市场环境,坚持打好常规案件查办与专项执法行动"组合拳",始终保持对各类证券期货违法活动的高压态势。在"依法、全面、从严"监管理念下,行政监管措施数量呈逐年递增的趋势,2015年、2016年行政监管措施数量分别较上一年增长了47%、51%,2017年全年共采取行政监管措施1269件,较上一年大幅增长30%。从中国证监会全年监管执法统计数据看,无论是体现日常监管力度的行政监管措施数量,还是体现稽查执法态势的立案调查、行政处罚数量均大幅度增长。2017年,中国证监会共采取行政监管措施1269件,新增立案调查312起,作出行政处罚237件,针对44人做出市场禁入处罚,监管执法工作取得良好效果。为体现证券市场全年监管情况,本报告以中国证监会公布的2017年行政处罚决定书、证券公司年报等数据为样本进行整理,以此来反映中国证券市场全年监管现状以及监管部门对证券行业的监管处罚情况。

一 中国证监会行政处罚分析

近年来,上市公司信息披露、中介机构合规经营等内容成为监管部门监管工作的重点。2017年,中国证监会发布行政处罚决定书对爱建证券有限责任公司、瑞华会计师事务所等未勤勉尽责的中介机构进行处罚,同时也对违法违规的上市公司及相关责任人处以罚款或市场禁入等处罚。详情见表1。

表1　中国证监会行政处罚决定一览表（2017年）

单位：万元

日期	性质	第一当事人	处罚主要原因	罚没金额
1月6日	中介	瑞华会计师事务所	未勤勉尽责	122.00
1月6日	企业	文峰大世界连锁发展股份有限公司	信息披露违法	232.00
1月6日	个人	戴国均	内幕交易	69.05
1月9日	中介	爱建证券有限责任公司	未勤勉尽责	58.00
1月9日	个人	宋常	内幕交易	110.00
1月9日	个人	徐玉锁	内幕交易	2189.79
1月9日	个人	盛巍	操纵市场	204.35
1月9日	个人	刘晓忠	内幕交易	25.00
1月9日	个人	郭建兴	内幕交易	1095.79
1月20日	企业	江阴市九润管业有限公司	内幕交易	12478.14
1月20日	个人	杨怀进	内幕交易	180.00
2月3日	企业	上海有色金属交易中心有限公司	编造、传播虚假信息	48.00
2月3日	企业	吉林省集安益盛药业股份有限公司	信息披露违法	570.00
2月3日	个人	单贵利	内幕交易	127.35
2月3日	个人	李铁军	内幕交易	1778.23
2月3日	个人	李冬梅	内幕交易	118.46
2月3日	个人	蔡哲民	内幕交易	2168.94
2月4日	企业	沈机集团昆明机床股份有限公司	信息披露违法	70.00
2月21日	企业	湖南嘉宇实业有限公司	利用非法人账户交易	32.00
3月10日	个人	唐汉博	操纵股价	25130.54
3月10日	个人	唐汉博	操纵股价	99013.49
3月13日	中介	瑞华会计师事务所	未勤勉尽责	410.00
3月13日	企业	广州穗富投资管理有限公司	信息披露违法	290.00
3月13日	企业	吉林成城集团股份有限公司	信息披露违法	128.00
3月13日	企业	吉林成城集团股份有限公司	信息披露违法	91.00
3月13日	企业	吉林成城集团股份有限公司	信息披露违法	261.00
3月13日	个人	叶仁敏	内幕交易	38.73
3月21日	个人	沈忱	内幕交易	70.87
3月30日	个人	鲜言	操纵市场	347058.46
4月5日	个人	王耀沃	操纵市场	3747.63
4月20日	个人	冯小树	违法买卖股票	49943.46
4月21日	企业	杜晓芳	信息披露违法	120.00
4月21日	企业	嘉兴九贵股权投资合伙企业	信息披露违法	10.00

续表

日期	性质	第一当事人	处罚主要原因	罚没金额
4月21日	企业	浙江九好办公服务集团有限公司	信息披露违法	150.00
4月21日	企业	鞍山重型矿山机器股份有限公司	信息披露违法	149.00
4月25日	企业	北京嘉寓门窗幕墙股份有限公司	信息披露违法	180.00
4月25日	个人	余伟业	内幕交易	1007.48
4月25日	个人	李健	操纵市场	3750.95
4月27日	个人	朱康军	操纵市场	53562.26
4月28日	企业	河南大有能源股份有限公司	信息披露违法	235.00
5月5日	企业	北大方正集团有限公司	信息披露违法	335.00
5月5日	企业	北大医药股份有限公司	信息披露违法	330.00
5月5日	企业	方正科技集团股份有限公司	信息披露违法	326.00
5月5日	企业	中国高科集团股份有限公司	信息披露违法	154.00
5月8日	企业	沈阳机床(集团)有限责任公司	信息披露违法	70.00
5月12日	证券公司	西南证券股份有限公司	未勤勉尽责	3075.00
5月12日	企业	匹凸匹金融信息服务(上海)股份有限公司	信息披露违法	150.00
5月12日	企业	匹凸匹金融信息服务(上海)股份有限公司	信息披露违法	150.00
5月12日	企业	匹凸匹金融信息服务(上海)股份有限公司	信息披露违法	150.00
5月12日	企业	广西慧球科技股份有限公司	信息披露违法	150.00
5月12日	企业	广西慧球科技股份有限公司	信息披露违法	150.00
5月12日	企业	广西慧球科技股份有限公司	信息披露违法	280.00
5月12日	企业	广西慧球科技股份有限公司	信息披露违法	236.00
5月16日	证券公司	西南证券股份有限公司	未勤勉尽责	620.00
5月23日	中介	立信会计师事务所	未勤勉尽责	102.00
5月31日	中介	广东君信律师事务所	未勤勉尽责	400.00
5月31日	中介	北京市天元律师事务所	未勤勉尽责	930.00
5月31日	证券公司	新时代证券股份有限公司	未勤勉尽责	3428.92
5月31日	企业	怀集登云汽配股份有限公司	信息披露违法	316.00
5月31日	个人	刘国武	内幕交易	15.00
5月31日	个人	廖山焱	操纵期货交易	60.00
5月31日	个人	马永威	操纵市场	9155.40
6月2日	企业	江苏宝利国际投资股份有限公司	信息披露违法	111.00
6月2日	个人、证券公司	广宏毅	违法买卖股票	581.00

续表

日期	性质	第一当事人	处罚主要原因	罚没金额
6月2日	个人	苏建朝	内幕交易	1755.40
6月2日	个人	王宇勤	内幕交易	849.56
6月5日	中介	辽宁元正资产评估有限公司	未勤勉尽责	127.90
6月5日	个人	邱颖	内幕交易	23.86
6月5日	个人	徐留胜	操纵市场	11105.10
6月27日	中介	北京市东易律师事务所	未勤勉尽责	290.00
6月27日	个人	厦门金英马影视传媒股份有限公司	信息披露违法	130.00
6月29日	企业	广东省珠海市博元投资股份有限公司	信息披露违法	114.00
6月29日	个人、证券公司	林庆义	违法买卖股票	14130.68
7月5日	个人	刘敏	内幕交易	460.04
7月19日	个人	刘俊	内幕交易	64.67
7月19日	个人	万玉珍	内幕交易	5462.05
8月9日	企业	江苏保千里视像科技股份有限公司	信息披露违法	235.00
8月9日	个人	周晨	操纵市场	441.14
8月10日	中介	中联资产评估集团有限公司	未勤勉尽责	560.00
8月10日	企业	蝶彩资产管理（上海）有限公司	操纵市场	15242.22
8月10日	个人	徐晓光	内幕交易	302.92
8月10日	个人	李广明	内幕交易	37.04
8月10日	个人	金国强	内幕交易	738.39
8月16日	中介	中兴华会计师事务所	未勤勉尽责	625.00
9月20日	中介	利安达会计师事务所	未勤勉尽责	920.00
9月21日	企业	山东墨龙石油机械股份有限公司	信息披露违法	194.00
9月21日	个人	薛兵元	内幕交易	20.64
9月21日	个人	王文	内幕交易	106.42
9月21日	个人	王国祥	内幕交易	565.53
9月21日	个人	刘岳均	内幕交易	13579.16
9月21日	个人	张恩荣	内幕交易	12271.12
10月25日	企业	广州穗富投资管理有限公司	内幕交易	686.98
10月25日	企业	潘国华	信息披露违法	3.00
10月25日	企业	李晓明	信息披露违法	60.00
11月10日	企业	广西慧球科技股份有限公司	信息披露违法	40.00
12月1日	企业	哈尔滨电气集团佳木斯电机股份有限公司	信息披露违法	227.00

续表

日期	性质	第一当事人	处罚主要原因	罚没金额
12月1日	个人	廖国沛	操纵市场	8149.46
12月4日	证券公司、企业	上海易所试网络信息技术股份有限公司	操纵市场	273.00
12月4日	个人	应燕红	内幕交易	143.35
12月4日	个人	吴峻乐	操纵市场	100.00
12月6日	中介	信永中和会计师事务所	未勤勉尽责	450.00
12月14日	企业	江苏雅百特科技股份有限公司	信息披露违法	247.00
12月19日	企业	任子行网络技术股份有限公司	信息披露违法	60.00
12月19日	企业	银基烯碳新材料股份有限公司	信息披露违法	181.00
12月20日	企业	吉林省信托有限责任公司	内幕交易	8766.64
12月20日	个人、证券公司	蒋政	违法买卖股票	16.10
12月20日	个人、证券公司	陆茜	违法买卖股票	40.00
12月20日	个人	张艺林	内幕交易	60.00
12月20日	个人	吴国彪	内幕交易	495.03

资料来源：中国证监会，齐鲁财富网。

（一）处罚案由分析

从中国证监会2017年发布的109件行政处罚决定书来看，中国证监会对虚假陈述、操纵市场、内幕交易三大类传统违法案件持续维持高压态势。其中，信息披露违法的行政处罚决定书最多，高达38件，有关内幕交易的行政处罚决定书数量也高达34件。汇总分析来看，全年中国证监会处理的证券市场违规案件的案由可归类为中介及个人未勤勉尽责、信息披露违法、内幕交易、操纵市场、从业人员违法交易股票等（见图1）。为观察不同违规主体的类型分布以及监管部门对不同违规主体的处罚情况，本小节特对每一类案由进行统计分析。

1. 信息披露违法

近年来，中国证监会对上市公司财务欺诈、虚假陈述等信息披露违法违

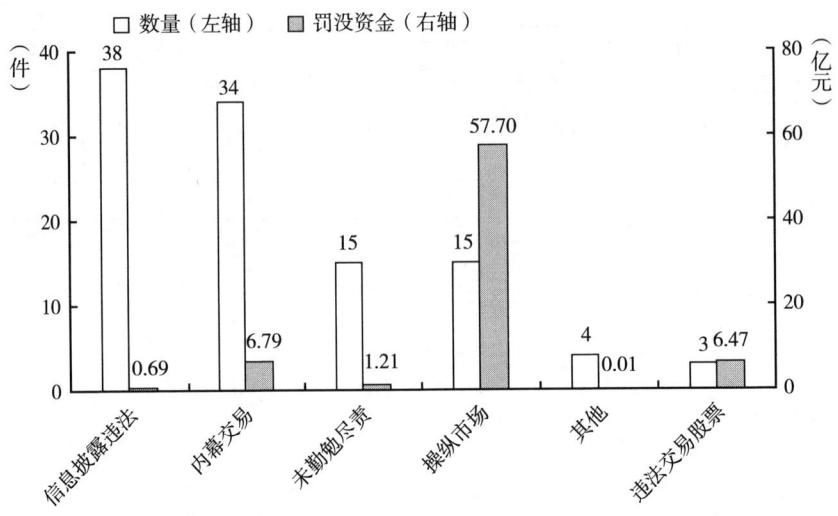

图 1　中国证监会行政处罚案由总览（2017 年）

资料来源：中国证监会，齐鲁财富网。

规行为保持高压态势，坚决从严执法，治理证券市场乱象。2017 年中国证监会针对信息披露违法行为做出的行政处罚时间分布见图 2。信息披露违法行为主要包括财务造假、未披露财务信息或披露不规范、未按约定对相关事项进行信息披露等。中国证监会公布的信息披露违法案件中，上市公司多因披露内容存在虚假记载、误导性陈述及重大遗漏而被罚。其中，针对 ST 慧球（600556.SH）信息披露违法案件，中国证监会就发布 5 件行政处罚决定书对相关自然人或企业法人进行处罚。

浙江九好办公服务集团因信息披露违法被中国证监会行政处罚。据中国证监会行政处罚判决书，在 2013 年至 2015 年，九好集团通过各种手段虚增服务收入 2.65 亿元，虚增 2015 年贸易收入 57.48 万元，虚构银行存款 3 亿元，未披露 3 亿元借款及银行存款质押。九好集团通过各种手段虚增收入、虚增银行存款，与上市公司鞍山重型矿山机器股份有限公司联手进行"忽悠式"重组以期达到借壳上市目的，九好集团财务造假行为导致九好集团、鞍重股份（002667.SZ）所披露信息存在虚假记载、重大遗漏等问题。针对

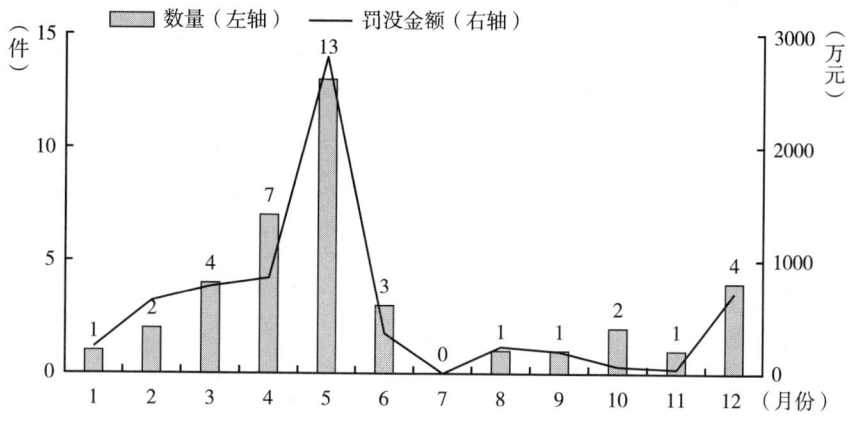

图 2 中国证监会信息披露行政处罚时间分布（2017 年）

资料来源：中国证监会，齐鲁财富网。

九好集团及鞍重股份（002667.SZ）信息披露违法行为，中国证监会对九好集团、鞍重股份（002667.SZ）及主要责任人顶格处罚，同时对九好集团财务造假主要责任人郭丛军等采取终身证券市场禁入或 5~10 年不等的市场禁入处罚。

信息披露违法案件中，雅百特（002323.SZ）因虚增业务收入、粉饰财务报表被中国证监会顶格处罚。雅百特（002323.SZ）在 2015 年至 2016 年 9 月通过虚构巴基斯坦旁遮普省木尔坦公交工程项目、虚构国际贸易和国内贸易等手段，累计虚增营业收入 5.8 亿元，虚增利润约 2.6 亿元，其中 2015 年虚增利润占当期披露利润总额的比重高达 73%，2016 年前三季度虚增利润占当期披露利润总额的比重也高达 20%。雅百特（002323.SZ）虚假财务数据通过 2015 年年报、2016 年半年报及 2016 年三季报公布构成信息披露违法，中国证监会对雅百特（002323.SZ）顶格罚款 60 万元，对直接负责人陆永处以 30 万元罚款，并采取终身市场禁入措施，同时也对其他相关责任人员分别依法给予行政处罚或采取市场禁入措施。

2. 未勤勉尽责

2017 年 6 月，中国证监会主席刘士余在中国证券业协会第六次会员大会上表示,"证券公司要真正履行勤勉尽责等责任,从源头上严把上市公司质量关,不能'只荐不保'、一上了之",勤勉尽责真正含义再一次摆到各大中介机构面前。证券监管部门对各类中介机构违法违规行为频出重拳,证券公司等中介机构勤勉尽责的能力也受到市场和证券监管部门的关注。在维护"公平、公开、公正"市场秩序的宗旨下,监管部门对中介机构违法违规行为持续保持高压态势。中介机构是否勤勉尽责直接涉及投资者利益及资本市场的稳定,对中国资本市场健康发展具有至关重要作用。监管部门督促中介勤勉尽责将有助于增强上市公司的质量以及信息披露透明度。

未勤勉尽责是一条既可以应用于机构又可以应用于个人的处罚依据,从中国证监会行政处罚涉案主体来看,"未能勤勉尽责"的主体多为会计师事务所、证券公司等。证券公司作为资本市场"把关人",从IPO项目选择到上市辅导,在上市和上市后的持续督导中都扮演着关键角色。据统计,中国证监会公布的109件行政处罚决定书中有关未勤勉尽责的行政处罚决定书有15件。未能勤勉尽责处罚的案由主要包括个人未勤勉尽责、机构尽调未能勤勉尽责(含IPO保荐)、机构持续督导未能勤勉尽责(未能跟踪关注风险)、出具报告存在虚假记载或重大遗漏等。另外,统计数据显示,未能勤勉尽责被处罚的主体主要集中在证券公司及会计师事务所等机构。其中,利安达会计师事务所、天元律师事务所、中联资产评估集团有限公司、西南证券(600369.SH)及其相关从业人员因"九好集团忽悠式重组"未勤勉尽责出具专业意见、存在虚假记载被中国证监会行政处罚。

统计数据显示,中国证监会公布的15件行政处罚决定书所涉及未勤勉尽责的中介机构中,有5家会计师事务所因未勤勉尽责合计被处罚6次,其中瑞华会计师事务所因在审计亚太实业(000691.SZ)2013年年度财务报表过程中未勤勉尽责和对振隆特产2012年、2013年及2014年财务报表出具审计报告存在虚假记载被中国证监会行政处罚2次,合计罚没资金532万元。在2017年有3家证券公司因未勤勉尽责被处罚4次,西南证券(600369.SH)因未勤勉尽责被中国证监会处罚2次,合计罚没资金3695万元。西南证券(600369.SH)及相关责任人因在大有能源(600403.SH)

2012年非公开发行尽职调查过程中未勤勉尽责以及未对青海省木里矿区资源整合政策可能对相关目标资产带来的风险进行揭示等事项被罚没3075万元，在对九好集团尽职调查过程中未勤勉尽责被罚没620万元。在行政处罚决定书中另有3家律师事务所、2家评估机构因未勤勉尽责被行政处罚，罚没资金分别为1620.00万元、687.90万元（见图3）。

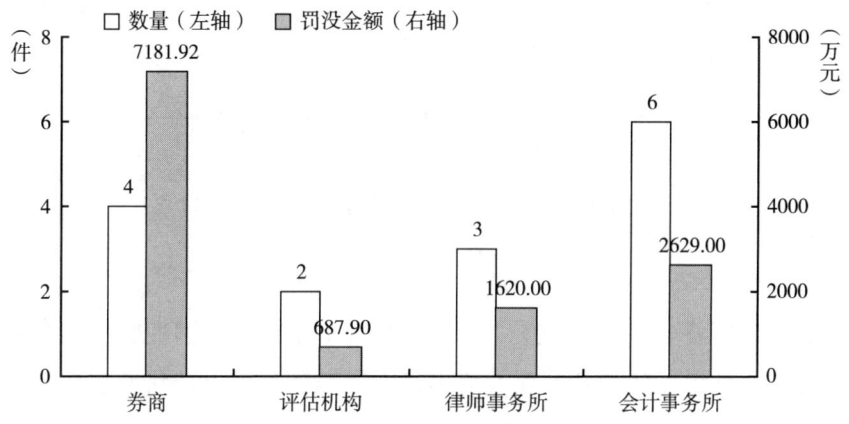

图3　中国证监会未勤勉尽责行政处罚机构分布（2017年）

资料来源：中国证监会，齐鲁财富网。

3. 内幕交易

统计数据显示，2017年中国证监会对证券市场内幕交易案的行政处罚决定书共有34件，合计罚没金额67861.63万元，占2017年中国证监会行政罚没总金额的比重为9.31%，案均罚没金额也达到1995.93万元。从行政处罚数量来看，并购重组仍是内幕交易重灾区，利用高送转、重大亏损等业绩类信息从事非法交易案件也频频出现（见图4）。

梳理中国证监会2017年发布的内幕交易行政处罚决定书发现，内幕交易单笔处罚金额最高的为刘岳均因内幕交易恒康医疗（002219.SZ）被罚没1.36亿元，"九润管业、任向东内幕交易案"的罚没金额也高达1.25亿元。内幕交易行政处罚决定书所公布的案件中，罚没金额前10位的有2名企业法人，其余均为自然人。从数额上看，榜单前10名罚没金额均在1000万元

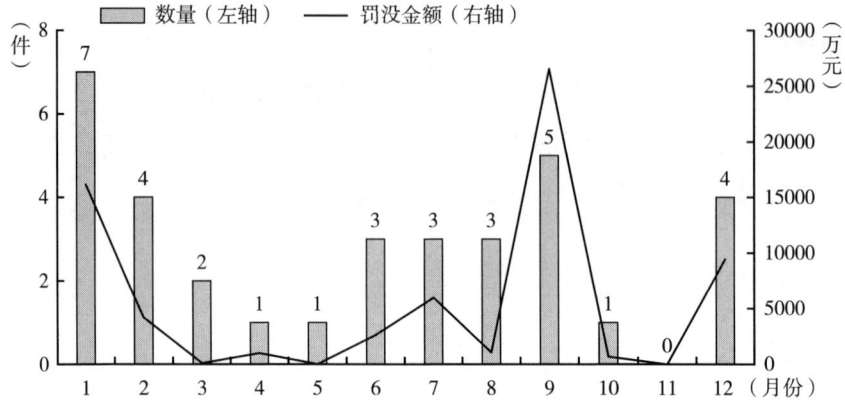

图 4 中国证监会内幕交易行政处罚时间分布（2017年）

资料来源：中国证监会，齐鲁财富网。

以上，累计罚没金额6.15亿元。从处罚的时间上看，中国证监会在1月份发布内幕交易案件的行政处罚判决书最多，为7件，累计罚没1.61亿元；其次为9月份，发布5件判决书，罚没金额高达2.65亿元。

4. 操纵市场

统计数据显示，2017年中国证监会对操纵市场案的行政处罚决定书共有15件，合计罚没金额57.70亿元，占总罚没金额的比重为79.19%，平均罚没金额高达3.85亿元（见图5）。虽然操纵市场案的行政处罚决定书数量占比偏低，但罚没资金总额却远高于其他案由罚没金额。中国证监会在2017年处罚的操纵市场案件涉案主体"团伙化、职业化"特征明显，"短线坐庄"情况突出，有的涉案人员运用杠杆资金反复炒作集中快速拉抬股价，引发市场对相关概念板块的炒作，极大地增加了市场风险，影响股票二级市场的稳定。

梳理中国证监会公布的2017年操纵市场案判决书发现，操纵市场案件中鲜言因操纵匹凸匹（600696.SH）（原名多伦股份）股价被处以巨额罚款，鲜言个人也因操纵"多伦股份"股票价格、指使匹凸匹（600696.SH）披露违规等多项违法行为被中国证监会开出34.70亿元天价罚单，并采取终身证券市场禁入措施。从处罚的时间上看，中国证监会3月份共发布3件行政处

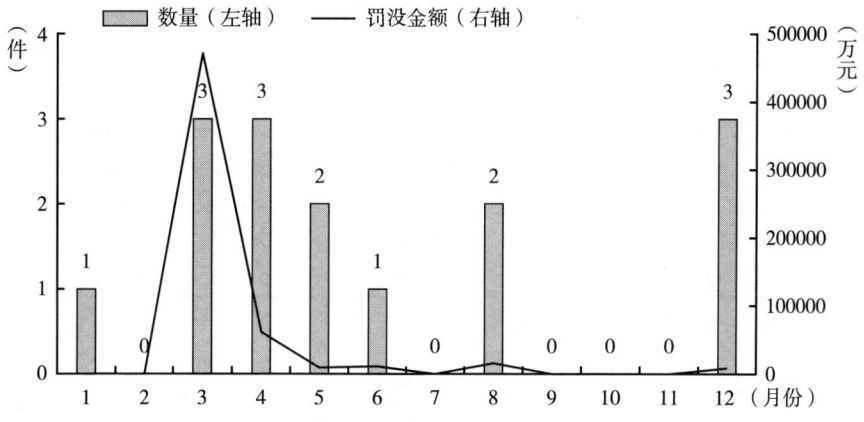

图 5　中国证监会操纵市场行政处罚时间分布（2017 年）

资料来源：中国证监会，齐鲁财富网。

罚判决书，累计罚没相关责任人 47.72 亿元，占操纵市场案件罚没金额的比重高达 81.67%。

另梳理发现，内幕交易罚没金额最高的"恒康医疗（002219.SZ）内幕交易案"也存在操纵市场的行为。实际控制人阙文彬为实现高价减持股票目的与蝶彩资产实际控制人谢风华合谋，假借市值管理名义操控信息发布节奏，操纵恒康医疗（002219.SZ）股价，蝶彩资产、谢风华安排阙文彬通过大宗交易减持恒康医疗（002219.SZ）股票 2200 万股非法获利 5100 余万元。

5. 从业人员违法交易股票

从业人员炒股必定伴生内幕交易、利益输送等违法违规行为，破坏"公平、公正、公开"市场秩序。中国证监会公布的行政处罚决定书中存在多起从业人员非法交易或持有股票的案件。其中，冯小树借他人名义在公司上市前突击入股，上市后卖出股票获取暴利严重扰乱资本市场管理秩序，被罚没资金 4.99 亿元，占从业人员非法交易股票总罚没金额的 77.18%。

非法交易股票案中，证券从业人员林庆义因违规买卖股票合计被罚没金额也超过 1 亿元。林庆义在从业期间借助姜某账户累计买卖股票 154 只，获利 7000 万元。2017 年 6 月，林庆义被罚没金额合计高达 1.41 亿元（见表 2）。

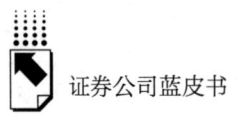

表2　从业人员因非法交易股票被罚没金额统计（2017年）

单位：万元

日　期	责任人	罚没金额
4月20日	冯小树	49943.46
6月2日	广宏毅	581.00
6月29日	林庆义	14130.68
12月20日	蒋政	16.10
12月20日	陆茜	40.00

资料来源：中国证监会，齐鲁财富网。

（二）处罚对象分析

2017年，中国证监会进一步加大针对证券公司、期货公司以及证券服务机构违法违规行为的处罚力度，被行政处罚的中介机构数量逐年增加。从本年度中国证监会公布的行政处罚决定书来看，全年涉及证券公司、会计师事务所等中介机构及相关人员的行政处罚案件就有20件，占全部行政处罚决定书的比重为18.34%，企业法人作为第一处罚当事人的处罚决定书数量也高达43件，占全部行政处罚决定书的比重为39.45%。总的来看，在严监管思路下，中国证监会处罚对象分布面很广，包括证券公司、会计师事务所、律师事务所等机构，受证券监管部门管理的各类机构基本均有涉及。违规内容也不尽相同，有的证券公司如中泰证券因参与拉抬易所试（430309.OC）股价被行政处罚。

中国证监会披露的109件行政处罚决定书中，企业作为第一当事人的行政处罚决定书共计43件，直接责任人/管理人作为第一当事人的行政处罚决定书共计50件，将企业和个人的处罚合并在一起的行政处罚决定书有57件（见图6）。对处罚对象进行分析可以从另一视角判断证券市场的监管力度，中国证监会全年对个人的处罚占到总数的近五成，对个人的处罚除了警告以外，还包括证券市场不等时间禁入，监管力度相对较强。

1. 对企业处罚情况

通过整理中国证监会披露的行政处罚决定书发现，2017年企业作为第一当事人被行政处罚的有43件，占总处罚决定书的比重高达39.45%，43件行政处罚决定书中对企业及个人合计罚没金额高达4.40亿元，占总罚没金额的比重为6.04%（见图6）。中国证监会对企业开具的行政处罚决定书虽然较多但处罚金额却明显偏低，这表明企业作为第一当事人的案件处罚金额并不多。由于最高处罚金额限制，很多案件虽然顶格处罚，但罚没金额也相对偏低。

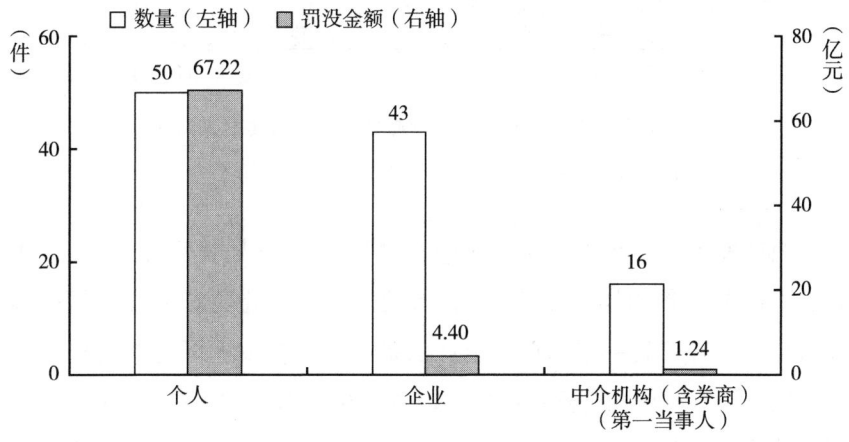

图6　中国证监会行政处罚决定书分布（2017年）

资料来源：中国证监会，齐鲁财富网。

具体来看，有三家企业作为第一当事人的行政处罚决定书罚没金额超过1000万元，分别为蝶彩资产管理（上海）有限公司、江阴市九润管业有限公司、吉林省信托有限责任公司，这三个案件也分别对相关责任人进行了处罚。其中，蝶彩资产、谢风华、阙文彬操纵"恒康医疗（002219.SZ）股价案"总罚没金额高达1.52亿元。从处罚时间看，中国证监会在2017年5月发布了13件企业作为第一当事人的行政处罚决定书，累计罚没相关责任人2797.00万元。在1月和8月中，虽然企业作为第一当事人的行政处罚决定书数量偏少，但罚没金额却分别达到1.27亿元、1.55亿元（见图7）。

2. 对责任人/管理人的处罚

所有机构违法违规行为都是由人具体实施的，所以证券监管处罚一般来

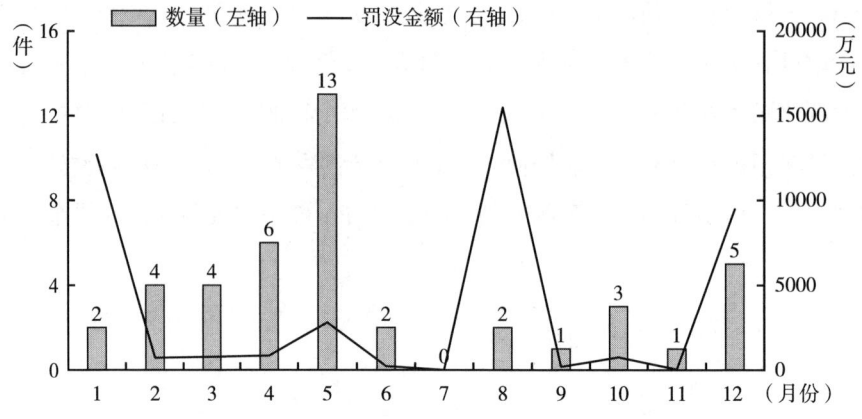

图7 企业作为第一当事人的行政处罚时间分布（2017年）

资料来源：中国证监会，齐鲁财富网。

说也有两种模式：一种是只对机构进行处罚，另一种是既处罚违规机构也处罚相关责任人。第二类处罚模式下，有的是对每个处罚对象（包括机构和相关责任人）各开具一张罚单，也有的是在一张罚单上同时对机构和个人进行处罚，还有对机构开具罚单但同时责令机构对相关责任人进行处罚的。从近年监管效果看，具体到直接责任人的处罚比只对机构处罚的威慑力更强、效果也更好。例如，北京嘉寓门窗幕墙股份有限公司信息披露违法案件中，中国证监会不仅对嘉寓股份（300117.SZ）进行处罚，同时也对27名责任人员进行处罚。在具体分析中国证监会行政处罚决定书时发现，个人作为第一当事人被处罚的案件多为内幕交易、操纵市场等案件，案件总罚没金额也远高于企业作为第一当事人的罚没金额。

通过梳理发现，自然人作为第一当事人的罚单占到总罚单数量的近五成，其对个人的处罚除了监管谈话、警告等以外，还包括市场禁入、巨额罚款等。其中，"鲜言操纵多伦股份案"总罚没金额就高达34.71亿元，唐汉博因操纵同花顺（300033.SZ）、杰赛科技（002544.SZ）等股票也被罚没9.90亿元。从处罚时间看，中国证监会在2017年3月虽然仅披露5件行政处罚判决书，但由于对唐汉博、鲜言等操纵市场案进行处罚，合计罚没金额高达47.13亿元（见图8）。

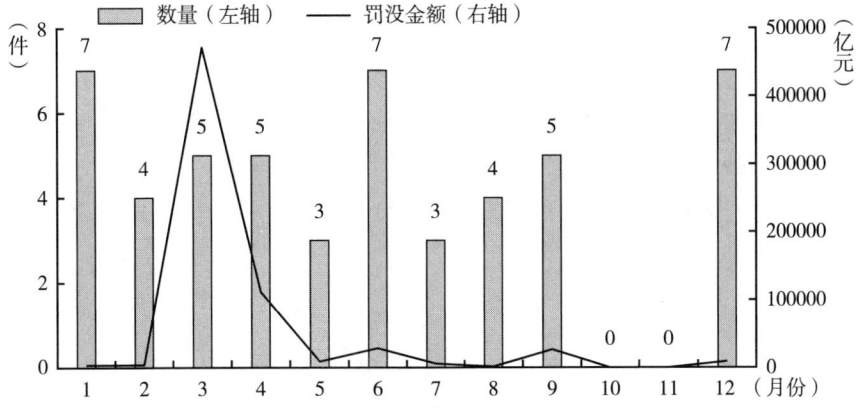

图 8　自然人作为第一当事人的行政处罚时间分布（2017 年）

资料来源：中国证监会，齐鲁财富网。

3. 对中介机构的行政处罚

中介机构违规多涉及未勤勉尽责、信息披露违规等案由。其中，未勤勉尽责处罚主要包括个人未勤勉尽责、机构尽调未勤勉尽责、机构持续督导未勤勉尽责、出具报告存在虚假记载或重大遗漏等具体案由。通过梳理发现，中介机构作为处罚当事人的行政处罚决定书有 16 件，共涉及 14 家中介机构。由图 9 可以看出因未勤勉尽责被处罚的机构主要集中于会计师事务所等。

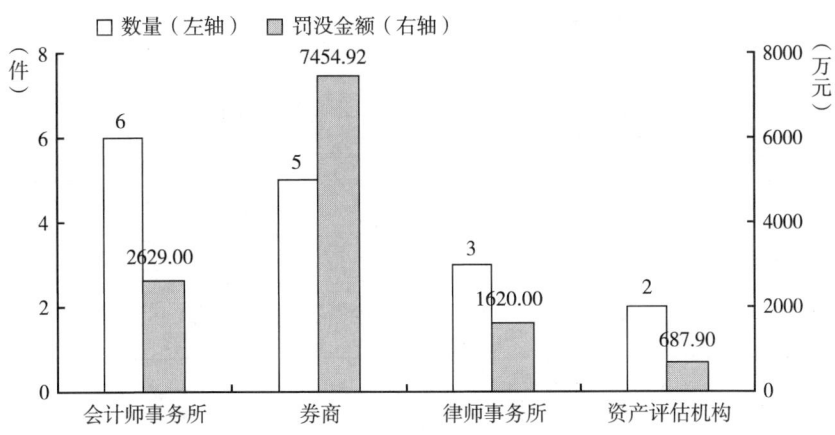

图 9　证券公司及其他中介机构作为当事人的行政处罚（2017 年）

资料来源：中国证监会，齐鲁财富网。

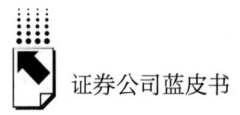

从各类机构收到的罚单金额来看，证券公司及相关责任人被罚没7454.92万元。其中，新时代证券因未勤勉尽责被罚3428.92万元，单笔罚没金额在中国证监会公布的证券公司及中介机构违法行政处罚决定书中最高。对会计师事务所的处罚中，每家机构平均被罚没438.17万元，其中利安达会计师事务所因未勤勉尽责被罚没920万元，北京市天元律师事务所及相关责任人被罚没930万元。

二 证券行业监管处罚分析

据证券公司年报数据①，截至2017年末，监管部门对中信证券（600030.SH）、招商证券（600999.SH）等近30家证券公司进行处罚。监管部门所开罚单中，要求责令整改或责令增加内部合规检查的证券公司数量占比明显偏高，还有部分证券公司被监管机构出具警示函。在开具的罚单中，证券公司被处罚的原因主要包括证券从业人员违规买卖股票、合规管理不到位、内部控制不完善、未勤勉尽责等。据不完全数据统计，中国证监会、中国证券从业协会和全国中小企业股份转让系统（简称全国股转系统）等在2017年针对证券公司所进行的监管处罚就有68次，这其中不含中国人民银行对相关证券公司的监管处罚决定（见表3）。

表3 证券公司监管处罚统计（2017年）

公司简称	处罚文号	处罚机构	处罚文件
兴业证券	中国证券业协会〔2017〕34号	中国证券业协会	《关于对兴业证券股份有限公司采取自律惩戒措施的决定》
招商证券	中国证券业协会〔2017〕35号	中国证券业协会	《关于对招商证券股份有限公司采取自律惩戒措施的决定》

---

① 由于数据获取原因，本部分仅对证券公司年报中的监管数据进行整理分析，以此来反映全年证券监管部门对证券公司的监管情况。

续表

公司简称	处罚文号	处罚机构	处罚文件
西部证券	中国证券业协会〔2017〕47号	中国证券业协会	《关于对西部证券股份有限公司采取自律惩戒措施的决定》
广发证券	—	中国证券业协会	《关于首次公开发行股票询价工作的警示函》
东北证券	中国证券业协会〔2017〕25号	中国证券业协会	《关于东北证券股份有限公司采取自律惩戒措施的决定》
中原证券	稽查总队调查通字171577号	中国证监会	《中国证监会调查通知书》
西南证券	中国证监会〔2017〕46号	中国证监会	《行政处罚决定书》
中国银河	机构部函〔2017〕42号	中国证监会	《关于对中国银河证券股份有限公司采取责令改正、增加内部合规检查次数并提交合规检查报告措施的决定》
国信证券	—	中国证监会	《关于对国信证券股份有限公司采取责令改正、增加内部合规检查次数并提交合规检查报告措施的决定》
方正证券	中国证监会〔2017〕42号	中国证监会	《行政处罚决定书》
国海证券	中国证监会〔2017〕63号	中国证监会	《关于对国海证券股份有限公司采取限制业务活动、责令处分有关责任人员并增加内部合规检查次数措施的决定》
西部证券	中国证监会〔2017〕6号	中国证监会	《关于对西部证券股份有限公司采取责令改正措施的决定》
西南证券	中国证监会〔2017〕54号	中国证监会	《行政处罚决定书》
中信证券	处罚字〔2017〕57号	中国证监会	《行政处罚事先告知书》
方正证券	处罚字〔2017〕43号	中国证监会	《行政处罚决定书》
海通证券	处罚字〔2017〕59号	中国证监会	《行政处罚事先告知书》
恒泰长财证券	中国证监会〔2017〕2号	中国证监会	《关于对恒泰长财证券有限责任公司采取出具警示函措施的决定》
华泰证券	中国证监会〔2017〕4号	中国证监会	《关于对华泰联合证券有限责任公司采取出具警示函措施的决定》
华泰证券	中国证监会〔2017〕3号	中国证监会	《关于对华泰证券股份有限公司采取责令改正措施的决定》

续表

公司简称	处罚文号	处罚机构	处罚文件
恒泰长财证券	中国证监会〔2017〕49号	中国证监会	《关于对李荆金、罗道玉采取出具警示函措施的决定》
光大证券	—	中国证监会	《关于对光大证券股份有限公司采取出具警示函措施的决定》
西部证券	处罚字〔2017〕47、55、56号	中国证监会	《行政处罚决定书》
中信证券	浙江证监局〔2017〕6号	浙江证监局	《关于对台州府中路证券营业部采取责令改正措施的决定》
财通证券	浙江证监局〔2017〕46号	浙江证监局	《行政监管措施决定书》
国海证券	浙江证监局〔2017〕14号	浙江证监局	《关于对国海良时期货有限公司采取责令改正监管措施的决定》
东吴证券	浙江证监局〔2017〕71号	浙江证监局	《关于对东吴证券股份有限公司采取出具警示函措施的决定》
华泰证券	天津证监局〔2017〕7号	天津证监局	《关于对华泰证券股份有限公司天津真理道证券营业部采取出具警示函措施的决定》
国海证券	四川证监局〔2017〕14号	四川证监局	《关于对国海证券股份有限公司成都天仁路证券营业部采取责令增加内部合规检查次数措施的决定》
中信证券	深圳证监局〔2017〕2号	深圳证监局	《深圳证监局关于对中信证券股份有限公司采取责令增加内部合规检查次数措施的决定》
招商证券	深圳证监局〔2017〕16号	深圳证监局	《深圳证监局关于对招商证券股份有限公司采取责令改正并暂停新开立PB系统账户3个月措施的决定》
国信证券	—	深圳证监局	《关于对国信证券股份有限公司采取责令改正行政监管措施的决定》
东吴证券	深圳证监局〔2017〕25号	深圳证监局	《关于对东吴证券股份有限公司深圳分公司采取责令改正措施的决定》
东方证券资管	上海证监局〔2017〕44号	上海证监局	《关于对上海东方证券资产管理有限公司采取责令整改措施的决定》
东方花旗证券	上海证监局〔2017〕102号	上海证监局	《关于对东方花旗证券有限公司采取责令改正措施的决定》

续表

公司简称	处罚文号	处罚机构	处罚文件
光大证券资管	—	上海证监局	《关于对上海光大证券资产管理有限公司的监管提示函》
湘财证券	上海证监局〔2017〕38号	上海证监局	《关于对湘财证券股份有限公司采取出具警示函措施的决定》
山西证券	山西证监局〔2017〕7号	山西证监局	《关于对山西证券股份有限公司采取责令增加内部合规检查次数措施的决定》
西部证券	股转系统发〔2017〕159号	全国股转系统	《关于对西部证券股份有限公司采取自律监管措施的决定》
华龙证券	股转系统发〔2017〕305号	全国股转系统	《关于对华龙证券股份有限公司采取自律监管措施的决定》
华龙证券	股转系统发〔2017〕322号	全国股转系统	《关于对华龙证券股份有限公司采取自律监管措施的决定》
招商证券	股转系统发〔2017〕94号	全国股转系统	《关于对招商证券股份有限公司采取自律监管措施的决定》
招商证券	股转系统发〔2017〕112号	全国股转系统	《关于对招商证券股份有限公司采取自律监管措施的决定》
长江证券	股转系统发〔2017〕1509号	全国股转系统	《关于对长江证券股份有限公司采取自律监管措施的决定》
华龙证券	股转系统发〔2017〕40号	全国股转系统	《关于对华龙证券股份有限公司采取约见谈话并责令整改的自律监管措施的决定》
东北证券	股转系统发〔2017〕142号	全国股转系统	《关于对东北证券股份有限公司采取要求提交书面承诺的自律监管措施的决定》
广发证券	—	全国股转系统	提交书面承诺自律监管
湘财证券	股转系统发〔2017〕3号	全国股转系统	《关于对湘财证券股份有限公司采取出具警示函、要求提交书面承诺的自律监管措施的决定》
中国银河	股转系统发〔2017〕62号	全国股转系统	《关于对中国银河证券股份有限公司采取自律监管措施的决定》
东北证券	股转系统发〔2017〕972号	全国股转系统	《关于对东北证券股份有限公司采取自律监管措施的决定》
西部证券	青岛证监局〔2017〕242号	青岛证监局	《青岛证监局关于对西部证券股份有限公司履行债券承销机构和受托管理人义务有关问题的监管关注函》

续表

公司简称	处罚文号	处罚机构	处罚文件
招商证券	—	青岛证监局	《关于对招商证券股份有限公司青岛分公司采取出具警示函措施的决定》
中信建投证券	江苏证监局〔2017〕76号	江苏证监局	《关于对中信建投证券南京龙园西路证券营业部采取出具警示函措施的决定》
东北证券	吉林证监局〔2017〕2号	吉林证监局	《关于对东北证券股份有限公司采取暂停开展代销金融产品业务等行政监管措施的决定》
西部证券	湖南证监局〔2017〕25号	湖南证监局	《关于对西部证券股份有限公司采取出具警示函措施的决定》
长江证券	湖北证监局〔2017〕31号	湖北证监局	《关于对长江证券股份有限公司采取责令改正措施的决定》
东方花旗证券	湖北证监局〔2017〕6号	湖北证监局	《关于对东方花旗证券有限公司采取出具警示函措施的决定》
中原证券	河南证监局〔2017〕10号	河南证监局	《关于中原证券股份有限公司实施责令改正等措施的决定》
中国银河	河北证监局〔2017〕3号	河北证监局	《关于对中国银河证券股份有限公司秦皇岛证券营业部采取责令增加内部合规检查次数措施的决定》
开源证券	—	河北证监局	《关于对开源证券股份有限公司采取出具警示函行政监管措施的决定》
国海证券	广西证监局〔2017〕9号	广西证监局	《关于对国海证券股份有限公司采取责令改正措施的决定》
广发证券	—	广东证监局	《关于对广发期货有限公司采取出具警示函措施的决定》
华泰证券	广东证监局〔2017〕5号	广东证监局	《关于对华泰期货有限公司采取出具警示函措施的决定》
国元证券	福建证监局〔2017〕28号	福建证监局	《关于对国元证券股份有限公司福州五一南路营业部采取责令改正措施的决定》
兴业证券	—	福建证监局	监管谈话
银行证券子公司	北京证监局〔2017〕56号	北京证监局	《行政监管措施决定书》

续表

公司简称	处罚文号	处罚机构	处罚文件
中信证券	北京证监局〔2017〕118号	北京证监局	《关于对中信证券股份有限公司北京安外大街证券营业部采取责令改正措施的决定》
华安证券	安徽证监局〔2017〕11号	安徽证监局	《关于对华安证券股份有限公司采取出具警示函措施的决定》（中国证监会安徽监管局行政监管措施决定书）
国元证券	安徽证监局〔2017〕24号	安徽证监局	《关于对国元证券采取责令改正措施的决定》

注：本表仅对证券公司年报公开数据进行整理，年报中如中国人民银行、外汇监管局等监管信息未列入本表。由于数据获取原因，部分证券公司处罚文号未进行统计。

资料来源：证券公司年报，齐鲁财富网。

（一）处罚案由分析

证券公司违规案由多种多样，主要可归类为未勤勉尽责、违反投资者适当性、营销违规、风险管理违规、信息披露违规、内部控制违规、合同违规、从业人员资质不合规等。

1. 违反勤勉尽责规定

从中国证监会行政处罚案由来看，未勤勉尽责处罚对象主要涉及证券公司和相关责任人。通过梳理证券公司2017年的年报发现，证券公司未勤勉尽责主要包括个人未勤勉尽责、机构尽调未勤勉尽责、机构持续督导未勤勉尽责、出具报告存在虚假记载或重大遗漏等。

2017年以来，监管部门对中介机构违法违规行为频出重拳。无论债市还是股市，证券公司等中介机构的职能及履约能力日益受到市场和监管部门关注。监管部门也加大了对中介机构违规的处罚力度，力促中介机构勤勉尽责。作为资本市场"把关人"，证券公司在其中扮演着关键角色，证券公司能否勤勉尽责也直接影响了股票市场的稳定发展。

2. 合同违规：违规开展两融业务

梳理证券公司年报发现，2017年有三家证券公司涉及合同违规，其中海通证券（600837.SH）涉嫌在融资融券业务中未按照规定与客户签订业务合同或者未在与客户的业务合同中载入规定必要条款被中国证监会出具《行政处罚事先告知书》（处罚字〔2017〕59号）；中信证券（600030.SH）存在违反《证券公司监督管理条例》第八十四条"未按照规定与客户签订业务合同"规定的嫌疑被中国证监会出具《行政处罚事先告知书》（处罚字〔2017〕57号）；东北证券（000686.SZ）因对营业部负责人把关不严、监督机制失效等问题被中国证监会吉林监管局采取责令限期改正、责令增加内部合规检查的次数、暂停开展代销金融产品业务6个月的行政监管措施。

中信证券（600030.SH）、海通证券（600837.SH）收到监管部门下发的《行政处罚事先告知书》。中信证券（600030.SH）除被责令改正和给予警告外，还被没收违法所得6165.58万元，顶格（5倍）罚款3.08亿元。海通证券（600837.SH）被没收违法所得50.97万元，被顶格罚款254.83万元。中信证券（600030.SH）的违规行为主要是为司度公司开立信用账户。依据《证券公司融资融券业务管理办法》（证监会公告〔2011〕31号）第十一条"对未按照要求提供有关情况、在本公司及与本公司具有控制关系的其他证券公司从事证券交易的时间连续计算不足半年，证券公司不得向其融资、融券"。海通证券（600837.SH）虚构或借用一个资管计划账户进行操作。由于《证券公司融资融券业务管理办法》（证监会公告〔2011〕31号）明确规定，非主动管理型产品需交易半年方可开立信用账户。海通证券（600837.SH）与富安达基金掩盖非主动管理型基金的实质，出具说明函明确其为主动管理产品，进而让司度公司快速进入两融业务受理中。两家公司均属于《证券公司监督管理条例》第八十四条第（七）项"未按照规定与客户签订业务合同，或者未在与客户的业务合同中载入规定的必要条款"所述行为。

3. 违反投资者适当性

2017年7月1日，《投资者适当性管理办法》正式实施。作为证券市场"守门人"，证券公司落实"了解你的客户、将适当的产品或者服务销售提供给适合的投资者"等适当性管理要求的进展情况备受监管关注。2017年，证券公司违反投资者适当性的原因主要包括向不特定对象公开宣传推介私募资产管理产品、向合格投资者之外的个人募集资金、未由投资者书面承诺符合合格投资者条件、客户风险承受能力和产品服务不匹配等。

2017年，国海证券（000750.SZ）、中信建投证券南京龙园西路营业部因投资者适当性管理中存在问题被监管部门开具罚单。其中，国海证券（000750.SZ）在"国海明利股份1号集合资产管理计划"募集过程中，存在"未充分了解劣后级份额委托人的真实身份、资产与收入以及风险承受能力，营销人员在向一些客户宣传推介时，风险提示不到位、宣传保本保收益"等违规行为被采取责令改正措施。中信建投（601066.SH）违反《证券期货投资者适当性管理办法》第三条的相关规定，被江苏证监局出具《关于对中信建投证券南京龙园西路证券营业部采取出具警示函措施的决定》的警示函。

4. 风控机制不完善

在监管部门严监管思路下，合规经营也成为证券行业2017年的主旋律。6月，中国证监会发布《证券公司和证券投资基金管理公司合规管理办法》。随后，中国证券业协会推出《证券公司合规管理实施指引》，主要阐明合规理念，细化合规管理各项职责，明确合规管理考核问责机制，严格防范证券业风险。其中，内部控制处罚原因主要包括内部制度不完善、执行不到位、未有效建立利益输送和利益冲突防范机制、以资产管理产品的资金与关联方进行不正当交易等。2017年，证券公司大多数是因为工作流程执行不到位、复核机制不健全、内部控制不完善、保障客户资产安全完整的措施未能做到切实有效等原因被处罚。

其中，中信证券（600030.SH）北京安外大街证券营业部违规为机构客户通过邮寄资料方式开立账户并存在客户账户资料用印缺失、日期涂改等不合规行为被北京证监局出具《关于对中信证券股份有限公司北京安外大街证券营业部采取责令改正措施的决定》，责令改正。光证资管在集合资产管理计划申购新股过程中，多只集合计划申报金额超过集合计划现金总额，被上海证监局出具《关于对上海光大证券资产管理有限公司的监管提示函》。招商证券（600999.SH）在为客户开立 PB 系统账户的尽职调查中，未能发现其曾开展过股票配资业务，被深圳证监局采取责令改正并暂停新开立 PB 系统账户 3 个月的行政监管措施。

另外，东吴证券（601555.SH）深圳分公司自成立以来长期未按要求报送机构监管报表，经多次提醒仍未有效整改，被深圳证监局采取责令改正的监管措施，并在辖区内予以通报。另据统计数据显示，华泰证券（601688.SH）子公司因合规问题也收到中国证监会警示函。华泰期货作为"华泰期货－银华量化指数增强资产管理计划"管理人，在开展资产管理业务时未能有效执行资产管理业务风险管理制度，对量化指数资管的风险识别、监测及控制措施不到位，没有及时发现该产品存在异常交易情况，未能有效执行利益冲突防范制度，对量化指数资管的投资顾问深圳市富航投资管理有限公司监督管理不力，导致量化指数资管与富航投资管理的其他资管产品之间形成利益输送。针对不合规行为，广东证监局对华泰证券（601688.SH）子公司华泰期货出具《关于对华泰期货有限公司采取出具警示函措施的决定》。

在监管部门出具的监管函中，国信证券（002736.SZ）、华安证券（600909.SH）等因信息技术、交易单元的管理制度不完善、内控执行不到位，被监管部门出具警示函或责令改正。从具体原因来看，华安证券（600909.SH）个别信息系统存在高危漏洞，在信息技术管理制度执行方面存在不到位情形，违反《证券期货业信息安全保障管理办法》第十七条、第二十四条的规定，被安徽证监局采取出具警示函的监督管理措施。国信证券（002736.SZ）因手机证券系统故障发生一起信息安全事件被深圳证监局采取责令改正行政监管措施。

5. 证券从业人员非法交易股票

从业人员炒股可能伴生内幕交易、利益输送等违法违规行为，破坏市场信心，证券公司员工因违规炒股被处罚的案例并不少见。中国证监会持续对各类违法违规行为保持高压态势，在强监管的环境下，监管部门对从业人员违规炒股现象也加大处罚力度。中国证监会披露的109件行政处罚决定书中有关证券从业人员违规持有股票的判决书就有4件,其中,林某义因借助其朋友姜某账户进行证券交易被中国证监会合计罚没款达1.41亿元。

太平洋证券营业部总经理杨某华违规买卖股票也被罚没5735.85万元。上海证监局披露杨某华违反了《证券法》第四十三条"关于禁止从业人员借他人名义持有、买卖股票的规定",责令太平洋证券营业部总经理杨某华依法处理非法持有的剩余股票,没收违法所得1433.96万元,并处以4301.89万元的三倍罚款,罚没共计5735.85万元。

另外,2017年涉及证券从业人员违规买卖股票的还有中信证券(600030.SH)员工曲某任职期内使用"曲某"证券账户买卖股票获利6.71万元。类似情况还有原长城证券贵阳中华南路证券营业部赵某、原中金公司员工朱某峰、原招商证券(600999.SH)员工杜某江、原长城证券总裁助理兼金融研究所所长黄某来。

6. 其他违规

证券公司年报数据显示,2017年证券公司违规案由还包括信息披露不规范、营销违规等。国元证券(000728.SZ)因营业部经营证券业务许可证逾期未更换和未及时报备经营范围变更事项被福建监管局出具《关于对国元证券股份有限公司福州五一南路营业部采取责令改正措施的决定》责令改正。东吴证券(601555.SH)因公司深圳分公司长期未按要求报送机构监管报表、在自查报告中未如实反映该问题、换领许可证材料超过《证券公司董事、监事和高级管理人员任职资格管理办法》规定的时限要求等问题被深圳监管局采取责令整改的监管措施,并在辖区内予以通报。

从营销违规方面来看,证券公司被监管处的原因主要包括收益承诺不实、误导性营销宣传及委托或组织不具备从业资格的人员进行客户招揽、产品销售等违规营销行为。其中,中信证券(600030.SH)北京好运街营业部未经同意擅自在公司官网和第三方某微信公众号发布"2016年双11活动宣传推介材料",宣传推介材料部分表述片面强调收益,违反了相关外部监管规定被深圳证监局出具《深圳证监局关于对中信证券股份有限公司采取责令增加内部合规检查次数措施的决定》责令增加内部合规检查次数。

（二）监管文件发布机构分析

梳理证券公司年报发现，2017年对证券公司发布自律监管的机构以中国证监会以及地方监管局为主，部分证券公司因新三板业务违规收到全国股转系统自律监管处罚书。从不同监管部门发布的74份监管处罚决定书来看，中国证监会及地方证监局共对证券公司及子公司发布51份自律监管处罚书，占总数的68.92%，全国股转系统发布25份自律监管处罚书，占总数的33.78%。另外，中国证券业协会对证券公司进行5次自律监管，其中兴业证券（601377.SH）、招商证券（600999.SH）、西部证券（002673.SZ）因未完全履行受托管理人职责被实施自律惩戒措施。另外，广发证券（000776.SZ）等公司因违反《反洗钱法》关于内控制度、客户身份识别、客户资料保存、大额交易和可疑交易报告等管理规定被中国人民银行行政处罚。

具体来看，中国证监会对证券公司共进行17次自律监管或行政处罚，深圳、上海等地方证监局对证券公司共进行34次自律监管或行政处罚（见图10）。因未勤勉尽责等原因，一些证券公司也被全国股转系统给予自律监管措施处罚，其中华龙证券（835337.OC）因合规问题、未勤勉尽责被全国股转系统进行3次自律监管。通过对违规行为梳理发现，证券公司违规行为不同，所涉及的监管部门也不相同，全国股转系统在对证券公司新三板业务违规监管上有较大优势。由于证券公司业务种类繁多，一家公司可能存在多种违规行为，2017年西部证券（002673.SZ）就分别被中国证监会、全国股转系统等多个监管部门采取自律监管措施。

2017年，中国人民银行、国家外汇管理局对证券公司也进行了多次处罚。对其案由进行分析可以发现，被中国人民银行及国家外汇管理局处罚的证券公司主要是违反了《反洗钱法》或外汇管理规定。受到处罚的4家证券公司中有3家因为违反《反洗钱法》被处罚，国海证券（000750.SZ）因

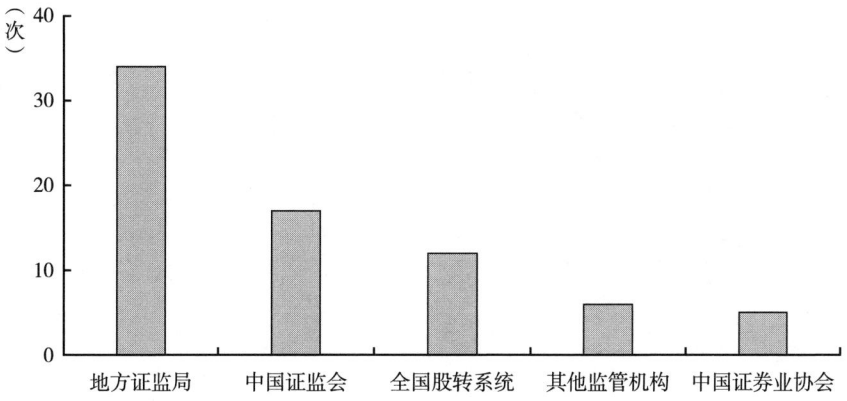

图10 监管文件发布机构分布（2017年）

注：其他监管部门包含中国人民银行、国家外汇管理局及分支机构。
资料来源：证券公司年报，齐鲁财富网。

前身广西证券有限责任公司在香港购买房产作为营业场所，未办理相关外汇登记手续受到国家外汇管理局广西壮族自治区分局的处罚。6张罚单看似不多，却体现出金融机构混业经营现状中出现的跨行业监管的格局。随着《关于规范金融机构资产管理业务的指导意见（征求意见稿）》的发布，相信在未来分业监管中的跨条线处罚会越来越多。

（三）整改处罚措施分析

在梳理证券公司年报过程中发现，监管部门对证券公司处罚多为出具警示函、责令改正等，中国证监会及地方监管局对证券公司的自律监管措施还包含责令改正并增加内部合规检查次数（见图11）。另外，也有一些证券公司因违反《反洗钱法》被中国人民银行等监管部门处罚。全国股转系统对证券公司的处罚还包含提交书面承诺或约见谈话并责令整改的自律监管措施。

1. 出具警示函

出具警示函是中国证监会及各证券监管部门使用频率较高的监管措施。在证券公司年报整理出的74张罚单中，出具警示函监管措施的罚单为20张，占总量的27.03%。对机构出具警示函的同时，往往还伴有责令改正、

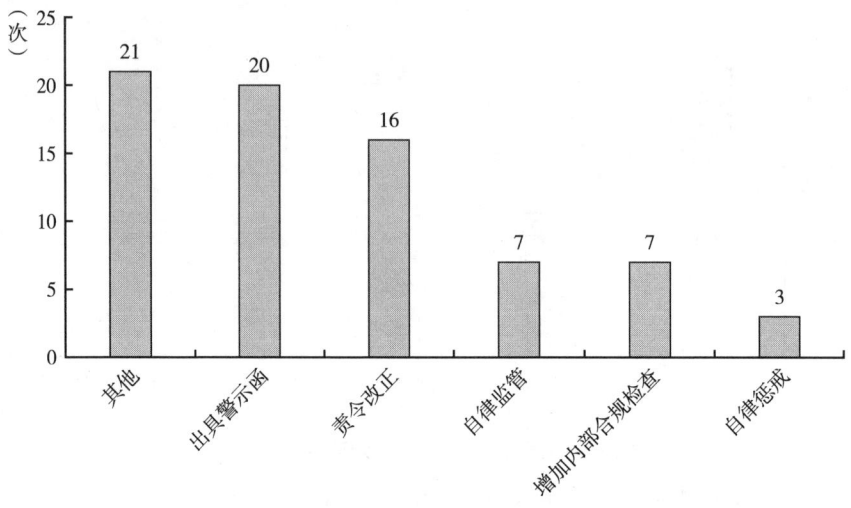

图 11　证券公司整改处罚措施分类（2017年）

注：其他包含监管谈话、责令提交书面承诺自律监管、约见谈话等。
资料来源：证券公司年报，齐鲁财富网。

增加内部合规检查次数等其他监管措施。其中，东北证券（000686.SZ）就因作为北京天际数字技术股份公司的主办证券公司未能尽职履行持续督导义务，未能督导天际数字（831478.OC）诚实守信、规范履行信息披露义务，被全国股转公司采取出具警示函并责令改正的自律监管措施。

2. 责令改正

除了出具警示函之外，责令改正在2017年也成为中国证监会等监管部门使用频率最高的行政监管措施。在74张罚单中，责令改正监管措施的罚单为16张，占总量的比重为16.22%。对机构责令改正的同时，往往存在出具警示函、暂停业务、增加内部合规检查次数等其他监管措施。其中，招商证券（600999.SH）因违反《证券公司监督管理条例》第二十七条第一款、第二十八条第一款的有关规定被深圳证监局采取责令改正并暂停新开立PB系统账户3个月的行政监管措施。中国银河（601881.SH）、国信证券（002736.SZ）因业务违规被中国证监会做出责令改正、增加内部合规检查次数并提交合规检查报告的处罚。

3. 其他行政监管措施

除了上述三项常用处罚措施，监管部门比较常用的还有责令增加内部合规检查次数、暂停业务、暂停新增客户、监管谈话、公开谴责、撤销资格等监管措施。对于内控问题较严重的，监管部门倾向于责令其增加内部合规检查次数，此类罚单共计7张。暂停业务、暂停新增客户等类似监管措施除了对新增业务有所影响外，对于存量客户也会有不利影响，东北证券（000686.SZ）就被暂停开展代销金融产品业务6个月。监管谈话、公开谴责和撤销资格等监管措施主要针对个人，披露的罚单中，华龙证券（835337.OC）为华龙期货提供做市服务违反了相关业务规则被约见谈话并责令整改。

附 录
Appendices

B.8
2017年中国证券市场大事记

1月

1月3日 中国证监会主席刘士余到中国证监会稽查局、稽查总队进行工作调研，看望慰问证券期货稽查执法战线的广大稽查干部。实地考察了稽查局案件线索分析处理中心、稽查总队案件调查技术中心后，刘士余就进一步做好2017年资本市场稽查执法工作发表讲话，称将严惩挑战法律底线的资本大鳄。

1月4日 国务院总理李克强主持召开国务院常务会议，决定加快新旧动能转换，在继续淘汰落后产能的同时，立足创新驱动，依托"中国制造2025""互联网＋"等推动传统产业迈向中高端，促进实体经济升级。

1月5日 中国银监会印发《关于民营银行监管的指导意见》，提出民营银行监管工作的总体要求，明确了坚持审慎监管与创新发展并重，全程监管、创新监管和协同监管相统一，统一监管和差异化监管相结合，试点经验和常态化设立相衔接等原则。

1月5日至6日 2017年中国人民银行工作会议在京召开。会议提出2017年要保持货币政策稳健中性，综合运用多种货币政策工具，调节好流动性闸门，保持流动性基本稳定。

1月9日 神马股份（600810.SH）涉78亿元财务造假案首批13位投资者起诉材料递交郑州市中院并当场获得法院受理，共计索赔302万元，包括投资差额损失、佣金损失、印花税损失以及利息损失。

1月9日 中国银监会印发《关于规范银行业服务企业走出去加强风险防控的指导意见》，主要针对银行业金融机构服务企业走出去面临的关键问题、薄弱环节和突出风险，提出一系列具体监管要求，旨在加强对银行业金融机构战略定位、风险防范、机构布局的监管指导。

1月9日 ST慧球（600556.SH）公告称，因公司涉嫌未按规定披露信息被中国证监会立案调查。同时，瑞莱嘉誉的部分股权遭冻结。另外，公司遭广西证监局及上海证券交易所监管，包括董事长董文亮在内的多名高层提出辞职。

1月11日 中国人民银行在北京、上海两地对比特币、莱特币的主要交易平台开展现场检查。这是在1月6日中国人民银行及其上海总部分别在北京和上海约谈了三家比特币交易所——火币网、币行和比特币中国后，进一步对三家比特币交易所展开现场检查。

1月13日 融创通过旗下公司收购乐视网（300104.SZ）8.61%股权，代价为60.4亿元；收购乐视影业15%股权，代价为人民币10.5亿元；增资以及收购乐视致新33.5%股权，代价为79.5亿元，乐视网（300104.SZ）和乐视影业、乐视致新将成为融创中国的联营公司。

1月13日 中国人民银行印发《关于全口径跨境融资宏观审慎管理有关事宜的通知》，进一步完善本外币一体化的全口径跨境融资宏观审慎管理框架。

1月14日 中国证监会修订完善发行审核履职回避制度，正式发布《关于加强发行审核工作人员履职回避管理的规定（2017年修订）》和《关

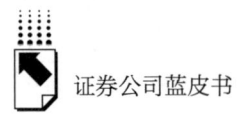

于加强发审委委员履职回避管理的规定（2017年修订）》，自公布之日起施行。

1月14日 为贯彻落实2015年11月发布《关于进一步规范发行审核权力运行的若干意见》要求，进一步加强和改进发行监管服务水平，及时满足发行人正常的业务沟通需求，多渠道防范发行审核廉政风险，中国证监会对发行审核接待制度进行了完善，制定了《中国证监会发行审核工作预约接待办法》，自公布之日起施行。

1月15日 上海证券交易所对外发布《上市公司信息披露监管问答》，供上市公司在信息披露实务中参考使用。这是上海证券交易所优化监管服务的一项重要举措。

1月18日 国务院国资委公布新修订的《中央企业投资监督管理办法》和《中央企业境外投资监督管理办法》。

1月23日 人社部召开新闻发布会，目前已正式启动基本养老保险基金投资管理，下一步将稳慎推进基本养老保险基金投资运营。

1月23日 青岛中院对徐翔等人操纵证券市场案进行一审宣判。被告徐翔犯操纵证券市场罪，被判有期徒刑五年六个月，罚金110亿元；王巍、竺勇同样犯操纵证券市场罪，分别判有期徒刑三年、有期徒刑二年缓刑三年，并处罚金。

1月24日 中国保监会发布《关于进一步加强保险资金股票投资监管有关事项的通知》，将股票投资分为一般股票投资、重大股票投资和上市公司收购三种情形，实施差别监管。

1月24日 中国证监会发布《关于避险策略基金的指导意见》，将"保本基金"名称调整为"避险策略基金"，并取消连带责任担保方式，提高保障义务人门槛，强化对投资策略的监管要求。

1月25日 为加强公司债券存续期信用风险管理，切实维护投资者合法权益，沪深证券交易所发布《公司债券存续期信用风险管理指引（征求意见稿）》，要求落实市场机构债券信用风险管理的主体责任，突出以风险为导向进行分类管理，将公司债分为正常类、关注类、风险类和违约类。

1月26日 中国人民银行推动的基于区块链的数字票据交易平台测试成功，由中国人民银行发行的法定数字货币已在该平台试运行，近期将成立研发中心进行持续完善。这意味着在全球范围内，中国人民银行将成为首个发行数字货币并开展真实应用的中央银行，并率先探索区块链的实际应用。

1月26日 国务院发布《关于规范发展区域性股权市场的通知》，要求区域性股权市场的各项活动应遵守法律法规和中国证监会制定的业务及监管规则。

1月26日 利宝保险四季度偿付能力报告亮相，该公司的假公章、虚假投保资料也被曝光。重庆保监局行政处罚决定书显示，利宝保险"萝卜章"涉及保单件数高达1765件。

2月

2月5日 备受市场关注的2017年中央一号文件正式对外公布。文件名为《中共中央、国务院关于深入推进农业供给侧结构性改革加快培育农业农村发展新动能的若干意见》，这也是中央一号文件连续第4次聚焦"三农"。

2月7日 中国证监会发布并实施《期货公司柜台系统数据接口规范》。

2月9日 中国三家主要的比特币交易平台——币行、火币网、比特币中国陆续发布公告，从即刻起全面暂停比特币和莱特币提币业务。

2月10日 2017年全国证券期货监管工作会议召开。会议总结了过去一年的工作，分析了当前市场形势，部署2017年重点任务。中国证监会党委书记、主席刘士余出席，发表题为"不断强化'四个意识'牢牢把握稳中求进协调推进资本市场改革稳定发展"的讲话。会议提出，2017年证券期货监管工作的总体要求是：全面贯彻党的十八大和十八届三中、四中、五中、六中全会精神，深入学习习近平总书记系列重要讲话精神和治国理政新理念、新思想、新战略，不断增强"四个意识"特别是核心意识和看齐意识，向核心看齐，紧紧围绕统筹推进"五位一体"总体布局和协调推进

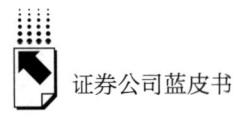

"四个全面"战略布局,坚持稳中求进工作总基调,以稳促进,以进促稳,牢固树立和贯彻落实发展新理念,不忘初心,始终保持"依法、全面、从严"监管,保护投资者合法权益,着力提高和改进监管能力,把防控金融风险放在更加突出位置,牢牢守住不发生系统性风险底线,切实推进和服务供给侧结构性改革,加大开放力度,提升资本市场服务实体经济和社会发展能力,以优异的成绩迎接党的十九大胜利召开。

2月15日 为深入贯彻十八届六中全会精神,落实中央经济工作会议部署,助力供给侧结构性改革,优化资本市场资源配置功能,引导规范上市公司融资行为,完善非公开发行股票定价机制,保护中小投资者合法权益,中国证监会对《上市公司非公开发行股票实施细则》部分条文进行了修订,发布了《发行监管问答——关于引导规范上市公司融资行为的监管要求》。

2月20日 阿里巴巴集团和百联集团在上海宣布达成战略合作。双方将基于大数据和互联网技术,在全业态融合创新、新零售技术研发、高效供应链整合、会员系统互通、支付金融互联、物流体系协同6个领域展开全方位合作,为消费者提供随时随地多场景新消费体验。

2月22日 中国保监会相关负责人在国新办举行的加强保险市场监管、服务实体经济发展发布会上表示,2017年中国保监会将继续深化市场体系、条款费率、资金运用等重点领域市场化改革,重点围绕公司治理、保险产品和资金运用三个关键领域,下决心处置潜在风险点。

2月22日 为贯彻落实党中央、国务院关于网络借贷行业制度体系建设的有关工作部署和要求,规范网贷行业健康发展,防范P2P网贷资金挪用风险,中国银监会发布《网络借贷资金存管业务指引》。该指引明确网贷资金存管业务应遵循的基本规则和实施标准,鼓励网贷机构与商业银行按照平等自愿、互利互惠的市场化原则开展业务。

2月24日 中国证监会就《中国证券监督管理委员会行政许可实施程序规定》公开征求意见。

2月24日 中国保监会网站消息,根据现场检查中发现的违法违规问题,依法对前海人寿及相关责任人进行行政处罚。前海人寿主要存在编制提供虚假材料、违规运用保险资金等问题，对时任前海人寿董事长姚振华给予撤销任职资格并禁入保险业10年的处罚。

2月25日 中国保监会根据现场检查中发现恒大人寿在股票投资等方面存在违规行为，依法给予该公司限制股票投资一年处罚，对两名责任人分别给予行业禁入五年和三年的行政处罚。

2月27日 中国保监会召开2017年全国人身保险监管工作会议，中国保监会副主席黄洪出席会议并讲话。

3月

3月2日 中国证监会公开发布《中国证监会关于支持绿色债券发展的指导意见》，这是中国证监会落实《中共中央国务院关于加快推进生态文明建设的意见》和《关于构建绿色金融体系的指导意见》精神的重要举措。

3月5日 第十二届全国人民代表大会第五次会议在北京召开，李克强总理在《政府工作报告》中提出，促进金融机构突出主业、下沉重心，增强服务实体经济能力，防止资金脱实向虚。鼓励大中型商业银行设立普惠金融事业部，国有大型银行要率先做到，实行差别化考核评价办法和支持政策，有效缓解中小微企业融资难、融资贵问题。发挥好政策性开发性金融作用，强化农村信用社服务"三农"功能。深化多层次资本市场改革，完善主板市场基础性制度，积极发展创业板、新三板，规范发展区域性股权市场。

3月7日 中国人民银行联合工业和信息化部、中国银监会、中国证监会、中国保监会印发《关于金融支持制造强国建设的指导意见》，进一步建立健全多元化金融服务体系，大力推动金融产品和服务创新，加强和改进对制造强国建设的金融支持和服务。

3月10日 中国证监会与香港证监会密切合作，果断出击、迅速查办唐汉博跨境操纵小商品城（600415.SH）案，以及唐汉博、唐园子操纵市场案。

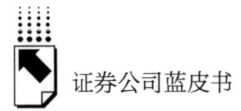

3月10日 中国证监会新闻发言人张晓军表示,首批传统基础设施领域的PPP资产证券化项目落地,国家发改委向中国证监会提供首批9单PPP资产证券化项目的推荐函,其中包括交通设施、工业园区、水务、固废处理等类型的传统基础设施领域项目。

3月10日 中国证监会组织专门执法力量查办浙江九好办公服务集团有限公司"忽悠式"重组。中国证监会向当事人送达行政处罚事先告知书,对九好集团、鞍重股份(002667.SZ)及主要责任人员在《证券法》规定的范围内顶格处罚。

3月13日 《中国人民银行办公厅关于做好2017年信贷政策工作的意见》印发,该意见指出要坚持稳中求进工作总基调,着力提高信贷政策定向结构性调整功能,着力推动供给侧结构性改革取得实质性进展,着力振兴实体经济和促进经济结构转型升级,指导中国人民银行分支机构和银行业金融机构做好2017年信贷政策工作。

3月16日 俄罗斯铝业联合公司(United Company RUSAL Plc)在上海证券交易所成功完成首期人民币债券发行,发行期限2+1年,发行金额10亿元人民币。这是首单俄罗斯大型骨干企业在中国发行的熊猫债券,也是首单"一带一路"沿线国家企业发行的熊猫债券。

3月17日 为加强对公司债券违约风险的防范应对,督促引导受托管理人做好公司债券违约风险的应急处置工作,保护投资者合法权益,中国证券业协会发布实施《公司债券受托管理人处置公司债券违约风险指引》。

3月28日 阿里巴巴集团、蚂蚁金服集团和中国建设银行签署了三方战略合作协议。双方将推进线下线上各种业务合作,打通信用体系。二维码支付互扫、支付宝支持建行App支付很快实现。

3月31日 中国证监会就《公开募集开放式证券投资基金流动性风险管理规定(征求意见稿)》正式对外公开征求意见。

3月31日 能源局发布《关于在能源领域积极推广政府和社会资本合作模式的通知》明确能源领域推广PPP的范围包括但不局限于电力及新能源类项目、石油和天然气类项目、煤炭类项目等。

3月31日 为深入贯彻落实习近平总书记关于依法行政和资本市场改革发展的重要讲话精神，强化对证券期货市场"依法、全面、从严"监管执法原则，中国证监会决定在上海、深圳证券交易所设立巡回审理办公室，派驻执法人员对两交易所上市公司相关违法违规案件开展行政处罚审理工作。

4月

4月1日 《中共中央国务院关于设立河北雄安新区的通知》发布，雄安新区是继深圳经济特区和上海浦东新区之后又一具有全国意义的新区，被视为千年大计、国家大事，战略定位极高，也是京津冀一体化布局的重要一步。受此重大利好消息刺激，沪深两市4月5日一开盘，逾40只雄安概念股集体涨停，大量短线资金涌入雄安板块。

4月7日 中国证券登记结算有限公司修订发布了《质押式回购资格准入标准及标准券折扣系数取值业务指引》。该指引将公司债质押资格门槛上调至债项评级AAA，同时要满足主体评级AA且展望稳定或正面的要求，债项AA+及以下评级新发交易所信用债不能再入质押库。

4月7日 中国银监会印发《关于提升银行业服务实体经济质效的指导意见》，要求银行业金融机构按照风险可控、商业可持续原则，坚持以推进供给侧结构性改革为主线，深化改革、积极创新、回归本源、突出主业，进一步提高金融服务实体经济的能力和水平。

4月7日 中国银监会印发《中国银监会关于银行业风险防控工作的指导意见》，在全国范围内进一步加强银行业风险防控工作，切实处置一批重点风险点，消除一批风险隐患，严守不发生系统性风险底线。

4月8日 中国证监会主席刘士余出席中国上市公司协会第二届会员代表大会直击当前A股市场痛点。

4月10日 香港证券交易所推出中国财政部五年期国债期货合约，交易代码HTF。这是离岸市场上首只内地国债期货产品，也是在香港证券交易所上市的首只内地利率衍生品。

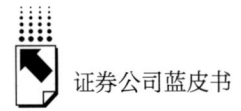

4月14日 针对炒作次新股和快进快出手法恶性操纵市场等行为，中国证监会部署了2017年专项执法行动第二批案件。这是继3月24日中国证监会通报第一批专项行动案件以来，稽查部门集中部署的又一批案件。

4月17日 为更充分发挥持股行权的积极作用，扩大持股行权工作覆盖面，全面落实法律赋予股东的各项权利，带动更多中小股东行使权利、维护权利，提高上市公司治理水平，投资者服务中心发布《扩大持股行权试点方案》，将持股行权试点区域从上海、广东（不含深圳）、湖南三个地区扩展至全国。

4月18日 中国证监会发布《期货公司风险监管指标管理办法》及配套文件。

4月21日 中国证监会组织专门执法力量迅速查办九好集团"忽悠式重组"案。在召开听证会后两周内完成对当事人陈述申辩意见的复核，并最终作出行政处罚决定及市场禁入决定。

5月

5月3日 中国证监会发布《区域性股权市场监督管理试行办法》，该《办法》出台对完善多层次资本市场体系，推进供给侧结构性改革、促进大众创业万众创新、服务创新驱动发展战略、降低企业杠杆率等具有积极意义。

5月5日 为加强证券基金经营机构、专项业务服务机构及信息技术服务机构的信息技术管理，保障证券基金行业信息系统安全、合规运行，保护投资者合法权益，中国证监会发布《证券基金经营机构信息技术管理办法（征求意见稿）》，向社会公开征求意见。

5月11日 中国保监会下发《中国保监会关于规范人身保险公司产品开发设计行为的通知》，对人身险产品设计提出了"四项鼓励七项注意"，引发了整个保险市场极大震动；强调保险要回归保险保障功能，回归保险本源，防范经营风险。

5月12日 中国证监会对江苏雅百特科技股份有限公司、山东墨龙石油机械股份有限公司涉嫌违反证券法律法规案调查、审理完毕,并对雅百特(002323.SZ)、*ST墨龙(002490.SZ)做出行政处罚。

5月19日 中国证监会通报对国海证券(000750.SZ)债券风险事件的行政监管措施。为严肃法纪,进一步规范证券基金经营机构经营行为,中国证监会拟对国海证券(000750.SZ)及有关人员依法进行严肃处理。

5月23日 中国人民银行印发《人民币跨境收付信息管理系统管理办法》,加强人民币跨境收付信息管理系统管理,保障人民币跨境收付信息管理系统安全、稳定、有效运行。

5月26日 为解决可转债和可交换债发行过程中产生的较大规模资金冻结问题,中国证监会拟进一步完善可转债、可交换债发行方式,将现行的资金申购改为信用申购,相应对《证券发行与承销管理办法》个别条款进行修订,并开始就修订内容公开征求意见,同步启动证券交易结算系统技术改造工作。

5月26日 中国证监会发布《上市公司股东、董监高减持股份的若干规定》,针对大股东在减持中出现的问题提出十条措施进行修改。主要包括:完善大宗交易制度,防范"过桥减持";健全减持计划的信息披露制度;强化上市公司董监高的诚信义务;明确大股东与其一致行动人减持股份的,其持股应当合并计算,防止大股东通过他人持有的方式变相减持等。

5月27日 上海证券交易所发布实施《上海证券交易所上市公司股东及董事、监事、高级管理人员减持股份实施细则》。

5月27日 中国银监会、教育部、人力资源和社会保障部联合印发《关于进一步加强校园贷规范管理工作的通知》,进一步加大校园贷监管整治力度,从源头上治理乱象,防范和化解校园贷风险。

6月

6月2日 沪深证券交易所就《证券投资基金上市规则(2017年修订

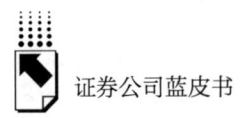

稿)》、《证券公司分类监管规定》向社会公开征求意见。

6月6日 中国证监会发布《证券公司和证券投资基金管理公司合规管理办法》，中国证监会对《证券公司合规试行规定》和《督察长规定》进行修订，起草了统一的《证券公司和证券投资基金管理公司合规管理办法》。该办法通过明晰董事会、监事会、高级管理人员、合规负责人等各方职责，提高合规履职保障，加大违法违规追责力度，切实提升公司合规管理有效性，不断增强公司自我约束能力，促进行业持续健康发展。《办法》自2017年10月1日起施行。

6月8日 中国人民银行、中国银监会、中国证监会、中国保监会、国家标准委近日联合发布《金融业标准化体系建设发展规划（2016～2020年）》，明确提出"十三五"金融业标准化工作的指导思想、基本原则、发展目标、主要任务、重点工程和保障措施。

6月9日 兴业证券（601377.SH）发布《关于设立欣泰电气欺诈发行先行赔付专项基金的公告》，同时召开媒体见面会，进一步说明欣泰电气先行赔付方案。

6月20日 由上海市人民政府和中国人民银行、中国银监会、中国证监会、中国保监会共同主办的"2017陆家嘴论坛"在上海开幕，本次论坛主题为"全球视野下的金融改革与稳健发展"。时任中国人民银行行长周小川和上海市市长应勇一起担任共同轮值主席，并发表主旨演讲。中国银监会副主席王兆星、中国证监会副主席姜洋、中国保监会副主席黄洪相继作主旨演讲。

6月21日 MSCI宣布从2018年6月开始将中国A股纳入MSCI新兴市场指数和全球基准指数（ACWI）。中国A股纳入MSCI新兴市场指数，加入222只大盘股，基于5%的纳入因子，这些A股约占MSCI新兴市场指数0.73%的权重。222只个股八成以上来自主板，从行业分布而言，金融、地产、医药、汽车以及以传媒和计算机是主要聚集区。

6月21日 为规范开展内地与香港债券市场互联互通合作相关业务，保护境内外投资者合法权益，维护债券市场秩序，中国人民银行发布《内地与香港债券市场互联互通合作管理暂行办法》，并发布《〈内地与香港债券市场互联互通合作管理暂行办法〉答记者问》。

7月

7月1日 《证券期货投资者适当性管理办法》正式实施，作为我国证券期货市场首部投资者保护专项规章，该办法是资本市场重要的基础性制度。

7月3日 内地与香港债券市场互联互通合作正式上线试运行。

7月4日 中国人民银行发布的《中国金融稳定报告（2017）》提出，对资产管理业务快速发展过程中暴露出的突出风险和问题，要从统一同类产品的监管差异入手，建立有效的资产管理业务监管制度。

7月6日 中国证监会发布《关于修改〈证券公司分类监管规定〉的决定》，自公布之日起施行。

7月7日 中国证监会发布《中国证券监督管理委员会发行审核委员会办法》。在保留部分行业专家和买方代表的前提下，适当调减兼职委员数量，同时将创业板发审委员总人数由35人调整为25人。调整后的创业板发审委，机构更加精简，人员结构更加合理，能够更好地适应创业板改革的需要。

7月14日 第五次全国金融工作会议召开。中共中央总书记习近平出席会议并发表重要讲话。习近平强调，金融是国家的核心竞争力，金融安全是国家安全的重要组成部分，金融制度是经济社会发展中重要的基础性制度。必须加强党对金融工作的领导，坚持稳中求进工作总基调，遵循金融发展规律，紧紧围绕服务实体经济、防控金融风险、深化金融改革三项任务，创新和完善金融调控，健全现代金融企业制度，完善金融市场体系，推进构建现代金融监管框架，加快转变金融发展方式，健全金融法治，保障国家金融安全，促进经济和金融良性循环、健康发展。

7月16日 中国证券业协会第六次会员大会在北京召开，中国证监会

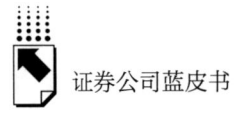

主席刘士余出席并讲话。刘士余对行业发展提出了四个方面要求：要专注主业，更好地服务于创新驱动战略和供给侧结构性改革；要主动作为，积极参与"一带一路"倡议的实施；要创新发展，着力提升服务质量；要守住底线，共同促进资本市场健康发展。

7月20日 中国保监会对《保险公司股权管理办法》进行第二次征求意见。此次征求意见稿对保险公司控制类股东提出了更严格的要求，投资人自成为控制类股东之日起5年内不得转让所持股权，而2016年底发布的第一次征求意见稿规定是"3年内"。

7月24日 全国证券期货监管系统年中监管工作座谈会在北京召开。会议传达学习了全国金融工作会议精神，紧紧围绕贯彻落实会议确定的服务实体经济、防控金融风险、深化金融改革三项任务，围绕贯彻落实中央政治局关于做好下半年经济工作的基本要求，研究部署下一步证券期货监管重点工作。会议提出，要坚持稳中求进工作总基调，贯彻落实新发展理念，把主动防范化解系统性金融风险放在更加重要的位置，确保资本市场稳健运行，确保各项改革稳步推进，并统筹谋划好资本市场近中远期的发展战略和改革举措。下一步，要依法规范和拓展各类资金的入市渠道，发展长期机构投资者，维护和巩固资本市场良好发展势头。切实加大发行质量审核力度，保持首次公开发行的常态化，规范和支持上市公司并购重组，完善退市制度，加大退市力度，充分发挥好资本市场的功能。稳步扩大资本市场双向开放，提升开放质量，并以此来提高证监会系统的监管能力和资本市场服务实体经济的能力。涉及资本市场发展战略的若干专项工作将陆续展开。

8月

8月14日 根据《证券公司分类监管规定》，经证券公司自评、证监局初审、中国证监会证券基金机构监管部复核，由中国证监会证券基金机构监管部、证监局、自律组织、证券公司代表等组成的证券公司分类评价专家评审委员会审议确定了2017年证券公司分类结果。

8月20日 中国联通正式发布混改方案,除通过老股转让和股权激励募集资金外,拟通过向BATJ在内的战略股东非公开发行不超过约90.37亿股,募集资金不超过617.25亿元,用于优化4G网络、建设5G网络以及实现创新业务规模突破。

8月28日 中国国电集团公司与神华集团有限责任公司合并重组为国家能源投资集团有限责任公司。至此,央企总数降至98家。

8月31日 中国证监会发布《公开募集开放式证券投资基金流动性风险管理规定》,主要内容涵盖基金管理人内部控制以及基金产品设计、投资限制、申购赎回管理、估值与信息披露等业务环节,并针对货币市场基金的流动性风险管控做出专门规定,该规定自2017年10月1日起施行。

9月

9月4日 中国人民银行等七部门联合发布公告称,任何组织和个人不得非法从事代币发行融资活动,各类代币发行融资活动应当立即停止,已完成代币发行融资的组织和个人应当做出清退等安排。

9月5日 为规范证券投资基金及时、准确地进行份额净值计量,更好地保护基金份额持有人的合法权益,中国证监会发布《中国证监会关于证券投资基金估值业务的指导意见》。

9月6日 全国中小企业股份转让系统有限责任公司发布关于修订《全国中小企业股份转让系统股票挂牌条件适用基本标准指引(试行)》的公告,进一步明确挂牌条件的适用标准。

9月7日 在泰国曼谷举行的第57届世界交易所联合会会员大会上,上海证券交易所理事长吴清当选为WFE董事会主席。这是中国内地交易所首次在国际行业组织中担任主要领导职务。

9月8日 为落实"依法、全面、从严"的总体监管思路,督促证券公司强化主体意识、完善自我约束机制,提升证券公司类业务内部控制水平,防范化解风险,中国证监会研究制定了《证券公司投资银行类业务内部控制指引》，并向社会公开征求意见。

9月8日 为解决可转债和可交换债发行过程中产生的较大规模资金冻结问题，中国证监会对可转债、可交换债发行方式进行了调整，将现行的资金申购改为信用申购，并公开征求意见，相应修订了《证券发行与承销管理办法》部分条款，新修订的《证券发行与承销管理办法》于9月8日发布施行。

9月13日 中国证券投资基金业协会发布《证券投资基金管理公司合规管理规范》，有效提升了基金管理公司合规管理水平。

9月22日 为提高并购重组效率，打击限制"忽悠式""跟风式"重组，增加交易的确定性和透明度，规范重组上市，中国证监会对《公开发行证券的公司信息披露内容与格式准则第26号——上市公司重大资产重组（2014年修订）》进行了相应修订，进一步明确相关规则的具体执行标准。

9月22日 为落实创新驱动发展战略，发挥交易所债券市场服务实体经济的功能，支持创新创业，根据《中国证监会关于开展创新创业公司债券试点的指导意见》的规定，沪深证券交易所分别联合全国中小企业股份转让系统有限责任公司、中国证券登记结算有限责任公司制定并发布实施《创新创业公司非公开发行可转换公司债券业务实施细则（试行）》。

9月25日 中国证监会召开全系统视频会议，对中国证监会系统迎接党的十九大各项工作进行再动员、再部署，同时对国庆、中秋"两节"期间的廉政教育进行再提醒、再强调。

10月

10月18日 中国共产党第十九次全国代表大会在人民大会堂开幕。习近平总书记代表十八届中央委员会向大会做了题为《决胜全面建成小康社会夺取新时代中国特色社会主义伟大胜利》的报告。

10月23日 国内首单央企租赁住房REITs、首单储架发行REITs——

中联前海开源-保利地产租赁住房一号资产支持专项计划获得上海证券交易所审议通过，这对于加快推进租赁住房市场建设具有积极的示范效应。

10月30日 国务院总理李克强主持召开国务院常务会议，通过《深化"互联网+先进制造业"发展工业互联网的指导意见》，促进实体经济振兴、加快转型升级；通过《国务院关于废止〈中华人民共和国营业税暂行条例〉和修改〈中华人民共和国增值税暂行条例〉的决定（草案）》，推动营改增改革成果法治化。

11月

11月3日 为在养老金市场化改革中更好地发挥公募基金专业投资的作用，中国证监会发布了《养老目标证券投资基金指引（试行）》，向社会公开征求意见。

11月3日 中国建设银行深圳市分行携手万科、碧桂园等11家房地产企业签订房屋租赁战略合作协议，联手开发深圳长租房市场，已与房地产企业签署5481套住房租赁转让协议，均为精装修新房。中国建设银行推出个人租房租赁贷款"按居贷"。

11月3日 贵州省高级人民法院做出终审裁定，维持贵阳市中级人民法院对厦门圣达威服饰有限公司欺诈发行私募债券案的刑事判决。该案是全国首起因欺诈发行私募债券被追究刑事责任的判例，对于震慑债券领域犯罪行为，维护债券市场健康稳定发展具有重要意义。

11月8日 浙江祥源文化股份有限公司收到中国证监会《行政处罚及市场禁入事先告知书》。龙薇传媒、万家文化（600576.SH）等涉嫌信披违法违规案已调查完毕，赵薇夫妇遭中国证监会5年市场禁入处罚，并对龙薇传媒给予警告并处60万元罚款。

11月8日 中国人民银行、中国银监会联合发布修订后的《汽车贷款管理办法》，进一步规范汽车贷款行为。同时联合印发《关于调整汽车贷款有关政策的通知》，将自用和商用新能源新车贷款最高发放比例从80%和70%分别

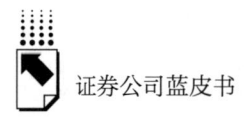

提高至85%和75%,二手车贷款最高发放比例由50%提高至70%。

11月17日 中国人民银行会同中国银监会、中国证监会、中国保监会和国家外汇管理局起草《关于规范金融机构资产管理业务的指导意见(征求意见稿)》,并向社会公开征求意见。

11月18日 国务院印发《划转部分国有资本充实社保基金实施方案》的通知,将中央和地方国有及国有控股大中型企业、金融机构纳入划转范围,划转比例统一为企业国有股权的10%。

11月18日 中信银行和百度公司共同发起设立的百信银行在北京正式开业,完全通过互联网、电话等远程渠道开展业务。在新的公司中,中信银行和百度的持股比例各为70%和30%。

11月20日 为进一步强化人身保险产品监管,中国保监会加大对备案产品事后抽查力度,并对农银人寿、交银康联人寿和长城人寿下发监管函。中国保监会要求该三家公司不得销售不符合监管要求的产品,并对公司申报新产品采取禁止性措施,持续强化对保险公司违法违规行为的监管问责。

11月21日 互联网金融风险专项整治工作领导小组办公室发布138号文——《关于立即暂停批设网络小贷公司的通知》,各级小额贷款公司监管部门一律不得新批设网络(互联网)小贷公司,禁止新增批小贷公司跨省(区、市)开展小额贷款业务。

12月

12月1日 互联网金融风险专项整治、P2P网贷风险专项整治工作领导小组办公室下发《关于规范整顿"现金贷"业务的通知》,明确统筹监管,开展对网络小额贷款清理整顿工作。

12月6日 中国首届数字银行高峰论坛暨中小银行互联网金融(深圳)联盟成立大会在深圳举行。该联盟会员银行已达230余家,资产总规模已超过35万亿元,该联盟是国内规模最大、会员数量最多的中小银行金融科技联盟。

12月6日　发改委等五部门联合印发《民营企业境外投资经营行为规范》。该规范指出，民营企业境外投资不得以虚假境外投资非法获取外汇、转移资产和洗钱等。

12月7日　中国证监会发行监管部发布《关于首次公开发行股票预先披露等问题（2017年12月6日修订）》和《首次公开发行股票申请审核过程中有关中止审查等事项的要求》两则发行监管问答，对首次公开发行股票申请的反馈回复时间、中止审查、恢复审查、终止审查及预先披露等有关规定进行了修订。

12月15日　中国人民银行、中国银监会、中国证监会和中国保监会联合印发《关于金融支持深度贫困地区脱贫攻坚的意见》，坚持新增金融资金优先满足深度贫困地区、新增金融服务优先布设深度贫困地区，为深度贫困地区打赢脱贫攻坚战提供重要支撑。

12月19日　北京市高级人民法院公开开庭审理欣泰电气欺诈发行一案，中国证监会党委委员、主席助理黄炜作为中国证监会负责人出庭应诉。

12月18日　中央经济工作会议在北京举行。会议指出，打好防范化解重大风险攻坚战，重点是防控金融风险，要服务于供给侧结构性改革这条主线，促进形成金融和实体经济、金融和房地产、金融体系内部的良性循环，做好重点领域风险防范和处置，坚决打击违法违规金融活动，加强薄弱环节监管制度建设。

12月22日　全国股转公司发布新制定的《全国中小企业股份转让系统挂牌公司分层管理办法》和《全国中小企业股份转让系统股票转让细则》。

12月25日　北京证监局责令乐视网（300104.SZ）前任董事长贾跃亭于31日前回国，切实履行公司实际控制人应尽义务，配合解决公司问题，稳妥处理公司风险，切实保护投资者合法权益。

12月27日　中国人民银行与中国证监会联合发布《绿色债券评估认证行为指引（暂行）》。该指引主要是对绿色债券评估认证机构的资质、业务承接、评估认证内容、评估认证意见等方面进行规范。

12月29日　中国人民银行、中国银监会、中国证监会和中国保监会联

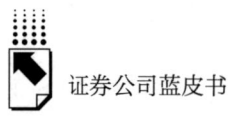

合印发《关于规范债券市场参与者债券交易业务的通知》，督促各类市场参与者加强内部控制与风险管理，规范债券交易行为。

12月29日 2017年最后一个交易日，沪指报3307.17点，涨10.79点，涨幅为0.33%，成交1704亿元；深成指报11040.45点，涨66.44点，涨幅0.61%；创业板指报1752.65点，涨7.63点，涨幅为0.44%。全年沪指涨幅为6.56%，深成指年涨幅为8.48%，创业板指年跌幅为10.67%。

B.9 附 表

附表1 证券公司业务分类一览（2017年）

序号	公司简称	全牌照	经纪业务	承销业务	资管业务
1	爱建证券	Y			
2	安信证券	Y			
3	渤海证券	Y			
4	财达证券	Y			
5	财富证券	Y			
6	财通证券	Y			
7	川财证券	Y			
8	大通证券	Y			
9	大同证券	Y			
10	德邦证券	Y			
11	第一创业	Y			
12	东北证券	Y			
13	东方证券	Y			
14	东莞证券	Y			
15	东海证券	Y			
16	东吴证券	Y			
17	东兴证券	Y			
18	东亚前海证券	Y			
19	方正证券	Y			
20	光大证券	Y			
21	广发证券	Y			
22	广州证券	Y			
23	国都证券	Y			
24	国海证券	Y			
25	国金证券	Y			
26	国开证券	Y			
27	国联证券	Y			

续表

序号	公司简称	全牌照	经纪业务	承销业务	资管业务
28	国融证券	Y			
29	国盛证券	Y			
30	国泰君安	Y			
31	国信证券	Y			
32	国元证券	Y			
33	海通证券	Y			
34	恒泰证券	Y			
35	红塔证券	Y			
36	宏信证券	Y			
37	华安证券	Y			
38	华宝证券	Y			
39	华创证券	Y			
40	华福证券	Y			
41	华金证券	Y			
42	华菁证券	Y			
43	华林证券	Y			
44	华龙证券	Y			
45	华融证券	Y			
46	华泰证券	Y			
47	华西证券	Y			
48	华鑫证券	Y			
49	华信证券	Y			
50	汇丰前海证券	Y			
51	江海证券	Y			
52	金元证券	Y			
53	九州证券	Y			
54	开源证券	Y			
55	联储证券	Y			
56	联讯证券	Y			
57	民生证券	Y			
58	民族证券	Y			
59	南京证券	Y			
60	平安证券	Y			
61	瑞银证券	Y			

续表

序号	公司简称	全牌照	经纪业务	承销业务	资管业务
62	山西证券	Y			
63	上海证券	Y			
64	申港证券	Y			
65	申万宏源	Y			
66	世纪证券	Y			
67	首创证券	Y			
68	太平洋证券	Y			
69	天风证券	Y			
70	万和证券	Y			
71	万联证券	Y			
72	网信证券	Y			
73	五矿证券	Y			
74	西部证券	Y			
75	西藏东方财富	Y			
76	西南证券	Y			
77	湘财证券	Y			
78	新时代证券	Y			
79	信达证券	Y			
80	兴业证券	Y			
81	中国银河	Y			
82	银泰证券	Y			
83	英大证券	Y			
84	长城国瑞	Y			
85	长城证券	Y			
86	长江证券	Y			
87	招商证券	Y			
88	浙商证券	Y			
89	中航证券	Y			
90	中金公司	Y			
91	中山证券	Y			
92	中泰证券	Y			
93	中天证券	Y			
94	中投证券	Y			
95	中信建投	Y			
96	中信证券	Y			
97	中银国际	Y			

续表

序号	公司简称	全牌照	经纪业务	承销业务	资管业务
98	中邮证券	Y			
99	中原证券	Y			
100	北京高华			Y	Y
101	渤海汇金资产管理				Y
102	财通资产管理				Y
103	第一创业承销保荐			Y	
104	东方花旗			Y	
105	东证融汇资产管理				Y
106	高盛高华			Y	
107	广发证券资产管理				Y
108	国盛证券资产管理				Y
109	国泰君安资产管理				Y
110	恒泰长财			Y	
111	华泰联合			Y	
112	华泰证券资产管理				Y
113	华英证券			Y	
114	金通证券		Y		
115	摩根士丹利华鑫			Y	
116	瑞信方正			Y	
117	上海东方资产管理				Y
118	上海光大资产管理				Y
119	上海海通资产管理				Y
120	申万宏源保荐			Y	
121	申万宏源西部		Y		
122	兴证证券资产管理				Y
123	银河金汇资产管理				Y
124	长江保荐			Y	
125	长江资产管理				Y
126	招商证券资产管理				Y
127	浙江证券资产管理				Y
128	中德证券			Y	
129	中泰证券资产管理				Y
130	中天国富证券			Y	
131	中信证券(山东)		Y		

注：2017年证券公司共计131家，其中新增2家，分别是汇丰前海证券和东亚前海证券。"Y"代表"是"，即拥有相应业务牌照。

资料来源：Wind，齐鲁财富网。

附表2 证券公司融资融券余额统计（2017年）

单位：万元

排名	公司简称	期末融资融券余额	期末融资余额	期末融券余额
1	中信证券	6501103.55	6485746.98	15356.57
2	华泰证券	5881257.46	5878944.30	2313.16
3	国泰君安	5809158.09	5752112.27	57045.82
4	中国银河	5700938.66	5693652.41	7286.25
5	广发证券	5600261.02	5540157.07	60103.94
6	招商证券	5469853.29	5439218.03	30635.26
7	海通证券	4800902.71	4798273.26	2629.46
8	中信建投证券	4640931.23	4625026.87	15904.37
9	国信证券	3891791.28	3836671.00	55120.28
10	申万宏源证券	3800480.11	3790458.66	10021.45
11	光大证券	3008248.52	2952019.15	56229.37
12	中泰证券	2742809.98	2714097.78	28712.20
13	安信证券	2517377.44	2512446.08	4931.35
14	长江证券	2275950.93	2273996.93	1954.00
15	中投证券	1827824.91	1827802.91	22.00
16	方正证券	1798556.40	1795618.46	2937.94
17	申万宏源西部	1605079.37	1605064.37	15.00
18	平安证券	1552802.62	1551453.09	1349.53
19	兴业证券	1424396.42	1422376.95	2019.48
20	国元证券	1275245.52	1273599.07	1646.45
21	东方证券	1265267.48	1261920.48	3347.00
22	财通证券	1062747.84	1027332.84	35415.00
23	东方财富证券	986889.72	986008.72	881.00
24	东兴证券	957649.52	952964.10	4685.42
25	华西证券	928493.36	927992.18	501.19
26	华福证券	891862.13	891862.13	0.00
27	华安证券	891728.02	891172.02	556.00
28	长城证券	883717.22	881976.22	1741.00
29	中银国际	844106.90	844106.90	0.00
30	西南证券	822769.86	817215.55	5554.31
31	东北证券	819261.97	814491.43	4770.54
32	东吴证券	806487.89	802821.44	3666.45
33	浙商证券	770043.34	769692.34	351.00

续表

排名	公司简称	期末融资融券余额	期末融资余额	期末融券余额
34	信达证券	748931.83	738366.02	10565.81
35	国金证券	735439.01	735056.01	383.00
36	东莞证券	681925.99	681925.99	0.00
37	国海证券	606545.26	603781.66	2763.60
38	上海证券	604538.51	603859.55	678.96
39	中信证券（山东）	592487.25	592171.34	315.91
40	湘财证券	578121.01	578057.09	63.91
41	中原证券	573764.61	573361.97	402.64
42	民族证券	560988.11	560988.11	0.00
43	南京证券	547927.18	547923.18	4.00
44	财富证券	537747.97	537389.97	358.00
45	西部证券	534145.37	533357.74	787.62
46	山西证券	523908.18	523370.56	537.62
47	恒泰证券	521055.40	520120.40	935.00
48	国联证券	463855.92	462141.01	1714.92
49	财达证券	439351.69	438261.66	1090.03
50	国都证券	419478.63	418094.41	1384.21
51	万联证券	404952.48	404952.48	0.00
52	民生证券	398547.52	397470.94	1076.58
53	东海证券	385230.72	384832.58	398.14
54	广州证券	378949.27	378431.27	518.00
55	第一创业	368063.54	368063.54	0.00
56	新时代证券	363041.63	363041.63	0.00
57	渤海证券	352866.18	352730.07	136.12
58	华融证券	332883.45	331698.32	1185.13
59	华鑫证券	312874.78	312182.35	692.43
60	中山证券	305687.31	305687.31	0.00
61	天风证券	290950.15	290950.15	0.00
62	江海证券	274491.52	273110.02	1381.50
63	中航证券	268775.81	268775.81	0.00
64	中金公司	267644.98	267644.98	0.00

续表

排名	公司简称	期末融资融券余额	期末融资余额	期末融券余额
65	华龙证券	253671.41	253663.40	8.01
66	太平洋	239239.91	239030.03	209.88
67	联讯证券	226702.69	226702.69	0.00
68	华林证券	224049.44	224049.44	0.00
69	国盛证券	218801.34	218801.34	0.00
70	英大证券	204819.41	204819.41	0.00
71	大通证券	199903.46	199776.10	127.36
72	金元证券	196956.56	196956.56	0.00
73	首创证券	195652.85	195218.85	434.00
74	华创证券	163407.29	162988.29	419.00
75	宏信证券	159322.73	159322.73	0.00
76	世纪证券	154248.19	154248.19	0.00
77	五矿证券	151459.53	151459.53	0.00
78	红塔证券	147587.14	147576.49	10.65
79	银泰证券	146241.35	146241.35	0.00
80	德邦证券	140660.11	140389.05	271.06
81	大同证券	126701.44	126701.44	0.00
82	华宝证券	122609.71	118684.74	3924.97
83	中天证券	111947.30	111947.30	0.00
84	国开证券	109158.21	109158.21	0.00
85	开源证券	107041.72	107041.72	0.00
86	爱建证券	93354.08	93354.08	0.00
87	国融证券	84074.02	84074.02	0.00
88	中邮证券	83367.48	83367.48	0.00
89	联储证券	79436.84	79436.84	0.00
90	九州证券	57512.56	57471.56	41.00
91	长城国瑞	56052.49	56052.49	0.00
92	万和证券	49926.98	49926.98	0.00
93	华金证券	42996.13	42996.13	0.00
94	川财证券	24207.77	24207.77	0.00

资料来源：Wind，齐鲁财富网。

附表3　证券公司交易额及经纪业务净收入排名（2017年）

单位：亿元

公司简称	交易额排名	交易额	经纪业务净收入排名	经纪业务净收入
华泰证券	1	190138.96	7	38.97
国泰君安	2	126937.30	2	50.32
中信证券	3	118403.53	1	51.59
海通证券	4	115565.55	9	32.15
中国银河	5	110890.79	3	43.37
广发证券	6	104907.16	6	39.19
招商证券	7	96442.37	8	35.81
申万宏源	8	76204.32	5	39.62
国信证券	9	75633.10	4	41.05
中信建投	10	73160.16	10	27.83
安信证券	11	59245.40	15	19.76
中泰证券	12	59080.01	12	24.21
光大证券	13	57213.81	14	19.94
平安证券	14	54494.17	17	15.68
长江证券	15	49158.20	16	15.91
方正证券	16	47443.06	11	25.14
中投证券	17	44263.75	76	1.50
东方证券	18	37588.24	19	12.42
兴业证券	19	35943.74	18	13.43
国金证券	20	35417.42	20	11.69
东方财富	21	35240.86	24	8.46
东吴证券	22	31504.34	23	9.46
财通证券	23	30379.63	25	8.31
浙商证券	24	29069.52	22	9.73
东兴证券	25	23461.05	27	7.85
华福证券	26	23319.38	39	5.59
国元证券	27	21483.05	31	6.88
中金公司	28	21140.39	13	23.07
长城证券	29	21115.71	37	5.92
中银国际	30	20900.06	36	6.19
东北证券	31	20848.94	30	6.98
东莞证券	32	20538.79	26	8.09
国海证券	33	18996.91	42	4.88

续表

公司简称	交易额排名	交易额	经纪业务净收入排名	经纪业务净收入
华西证券	34	18687.95	21	10.24
湘财证券	35	18585.14	41	4.95
西南证券	36	18390.78	34	6.48
华安证券	37	16996.07	29	7.13
信达证券	38	16810.74	32	6.77
恒泰证券	39	16196.42	28	7.16
东海证券	40	14187.47	43	4.63
国联证券	41	14083.76	47	4.18
财富证券	42	13643.89	45	4.36
南京证券	43	13375.99	44	4.42
中原证券	44	12841.47	40	5.22
天风证券	45	12292.81	38	5.74
财达证券	46	12066.85	35	6.28
万联证券	47	11380.21	52	3.48
山西证券	48	11064.27	51	3.58
西部证券	49	10779.35	33	6.70
第一创业	50	10259.39	60	2.76
广州证券	51	10255.43	57	3.26
国盛证券	52	10122.68	54	3.40
民生证券	53	9818.75	46	4.23
华宝证券	54	9680.36	67	1.95
华鑫证券	55	9495.49	55	3.38
渤海证券	56	8927.46	48	3.77
新时代证券	57	8875.30	53	3.46
中航证券	58	7806.65	64	2.44
国都证券	59	7755.69	59	2.90
华融证券	60	7606.86	56	3.29
华林证券	61	7186.20	66	2.29
金元证券	62	6820.19	72	1.79
江海证券	63	6568.96	63	2.61
联讯证券	64	6511.24	65	2.31
太平洋证券	65	6152.95	58	2.90
宏信证券	66	6036.92	61	2.73
华创证券	67	6010.95	50	3.63

续表

公司简称	交易额排名	交易额	经纪业务净收入排名	经纪业务净收入
华龙证券	68	5551.14	49	3.64
首创证券	69	5495.36	71	1.79
英大证券	70	5263.40	74	1.70
世纪证券	71	5148.67	68	1.94
大同证券	72	4472.46	70	1.82
中山证券	73	4463.07	75	1.65
银泰证券	74	4196.38	79	1.18
大通证券	75	4149.58	73	1.77
爱建证券	76	3895.87	78	1.25
万和证券	77	3551.10	85	0.79
瑞银证券	78	3480.52	62	2.64
开源证券	79	3397.47	80	1.00
五矿证券	80	3351.73	87	0.66
德邦证券	81	3061.45	77	1.48
九州证券	82	2867.52	89	0.55
红塔证券	83	2867.23	69	1.87
长城国瑞	84	2851.35	84	0.89
国融证券	85	2429.12	83	0.91
联储证券	86	2411.32	88	0.60
中邮证券	87	1736.87	86	0.66
川财证券	88	1620.33	82	0.93
国开证券	89	1580.15	90	0.51
北京高华	90	1410.14	81	0.99
华金证券	91	1080.84	93	0.30
华信证券	92	894.02	91	0.48
网信证券	93	881.55	92	0.41
申港证券	94	98.05	94	0.01
华菁证券	95	2.81	95	0.00

注：公司为合并报表。表中交易额为沪深两市股票、基金、债券的交易总和。经纪业务收入＝代理买卖证券业务净收入＋交易单元席位租赁净收入＋代销金融产品净收入。

资料来源：中国证券业协会，Wind，齐鲁财富网。

附表 4　证券公司部均交易额及部均经纪业务净收入排名（2017 年）

单位：万元/家

公司简称	部均交易额排名	部均交易额	部均经纪业务净收入排名	部均经纪业务净收入
平安证券	1	2018.30	3	6170.08
瑞信方正	2	1508.91	4	5507.40
国都证券	3	1292.62	5	5355.99
中金公司	4	1006.69	1	13235.51
瑞银证券	5	870.13	2	6604.52
华泰证券	6	785.70	11	1739.68
国金证券	7	632.45	9	2205.54
华宝证券	8	569.43	23	1145.55
申万宏源西部	9	513.70	25	1110.45
北京高华	10	470.05	6	3364.50
国信证券	11	455.62	8	2646.12
中信证券	12	425.91	7	2893.97
九州证券	13	409.65	24	1139.14
东莞证券	14	402.72	10	1740.61
海通证券	15	398.50	16	1359.06
广发证券	16	397.38	14	1642.26
招商证券	17	396.88	12	1660.91
国泰君安	18	373.34	13	1648.90
东兴证券	19	372.40	18	1311.31
西藏东方财富	20	367.09	33	930.41
湘财证券	21	337.91	34	903.05
浙商证券	22	305.99	28	1022.79
联讯证券	23	295.97	27	1048.41
兴业证券	24	287.55	20	1202.51
中信证券（山东）	25	272.22	26	1087.61
光大证券	26	257.72	21	1191.72
财通证券	27	251.07	48	710.18
申万宏源	28	249.03	15	1438.32
东方证券	29	245.67	30	961.84
中信建投	30	242.25	29	1008.46
第一创业	31	238.59	53	660.77
中国银河	32	235.94	31	935.08
东吴证券	33	231.65	40	741.92

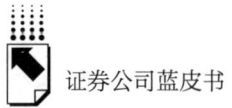

续表

公司简称	部均交易额排名	部均交易额	部均经纪业务净收入排名	部均经纪业务净收入
华西证券	34	230.72	17	1325.86
中投证券	35	214.87	37	790.62
东北证券	36	212.74	38	769.19
中泰证券	37	211.00	32	932.39
上海证券	38	210.67	44	725.62
中银国际	39	209.00	54	652.50
财富证券	40	206.73	43	727.54
方正证券	41	202.75	19	1238.58
川财证券	42	202.54	22	1165.91
长江证券	43	198.22	47	715.01
国开证券	44	197.52	56	626.36
西南证券	45	195.65	49	705.20
民族证券	46	194.71	35	890.26
东海证券	47	194.35	39	751.68
长城证券	48	193.72	58	616.18
安信证券	49	187.49	45	723.83
国联证券	50	185.31	62	550.40
信达证券	51	180.76	36	827.98
英大证券	52	175.45	41	733.96
渤海证券	53	171.68	42	730.08
万联证券	54	164.93	69	509.48
民生证券	55	160.96	50	692.48
中邮证券	56	157.90	59	601.65
华鑫证券	57	155.66	51	672.78
南京证券	58	155.53	63	547.64
国元证券	59	154.55	64	540.21
国海证券	60	147.26	67	520.54
中原证券	61	145.93	57	618.72
华福证券	62	141.33	80	339.04
天风证券	63	138.12	52	663.34
新时代证券	64	136.54	66	532.76
世纪证券	65	135.49	68	510.47
金元证券	66	128.68	81	338.85
德邦证券	67	122.46	46	718.83

续表

公司简称	部均交易额排名	部均交易额	部均经纪业务净收入排名	部均经纪业务净收入
华安证券	68	122.27	61	559.33
华融证券	69	115.26	74	494.73
江海证券	70	113.26	71	503.20
恒泰证券	71	112.48	73	495.17
首创证券	72	112.15	78	388.47
宏信证券	73	111.79	70	504.80
财达证券	74	110.71	60	587.82
山西证券	75	102.45	75	440.94
中航证券	76	101.39	85	316.87
西部证券	77	100.74	55	650.93
爱建证券	78	99.89	84	320.75
大同证券	79	99.39	76	430.92
五矿证券	80	95.76	94	188.84
万和证券	81	88.78	93	198.83
华创证券	82	83.49	65	539.71
长城国瑞	83	79.20	90	246.85
大通证券	84	78.29	82	331.77
银泰证券	85	77.71	92	218.05
广州证券	86	75.41	86	297.94
开源证券	87	72.29	88	267.95
华龙证券	88	72.09	72	496.79
太平洋证券	89	69.92	83	329.72
红塔证券	90	62.33	77	404.93
中天证券	91	55.85	87	268.13
中山证券	92	55.79	79	374.34
华信证券	93	49.67	89	264.96
华林证券	94	47.28	95	150.87
联储证券	95	42.30	97	104.67
国盛证券	96	41.49	96	143.83
国融证券	97	30.36	91	218.18
申港证券	98	24.51	100	17.07
华金证券	99	24.02	99	66.97
网信证券	100	21.50	98	100.76
华菁证券	101	2.81	101	7.96
金通证券	102	0.04	102	0.11

资料来源：Wind，齐鲁财富网。

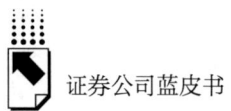

附表 5 证券公司 IPO 业务排名（2017 年）

公司简称	IPO 家数排名	IPO 家数（家）	IPO 承销排名	IPO 承销金额（亿元）	IPO 收入排名	IPO 收入金额（亿元）
广发证券	1	34	2	177.14	1	13.10
海通证券	2	31	5	138.14	3	10.66
中信证券	2	31	1	210.99	2	12.71
国信证券	3	28	3	152.76	5	9.77
中信建投	4	25	4	145.38	6	8.99
国金证券	5	24	6	129.96	4	10.36
安信证券	6	17	9	90.56	8	6.93
华泰联合	6	17	11	66.41	12	4.84
民生证券	6	17	12	60.22	10	5.09
招商证券	6	17	8	93.23	7	7.05
国泰君安	7	15	10	88.13	9	5.51
兴业证券	7	15	15	55.67	13	4.45
申万宏源保荐	8	14	13	58.42	14	3.76
中金公司	9	12	7	100.49	11	5.06
东吴证券	10	11	17	49.24	16	3.16
中泰证券	11	10	16	55.46	15	3.33
东方花旗	12	9	19	39.91	18	2.88
中德证券	12	9	20	34.37	17	3.00
光大证券	13	6	27	19.68	24	1.44
国元证券	13	6	21	34.36	19	2.16
西部证券	13	6	32	14.62	29	1.28
长城证券	13	6	23	29.17	22	1.61
东莞证券	14	5	26	21.98	21	1.68
国海证券	14	5	35	12.83	30	1.10
中航证券	14	5	30	15.96	25	1.43
德邦证券	15	4	36	12.35	33	0.93
东兴证券	15	4	18	41.37	23	1.47
长江证券保荐	15	4	41	8.09	34	0.80
浙商证券	15	4	25	22.59	28	1.30
中银国际	15	4	14	56.41	20	2.12
东北证券	16	3	42	7.73	40	0.63
华林证券	16	3	33	14.20	32	0.94

续表

公司简称	IPO家数排名	IPO家数（家）	IPO承销额排名	IPO承销额金额（亿元）	IPO收入排名	IPO收入金额（亿元）
华西证券	16	3	28	18.59	26	1.41
瑞银证券	16	3	22	34.09	27	1.33
中国银河	16	3	37	12.32	31	1.05
中投证券	16	3	38	11.91	35	0.75
爱建证券	17	2	45	6.87	42	0.51
第一创业保荐	17	2	40	8.51	37	0.71
东海证券	17	2	51	4.93	47	0.35
恒泰长财	17	2	50	5.54	47	0.35
宏信证券	17	2	46	6.48	36	0.73
华安证券	17	2	52	4.06	47	0.35
华创证券	17	2	44	7.08	45	0.45
华龙证券	17	2	43	7.11	41	0.57
华融证券	17	2	31	15.27	39	0.66
平安证券	17	2	29	16.21	25	1.43
瑞信方正	17	2	24	24.34	27	1.33
西南证券	17	2	39	11.58	37	0.71
渤海证券	18	1	54	3.25	53	0.12
财通证券	18	1	55	3.04	49	0.27
国都证券	18	1	49	5.64	43	0.47
国融证券	18	1	56	2.76	44	0.46
华福证券	18	1	53	3.31	50	0.24
华英证券	18	1	58	2.13	49	0.27
金元证券	18	1	34	13.39	38	0.67
九州证券	18	1	48	5.97	48	0.29
首创证券	18	1	59	1.80	49	0.27
天风证券	18	1	57	2.20	52	0.20
万联证券	18	1	60	1.75	51	0.22
信达证券	18	1	47	6.21	46	0.40
摩根华鑫证券	18	1	—	—	—	—

资料来源：Wind，齐鲁财富网。

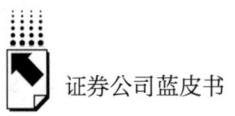

附表6 证券公司股票再融资业务排名（2017年）

公司简称	按承销家数排名	家数（家）	按承销金额排名	承销金额（亿元）	按承销收入排名	承销收入金额（亿元）
中信建投	1	50	2	1446.58	3	2.26
中信证券	2	48	1	1726.43	1	3.59
国泰君安	3	39	4	1035.93	2	2.69
华泰联合	3	39	5	984.09	9	1.22
广发证券	4	36	10	280.65	7	1.40
海通证券	5	28	7	416.57	15	0.77
招商证券	6	26	6	434.72	16	0.74
国信证券	7	25	11	272.07	12	0.84
中金公司	7	25	3	1402.27	11	0.85
东兴证券	8	20	19	201.86	4	2.02
国金证券	8	20	17	217.33	14	0.78
天风证券	8	20	18	202.01	21	0.53
申万宏源保荐	9	15	13	247.92	10	1.02
兴业证券	9	15	12	258.91	13	0.79
长江证券保荐	10	12	24	137.82	29	0.25
中银国际	10	12	8	368.72	41	0.09
光大证券	11	11	31	82.68	32	0.20
浙商证券	11	11	28	106.34	17	0.73
中德证券	11	11	20	191.60	5	1.93
国元证券	12	10	25	137.16	25	0.40
西南证券	12	10	26	125.05	18	0.67
长城证券	12	10	37	54.34		
安信证券	13	9	16	219.61	6	1.71
摩根华鑫证券	13	9	21	186.12		—
东方花旗	14	8	23	158.00		—
华融证券	14	8	15	230.14	38	0.13
中天国富	14	8	22	158.91	19	0.59
高盛高华	15	7	9	282.79	34	0.17
江海证券	15	7	45	29.47		—
瑞银证券	15	7	14	242.37	27	0.31
华创证券	16	6	46	29.35	36	0.15
民生证券	16	6	40	46.68	43	0.06
广州证券	17	5	42	37.62	37	0.14
国海证券	17	5	52	21.07	24	0.41

续表

公司简称	按承销家数排名	家数（家）	按承销金额排名	承销金额（亿元）	按承销收入排名	承销收入金额（亿元）
华西证券	17	5	35	59.33	26	0.36
平安证券	17	5	49	24.93	22	0.51
中泰证券	17	5	33	76.39	20	0.55
东北证券	18	4	50	22.57	45	0.04
东吴证券	18	4	30	93.59	8	1.25
国开证券	18	4	32	78.42	31	0.21
南京证券	18	4	34	70.27		—
瑞信方正	18	4	36	55.34	37	0.14
德邦证券	19	3	55	13.56	46	0.01
联储证券	19	3	58	9.47	33	0.19
西部证券	19	3	41	45.43	35	0.15
新时代	19	3	29	94.83	28	0.30
中航证券	19	3	27	106.80	39	0.12
恒泰长财	20	2	48	25.00	40	0.10
宏信证券	20	2	54	15.59	23	0.44
华林证券	20	2	43	33.28		
中国银河	20	2	47	25.56		
英大证券	20	2	63	6.22		—
财通证券	21	1	57	11.00		
第一创业保荐	21	1	44	30.00		
东莞证券	21	1	59	9.13	30	0.22
东海证券	21	1	53	20.44		
红塔证券	21	1	38	52.00		
华安证券	21	1	51	21.89	27	0.31
华福证券	21	1	39	51.99		—
华金证券	21	1	66	2.60		
华龙证券	21	1	65	3.06		
华英证券	21	1	68	1.07	42	0.08
金元证券	21	1	56	12.00		
九州证券	21	1	69	0.50		
上海华信	21	1	60	8.99	43	0.06
首创证券	21	1	64	4.33	44	0.05
万联证券	21	1	61	7.25		—
中山证券	21	1	67	1.59		
中投证券	21	1	62	6.50		—

注：股票再融资业务是指定向增发、配股、发售优先股等融资方式。
资料来源：Wind，齐鲁财富网。

附表7　证券公司债券承销业务排名（2017年）

公司简称	按承销家数排名	家数(家)	按承销金额排名	承销金额(亿元)
中信证券	1	725	1	5066.92
中信建投	2	635	2	3934.80
招商证券	3	483	3	3531.66
海通证券	4	427	7	1954.01
国泰君安	5	421	5	2639.45
德邦证券	6	346	4	2790.38
光大证券	7	308	6	1997.43
广发证券	8	279	9	1440.45
华泰证券	9	257	13	1056.96
国信证券	10	228	15	814.88
兴业证券	11	225	16	771.27
中银国际	12	224	12	1070.21
中金公司	13	202	8	1780.81
平安证券	14	191	11	1175.87
东方证券	15	164	27	342.04
中泰证券	16	149	19	622.14
国开证券	17	136	10	1214.30
国金证券	18	123	24	371.29
中山证券	19	113	23	409.77
天风证券	20	110	21	518.70
华福证券	21	101	32	286.56
中国银河	22	98	17	714.81
开源证券	23	86	18	671.03
申万宏源	24	85	41	212.60
东方花旗	25	79	20	619.65
华泰联合	26	76	14	991.53
长江证券	26	76	26	353.93
中投证券	27	74	36	266.95
民生证券	28	72	55	118.33
长城证券	29	69	30	309.88
西部证券	30	63	28	326.64
广州证券	31	59	40	234.06
财富证券	32	56	29	316.99

续表

公司简称	按承销家数排名	家数(家)	按承销金额排名	承销金额(亿元)
东海证券	33	55	34	279.14
东吴证券	34	52	44	198.62
中德证券	34	52	45	189.05
华融证券	35	48	37	256.64
浙商证券	36	47	35	270.99
第一创业	37	43	47	167.99
国海证券	37	43	38	255.73
摩根华鑫证券	37	43	25	365.70
信达证券	38	42	43	202.07
东兴证券	39	41	33	284.76
西南证券	40	38	31	308.03
联储证券	41	35	58	97.34
华创证券	42	34	50	130.39
宏信证券	43	32	72	56.63
九州证券	44	30	64	74.41
东北证券	45	29	67	68.60
华林证券	45	29	88	23.69
财通证券	46	28	57	113.05
国融证券	46	28	48	137.80
太平洋	47	26	80	37.47
第一创业保荐	48	22	46	169.62
方正证券	48	22	69	65.65
恒泰证券	48	22	65	74.39
恒泰长财	49	21	51	129.10
瑞银证券	49	21	22	429.30
渤海证券	50	20	53	123.93
民族证券	50	20	42	212.30
安信证券	51	19	49	134.80
华西证券	51	19	60	84.36
国元证券	52	18	54	118.47
申万宏源保荐	52	18	39	240.45
新时代	53	15	62	75.60
长城国瑞	53	15	82	33.01
爱建证券	54	14	77	47.15
华龙证券	54	14	66	72.50
东莞证券	55	13	78	43.77

续表

公司简称	按承销家数排名	家数(家)	按承销金额排名	承销金额(亿元)
万联证券	55	13	61	81.37
华英证券	56	12	59	87.60
南京证券	57	11	79	42.00
华菁证券	58	10	75	50.51
联讯证券	58	10	76	49.70
上海华信	58	10	56	114.96
川财证券	59	9	70	60.22
瑞信方正	59	9	73	54.87
金元证券	60	8	87	25.10
首创证券	60	8	74	53.10
湘财证券	60	8	71	58.98
长江证券保荐	60	8	52	125.00
中原证券	60	8	68	66.30
江海证券	61	7	89	21.80
华安证券	62	6	86	27.20
财达证券	63	5	90	21.65
高盛高华	63	5	63	75.08
红塔证券	63	5	85	29.80
华宝证券	63	5	100	9.79
山西证券	63	5	99	10.94
五矿证券	63	5	83	31.10
英大证券	63	5	97	12.00
东方财富	64	4	93	15.60
华金证券	64	4	103	6.40
上海证券	64	4	96	14.90
中天国富	64	4	95	15.23
中天证券	64	4	98	11.30
大同证券	65	3	94	15.40
国盛证券	65	3	91	21.01
网信证券	65	3	102	8.00
中邮证券	65	3	84	30.00
国都证券	66	2	92	20.00
世纪证券	66	2	81	36.00
中航证券	66	2	101	9.00
万和证券	67	1	104	2.00

注：债券业务是指包括可转债、可交换债、公司债、企业债、金融债、中期票据、定向工具、ABS 等多种融资工具。

资料来源：Wind，齐鲁财富网。

附表 8　证券公司总资产、营业收入以及净利润排名（2017 年）

单位：万元

公司简称	总资产排名	资产总计	营业收入排名	营业收入	净利润排名	净利润
中信证券	1	62557464.39	1	4329163.41	1	1197746.97
海通证券	2	53470633.28	2	2822166.72	3	987560.29
国泰君安	3	43164818.71	3	2380413.29	2	1048290.87
华泰证券	4	38148253.98	5	2110853.41	4	940785.66
广发证券	5	35690463.82	4	2157564.85	5	908337.08
招商证券	6	28564355.50	6	1335321.36	6	580470.86
申万宏源	7	28157000.00	7	1266900.00	8	457400.00
中国银河	8	25481496.65	9	1134419.23	10	401897.40
中金公司	9	23781194.96	11	1120914.19	13	281116.27
东方证券	10	23185998.83	12	1053151.13	11	360301.76
中信建投	11	20588339.24	10	1130325.22	9	406164.70
光大证券	12	20586436.51	13	983814.78	12	312699.86
国信证券	13	19963796.72	8	1192361.02	7	457874.88
兴业证券	14	15305540.10	14	881878.15	14	263504.26
方正证券	15	14833626.15	19	595298.72	21	145258.73
中泰证券	16	13223800.00	16	816900.00	17	189600.00
安信证券	17	12732447.81	17	756737.38	15	229166.34
华融证券	18	12086087.75	18	681268.95	18	157387.85
长江证券	19	11315221.85	20	564005.09	19	154334.39
平安证券	20	9767734.38	15	838200.00	16	212300.00
东吴证券	21	9436045.45	25	414424.05	33	81076.01
国元证券	22	7967884.16	29	351070.22	23	121396.88
东兴证券	23	7778074.63	27	362697.87	22	130966.04
中投证券	24	7320752.24	28	360996.31	34	79940.37
国海证券	25	6600919.55	38	265872.13	60	43094.47
西南证券	26	6369429.36	32	306076.48	42	69088.21
东北证券	27	5993884.54	21	492611.20	40	70270.30
财通证券	28	5770059.71	26	401153.37	20	147681.20
渤海证券	29	5544486.77	68	122221.67	68	33387.56
信达证券	30	5310557.09	50	175453.66	87	15552.91
浙商证券	31	5292037.37	22	461061.24	26	106350.78
山西证券	32	5165085.28	23	439299.64	57	44239.39

续表

公司简称	总资产排名	资产总计	营业收入排名	营业收入	净利润排名	净利润
天风证券	33	5149787.16	35	298616.17	48	61486.62
西部证券	34	5124377.03	30	316994.50	37	75449.66
华西证券	35	5051676.03	37	266978.15	28	101998.83
太平洋证券	36	4704248.63	66	129689.56	92	12586.60
中银国际	37	4651031.51	31	306752.58	25	106892.54
国开证券	38	4351882.43	52	173401.67	32	82780.57
长城证券	39	4350972.47	36	295105.24	31	89585.48
广州证券	40	4247405.11	51	174341.25	77	24088.29
国金证券	41	4209322.01	24	439058.73	24	120232.67
华福证券	42	4137000.00	34	300100.00	30	90400.00
中原证券	43	4066146.77	40	214762.01	52	52116.27
江海证券	44	4018662.90	64	135424.00	73	29162.73
华安证券	45	3990805.86	48	191769.68	43	65221.58
恒泰证券	46	3641698.85	33	300645.25	36	76907.12
民生证券	47	3494900.00	53	172000.00	65	38769.50
东海证券	48	3444853.99	46	196846.83	56	45023.00
华创证券	49	3342140.73	59	144572.67	81	20240.62
第一创业	50	3311973.45	47	195166.87	59	43151.51
华龙证券	51	3296055.36	56	159307.60	44	64363.95
上海证券	52	3280951.23	61	141214.32	53	48384.94
新时代证券	53	3242154.70	44	203879.78	63	40198.91
西藏东方财富	54	3098530.17	57	152253.86	46	63495.76
中山证券	55	2924402.88	78	103670.78	90	13681.46
东莞证券	56	2863127.18	42	209879.24	35	77243.60
华泰证券资产管理	57	2857622.97	45	203106.26	27	104964.55
财达证券	58	2762856.30	58	148184.74	71	30917.81
财富证券	59	2669290.81	80	99275.90	95	10397.50
万联证券	60	2572539.67	73	110304.20	69	31708.92
湘财证券	61	2408218.66	65	134828.66	61	42994.18
国联证券	62	2406600.00	67	126161.00	66	37365.00
南京证券	63	2350154.69	63	138456.27	62	41221.16
五矿证券	64	2325210.85	94	71561.39	76	26428.39
九州证券	65	2243621.63	74	109453.92	102	7056.39
国盛证券	66	2146240.84	60	141837.35	45	64327.51

续表

公司简称	总资产排名	资产总计	营业收入排名	营业收入	净利润排名	净利润
国都证券	67	2067597.28	55	167547.84	38	74015.15
华信证券	68	2057333.20	89	83030.04	127	-9243.16
首创证券	69	1886700.00	83	93057.00	70	31542.00
广发证券资产管理	70	1855152.20	43	204121.52	29	100186.04
联储证券	71	1788997.91	96	70807.49	98	8314.45
中信证券(山东)	72	1682732.69	62	139724.13	54	45964.76
民族证券	73	1650116.57	76	105316.44	78	23394.72
联讯证券	74	1620175.18	101	62828.46	118	2156.30
国融证券	75	1593976.46	90	82193.19	104	6406.77
华宝证券	76	1549928.18	100	63046.84	113	2980.41
金元证券	77	1540126.01	71	111825.95	80	20886.44
德邦证券	78	1519890.39	49	189641.78	50	59648.15
华鑫证券	79	1510239.06	69	121867.87	105	5663.20
长城国瑞	80	1469918.23	82	95482.23	72	29603.07
华林证券	81	1445013.81	99	64279.26	58	43390.06
红塔证券	82	1432711.03	72	111316.02	67	36798.69
英大证券	83	1359263.06	97	65830.48	89	13816.00
华金证券	84	1291490.49	113	34494.41	109	4507.56
开源证券	85	1287366.98	79	99916.63	106	5548.49
申万宏源西部	86	1201223.90	81	96911.33	64	39037.56
中航证券	87	1100789.14	88	83659.70	75	26568.75
万和证券	88	1100030.32	119	26569.54	114	2969.38
宏信证券	89	974788.60	92	77376.98	84	17696.46
大通证券	90	926386.50	103	57309.04	82	19010.52
中天证券	91	908500.00	127	10700.00	129	-22000.00
爱建证券	92	866887.58	107	42151.11	116	2761.54
国泰君安资产管理	93	749857.43	54	171049.04	41	70227.32
中邮证券	94	728874.67	110	36060.94	99	7588.98
申港证券	95	692003.87	115	32694.82	121	1326.38
世纪证券	96	668993.84	111	35440.23	124	201.01
华泰联合	97	664832.98	39	226115.37	47	62711.23
大同证券	98	656748.05	105	47611.43	101	7079.92
银泰证券	99	617351.81	109	36574.63	94	11567.07
北京高华	100	566509.26	84	92821.86	88	14608.74

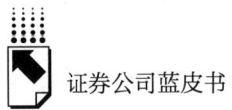

续表

公司简称	总资产排名	资产总计	营业收入排名	营业收入	净利润排名	净利润
中天国富证券	101	551230.99	108	39465.53	108	5088.50
川财证券	102	533993.31	114	33449.70	111	3417.20
上海海通资产管理	103	501243.56	87	83865.17	55	45028.50
瑞银证券	104	343770.88	86	86221.85	110	4282.70
兴证证券资产管理	105	311224.33	106	46480.28	85	17477.29
招商证券资产管理	106	309843.86	70	113308.31	39	71836.78
华菁证券	107	290546.93	128	5929.39	128	-16294.30
上海东方资产管理	108	288988.23	41	210018.73	49	60085.83
银河金汇资产管理	109	273715.46	93	72999.43	91	12831.31
东方花旗	110	217608.06	77	103938.92	83	18823.59
渤海汇金资产管理	111	206575.96	125	14538.02	119	2033.76
上海光大资产管理	112	194795.78	75	106659.14	51	52608.23
长江资产管理	113	188282.56	98	65737.77	74	29131.83
申万宏源保荐	114	186844.36	95	71232.42	79	23374.97
高盛高华	115	172178.47	104	54682.53	103	6608.22
网信证券	116	171518.08	117	29019.71	122	879.22
浙江证券资产管理	117	149923.63	112	35381.58	97	9611.69
中德证券	118	149444.72	102	57629.11	93	11825.55
第一创业承销保荐	119	133738.11	122	21644.74	120	1647.10
华英证券	120	127826.19	124	19497.34	115	2799.82
财通资产管理	121	122060.80	91	77700.00	86	17300.00
东证融汇资产管理	122	92392.48	123	21158.95	100	7554.43
瑞信方正	123	91574.76	118	26699.30	117	2613.71
摩根士丹利华鑫	124	89458.31	116	31934.97	126	-6948.65
中泰证券资产管理	125	88051.86	85	88704.88	96	9757.02
国盛证券资产管理	126	54134.49	126	12304.06	107	5306.40
恒泰长财	127	50795.66	121	22526.00	112	3001.07
长江保荐	128	32681.83	120	25582.12	123	502.39
金通证券	129	9322.25	129	392.54	125	5.78
东亚前海证券	—	149084.45	—	2339.24	—	-4467.73
汇丰前海证券	—	176140.00	—	1950.34	—	-17691.75

资料来源：Wind，齐鲁财富网。

附表9 证券公司净资产、净资本排名（2017年）

单位：万元

公司简称	净资产排名	净资产	净资本排名	净资本
中信证券	1	15314255.88	2	8670826.82
国泰君安	2	13369522.35	1	9636526.58
海通证券	3	12969430.39	3	7529221.13
广发证券	4	8862558.19	4	6366515.22
华泰证券	5	8858991.24	8	4674293.31
招商证券	6	7933370.44	5	5418098.67
中国银河	7	6488643.37	7	5074680.76
申万宏源	8	5682303.96	6	5107124.45
东方证券	9	5350147.49	10	4373192.01
国信证券	10	5214320.65	9	4455221.67
光大证券	11	5002266.77	13	3268368.69
中信建投	12	4399877.82	11	3702500.00
方正证券	13	3819564.11	15	2404805.75
中金公司	14	3689243.76	21	1934736.87
兴业证券	15	3587829.23	12	3451626.33
中泰证券	16	3413758.26	18	2053752.43
安信证券	17	3069168.35	14	2669565.14
平安证券	18	2719220.87	17	2172065.15
长江证券	19	2676757.09	16	2347749.68
国元证券	20	2538497.74	24	1761943.67
东吴证券	21	2105558.92	22	1900446.30
财通证券	22	2081127.57	25	1661379.73
渤海证券	23	2028852.04	28	1485075.76
西南证券	24	2004866.16	30	1435112.65
东兴证券	25	1925328.34	20	1960889.25
国金证券	26	1888749.66	26	1607516.53
天风证券	27	1828267.69	45	992753.92
西部证券	28	1765661.94	27	1563756.91
东北证券	29	1680567.07	32	1352396.62
国开证券	30	1538716.34	19	1984625.91
中投证券	31	1509860.27	35	1174023.67
华龙证券	32	1460034.68	40	1065348.89
长城证券	33	1447071.73	39	1108644.48

续表

公司简称	净资产排名	净资产	净资本排名	净资本
国海证券	34	1421591.28	29	1465487.14
华融证券	35	1378097.90	23	1783406.52
浙商证券	36	1351389.12	36	1164446.62
华福证券	37	1349432.35	65	688680.35
山西证券	38	1326360.27	58	765791.66
华西证券	39	1281996.71	37	1157227.24
华安证券	40	1257354.99	46	910128.85
太平洋证券	41	1207998.58	31	1386419.20
中银国际	42	1157442.36	38	1145355.10
中原证券	43	1145211.92	53	783707.27
民生证券	44	1142942.33	43	1023805.00
广州证券	45	1133712.77	33	1205230.01
华信证券	46	1131754.67	69	568019.08
红塔证券	47	1114853.51	47	903563.35
恒泰证券	48	1094243.26	54	783424.00
华创证券	49	1058272.47	42	1036780.27
新时代证券	50	1050622.36	64	704784.91
万联证券	51	1033198.93	48	897779.00
江海证券	52	1020063.18	34	1204506.36
国盛证券	53	1007775.96	52	797907.04
上海证券	54	999784.38	41	1053300.00
南京证券	55	940025.48	60	741683.36
第一创业	56	918990.44	66	670918.84
国都证券	57	913683.02	51	809581.91
信达证券	58	901445.31	44	1013840.17
财达证券	59	883611.54	55	782462.90
东海证券	60	866748.23	63	716499.50
九州证券	61	846703.87	70	544904.00
民族证券	62	837000.83	56	781904.92
湘财证券	63	810412.31	49	879409.39
德邦证券	64	785219.30	57	776572.78
五矿证券	65	768865.29	59	759933.88
国联证券	66	759257.19	62	721502.60
西藏东方财富	67	667446.31	61	726520.73

续表

公司简称	净资产排名	净资产	净资本排名	净资本
财富证券	68	625347.12	76	450292.64
东莞证券	69	620737.98	67	633340.13
中信证券（山东）	70	571448.10	71	504800.00
联储证券	71	561486.54	77	448117.30
金元证券	72	549094.03	74	457715.53
中天国富证券	73	544758.29	80	438653.20
华泰证券资产管理	74	541917.03	—	—
华鑫证券	75	524615.27	84	413565.91
大通证券	76	523351.60	81	435100.00
中山证券	77	511175.93	82	432479.13
万和证券	78	508116.97	72	497541.47
联讯证券	79	493688.62	75	452799.64
华宝证券	80	490258.73	87	394938.00
华泰联合	81	482549.31	78	443509.11
中邮证券	82	455293.40	79	441100.00
国泰君安资产管理	83	444755.39	50	823800.00
长城国瑞	84	440469.84	73	470730.48
申万宏源西部	85	403660.70	86	397373.46
广发证券资产管理	86	395992.95	—	—
国融证券	87	393749.51	85	402874.00
首创证券	88	391415.93	89	352549.17
华金证券	89	390634.39	90	342999.00
华林证券	90	374220.45	92	333257.52
英大证券	91	373993.18	93	318100.00
中天证券	92	372761.20	96	298634.56
上海海通资产管理	93	363189.43	—	—
中航证券	94	361892.17	95	308089.20
开源证券	95	353664.65	97	290204.40
申港证券	96	348013.20	91	340394.00
北京高华	97	336394.86	102	221400.00
银泰证券	98	291585.93	99	255010.00
华菁证券	99	281168.27	98	267620.00
招商证券资产管理	100	276113.12	68	619791.67
宏信证券	101	207420.93	105	181767.54

续表

公司简称	净资产排名	净资产	净资本排名	净资本
瑞银证券	102	194000.29	106	168211.45
长江资产管理	103	174690.11	101	221756.46
上海东方资产管理	104	166110.58	—	—
川财证券	105	158214.65	109	152259.39
兴证证券资产管理	106	149301.07	100	243100.00
大同证券	107	143780.81	94	317792.84
爱建证券	108	141243.83	104	183866.75
高盛高华	109	139257.19	112	130000.00
世纪证券	110	138837.77	114	122185.87
申万宏源保荐	111	136615.82	113	129098.45
上海光大资产管理	112	136205.83	88	355000.00
东方花旗	113	129494.65	116	121013.74
中德证券	114	125203.28	115	121653.70
银河金汇资产管理	115	120855.37	83	417305.56
浙江证券资产管理	116	115531.65	103	184849.12
华英证券	117	101032.55	—	—
第一创业承销保荐	118	89449.75	118	87000.00
瑞信方正	119	88925.36	—	—
东证融汇资产管理	120	86532.12	107	164371.35
渤海汇金资产管理	121	81803.94	—	—
摩根士丹利华鑫	122	75085.94	119	69531.81
财通资产管理	123	68250.42	108	157977.28
网信证券	124	66537.00	120	58009.00
国盛证券资产管理	125	48423.89	111	147971.72
恒泰长财	126	42553.91	117	100000.00
中泰证券资产管理	127	38708.64	110	148437.95
长江保荐	128	24388.64	121	22589.31
金通证券	129	9301.35	122	9253.76
汇丰前海证券	—	162308.25	—	153500.00
东亚前海证券	—	145532.27	—	143100.00

资料来源：Wind，齐鲁财富网。

附表10 证券公司 ROA、ROE 排名（2017 年）

单位：%

公司简称	ROA 排名	ROA	ROE 排名	ROE
上海光大资产管理	1	27.01	1	38.62
招商证券资产管理	2	23.18	3	26.02
上海东方资产管理	3	20.79	2	36.17
长江资产管理	4	15.47	9	16.68
财通资产管理	5	14.17	4	25.35
申万宏源保荐	6	12.51	8	17.11
中泰证券资产管理	7	11.08	6	25.21
国盛证券资产管理	8	9.80	18	10.96
华泰联合	9	9.43	12	13.00
国泰君安资产管理	10	9.37	10	15.79
上海海通资产管理	11	8.98	14	12.40
东方花旗	12	8.65	11	14.54
东证融汇资产管理	13	8.18	28	8.73
中德证券	14	7.91	24	9.45
浙江证券资产管理	15	6.41	30	8.32
恒泰长财	16	5.91	48	7.05
兴证证券资产管理	17	5.62	15	11.71
广发证券资产管理	18	5.40	5	25.30
银河金汇资产管理	19	4.69	20	10.62
德邦证券	20	3.92	42	7.60
高盛高华	21	3.84	70	4.75
华泰证券资产管理	22	3.67	7	19.37
国都证券	23	3.58	31	8.10
申万宏源西部	24	3.25	22	9.67
华林证券	25	3.00	16	11.59
国盛证券	26	3.00	54	6.38
国金证券	27	2.86	55	6.37
瑞信方正	28	2.85	94	2.94
中信证券(山东)	29	2.73	34	8.04
东莞证券	30	2.70	13	12.44
北京高华	31	2.58	75	4.34
红塔证券	32	2.57	91	3.30
财通证券	33	2.56	47	7.10

续表

公司简称	ROA 排名	ROA	ROE 排名	ROE
广发证券	34	2.55	21	10.25
华泰证券	35	2.47	19	10.62
国泰君安	36	2.43	37	7.84
中航证券	37	2.41	45	7.34
中银国际	38	2.30	25	9.24
国信证券	39	2.29	27	8.78
华英证券	40	2.19	97	2.77
华福证券	41	2.19	53	6.70
平安证券	42	2.17	39	7.81
恒泰证券	43	2.11	49	7.03
长城证券	44	2.06	58	6.19
大通证券	45	2.05	84	3.63
西藏东方财富	46	2.05	23	9.51
招商证券	47	2.03	46	7.32
华西证券	48	2.02	35	7.96
长城国瑞	49	2.01	52	6.72
浙商证券	50	2.01	36	7.87
中信建投	51	1.97	26	9.23
华龙证券	52	1.95	73	4.41
中信证券	53	1.91	38	7.82
国开证券	54	1.90	61	5.38
银泰证券	55	1.87	78	3.97
海通证券	56	1.85	41	7.61
宏信证券	57	1.82	29	8.53
安信证券	58	1.80	43	7.47
湘财证券	59	1.79	62	5.31
南京证券	60	1.75	74	4.39
兴业证券	61	1.72	44	7.34
东兴证券	62	1.68	50	6.80
首创证券	63	1.67	32	8.06
华安证券	64	1.63	65	5.19
申万宏源	65	1.62	33	8.05
中国银河	66	1.58	57	6.19
东方证券	67	1.55	51	6.73

续表

公司简称	ROA 排名	ROA	ROE 排名	ROE
国联证券	68	1.55	67	4.92
长江保荐	69	1.54	103	2.06
国元证券	70	1.52	69	4.78
光大证券	71	1.52	56	6.25
上海证券	72	1.47	68	4.84
西部证券	73	1.47	76	4.27
中泰证券	74	1.43	60	5.55
民族证券	75	1.42	96	2.80
长江证券	76	1.36	59	5.77
金元证券	77	1.36	81	3.80
东海证券	78	1.31	64	5.19
第一创业	79	1.30	71	4.70
华融证券	80	1.30	17	11.42
中原证券	81	1.28	72	4.55
瑞银证券	82	1.25	100	2.21
新时代证券	83	1.24	80	3.83
万联证券	84	1.23	92	3.07
第一创业承销保荐	85	1.23	106	1.84
天风证券	86	1.19	89	3.36
中金公司	87	1.18	40	7.62
东北证券	88	1.17	77	4.18
五矿证券	89	1.14	87	3.44
财达证券	90	1.12	85	3.50
民生证券	91	1.11	88	3.39
中投证券	92	1.09	63	5.29
西南证券	93	1.08	86	3.45
大同证券	94	1.08	66	4.92
中邮证券	95	1.04	108	1.67
英大证券	96	1.02	83	3.69
渤海汇金资产管理	97	0.98	99	2.49
方正证券	98	0.98	82	3.80
中天国富证券	99	0.93	118	0.93
东吴证券	100	0.86	79	3.85
山西证券	101	0.86	90	3.34

续表

公司简称	ROA 排名	ROA	ROE 排名	ROE
江海证券	102	0.73	95	2.86
国海证券	103	0.65	93	3.03
川财证券	104	0.64	101	2.16
华创证券	105	0.61	105	1.91
渤海证券	106	0.60	110	1.65
广州证券	107	0.57	102	2.12
网信证券	108	0.51	114	1.32
中山证券	109	0.47	98	2.68
联储证券	110	0.46	113	1.48
开源证券	111	0.43	112	1.57
国融证券	112	0.40	111	1.63
财富证券	113	0.39	109	1.66
华鑫证券	114	0.37	116	1.08
华金证券	115	0.35	115	1.15
爱建证券	116	0.32	104	1.96
九州证券	117	0.31	119	0.83
信达证券	118	0.29	107	1.73
万和证券	119	0.27	121	0.58
太平洋证券	120	0.27	117	1.04
华宝证券	121	0.19	120	0.61
申港证券	122	0.19	123	0.38
联讯证券	123	0.13	122	0.44
金通证券	124	0.06	125	0.06
世纪证券	125	0.03	124	0.14
华信证券	126	-0.45	126	-0.82
中天证券	127	-2.42	128	-5.90
华菁证券	128	-5.61	127	-5.80
摩根士丹利华鑫	129	-7.77	129	-9.25
东亚前海证券	—	-3.00	—	-3.07
汇丰前海证券	—	-10.04	—	-10.90

资料来源：Wind，齐鲁财富网。

附表 11 证券公司创新能力评价（2017 年）

公司简称	排名	分类评级得分	研究能力得分			创新能力得分
			分析师评比获奖人次得分	研究报告数量得分	研究人员数量得分	
海通证券	1	1.38	0.90	1.00	1.00	0.79
广发证券	2	1.38	0.89	1.00	0.00	0.73
兴业证券	3	1.35	0.91	0.58	0.46	0.73
申万宏源	4	1.41	0.67	0.43	0.51	0.72
招商证券	5	1.41	0.55	0.67	0.42	0.72
国泰君安	6	1.41	0.63	0.62	0.00	0.69
中信建投	7	1.41	0.23	0.67	0.41	0.68
中信证券	8	1.38	0.04	0.35	0.96	0.67
天风证券	9	1.33	0.41	0.34	0.46	0.66
长江证券	10	1.35	0.34	0.36	0.46	0.65
安信证券	11	1.37	0.17	0.58	0.29	0.64
中泰证券	12	1.38	0.21	0.36	0.38	0.64
华泰证券	13	1.38	0.16	0.39	0.31	0.63
国金证券	14	1.40	0.02	0.40	0.44	0.62
光大证券	15	1.38	0.06	0.32	0.41	0.61
中金公司	16	1.40	0.12	0.55	0.00	0.60
东吴证券	17	1.37	0.11	0.24	0.30	0.59
国信证券	18	1.37	0.10	0.26	0.23	0.58
华创证券	19	1.30	0.04	0.33	0.34	0.58
方正证券	20	1.11	0.29	0.29	0.39	0.57
东北证券	21	1.35	0.01	0.29	0.26	0.57
东方证券	22	1.40	0.00	0.24	0.18	0.55
中国银河	23	1.40	0.08	0.07	0.23	0.55
国联证券	24	1.35	0.00	0.34	0.11	0.55
平安证券	25	1.32	0.02	0.29	0.13	0.54
民生证券	26	1.24	0.00	0.24	0.27	0.53
西南证券	27	1.28	0.07	0.18	0.18	0.53
中银国际	28	1.38	0.02	0.15	0.14	0.52
太平洋证券	29	1.35	0.00	0.09	0.18	0.50
浙商证券	30	1.35	0.00	0.10	0.17	0.50
西部证券	31	1.35	0.00	0.00	0.24	0.49
国海证券	32	1.30	0.00	0.12	0.17	0.49

续表

公司简称	排名	分类评级得分	研究能力得分			创新能力得分
			分析师评比获奖人次得分	研究报告数量得分	研究人员数量得分	
信达证券	33	1.30	0.00	0.12	0.16	0.49
长城证券	34	1.33	0.01	0.13	0.10	0.49
国元证券	35	1.38	0.00	0.03	0.16	0.48
渤海证券	36	1.35	0.00	0.10	0.09	0.48
东兴证券	37	1.33	0.01	0.19	0.00	0.48
瑞银证券	38	1.33	0.00	0.05	0.13	0.47
华安证券	39	1.37	0.00	0.09	0.05	0.46
东莞证券	40	1.38	0.00	0.08	0.05	0.46
山西证券	41	1.30	0.00	0.02	0.13	0.45
华融证券	42	1.40	0.00	0.01	0.09	0.45
华金证券	43	1.21	0.00	0.11	0.09	0.45
金通证券	44	0.00	0.00	0.00	0.96	0.44
川财证券	45	1.30	0.00	0.05	0.08	0.43
中航证券	46	1.30	0.00	0.04	0.00	0.43
东海证券	47	1.37	0.00	0.00	0.08	0.43
中原证券	48	1.37	0.00	0.01	0.07	0.42
万和证券	49	1.24	0.00	0.00	0.14	0.42
财富证券	50	1.32	0.00	0.02	0.08	0.42
广州证券	51	1.35	0.00	0.00	0.08	0.42
新时代证券	52	1.24	0.00	0.00	0.13	0.42
联讯证券	53	1.19	0.00	0.07	0.09	0.42
财达证券	54	1.35	0.00	0.00	0.08	0.42
第一创业	55	1.32	0.00	0.00	0.09	0.42
北京高华	56	1.38	0.00	0.00	0.07	0.42
南京证券	57	1.35	0.00	0.00	0.07	0.41
中投证券	58	1.32	0.00	0.08	0.00	0.41
红塔证券	59	1.37	0.00	0.00	0.06	0.41
恒泰证券	60	1.30	0.00	0.00	0.06	0.39
华宝证券	61	1.30	0.00	0.00	0.06	0.39
华鑫证券	62	1.33	0.00	0.01	0.04	0.39
国盛证券	63	1.33	0.00	0.00	0.05	0.39
国开证券	64	1.37	0.00	0.00	0.04	0.38
德邦证券	65	1.32	0.00	0.00	0.05	0.38

续表

公司简称	排名	分类评级得分	研究能力得分			创新能力得分
			分析师评比获奖人次得分	研究报告数量得分	研究人员数量得分	
开源证券	66	1.26	0.00	0.01	0.04	0.37
中天证券	67	1.30	0.00	0.00	0.04	0.37
长城国瑞	68	1.28	0.00	0.02	0.02	0.36
世纪证券	69	1.30	0.00	0.00	0.03	0.36
大通证券	70	1.37	0.00	0.00	0.02	0.36
江海证券	71	1.32	0.00	0.00	0.03	0.35
华福证券	72	1.37	0.00	0.00	0.02	0.34
中山证券	73	1.32	0.00	0.00	0.02	0.34
国融证券	74	1.26	0.00	0.00	0.03	0.34
金元证券	75	1.33	0.00	0.00	0.01	0.33
英大证券	76	1.33	0.00	0.00	0.01	0.33
首创证券	77	1.28	0.00	0.00	0.02	0.33
湘财证券	78	1.33	0.00	0.00	0.01	0.32
爱建证券	79	1.19	0.00	0.00	0.03	0.32
中邮证券	80	1.30	0.00	0.00	0.01	0.31
宏信证券	81	1.28	0.00	0.00	0.01	0.31
华信证券	82	1.21	0.00	0.00	0.01	0.30
国泰君安资产管理	83	0.00	0.00	0.00	0.20	0.30
网信证券	84	1.21	0.00	0.00	0.01	0.29
银泰证券	85	1.30	0.00	0.00	0.00	0.28
九州证券	86	1.24	0.00	0.00	0.01	0.28
浙江证券资产管理	87	0.00	0.00	0.00	0.16	0.28
上海证券	88	0.00	0.00	0.06	0.09	0.28
申港证券	89	1.00	0.00	0.00	0.02	0.27
渤海汇金资产管理	90	0.00	0.00	0.00	0.11	0.25
五矿证券	91	1.21	0.00	0.00	0.00	0.24
招商证券资产管理	92	0.00	0.00	0.00	0.08	0.24
华菁证券	93	0.90	0.00	0.00	0.01	0.23
兴证证券资产管理	94	0.00	0.00	0.00	0.06	0.22
财通资产管理	95	0.00	0.00	0.00	0.04	0.20
中德证券	96	0.00	0.00	0.00	0.04	0.20
华西证券	97	1.38	0.00	0.00	0.00	0.19
高盛高华	98	0.00	0.00	0.03	0.00	0.19

续表

公司简称	排名	分类评级得分	研究能力得分			创新能力得分
			分析师评比获奖人次得分	研究报告数量得分	研究人员数量得分	
财通证券	99	1.37	0.00	0.00	0.00	0.19
华林证券	100	1.35	0.00	0.00	0.00	0.18
国都证券	101	1.33	0.00	0.00	0.00	0.18
华龙证券	102	1.33	0.00	0.00	0.00	0.18
万联证券	103	1.33	0.00	0.00	0.00	0.18
大同证券	104	1.32	0.00	0.00	0.00	0.17
联储证券	105	1.32	0.00	0.00	0.00	0.17
西藏东方财富	106	1.30	0.00	0.00	0.00	0.17
中天国富证券	107	1.30	0.00	0.00	0.00	0.17
东方花旗	108	0.00	0.00	0.00	0.01	0.15
瑞信方正	109	0.00	0.00	0.00	0.01	0.15
民族证券	110	0.00	0.00	0.00	0.01	0.14
第一创业承销保荐	111	0.00	0.00	0.00	0.00	0.00
东证融汇资产管理	111	0.00	0.00	0.00	0.00	0.00
广发证券资产管理	111	0.00	0.00	0.00	0.00	0.00
国盛证券资产管理	111	0.00	0.00	0.00	0.00	0.00
恒泰长财	111	0.00	0.00	0.00	0.00	0.00
华泰联合	111	0.00	0.00	0.00	0.00	0.00
华泰证券资产管理	111	0.00	0.00	0.00	0.00	0.00
华英证券	111	0.00	0.00	0.00	0.00	0.00
摩根士丹利华鑫	111	0.00	0.00	0.00	0.00	0.00
上海东方资产管理	111	0.00	0.00	0.00	0.00	0.00
上海光大资产管理	111	0.00	0.00	0.00	0.00	0.00
上海海通资产管理	111	0.00	0.00	0.00	0.00	0.00
申万宏源保荐	111	0.00	0.00	0.00	0.00	0.00
申万宏源西部	111	0.00	0.00	0.00	0.00	0.00
银河金汇资产管理	111	0.00	0.00	0.00	0.00	0.00
长江保荐	111	0.00	0.00	0.00	0.00	0.00
长江资产管理	111	0.00	0.00	0.00	0.00	0.00
中泰证券资产管理	111	0.00	0.00	0.00	0.00	0.00
中信证券(山东)	111	0.00	0.00	0.00	0.00	0.00
东亚前海证券	—	—	—	—	—	—
汇丰前海证券	—	—	—	—	—	—

资料来源：Wind，齐鲁财富网。

附表12 证券公司竞争力排名（2017年）

公司简称	综合能力排名	经营能力排名	盈利能力排名	风险控制能力排名	业务创新能力排名	业务结构优化能力排名	成长能力排名	综合竞争力最终得分
国泰君安	1	3	24	1	6	65	65	100.00
海通证券	2	2	23	5	1	37	67	98.07
中信证券	3	1	21	9	8	39	39	97.30
中金公司	4	12	11	8	16	28	4	93.25
广发证券	5	5	14	26	2	31	55	92.22
招商证券	6	6	27	6	5	59	26	91.56
申万宏源	7	7	32	2	4	77	68	90.86
华泰证券	8	4	9	46	13	57	37	89.13
东方证券	9	9	40	4	22	19	18	88.33
中信建投	10	11	25	18	7	34	58	85.78
兴业证券	11	14	35	40	3	21	30	84.31
平安证券	12	18	3	25	25	56	36	82.08
光大证券	13	13	44	35	15	50	32	81.84
国金证券	14	27	19	7	14	30	88	80.11
安信证券	15	17	41	21	11	67	70	79.62
长江证券	16	19	55	14	10	66	61	79.45
华融证券	17	20	22	10	42	17	47	78.64
国信证券	18	10	16	73	18	76	64	78.63
中国银河	19	8	48	56	23	86	72	77.61
天风证券	20	32	88	11	9	15	81	77.21
中泰证券	21	15	56	72	12	75	53	75.57
中银国际	22	37	28	27	28	24	24	75.23
东吴证券	23	21	68	39	17	47	69	73.82
东兴证券	24	23	31	37	37	38	48	73.42
浙商证券	25	29	29	28	30	55	66	73.33
五矿证券	26	73	96	31	91	29	2	72.47
太平洋证券	27	47	113	3	29	36	76	71.70
国元证券	28	22	69	42	35	64	43	71.36
民生证券	29	48	82	29	26	27	28	70.75
第一创业	30	49	61	17	55	10	74	70.37
华安证券	31	42	70	16	39	93	31	69.08
华信证券	32	66	124	15	82	4	6	68.78

续表

公司简称	综合能力排名	经营能力排名	盈利能力排名	风险控制能力排名	业务创新能力排名	业务结构优化能力排名	成长能力排名	综合竞争力最终得分
长城证券	33	34	51	58	34	45	75	68.63
联储证券	34	79	114	12	105	8	3	68.60
东海证券	35	50	62	13	47	44	90	68.51
东莞证券	36	54	10	33	40	79	101	68.47
华福证券	37	35	52	38	72	42	51	67.55
北京高华	38	91	43	34	56	5	71	66.81
德邦证券	39	63	49	74	65	6	34	66.77
渤海证券	40	38	103	22	36	68	114	66.43
华创证券	41	52	109	66	19	41	49	66.15
国联证券	42	64	65	36	24	82	97	65.92
东北证券	43	24	66	91	21	46	95	65.77
江海证券	44	51	98	41	71	63	13	65.35
恒泰证券	45	39	54	76	60	33	44	65.01
方正证券	46	16	72	99	20	89	93	64.81
长城国瑞	47	80	64	71	68	16	11	64.52
南京证券	48	60	73	19	57	87	91	64.41
国开证券	49	40	59	45	64	101	59	64.40
山西证券	50	30	95	93	41	35	15	64.36
财通证券	51	25	37	54	99	54	123	64.31
红塔证券	52	67	101	30	59	53	54	64.31
瑞银证券	53	99	38	50	38	23	27	64.17
华西证券	54	36	36	23	97	84	60	64.10
西部证券	55	31	83	90	31	43	79	63.86
西藏东方财富	56	58	17	49	106	98	8	63.50
国都证券	57	57	8	32	101	71	108	63.09
国盛证券	58	59	74	63	63	80	38	62.41
中邮证券	59	98	104	24	80	22	14	62.39
九州证券	60	65	86	75	86	9	16	62.26
广州证券	61	44	108	69	51	51	109	61.40
中天国富证券	62	97	125	70	107	101	1	61.39
金元证券	63	76	84	64	75	14	62	61.20
万和证券	64	96	115	20	49	83	20	60.95
中原证券	65	41	71	88	48	73	56	60.78

续表

公司简称	综合能力排名	经营能力排名	盈利能力排名	风险控制能力排名	业务创新能力排名	业务结构优化能力排名	成长能力排名	综合竞争力最终得分
西南证券	66	28	79	101	27	49	94	60.74
新时代证券	67	46	81	97	52	12	45	60.24
华金证券	68	94	119	67	43	11	42	60.11
中山证券	69	70	106	59	73	26	57	60.09
中投证券	70	26	58	92	58	88	100	59.94
财达证券	71	55	91	55	54	96	115	59.91
华宝证券	72	85	76	47	61	92	33	59.83
国海证券	73	33	90	98	32	40	103	59.78
中航证券	74	86	53	78	46	48	89	59.29
开源证券	75	83	111	86	66	7	25	58.92
华龙证券	76	45	89	61	102	74	46	58.45
华林证券	77	87	33	43	100	25	111	58.43
国融证券	78	81	116	65	74	18	77	58.07
湘财证券	79	62	45	80	78	81	86	58.04
万联证券	80	61	87	48	103	78	40	57.87
华鑫证券	81	75	107	68	62	61	102	57.79
信达证券	82	43	100	96	33	58	99	57.72
财富证券	83	69	99	79	50	70	116	56.62
首创证券	84	78	47	87	77	60	80	56.19
联讯证券	85	84	102	53	53	72	124	56.15
大通证券	86	89	97	51	70	91	107	56.15
招商证券资产管理	87	95	4	107	92	101	23	55.41
英大证券	88	88	78	57	76	85	117	55.28
上海东方资产管理	89	90	2	124	111	101	5	55.03
国泰君安资产管理	90	77	26	104	83	101	17	54.70
川财证券	91	110	94	84	45	32	118	53.18
银泰证券	92	101	92	62	85	94	85	52.81
申港证券	93	100	122	44	89	3	—	52.57
上海光大资产管理	94	103	1	103	111	101	50	52.08
宏信证券	95	93	42	94	81	52	110	51.80
大同证券	96	105	77	52	104	69	106	51.31
中泰证券资产管理	97	117	7	83	111	101	29	50.25
世纪证券	98	108	112	77	69	95	83	50.24

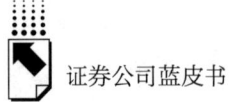

续表

公司简称	综合能力排名	经营能力排名	盈利能力排名	风险控制能力排名	业务创新能力排名	业务结构优化能力排名	成长能力排名	综合竞争力最终得分
网信证券	99	119	118	85	84	20	41	49.46
财通资产管理	100	115	5	106	95	101	52	49.18
银河金汇资产管理	101	107	60	81	111	101	12	48.70
上海证券	102	53	63	109	88	97	120	48.07
瑞信方正	103	122	15	123	109	13	9	47.72
爱建证券	104	102	105	95	79	62	87	47.66
国盛证券资产管理	105	127	57	82	111	101	7	47.56
金通证券	106	129	126	122	44	1	19	47.12
长江资产管理	107	109	20	111	111	101	10	46.18
广发证券资产管理	108	68	6	124	111	101	63	45.44
东方花旗	109	104	34	114	108	101	78	43.87
华泰证券资产管理	110	56	13	124	111	101	84	43.85
兴证证券资产管理	111	112	50	105	94	101	113	43.65
中天证券	112	106	127	60	67	99	126	43.55
申万宏源保荐	113	111	18	118	111	101	21	43.20
华泰联合	114	74	39	120	111	101	82	43.10
民族证券	115	71	85	110	110	90	119	42.72
申万宏源西部	116	82	12	116	111	101	104	41.96
中德证券	117	114	67	113	96	101	92	41.87
中信证券(山东)	118	72	30	119	111	100	105	41.62
高盛高华	119	113	110	115	98	101	22	41.44
上海海通资产管理	120	92	46	124	111	101	35	41.00
浙江证券资产管理	121	116	80	108	87	101	125	40.49
华菁证券	122	118	128	89	93	2	—	38.26
东证融汇资产管理	123	125	75	112	111	101	98	35.51
恒泰长财	124	126	93	102	111	101	96	35.30
第一创业承销保荐	125	121	123	100	111	101	73	34.11
渤海汇金资产管理	126	124	120	124	90	101	—	30.27
华英证券	127	123	117	124	111	101	121	29.04
长江保荐	128	128	121	121	111	101	112	28.50
摩根士丹利华鑫	129	120	129	117	111	101	122	14.31
东亚前海证券	—							
汇丰前海证券	—							

资料来源:Wind,齐鲁财富网。

附表 13　中国证券公司竞争力指标汇总（2017 年）

排名	公司简称	经营能力			盈利能力			风险控制能力				业务创新能力		业务结构优化能力	成长能力			最终得分	百分制
		营业收入排名	资产规模排名	净资产排名	ROA排名	ROE排名	单个营业部成交易额排名	净资本排名	净资本与净资产之比排名	资本充足率排名	风险覆盖率排名	公司治理排名	分类评级排名	研究能力排名	业务结构优化排名	营业收入增长率排名	净利润增长率排名	资产规模增长速度排名		
1	国泰君安	3	3	2	36	37	18	1	101	81	85	2	1	6	65	79	51	50	0.67	100.00
2	海通证券	2	2	3	56	41	15	3	115	93	99	27	3	1	37	53	25	82	0.66	98.07
3	中信证券	1	1	1	53	38	12	2	117	112	116	54	3	8	39	28	28	51	0.66	97.30
4	中金公司	11	9	14	87	40	4	21	120	57	40	6	2	19	28	9	13	3	0.63	93.25
5	广发证券	4	5	4	34	21	16	4	103	100	100	56	3	3	31	43	30	69	0.62	92.22
6	招商证券	6	6	6	47	46	17	5	108	89	55	14	1	5	59	26	32	25	0.62	91.56
7	申万宏源	7	7	8	65	33	28	6	55	51	38	3	1	4	77	86	60	43	0.61	90.86
8	华泰证券	5	4	5	35	19	6	8	119	108	113	59	3	15	57	18	16	84	0.60	89.13
9	东方证券	12	10	9	67	51	29	10	82	88	54	8	2	27	19	8	14	38	0.60	88.33
10	中信建投	10	11	12	51	26	30	11	77	99	61	31	1	7	34	87	67	32	0.58	85.78
11	兴业证券	14	14	15	61	44	24	12	41	39	110	55	5	2	21	21	24	34	0.57	84.31
12	平安证券	15	20	18	42	39	1	17	88	71	48	26	7	25	56	27	45	41	0.55	82.08
13	光大证券	13	12	11	71	56	26	13	111	103	95	38	3	17	50	38	38	30	0.55	81.84
14	国金证券	24	41	26	27	55	7	26	74	62	71	4	2	16	30	72	49	102	0.54	80.11
15	安信证券	17	17	17	58	43	49	14	68	80	97	24	4	11	67	58	53	85	0.54	79.62
16	长江证券	20	19	19	76	59	43	16	64	85	102	13	5	10	66	66	78	46	0.54	79.45

续表

排名	公司简称	经营能力			盈利能力			风险控制能力					业务创新能力		业务结构优化能力	成长能力			最终得分	百分制
		营业收入排名	资产规模排名	净资产排名	ROA排名	ROE排名	单个营业部交易额排名	净资本排名	净资本与净资产之比排名	资本充足率排名	风险覆盖率排名	公司治理排名	分类评级排名	研究能力排名	业务结构优化排名	营业收入增长率排名	净利润增长率排名	资产规模增长速度排名		
17	华融证券	18	18	35	80	17	69	23	14	40	98	12	2	53	17	15	43	99	0.53	78.64
18	国信证券	8	13	10	39	27	11	9	72	111	105	82	4	21	76	73	41	56	0.53	78.63
19	银河证券	9	8	7	66	57	32	7	94	94	103	74	2	28	86	85	65	55	0.52	77.61
20	天风证券	35	33	27	86	89	63	45	118	21	18	10	6	9	15	64	84	94	0.52	77.21
21	中泰证券	16	16	16	74	60	37	18	114	105	64	61	3	13	75	61	70	39	0.51	75.57
22	中银国际	31	37	42	38	25	39	38	30	96	59	21	4	29	24	19	19	29	0.51	75.23
23	东吴证券	25	21	21	100	79	33	22	53	54	107	35	6	20	47	82	94	48	0.50	73.82
24	东兴证券	27	23	25	62	50	19	20	28	52	106	34	5	36	38	50	44	42	0.50	73.42
25	浙商证券	22	31	36	50	36	22	36	71	69	82	18	12	33	55	55	56	70	0.49	73.33
26	五矿证券	94	64	65	89	87	80	59	32	7	6	72	5	87	29	12	5	1	0.49	72.47
27	太平洋证券	66	36	41	120	117	89	31	18	23	93	1	3	32	36	107	119	26	0.48	71.70
28	国元证券	29	22	20	70	69	59	24	106	86	77	33	11	40	64	44	55	35	0.48	71.36
29	民生证券	53	47	44	91	88	55	43	56	29	23	30	7	23	27	32	4	54	0.48	70.75
30	第一创业	47	50	56	79	71	31	66	98	77	117	9	4	55	10	67	73	80	0.47	70.37
31	华安证券	48	45	40	64	65	68	46	100	67	86	7	12	46	93	33	31	31	0.47	69.08
32	华信证券	89	68	46	126	126	93	69	122	1	1	73	6	82	4	14	124	4	0.46	68.78
33	长城证券	36	39	33	44	58	48	39	96	79	114	43	6	35	45	88	33	67	0.46	68.63

续表

排名	公司简称	经营能力			盈利能力			风险控制能力					业务创新能力		业务结构优化能力	成长能力			最终得分	百分制
		营业收入排名	资产规模排名	净资产排名	ROA排名	ROE排名	单个营业部交易额排名	净资本排名	净资本与净资产之比排名	资本充足率排名	风险覆盖率排名	公司治理排名	分类评级排名	研究能力排名	业务结构优化排名	营业收入增长率排名	净利润增长率排名	资产规模增长速度排名		
34	联储证券	96	71	71	110	113	95	77	90	8	7	32	7	88	8	11	93	2	0.46	68.60
35	东海证券	46	48	60	78	64	47	63	80	107	66	5	4	56	44	24	47	122	0.46	68.51
36	东莞证券	42	56	69	30	13	14	67	27	106	65	23	3	51	79	71	50	118	0.46	68.47
37	华福证券	34	42	37	41	53	62	65	121	90	56	20	4	81	42	23	42	81	0.46	67.55
38	北京高华	84	100	97	31	75	10	102	110	82	51	16	3	63	5	69	7	105	0.45	66.81
39	德邦证券	49	78	64	20	42	67	57	31	43	33	69	7	70	6	41	22	33	0.45	66.77
40	渤海证券	68	29	23	106	110	53	28	97	27	84	17	5	39	68	122	108	83	0.45	66.43
41	华创证券	59	49	49	105	105	82	42	34	18	16	71	8	18	41	104	100	19	0.45	66.15
42	国联证券	67	62	66	68	67	50	62	43	98	75	25	5	24	82	112	90	64	0.44	65.92
43	东北证券	21	27	29	88	77	36	32	86	68	112	87	5	22	46	34	97	120	0.44	65.77
44	江海证券	64	44	52	102	95	70	34	17	22	19	53	7	78	63	36	66	9	0.44	65.35
45	恒泰证券	33	46	48	43	49	71	54	104	95	58	64	8	64	33	30	15	72	0.44	65.01
46	方正证券	19	15	13	98	82	41	15	113	74	115	95	14	12	89	102	92	73	0.44	64.81
47	长城国瑞	82	80	84	49	52	83	73	22	11	78	65	9	73	16	6	11	27	0.44	64.52
48	南京证券	63	63	55	60	74	58	60	92	97	70	11	5	62	87	78	58	103	0.43	64.41
49	国开证券	52	38	30	54	61	44	19	15	17	15	60	4	74	101	60	26	60	0.43	64.40
50	山西证券	23	32	38	101	90	75	58	116	76	108	86	8	42	35	4	57	40	0.43	64.36

证券公司蓝皮书

续表

排名	公司简称	经营能力			盈利能力			风险控制能力					业务创新能力			成长能力			最终得分	百分制
		营业收入排名	资产规模排名	净资产排名	ROA排名	ROE排名	单个营业部交易额排名	净资本排名	净资本与净资产之比排名	资本充足率排名	风险覆盖率排名	公司治理排名	分类评级排名	研究能力排名	业务结构优化能力排名	营业收入增长率排名	净利润增长率排名	资产规模增长速度排名		
51	财通证券	26	28	22	33	47	27	25	89	63	88	49	4	88	54	70	61	77	0.43	64.31
52	红塔证券	72	82	47	32	91	90	47	83	65	46	19	4	65	53	25	29	90	0.43	64.31
53	瑞银证券	86	104	102	82	100	5	106	70	31	25	37	6	41	23	62	103	16	0.43	64.17
54	华西证券	37	35	39	48	35	34	37	52	102	80	15	3	88	84	59	88	49	0.43	64.10
55	西部证券	30	34	28	73	76	77	27	59	59	89	84	5	34	43	75	79	87	0.43	63.86
56	西藏东方财富	57	54	67	46	23	20	61	20	25	21	52	8	88	98	13	10	7	0.43	63.50
57	国都证券	55	67	57	23	31	3	51	58	84	52	22	6	88	71	39	27	124	0.43	63.09
58	国盛证券	60	66	53	26	54	96	52	91	42	94	53	8	70	80	29	35	47	0.42	62.41
59	中邮证券	110	94	82	95	108	56	79	39	10	9	46	11	83	22	17	62	11	0.42	62.39
60	九州证券	74	65	61	117	119	13	70	112	12	10	77	5	85	9	16	110	12	0.42	62.26
61	广州证券	51	40	45	107	102	86	33	23	32	26	66	8	57	51	121	116	66	0.41	61.40
62	中天国富证券	108	101	73	99	118	101	80	85	—	92	45	6	88	101	1	3	59	0.41	61.39
63	金元证券	71	77	72	77	81	66	74	78	60	42	51	11	82	14	45	21	78	0.41	61.20
64	万和证券	119	88	78	119	121	81	72	35	5	4	62	4	47	83	80	102	10	0.41	60.95
65	中原证券	40	43	43	81	72	61	53	107	91	74	81	9	59	73	40	77	62	0.41	60.78
66	西南证券	32	26	24	93	86	45	30	105	75	109	94	11	26	49	91	69	96	0.41	60.74
67	新时代证券	44	53	50	83	80	64	64	109	73	49	90	11	48	12	98	72	23	0.41	60.24

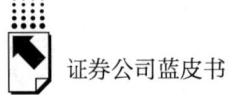

续表

公司简称	排名	经营能力			盈利能力			风险控制能力					业务创新能力		业务结构优化能力	成长能力			最终得分	百分制
		营业收入排名	资产规模排名	净资产排名	ROA排名	ROE排名	单个营业部成交额排名	净资本排名	净资本与净资产之比排名	资本充足率排名	风险覆盖率排名	公司治理排名	分类评级排名	研究能力排名	业务结构优化排名	营业收入增长率排名	净利润增长率排名	资产规模增长速度排名		
华金证券	68	113	84	89	115	115	99	90	63	4	3	88	12	38	11	110	113	14	0.41	60.11
中山证券	69	78	55	77	109	98	92	82	76	44	34	47	7	79	26	119	107	15	0.41	60.09
中投证券	70	28	24	31	92	63	35	35	95	113	73	89	7	61	88	94	83	97	0.40	59.94
财达证券	71	58	58	59	90	85	74	55	60	104	63	40	5	58	96	97	101	117	0.40	59.91
华宝证券	72	100	76	80	121	120	8	87	84	14	13	48	8	66	92	54	120	21	0.40	59.83
国海证券	73	38	25	34	103	93	60	29	25	46	101	93	8	30	40	109	106	74	0.40	59.78
中航证券	74	88	87	94	37	45	76	95	73	72	76	68	10	50	48	74	64	101	0.40	59.29
开源证券	75	79	85	95	111	112	87	97	81	19	17	83	6	68	7	77	112	13	0.40	58.92
华龙证券	76	56	51	32	52	73	88	40	99	24	20	58	5	88	74	22	17	88	0.39	58.45
华林证券	77	99	81	90	25	16	94	92	57	92	57	29	10	88	25	124	76	63	0.39	58.43
国融证券	78	90	75	87	112	111	97	85	26	13	11	67	6	77	18	37	98	98	0.39	58.07
湘财证券	79	65	61	63	59	62	21	49	21	34	72	75	6	83	81	92	39	86	0.39	58.04
万联证券	80	73	60	51	84	92	54	48	69	28	22	42	6	88	78	65	40	28	0.39	57.87
华鑫证券	81	69	79	75	114	116	57	84	93	55	90	53	6	69	61	93	118	91	0.39	57.79
信达证券	82	50	30	58	118	107	51	44	19	70	47	92	8	31	58	100	109	79	0.39	57.72
财富证券	83	80	59	68	113	109	40	76	102	83	111	70	7	54	70	103	115	114	0.38	56.62
首创证券	84	83	69	88	63	32	72	89	54	101	62	79	9	80	60	89	71	71	0.38	56.19
联讯证券	85	101	74	79	123	122	23	75	51	26	91	39	13	44	72	120	121	125	0.38	56.15

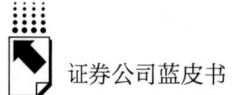

续表

公司简称	排名	经营能力			盈利能力			风险控制能力					业务创新能力			业务结构优化能力	成长能力			最终得分	百分制
		营业收入排名	资产规模排名	净资产排名	ROA排名	ROE排名	单个营业部交易额排名	净资本排名	净资本与净资产之比排名	资本充足率排名	风险覆盖率排名	公司治理排名	分类评级排名	研究能力排名	业务结构优化能力排名	营业收入增长率排名	净利润增长率排名	资产规模增长速度排名		
大通证券	86	103	90	76	45	84	84	81	79	64	44	36	4	79	91	96	54	109	0.38	56.15
招商证券资产管理	87	70	106	100	2	3	101	68	7	116	87	101	17	60	101	46	23	18	0.37	55.41
英大证券	88	97	83	91	96	83	52	93	75	36	29	44	6	82	85	113	99	111	0.37	55.28
上海东方资产管理	89	41	108	104	3	2	101	—	—	—	117	101	17	88	101	3	12	5	0.37	55.03
国泰君安资产管理	90	54	93	83	10	10	101	50	10	30	24	101	17	37	101	95	59	8	0.37	54.70
川财证券	91	114	102	105	104	101	42	109	40	58	41	76	8	49	32	116	105	110	0.36	53.18
银泰证券	92	109	99	98	55	78	85	99	66	47	36	50	8	86	94	76	68	93	0.36	52.81
中港光大资产管理	93	115	95	96	122	123	98	91	36	—	117	28	15	79	3	—	—	—	0.35	52.57
上海光大资产管理	94	75	112	112	1	1	101	88	4	50	37	101	17	88	101	42	20	61	0.35	52.08
宏信证券	95	92	89	101	57	29	73	105	65	114	79	85	9	83	52	90	75	116	0.35	51.80
大同证券	96	105	98	107	94	66	79	94	8	53	39	57	7	88	69	49	80	123	0.35	51.31
中泰证券资产管理	97	85	125	127	7	6	101	110	1	6	5	97	17	88	101	84	46	17	0.34	50.25

续表

公司简称	排名	经营能力			盈利能力			风险控制能力					业务创新能力			业务结构优化能力	成长能力			最终得分	百分制
		营业收入排名	资产规模排名	净资产排名	ROA排名	ROE排名	单个营业部交易额排名	净资本排名	净资本与净资产之比排名	资本充足率排名	风险覆盖率排名	公司治理排名	分类评级排名	研究能力排名	业务结构优化排名	营业收入增长率排名	净利润增长率排名	资产规模增长速度排名		
世纪证券	98	111	96	110	125	124	65	114	62	61	43	63	8	75	95	52	91	100	0.34	50.24
网信证券	99	117	116	124	108	114	100	120	67	37	30	80	12	83	20	35	96	36	0.33	49.46
财通资产管理	100	91	121	123	5	4	101	108	6	48	83	101	17	72	101	63	34	44	0.33	49.18
银河金汇证券资产管理	101	93	109	115	19	20	101	83	2	3	2	101	17	88	101	7	6	20	0.33	48.70
上海证券	102	61	52	54	72	68	38	41	24	87	53	96	17	45	97	125	117	53	0.32	48.07
瑞信方正	103	118	123	119	28	94	2	—	—	—	117	98	17	83	13	10	1	58	0.32	47.72
爱建证券	104	107	92	108	116	104	78	104	13	20	96	91	13	77	62	56	82	104	0.32	47.66
国盛证券资产管理	105	126	126	125	8	18	101	111	3	2	1	101	17	88	101	2	8	37	0.32	47.56
金通证券	106	129	129	129	124	125	101	122	29	—	117	101	17	14	1	5	123	65	0.32	47.12
长江资产管理	107	98	113	103	4	9	101	101	16	15	104	101	17	88	101	57	63	6	0.31	46.18
广发证券资产管理	108	43	70	86	18	5	101	—	—	—	117	101	17	88	101	68	48	57	0.31	45.44
东方花旗	109	77	110	113	12	11	101	116	45	41	32	98	17	82	101	81	74	75	0.30	43.87
华泰证券资产管理	110	45	57	74	22	7	101	—	—	—	117	101	17	88	101	51	37	107	0.30	43.85

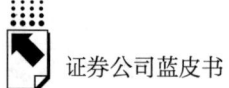

续表

排名	公司简称	经营能力			盈利能力				风险控制能力					业务创新能力			业务结构优化能力	成长能力			最终得分	百分制
		营业收入排名	资产规模排名	净资产排名	ROA排名	ROE排名	单个营业部交易额排名	净资本排名	净资本与净资产之比排名	资本充足率排名	风险覆盖率排名	公司治理排名	分类评级排名	研究能力排名	业务结构优化排名	营业收入增长率排名	净利润增长率排名	资产规模增长速度排名		
111	兴证证券资产管理	106	105	106	17	15	101	100	11	16	14	101	17	67	101	99	86	115	0.29	43.65
112	中天证券	127	91	92	127	128	91	96	87	66	67	41	8	71	99	126	126	106	0.29	43.55
113	申万宏源保荐	95	114	111	6	8	101	113	44	56	60	101	17	88	101	20	9	22	0.29	43.20
114	华泰联合	39	97	81	9	12	101	78	50	115	81	100	17	88	101	48	36	108	0.29	43.10
115	民族证券	76	73	62	75	96	46	56	46	33	27	101	17	84	90	105	87	121	0.29	42.72
116	申万宏源西部	81	86	85	24	22	9	86	33	78	50	101	17	88	101	108	89	89	0.28	41.96
117	中德证券	102	118	114	14	24	101	115	38	38	31	98	17	74	101	101	81	76	0.28	41.87
118	中信证券(山东)	62	72	70	29	34	25	71	61	110	69	101	17	88	100	83	52	119	0.28	41.62
119	高盛高华	104	115	109	21	70	101	112	47	45	35	99	17	76	101	47	2	112	0.28	41.44
120	上海海通资产管理	87	103	93	11	14	101	—	—	—	117	101	17	88	101	31	18	45	0.28	41.00
121	浙江证券资产管理	112	117	116	15	30	101	103	12	35	28	101	16	43	101	118	104	126	0.27	40.49
122	华菁证券	128	107	99	128	127	101	98	42	—	117	78	—	82	2	—	—	—	0.26	38.26

294

续表

排名	公司简称	经营能力			盈利能力			风险控制能力					业务创新能力		业务结构优化能力	成长能力			最终得分	百分制
		营业收入排名	资产规模排名	净资产排名	ROA排名	ROE排名	单个营业部交易额排名	净资本排名	净资本与净资产之比排名	资本充足率排名	风险覆盖率排名	公司治理排名	分类评级排名	研究能力排名	业务结构优化排名	营业收入增长率排名	净利润增长率排名	资产规模增长速度排名		
123	东证融汇资产管理	123	122	120	13	28	101	107	9	—	117	101	17	88	101	111	85	68	0.24	35.51
124	恒泰长财	121	127	126	16	48	101	117	5	49	12	101	17	88	101	114	95	52	0.24	35.30
125	第一创业承销保荐	122	119	118	85	106	101	118	37	9	8	101	17	88	101	115	111	24	0.23	34.11
126	渤海汇金资产管理	125	111	121	97	99	101	—	—	—	117	101	17	88	101	—	—	—	0.20	30.27
127	华英证券	124	120	117	40	97	101	—	48	109	117	101	17	88	101	123	114	113	0.20	29.04
128	长江保荐	120	128	128	69	103	101	121	49	—	68	101	17	88	101	106	122	95	0.19	28.50
129	摩根士丹利华鑫	116	124	122	129	129	101	119	—	—	45	96	17	88	101	117	125	92	0.10	14.31
	东亚前海证券																			
	汇丰前海证券																			
	一级权重(%)	40	25	30	35	25	15	10	20	15	20	30	50	50	10	30	10	40		
	二级权重(%)																			

B.10
参考文献

[1] 孙国茂：《山东省互联网金融发展报告（2017）》，中国金融出版社，2017。

[2] 孙国茂：《山东省互联网金融发展报告（2016）》，中国金融出版社，2016。

[3] 孙国茂：《山东省上市公司市值管理评价报告（2017）》，中国金融出版社，2017。

[4] 孙国茂：《山东省普惠金融发展报告（2017）》，社会科学文献出版社，2017。

[5] 孙国茂：《中美贸易摩擦的成因、本质及溢出效应》，齐鲁财富网，2018年3月30日。

[6] 孙国茂：《市值管理持续恶化，市值表现令人担忧》，《上海证券报》2018年1月9日。

[7] 孙国茂：《降低M2增速并不等同于去杠杆》，《上海证券报》2017年7月20日。

[8] 孙国茂：《金融相关比率、证券化率与全要素生产率的关系研究》，《山东社会科学》2017年第3期。

[9] 孙国茂：《金融创新的本质、特征与路径选择——基于资本市场的视角》，《理论学刊》2013年第6期。

[10] 孙国茂：《从根本上改革股票发行制度》，《理论学刊》2014年第3期。

[11] 孙国茂：《区块链技术的本质特征及其金融领域应用研究》，《理论学刊》2017年第2期。

[12] 孙国茂：《资本市场是实现供给侧改革的关键》，第五届中国金融论坛

闭幕词，2016年10月9日。

[13] 孙国茂：《金融改革的目标是实现金融服务的普惠性》，2017年4月27。

[14] 孙国茂：《尽快推进普惠金融制度体系建设》，《经济参考报》2017年3月3日。

[15] 孙国茂：《中国投资银行竞争力研究》，《济南大学学报》（社会科学版）2012年第3期。

[16] 张志前、祝妍雯：《投资蓝皮书：中国投资发展报告（2017）》，社会科学文献出版社，2017。

[17] 陈京：《我国证券公司竞争力研究》，《财政金融》2015年第16期。

[18] 高长青：《经纪型证券公司核心竞争力的研究》，中国海洋大学硕士学位论文，2010。

[19] 郝凯：《沪港通业务对证券公司的影响》，兰州大学硕士学位论文，2015。

[20] 何晓斌：《中国证券公司核心竞争力评价与提升研究》，上海社会科学院博士学位论文，2006。

[21] 何宇鹏：《我国证券公司经营效率研究》，西南大学硕士学位论文，2010。

[22] 黄泽勇：《中国证券公司多元化经营的范围经济效应研究》，《经济经纬》2012年第6期。

[23] 李志生、杜爽、林秉旋：《卖空交易与股票价格稳定性——来自中国融资融券市场的自然实验》，《金融研究》2015年第6期。

[24] 沈芬珠：《我国经纪类证券公司竞争力研究》，浙江大学硕士学位论文，2008。

[25] 宋书彬：《中国IPO市场承销商行为研究》，东北财经大学博士学位论文，2011。

[26] 王冉冉：《上市证券公司竞争力评价研究》，天津财经大学硕士学位论文，2012。

[27] 肖浩、孔爱国：《融资融券对股价特质性波动的影响机理研究：基于双重差分模型的检验》，《管理世界》2014 年第 8 期。

[28] 杨德勇、吴琼：《融资融券对上海证券市场影响的实证分析——基于流动性和波动性的视角》，《中央财经大学学报》2011 年第 5 期。

[29] 郑洵沙：《证券公司盈利模式创新与选择研究》，山东大学硕士学位论文，2013。

[30] 曾煜、陈旦：《资本市场开放下提高我国证券公司竞争力研究》，《东岳论丛》2015 年第 4 期。

[31] 陈倩仪、李青、傅俊辉、徐维军：《创新类证券公司竞争力的综合评价与分析》，《改革与战略》2009 年第 1 期。

[32] 陈彦斌、刘哲希：《当前宏观经济形势及短中长期对策》，《宏观经济管理》2015 年第 11 期。

[33] 傅智能：《中国证券公司核心竞争力研究》，武汉理工大学硕士学位论文，2004。

[34] 高戈：《证券公司融资融券业务风险控制研究》，河南大学硕士学位论文，2013。

[35] 贺强、赵照：《基于因子分析法的证券公司运营绩效研究》，《投资研究》2014 年第 10 期。

[36] 侯文蕾：《我国上市证券公司财务风险控制研究》，财政部财政科学研究所硕士学位论文，2015。

[37] 黄浩荣：《我国证券公司风险管理研究》，厦门大学硕士学位论文，2014。

[38] 黄建欢、王良健：《因特网、网点空间布局和区域因素影响证券公司效率的机理》，《地理研究》2011 年第 11 期。

[39] 济南大学公司金融研究中心、中国投资银行评价研究中心：《中国投资银行竞争力研究报告》，中国金融出版社，2012。

[40] 济南大学公司金融研究中心、中国投资银行评价研究中心：《中国投资银行竞争力研究报告》，中国金融出版社，2013。

[41] 孙国茂：《中国投资银行竞争力研究报告》，中国金融出版社，2014。

[42] 孙国茂：《中国投资银行竞争力研究报告》，中国金融出版社，2015。

[43] 孙国茂：《中国投资银行竞争力研究报告》，中国金融出版社，2016。

[44] 中央结算公司、统计监测部：《2017年债券市场统计分析报告》，2018年1月16日。

[45] 上海清算所：《2017年债券市场运行情况分析》，2018年2月12日。

[46] 李成名：《证券公司经纪业务发展研究》，山东大学硕士学位论文，2012。

[47] 李高锋：《基于风险管理的证券公司自营业务内部控制研究》，河南大学，2014。

[48] 李江涛、秦玉霞、纪建悦：《我国证券公司高管薪酬激励有效性的实证研究——基于上市证券公司2005~2015年的经验数据》，《金融与经济》2016年第10期。

[49] 李文华：《证券公司创新发展路径探析》，《证券市场导报》2013年第2期。

[50] 李泱泱：《证券公司盈利模式选择》，陕西师范大学硕士学位论文，2013。

[51] 李扬、李雪松、李平、张平：《2017年中国经济形势分析与预测》，社会科学文献出版社，2017。

[52] 林远宁：《我国投资银行竞争力研究》，暨南大学硕士学位论文，2005。

[53] 刘瑞波：《基于可持续发展观的我国投资银行竞争力问题研究》，天津大学博士学位论文，2007。

[54] 刘增学、王雅鹏、张欣：《中国证券公司风险约束机制的建立》，《金融研究》2004年第12期。

[55] 卢晓利、曾灿、杨泽柱：《合规风控是证券公司核心竞争力》，《证券时报》2015年2月26日，第A02版。

[56] 鲁东：《中国证券业上市公司竞争力研究》，昆明理工大学硕士学位论文，2014。

[57] 蒋健蓉、钱康宁、龚芳：《证券公司核心竞争力及评价研究》，https://xueqiu.com/8107212038/35257774。

[58] 宋丹丹：《基于结构方程模型的中国证券公司核心竞争力影响因素研究》，山东大学硕士学位论文，2015。

[59] 苏帅：《证券公司直接投资监管法律制度的完善》，中共中央党校硕士学位论文，2015。

[60] 孙周：《我国大型证券公司综合竞争力研究》，《电子制作》2015年第2期。

[61] 王昌盛：《上市银行竞争力评价体系研究》，北京交通大学博士学位论文，2010。

[62] 王晨雨：《海通证券的核心竞争力研究》，首都经济贸易大学硕士学位论文，2014。

[63] 王聪、宋慧英：《中国证券公司股权结构、市场结构与成本效率的实证研究》，《金融研究》2012年第5期。

[64] 王国海、曹海毅：《证券公司的治理结构：理论分析与现实考察》，《财经理论与实践》2004年第5期。

[65] 王贺：《我国创新类证券公司经营效率的实证分析》，兰州大学硕士学位论文，2013。

[66] 王丽萍：《中部六省证券公司竞争力评价研究》，《现代管理科学》2015年第12期。

[67] 王叙华：《中国证券公司生存危机研究》，复旦大学博士学位论文，2006。

[68] 魏成龙：《中国证券公司的核心竞争力分析》，《河南社会科学》2003年第6期。

[69] 吴晓求：《股市危机：结构缺陷与规制改革》，《财贸经济》2016年第37（1）期。

[70] 吴晓求：《经济成长、金融结构变革与证券公司的未来发展》，《财贸经济》2012年第3期。

[71] 吴晓求：《深化改革 扩大开放 促进中国证券市场的健康发展》，《中国人大》2015年第1期。

[72] 吴晓求：《中国金融的深度变革与互联网金融》，《财贸经济》2014年第1期。

[73] 吴晓求：《资本市场：中国金融崛起之关键》，《资本市场》2010年第1期。

[74] 徐倩雯：《G证券公司融资融券业务风险管理研究》，陕西师范大学硕士学位论文，2013。

[75] 宣承耀：《基于因子分析法的内地上市证券公司竞争力综合评价研究》，安徽大学，2015。

[76] 余林：《我国证券公司经营效率及影响因素研究》，中国矿业大学硕士学位论文，2015。

[77] 张海茹：《新三板挂牌中小企业融资效率研究》，燕山大学硕士学位论文，2015。

[78] 张文琪：《互联网金融视角下中国证券公司经纪业务战略转型研究》，北京交通大学硕士学位论文，2014。

[79] 张宗新、王晓：《上海国际金融中心证券业竞争力评价指标体系的构建与提升》，《社会科学》2009年第8期。

[80] 赵龙斌：《我国证券公司之间竞争力比较的实证研究》，浙江财经大学硕士学位论文，2016。

[81] 赵伟：《我国证券公司收入多元化的风险分析》，《宏观经济研究》2013年第7期。

[82] 周小全、邓淑斌：《我国证券公司业务转型路径之思考》，《金融理论与实践》2012年第11期。

[83] 周翼峰：《融资融券业务对证券公司影响及风险控制》，兰州大学硕士学位论文，2014。

[84] 朱南、刘一：《中国证券公司生产效率的数据包络分析》，《金融研究》2008年第11期。

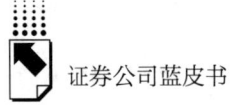

[85] 朱南希:《互联网金融背景下我国证券公司经纪业务转型升级的研究》,云南大学硕士学位论文,2015。

[86] 王兵、熊美红、朱宁:《中国证券公司全要素生产率研究——基于MML生产率指数的实证分析》,《广东金融学院学报》2011年第6期。

[87] 王建国、牛楠、刘佳鑫:《我国证券公司产业竞争力—基于上市证券公司的实证研究》,《武汉金融》2014年第7期。

[88] 王学峰:《中国证券公司内部控制体系研究》,《中央财经大学学报》2007年第10期。

[89] 赵楠:《中国证券公司核心竞争力评价指标体系研究》,内蒙古财经大学硕士学位论文,2014。

[90] K.托马斯·利奥:《投资银行业务指南》,经济科学出版社,2000。

[91] 边晓磊、陈学彬:《基于DEA方法的我国证券公司经营效率分析》,《新金融》2009年第4期。

[92] 封思贤:《我国证券公司风险管理体系研究》,《当代经济管理》2006年第1期。

[93] 李正红、朱国祥:《我国投资银行开展金融创新的作用和要求》,《经济与管理》2003年第11期。

[94] 邵新建、薛熠、江萍、赵映雪、郑文才:《投资者情绪、承销商定价与IPO新股回报率》,《金融研究》2013年第4期。

[95] 谭元戎、赵自强:《我国证券公司资本结构与绩效关系的实证研究》,《经济问题探索》2005年第10期。

[96] 巴曙松、杨如彦、刘孝红:《证券公司融资渠道的比较研究》,《当代财经》2003年第2期。

[97] 管仁勤:《证券公司核心竞争力及其形成问题研究》,《经济经纬》2003年第1期。

[98] 金碚等:《竞争力经济学》,社会科学文献出版社,2003。

[99] 金骏:《中国证券公司竞争力研究——基于国际比较的一个实证分析》,浙江大学硕士学位论文,2003。

[100] 刘泉江：《资本市场：严监管筑牢市场基础》，《中国金融家》2017年10月15日。

[101] 薛健：《券商资管：强监管去通道仍为主线》，《中国战略新兴产业》2018年3月18日。

[102] 袁德承：《我国证券公司金融创新模式探讨》，《长江丛刊》2016年7月25日。

[103] 谭显税：《我国证券公司竞争力研究》，《南方经济》2002年第10期。

[104] 万佳乐、李超伟：《中美投资银行竞争力比较研究》，《经济论坛》2017年第5期。

[105] 陈新国、周耀辉、唐正科：《投资银行核心竞争力的评价与培育》，《财经理论与实践》2003年第2期。

[106] 白涛：《上市证券公司生产效率研究》，《中国外资》2013年第12期。

[107] Karata S., Īlyas Akhisar, "Performance Ranking of Development and Investment Banks: ANP Application", *New Challenges in Banking and Finance*, 2017.

[108] Chuang K. S., Corporate Life Cycle, "Investment Banks and Shareholder Wealth in M&As", *Quarterly Review of Economics & Finance*, 2016.

[109] Mamatzakis E., Bermpei T.,"The Effect of Corporate Governance on the Performance of US Investment Banks", *Financial Markets Institutions & Instruments*, 2015, 24 (2-3).

[110] Nemanja Radic, Franco FiordelisiClaudia Girardone, "Efficiency and Risk Taking in Pre-Crisis Investment Banks", *Journal of Financial Services Research*, 2012.

[111] International Institute for Management Development (IMD), "The World Competitiveness Yearbook (2002)", *Lausanne Switzerland*, 2003 (5).

[112] World Economic Forum (WEF), "The Global Competitiveness Report

(2000)", Geneva Switzerland, 2001 (8).

[113] Wang W., Whyte A. M., "Managerial rights, Use of Investment Banks, and the Wealth Effects for Acquiring Firms' shareholders", *Journal of Banking & Finance*, 2010, 34 (1).

[114] Chang C. H, Chan K. C., "Investment Banks´Stock Ratings, Call Warrant Issuance, and Responses from Heterogeneous Investors: Evidence from Taiwan", *International Review of Economics & Finance*, 2011, 20 (4).

[115] Chuang K. S. Corporate Life Cycle, "Investment Banks and Shareholder Wealth in M&As", *Quarterly Review of Economics & Finance*, 2016.

[116] Jordan B. D., Liu M. H., Wu Q, "Do investment banks listen to their own analysts?", *Journal of Banking & Finance*, 2012, 36 (5).

[117] Krigman L., Jeffus W., "IPO Pricing as a Function of Your Investment Banks' Past Mistakes: The Case of Facebook", *Social Science Electronic Publishing*, 2015, 38.

[118] Huyghebaert N., Xu W., "What Determines the Market Share of Investment Banks in Chinese Domestic IPOs?", *China Economic Review*, 2015, 34.

[119] Cao K., Madura J., "Investment Banks as Intermediaries in Asset Sell-offs", *Journal of Economics & Business*, 2014, 74.

[120] Sanchez R., Heene A., *Managing Articulated Knowledge in Competence-Based Competition*, Chichester: John Wiley and Sons, 1997.

[121] Michael E Porter, *Competitive Advantage London*, The Macmillan Press, 1985.

B.11
代后记 资本市场发展的内在逻辑

孙国茂

进入2018年,中国证券市场仿佛进入一个看不到尽头的黑暗隧道,股指持续下跌,投资者普遍悲观。上半年结束时,市场平均跌幅约为20%,市值损失将近7万亿元。一些市场人士和研究人员认为,中美贸易摩擦是造成市场下跌最主要的原因。他们的依据是,从时间上看,自贸易战爆发后市场持续了长达4个月的下跌。上证综指从3月初的3290点下跌到6月末的2800点,跌幅将近15%。在市场笼罩着一片愁云凄雨、恐慌情绪不断蔓延的情况下,我和我的研究团队一如既往地编写着《中国证券公司竞争力研究报告(2018)》。坦率地说,每天都看着股指无缘无故地下跌,看着大量跌停的股票,再看看美国股市不断创出新高,编写人员的心情不可避免地受到干扰。有时感觉在这样的市场环境下记录和描述市场简直就是一种煎熬。好在,为编写2018年版报告而收集的资料大多是2017年的统计数据和市场信息,否则,这本报告的编写不知道会是一个怎样的过程。

2017~2018年对于中国证券市场乃至整个金融行业来说,最重要的事件就是党的十九大召开。十九大提出的"建设现代化经济体系",确定了未来中国发展的战略目标。习近平总书记在十九大报告中说:"深化金融体制改革,增强金融服务实体经济能力,提高直接融资比重,促进多层次资本市场健康发展",为新时代中国资本市场的发展指明了方向,那就是服务实体经济、完善现代化经济体系。这也意味着,中国证券市场将总结近30年的发展经验,按照市场规律和内在逻辑发展,在中国特色社会主义新时代的发展起点上,资本市场将迎来更大的发展机遇。

首先,中国经济的平稳运行和中高速发展决定了资本市场长期向好发展

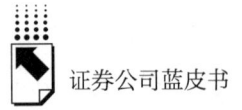

态势。2017年中国消费对经济增长的贡献率是58.8%，估计到2020年消费对经济增长的贡献率将超过65%。消费已经成为中国进入新时代拉动经济增长的主要动力。增长方式的变化反映了我国正在逐步告别旧的发展模式，进入高质量发展的新经济时代。经济的转型升级与平稳发展必将为资本市场带来更大的发展机遇。因为新经济的发展需要一个以直接融资和多层次资本市场为主体的现代金融作支撑。

其次，国家实施创新驱动战略，需要一个强大的资本市场。党的十九大提出，加快建设创新型国家。从国家发展层面看，未来中国将加快实施创新驱动发展战略，强化现代化经济体系的战略支撑，加强国家创新体系建设。发达国家金融发展和金融结构优化的经验表明，资本市场不仅可以发挥在企业融资、资产配置中的作用，更重要的是助力符合国家战略和发展趋势的经济增长点，通过扶持创新型公司业务发展和提高股权融资比例，使上市公司产业上下游带动整个行业转型升级，最终实现加快经济转型的目的。对于资本市场现实而言，必须从制度设计入手，全面深化资本市场体系改革，建立真正意义上的保护投资者利益的制度体系，为创新型企业提供更多的金融和资本市场资源支持。

最后，人口老龄化带来的居民跨期资产配置需求也会吸引更多的长期资金进入资本市场。多年前我曾经写过一篇论文——《企业年金进入证券市场的制度性条件研究》。论文提出，根据发达国家经验，企业年金最终必定成为证券市场主力，但现阶段，在制度性条件缺失的情况下，企业年金盲目进入股票市场会给社会带来灾难性后果。目前，我国人均GDP已超过8000美元，预计到"十四五"末，我国将跨越"中等收入陷阱"成为发达国家。随着居民财富的积累和人口老龄化趋势的增强，跨期资产配置将成为一个社会化需求，保险业和财富管理行业将迎来大发展的战略机遇期。由于社会基本养老保险、企业年金以及未来类似于美国401K计划等居民自主管理的养老金规模不断扩大，以投资方式和金融手段实现养老金保值增值将成为必然选择。从欧美等国资本市场发展的经验看，保险资金与养老金是资本市场中的长期资金，其实现资金保值增值的避险投资偏好，决定了这些长期资金会对市场起到至关重要的稳定作用。从长期看，随着我国居民财富管理需求的上升，投资机构化将成为资本市场的主流趋势，对市场平稳发展起到自动稳定器作用。由于近年来中国资本市场与境外互联互通的加强以及 A 股加入 MSCI，境外投资者对 A 股市场的关注度和参与度进一步提高，市场风格向价值投资转变。基于公司业绩与行业发展地位及潜力的价值投资理念逐渐深入人心。因此，保险资金与养老金投资将成为资本市场长期稳定的重要基础，投资机构化将给证券市场带来自动稳定效应。

记得 20 多年前，改革开放总设计师邓小平同志在南方谈话中曾经这样说过："资本主义可以搞股市，社会主义也可以搞，……要坚决地试，搞不好可以关掉嘛！"经过 20 多年的发展，中国资本市场已经成为全世界第二大资本市场，掌握着中国经济命脉的大多数中央企业和国有企业已经成为上市公司，并通过资本市场募集巨额资金而成为世界超级企业。这意味着，无论发生什么事情，无论出现怎样的情况，中国资本市场都不可能关闭！沿着这样的思路和逻辑，我认为没有必要对眼前的市场过分担忧。沉舟侧畔千帆过，病树前头万木春！与其说是中美贸易摩擦造成股市下跌，不如说是资本市场对制度缺陷和市场运行机制缺陷的一个必然修复，中美贸易摩擦充其量不过是一个诱因而已。

呈现在读者面前的《中国证券公司竞争力研究报告（2018）》前身是连续六年出版的《中国投资银行竞争力研究报告》。正是由于对中国资本市场抱有信心，我们一直坚持编写这本研究报告。七年来年复一年，我们既是市场的见证者，也是市场的记录者。由于 2018 年的报告被列入中国社会科学院的蓝皮书系列，我们将报告更名为《中国证券公司竞争力研究报告》。按照蓝皮书的出版要求，报告的结构有些变化，但主要内容没有太大改变。与 2017 年的《中国投资银行竞争力研究报告》相比，2018 年我们增加了司法部门和证券监管部门对证券公司的各种处罚情况，即"中国证券行业监管处罚研究报告"，使整个报告的内容更加丰富。

《中国证券公司竞争力研究报告（2018）》分为总报告、分报告、专题报告和附录 4 个部分。总报告 B1 由孙国茂、李宗超撰写；分报告 B2 由孙

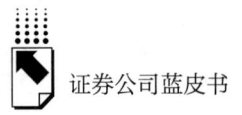

国茂、李猛和张辉撰写；分报告 B3 由安强身、陈志超撰写；分报告 B4 由孙国茂、李猛撰写；专题报告 B5 由孙国茂、陈志超和于涛撰写；专题报告 B6 和 B7 由孙国茂、孙东东撰写；附录部分由孙东东整理、编写。整个报告由孙国茂统编定稿。

《中国证券公司竞争力研究报告（2018）》出版之际，编写组全体成员感谢社会科学文献出版社社长谢寿光先生、国家金融与发展实验室理事长李扬先生、中国人民大学副校长吴晓求教授、上海证券交易所原首席经济学家胡汝银先生、中央财经大学贺强教授、清华大学朱武祥教授、深圳证券交易所综合研究所所长何杰研究员、中国上市公司市值管理研究中心主任施光耀教授和青岛大学资本市场研究院黄运成教授等专家学者对本研究报告的关心和支持。感谢社会科学文献出版社经济与管理分社社长恽薇、副社长高雁和编辑王楠楠在报告的统筹策划、编辑审校方面给予的专业而耐心的指导。我们将不断努力，对证券行业和资本市场进行更深入的研究，为中国资本市场发展做出贡献。同时，我们也期待社会各界对研究报告提出批评和改进意见，使我们的研究做得更好。

2018 年 8 月 12 日于烟台海滨

社会科学文献出版社　　　　　　　　　　　　皮书系列

❖ 皮书起源 ❖

"皮书"起源于十七、十八世纪的英国，主要指官方或社会组织正式发表的重要文件或报告，多以"白皮书"命名。在中国，"皮书"这一概念被社会广泛接受，并被成功运作、发展成为一种全新的出版形态，则源于中国社会科学院社会科学文献出版社。

❖ 皮书定义 ❖

皮书是对中国与世界发展状况和热点问题进行年度监测，以专业的角度、专家的视野和实证研究方法，针对某一领域或区域现状与发展态势展开分析和预测，具备原创性、实证性、专业性、连续性、前沿性、时效性等特点的公开出版物，由一系列权威研究报告组成。

❖ 皮书作者 ❖

皮书系列的作者以中国社会科学院、著名高校、地方社会科学院的研究人员为主，多为国内一流研究机构的权威专家学者，他们的看法和观点代表了学界对中国与世界的现实和未来最高水平的解读与分析。

❖ 皮书荣誉 ❖

皮书系列已成为社会科学文献出版社的著名图书品牌和中国社会科学院的知名学术品牌。2016年，皮书系列正式列入"十三五"国家重点出版规划项目；2013~2018年，重点皮书列入中国社会科学院承担的国家哲学社会科学创新工程项目；2018年，59种院外皮书使用"中国社会科学院创新工程学术出版项目"标识。

中国皮书网

（网址：www.pishu.cn）

发布皮书研创资讯，传播皮书精彩内容
引领皮书出版潮流，打造皮书服务平台

栏目设置

关于皮书：何谓皮书、皮书分类、皮书大事记、皮书荣誉、
皮书出版第一人、皮书编辑部

最新资讯：通知公告、新闻动态、媒体聚焦、网站专题、视频直播、下载专区

皮书研创：皮书规范、皮书选题、皮书出版、皮书研究、研创团队

皮书评奖评价：指标体系、皮书评价、皮书评奖

互动专区：皮书说、社科数托邦、皮书微博、留言板

所获荣誉

2008年、2011年，中国皮书网均在全国新闻出版业网站荣誉评选中获得"最具商业价值网站"称号；

2012年，获得"出版业网站百强"称号。

网库合一

2014年，中国皮书网与皮书数据库端口合一，实现资源共享。

权威报告·一手数据·特色资源

皮书数据库
ANNUAL REPORT(YEARBOOK) DATABASE

当代中国经济与社会发展高端智库平台

所获荣誉

- 2016年，入选"'十三五'国家重点电子出版物出版规划骨干工程"
- 2015年，荣获"搜索中国正能量 点赞2015""创新中国科技创新奖"
- 2013年，荣获"中国出版政府奖·网络出版物奖"提名奖
- 连续多年荣获中国数字出版博览会"数字出版·优秀品牌"奖

成为会员

通过网址www.pishu.com.cn访问皮书数据库网站或下载皮书数据库APP，进行手机号码验证或邮箱验证即可成为皮书数据库会员。

会员福利

- 使用手机号码首次注册的会员，账号自动充值100元体验金，可直接购买和查看数据库内容（仅限PC端）。
- 已注册用户购书后可免费获赠100元皮书数据库充值卡。刮开充值卡涂层获取充值密码，登录并进入"会员中心"—"在线充值"—"充值卡充值"，充值成功后即可购买和查看数据库内容（仅限PC端）。
- 会员福利最终解释权归社会科学文献出版社所有。

数据库服务热线：400-008-6695
数据库服务QQ：2475522410
数据库服务邮箱：database@ssap.cn
图书销售热线：010-59367070/7028
图书服务QQ：1265056568
图书服务邮箱：duzhe@ssap.cn

卡号：549655434364
密码：

S 基本子库
SUB DATABASE

中国社会发展数据库（下设 12 个子库）

全面整合国内外中国社会发展研究成果，汇聚独家统计数据、深度分析报告，涉及社会、人口、政治、教育、法律等 12 个领域，为了解中国社会发展动态、跟踪社会核心热点、分析社会发展趋势提供一站式资源搜索和数据分析与挖掘服务。

中国经济发展数据库（下设 12 个子库）

基于"皮书系列"中涉及中国经济发展的研究资料构建，内容涵盖宏观经济、农业经济、工业经济、产业经济等 12 个重点经济领域，为实时掌控经济运行态势、把握经济发展规律、洞察经济形势、进行经济决策提供参考和依据。

中国行业发展数据库（下设 17 个子库）

以中国国民经济行业分类为依据，覆盖金融业、旅游、医疗卫生、交通运输、能源矿产等 100 多个行业，跟踪分析国民经济相关行业市场运行状况和政策导向，汇集行业发展前沿资讯，为投资、从业及各种经济决策提供理论基础和实践指导。

中国区域发展数据库（下设 6 个子库）

对中国特定区域内的经济、社会、文化等领域现状与发展情况进行深度分析和预测，研究层级至县及县以下行政区，涉及地区、区域经济体、城市、农村等不同维度。为地方经济社会宏观态势研究、发展经验研究、案例分析提供数据服务。

中国文化传媒数据库（下设 18 个子库）

汇聚文化传媒领域专家观点、热点资讯，梳理国内外中国文化发展相关学术研究成果、一手统计数据，涵盖文化产业、新闻传播、电影娱乐、文学艺术、群众文化等 18 个重点研究领域。为文化传媒研究提供相关数据、研究报告和综合分析服务。

世界经济与国际关系数据库（下设 6 个子库）

立足"皮书系列"世界经济、国际关系相关学术资源，整合世界经济、国际政治、世界文化与科技、全球性问题、国际组织与国际法、区域研究 6 大领域研究成果，为世界经济与国际关系研究提供全方位数据分析，为决策和形势研判提供参考。

法律声明

"皮书系列"(含蓝皮书、绿皮书、黄皮书)之品牌由社会科学文献出版社最早使用并持续至今,现已被中国图书市场所熟知。"皮书系列"的相关商标已在中华人民共和国国家工商行政管理总局商标局注册,如LOGO( )、皮书、Pishu、经济蓝皮书、社会蓝皮书等。"皮书系列"图书的注册商标专用权及封面设计、版式设计的著作权均为社会科学文献出版社所有。未经社会科学文献出版社书面授权许可,任何使用与"皮书系列"图书注册商标、封面设计、版式设计相同或者近似的文字、图形或其组合的行为均系侵权行为。

经作者授权,本书的专有出版权及信息网络传播权等为社会科学文献出版社享有。未经社会科学文献出版社书面授权许可,任何就本书内容的复制、发行或以数字形式进行网络传播的行为均系侵权行为。

社会科学文献出版社将通过法律途径追究上述侵权行为的法律责任,维护自身合法权益。

欢迎社会各界人士对侵犯社会科学文献出版社上述权利的侵权行为进行举报。电话:010-59367121,电子邮箱:fawubu@ssap.cn。

社会科学文献出版社

社长致辞

蓦然回首，皮书的专业化历程已经走过了二十年。20年来从一个出版社的学术产品名称到媒体热词再到智库成果研创及传播平台，皮书以专业化为主线，进行了系列化、市场化、品牌化、数字化、国际化、平台化的运作，实现了跨越式的发展。特别是在党的十八大以后，以习近平总书记为核心的党中央高度重视新型智库建设，皮书也迎来了长足的发展，总品种达到600余种，经过专业评审机制、淘汰机制遴选，目前，每年稳定出版近400个品种。"皮书"已经成为中国新型智库建设的抓手，成为国际国内社会各界快速、便捷地了解真实中国的最佳窗口。

20年孜孜以求，"皮书"始终将自己的研究视野与经济社会发展中的前沿热点问题紧密相连。600个研究领域，3万多位分布于800个研究机构的专家学者参与了研创写作。皮书数据库中共收录了15万篇专业报告，50余万张数据图表，合计30亿字，每年报告下载量近80万次。皮书为中国学术与社会发展实践的结合提供了一个激荡智力、传播思想的入口，皮书作者们用学术的话语、客观翔实的数据谱写出了中国故事壮丽的篇章。

20年跬步千里，"皮书"始终将自己的发展与时代赋予的使命与责任紧紧相连。每年百余场新闻发布会，10万余次中外媒体报道，中、英、俄、日、韩等12个语种共同出版。皮书所具有的凝聚力正在形成一种无形的力量，吸引着社会各界关注中国的发展，参与中国的发展，它是我们向世界传递中国声音、总结中国经验、争取中国国际话语权最主要的平台。

皮书这一系列成就的取得，得益于中国改革开放的伟大时代，离不开来自中国社会科学院、新闻出版广电总局、全国哲学社会科学规划办公室等主管部门的大力支持和帮助，也离不开皮书研创者和出版者的共同努力。他们与皮书的故事创造了皮书的历史，他们对皮书的拳拳之心将继续谱写皮书的未来！

现在，"皮书"品牌已经进入了快速成长的青壮年时期。全方位进行规范化管理，树立中国的学术出版标准；不断提升皮书的内容质量和影响力，搭建起中国智库产品和智库建设的交流服务平台和国际传播平台；发布各类皮书指数，并使之成为中国指数，让中国智库的声音响彻世界舞台，为人类的发展做出中国的贡献——这是皮书未来发展的图景。作为"皮书"这个概念的提出者，"皮书"从一般图书到系列图书和品牌图书，最终成为智库研究和社会科学应用对策研究的知识服务和成果推广平台这整个过程的操盘者，我相信，这也是每一位皮书人执着追求的目标。

"当代中国正经历着我国历史上最为广泛而深刻的社会变革，也正在进行着人类历史上最为宏大而独特的实践创新。这种前无古人的伟大实践，必将给理论创造、学术繁荣提供强大动力和广阔空间。"

在这个需要思想而且一定能够产生思想的时代，皮书的研创出版一定能创造出新的更大的辉煌！

社会科学文献出版社社长
中国社会学会秘书长

2017年11月

社会科学文献出版社简介

社会科学文献出版社（以下简称"社科文献出版社"）成立于1985年，是直属于中国社会科学院的人文社会科学学术出版机构。成立至今，社科文献出版社始终依托中国社会科学院和国内外人文社会科学界丰厚的学术出版和专家学者资源，坚持"创library社经典，出传世文献"的出版理念、"权威、前沿、原创"的产品定位以及学术成果和智库成果出版的专业化、数字化、国际化、市场化的经营道路。

社科文献出版社是中国新闻出版业转型与文化体制改革的先行者。积极探索文化体制改革的先进方向和现代企业经营决策机制，社科文献出版社先后荣获"全国文化体制改革工作先进单位"、中国出版政府奖·先进出版单位奖、中国社会科学院先进集体、全国科普工作先进集体等荣誉称号。多人次荣获"第十届韬奋出版奖""全国新闻出版行业领军人才""数字出版先进人物""北京市新闻出版广电行业领军人才"等称号。

社科文献出版社是中国人文社会科学学术出版的大社名社，也是以皮书为代表的智库成果出版的专业强社。年出版图书2000余种，其中皮书400余种，出版新书字数5.5亿字，承印与发行中国社科院院属期刊72种，先后创立了皮书系列、列国志、中国史话、社科文献学术译库、社科文献学术文库、甲骨文书系等一大批既有学术影响又有市场价值的品牌，确立了在社会学、近代史、苏东问题研究等专业学科及领域出版的领先地位。图书多次荣获中国出版政府奖、"三个一百"原创图书出版工程、"五个'一'工程奖"、"大众喜爱的50种图书"等奖项，在中央国家机关"强素质·做表率"读书活动中，入选图书品种数位居各大出版社之首。

社科文献出版社是中国学术出版规范与标准的倡议者与制定者，代表全国50多家出版社发起实施学术著作出版规范的倡议，承担学术著作规范国家标准的起草工作，率先编撰完成《皮书手册》对皮书品牌进行规范化管理，并在此基础上推出中国版芝加哥手册——《社科文献出版社学术出版手册》。

社科文献出版社是中国数字出版的引领者，拥有皮书数据库、列国志数据库、"一带一路"数据库、减贫数据库、集刊数据库等4大产品线11个数据库产品，机构用户达1300余家，海外用户百余家，荣获"数字出版转型示范单位""新闻出版标准化先进单位""专业数字内容资源知识服务模式试点企业标准化示范单位"等称号。

社科文献出版社是中国学术出版走出去的践行者。社科文献出版社海外图书出版与学术合作业务遍及全球40余个国家和地区，并于2016年成立俄罗斯分社，累计输出图书500余种，涉及近20个语种，累计获得国家社科基金中华学术外译项目资助76种、"丝路书香工程"项目资助60种、中国图书对外推广计划项目资助71种以及经典中国国际出版工程资助28种，被五部委联合认定为"2015-2016年度国家文化出口重点企业"。

如今，社科文献出版社完全靠自身积累拥有固定资产3.6亿元，年收入3亿元，设置了七大出版分社、六大专业部门，成立了皮书研究院和博士后科研工作站，培养了一支近400人的高素质与高效率的编辑、出版、营销和国际推广队伍，为未来成为学术出版的大社、名社、强社，成为文化体制改革与文化企业转型发展的排头兵奠定了坚实的基础。

 宏观经济类

宏观经济类

经济蓝皮书
2018年中国经济形势分析与预测
李平 / 主编　2017年12月出版　定价：89.00元

◆ 本书为总理基金项目,由著名经济学家李扬领衔,联合中国社会科学院等数十家科研机构、国家部委和高等院校的专家共同撰写,系统分析了2017年的中国经济形势并预测2018年中国经济运行情况。

城市蓝皮书
中国城市发展报告 No.11
潘家华　单菁菁 / 主编　2018年9月出版　估价：99.00元

◆ 本书是由中国社会科学院城市发展与环境研究中心编著的,多角度、全方位地立体展示了中国城市的发展状况,并对中国城市的未来发展提出了许多建议。该书有强烈的时代感,对中国城市发展实践有重要的参考价值。

人口与劳动绿皮书
中国人口与劳动问题报告 No.19
张车伟 / 主编　2018年10月出版　估价：99.00元

◆ 本书为中国社会科学院人口与劳动经济研究所主编的年度报告,对当前中国人口与劳动形势做了比较全面和系统的深入讨论,为研究中国人口与劳动问题提供了一个专业性的视角。

宏观经济类・区域经济类

中国省域竞争力蓝皮书
中国省域经济综合竞争力发展报告（2017～2018）

李建平　李闽榕　高燕京/主编　2018年5月出版　估价：198.00元

◆ 本书融多学科的理论为一体，深入追踪研究了省域经济发展与中国国家竞争力的内在关系，为提升中国省域经济综合竞争力提供有价值的决策依据。

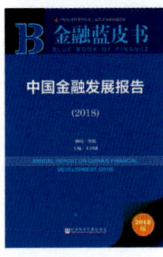

金融蓝皮书
中国金融发展报告（2018）

王国刚/主编　2018年6月出版　估价：99.00元

◆ 本书由中国社会科学院金融研究所组织编写，概括和分析了2017年中国金融发展和运行中的各方面情况，研讨和评论了2017年发生的主要金融事件，有利于读者了解掌握2017年中国的金融状况，把握2018年中国金融的走势。

区域经济类

京津冀蓝皮书
京津冀发展报告（2018）

祝合良　叶堂林　张贵祥/等著　2018年6月出版　估价：99.00元

◆ 本书遵循问题导向与目标导向相结合、统计数据分析与大数据分析相结合、纵向分析和长期监测与结构分析和综合监测相结合等原则，对京津冀协同发展新形势与新进展进行测度与评价。

 社会政法类

社会政法类

社会蓝皮书

2018年中国社会形势分析与预测

李培林　陈光金　张翼/主编　2017年12月出版　定价：89.00元

◆ 本书由中国社会科学院社会学研究所组织研究机构专家、高校学者和政府研究人员撰写，聚焦当下社会热点，对2017年中国社会发展的各个方面内容进行了权威解读，同时对2018年社会形势发展趋势进行了预测。

法治蓝皮书

中国法治发展报告No.16（2018）

李林　田禾/主编　2018年3月出版　定价：128.00元

◆ 本年度法治蓝皮书回顾总结了2017年度中国法治发展取得的成就和存在的不足，对中国政府、司法、检务透明度进行了跟踪调研，并对2018年中国法治发展形势进行了预测和展望。

教育蓝皮书

中国教育发展报告（2018）

杨东平/主编　2018年3月出版　定价：89.00元

◆ 本书重点关注了2017年教育领域的热点，资料翔实，分析有据，既有专题研究，又有实践案例，从多角度对2017年教育改革和实践进行了分析和研究。

皮书系列重点推荐　社会政法类

社会体制蓝皮书
中国社会体制改革报告 No.6（2018）

龚维斌/主编　2018年3月出版　定价：98.00元

◆ 本书由国家行政学院社会治理研究中心和北京师范大学中国社会管理研究院共同组织编写，主要对2017年社会体制改革情况进行回顾和总结，对2018年的改革走向进行分析，提出相关政策建议。

社会心态蓝皮书
中国社会心态研究报告（2018）

王俊秀　杨宜音/主编　2018年12月出版　估价：99.00元

◆ 本书是中国社会科学院社会学研究所社会心理研究中心"社会心态蓝皮书课题组"的年度研究成果，运用社会心理学、社会学、经济学、传播学等多种学科的方法进行了调查和研究，对于目前中国社会心态状况有较广泛和深入的揭示。

华侨华人蓝皮书
华侨华人研究报告（2018）

贾益民/主编　2017年12月出版　估价：139.00元

◆ 本书关注华侨华人生产与生活的方方面面。华侨华人是中国建设21世纪海上丝绸之路的重要中介者、推动者和参与者。本书旨在全面调研华侨华人，提供最新涉侨动态、理论研究成果和政策建议。

民族发展蓝皮书
中国民族发展报告（2018）

王延中/主编　2018年10月出版　估价：188.00元

◆ 本书从民族学人类学视角，研究近年来少数民族和民族地区的发展情况，展示民族地区经济、政治、文化、社会和生态文明"五位一体"建设取得的辉煌成就和面临的困难挑战，为深刻理解中央民族工作会议精神、加快民族地区全面建成小康社会进程提供了实证材料。

产业经济类·行业及其他类

产业经济类

房地产蓝皮书
中国房地产发展报告 No.15（2018）

李春华 王业强 / 主编　2018 年 5 月出版　估价：99.00 元

◆ 2018 年《房地产蓝皮书》持续追踪中国房地产市场最新动态，深度剖析市场热点，展望 2018 年发展趋势，积极谋划应对策略。对 2017 年房地产市场的发展态势进行全面、综合的分析。

新能源汽车蓝皮书
中国新能源汽车产业发展报告（2018）

中国汽车技术研究中心　日产（中国）投资有限公司
东风汽车有限公司 / 编著　2018 年 8 月出版　估价：99.00 元

◆ 本书对中国 2017 年新能源汽车产业发展进行了全面系统的分析，并介绍了国外的发展经验。有助于相关机构、行业和社会公众等了解中国新能源汽车产业发展的最新动态，为政府部门出台新能源汽车产业相关政策法规、企业制定相关战略规划，提供必要的借鉴和参考。

行业及其他类

旅游绿皮书
2017~2018 年中国旅游发展分析与预测

中国社会科学院旅游研究中心 / 编　2018 年 1 月出版　定价：99.00 元

◆ 本书从政策、产业、市场、社会等多个角度勾画出 2017 年中国旅游发展全貌，剖析了其中的热点和核心问题，并就未来发展作出预测。

行业及其他类

民营医院蓝皮书
中国民营医院发展报告（2018）

薛晓林 / 主编　2018 年 11 月出版　估价：99.00 元

◆ 本书在梳理国家对社会办医的各种利好政策的前提下，对我国民营医疗发展现状、我国民营医院竞争力进行了分析，并结合我国医疗体制改革对民营医院的发展趋势、发展策略、战略规划等方面进行了预估。

会展蓝皮书
中外会展业动态评估研究报告（2018）

张敏 / 主编　2018 年 12 月出版　估价：99.00 元

◆ 本书回顾了 2017 年的会展业发展动态，结合"供给侧改革"、"互联网+"、"绿色经济"的新形势分析了我国展会的行业现状，并介绍了国外的发展经验，有助于行业和社会了解最新的展会业动态。

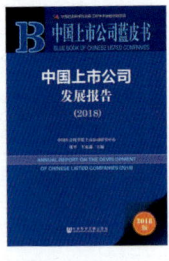

中国上市公司蓝皮书
中国上市公司发展报告（2018）

张平　王宏淼 / 主编　2018 年 9 月出版　估价：99.00 元

◆ 本书由中国社会科学院上市公司研究中心组织编写的，着力于全面、真实、客观反映当前中国上市公司财务状况和价值评估的综合性年度报告。本书详尽分析了 2017 年中国上市公司情况，特别是现实中暴露出的制度性、基础性问题，并对资本市场改革进行了探讨。

工业和信息化蓝皮书
人工智能发展报告（2017~2018）

尹丽波 / 主编　2018 年 6 月出版　估价：99.00 元

◆ 本书国家工业信息安全发展研究中心在对 2017 年全球人工智能技术和产业进行全面跟踪研究基础上形成的研究报告。该报告内容翔实、视角独特，具有较强的产业发展前瞻性和预测性，可为相关主管部门、行业协会、企业等全面了解人工智能发展形势以及进行科学决策提供参考。

国际问题与全球治理类

皮书系列
重点推荐

国际问题与全球治理类

世界经济黄皮书

2018年世界经济形势分析与预测

张宇燕 / 主编　2018年1月出版　定价：99.00元

◆ 本书由中国社会科学院世界经济与政治研究所的研究团队撰写，分总论、国别与地区、专题、热点、世界经济统计与预测等五个部分，对2018年世界经济形势进行了分析。

国际城市蓝皮书

国际城市发展报告（2018）

屠启宇 / 主编　2018年2月出版　定价：89.00元

◆ 本书作者以上海社会科学院从事国际城市研究的学者团队为核心，汇集同济大学、华东师范大学、复旦大学、上海交通大学、南京大学、浙江大学相关城市研究专业学者。立足动态跟踪介绍国际城市发展时间中，最新出现的重大战略、重大理念、重大项目、重大报告和最佳案例。

非洲黄皮书

非洲发展报告 No.20（2017～2018）

张宏明 / 主编　2018年7月出版　估价：99.00元

◆ 本书是由中国社会科学院西亚非洲研究所组织编撰的非洲形势年度报告，比较全面、系统地分析了2017年非洲政治形势和热点问题，探讨了非洲经济形势和市场走向，剖析了大国对非洲关系的新动向；此外，还介绍了国内非洲研究的新成果。

国别类

美国蓝皮书
美国研究报告（2018）

郑秉文 黄平 / 主编　2018 年 5 月出版　估价：99.00 元

◆ 本书是由中国社会科学院美国研究所主持完成的研究成果，它回顾了美国 2017 年的经济、政治形势与外交战略，对美国内政外交发生的重大事件及重要政策进行了较为全面的回顾和梳理。

德国蓝皮书
德国发展报告（2018）

郑春荣 / 主编　2018 年 6 月出版　估价：99.00 元

◆ 本报告由同济大学德国研究所组织编撰，由该领域的专家学者对德国的政治、经济、社会文化、外交等方面的形势发展情况，进行全面的阐述与分析。

俄罗斯黄皮书
俄罗斯发展报告（2018）

李永全 / 编著　2018 年 6 月出版　估价：99.00 元

◆ 本书系统介绍了 2017 年俄罗斯经济政治情况，并对 2016 年该地区发生的焦点、热点问题进行了分析与回顾；在此基础上，对该地区 2018 年的发展前景进行了预测。

 文化传媒类 | 皮书系列 重点推荐

文 化 传 媒 类

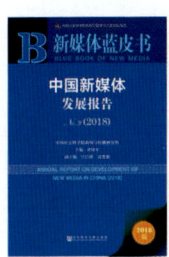

新媒体蓝皮书

中国新媒体发展报告 No.9（2018）

唐绪军 / 主编　2018年6月出版　估价：99.00元

◆ 本书是由中国社会科学院新闻与传播研究所组织编写的关于新媒体发展的最新年度报告，旨在全面分析中国新媒体的发展现状，解读新媒体的发展趋势，探析新媒体的深刻影响。

移动互联网蓝皮书

中国移动互联网发展报告（2018）

余清楚 / 主编　2018年6月出版　估价：99.00元

◆ 本书着眼于对2017年度中国移动互联网的发展情况做深入解析，对未来发展趋势进行预测，力求从不同视角、不同层面全面剖析中国移动互联网发展的现状、年度突破及热点趋势等。

文化蓝皮书

中国文化消费需求景气评价报告（2018）

王亚南 / 主编　2018年3月出版　定价：99.00元

◆ 本书首创全国文化发展量化检测评价体系，也是至今全国唯一的文化民生量化检测评价体系，对于检验全国及各地"以人民为中心"的文化发展具有首创意义。

皮书系列 重点推荐　地方发展类

地方发展类

北京蓝皮书
北京经济发展报告（2017～2018）

杨松 / 主编　2018年6月出版　估价：99.00元

◆ 本书对2017年北京市经济发展的整体形势进行了系统性的分析与回顾，并对2018年经济形势走势进行了预测与研判，聚焦北京市经济社会发展中的全局性、战略性和关键领域的重点问题，运用定量和定性分析相结合的方法，对北京市经济社会发展的现状、问题、成因进行了深入分析，提出了可操作性的对策建议。

温州蓝皮书
2018年温州经济社会形势分析与预测

蒋儒标　王春光　金浩 / 主编　2018年6月出版　估价：99.00元

◆ 本书是中共温州市委党校和中国社会科学院社会学研究所合作推出的第十一本温州蓝皮书，由来自党校、政府部门、科研机构、高校的专家、学者共同撰写的2017年温州区域发展形势的最新研究成果。

黑龙江蓝皮书
黑龙江社会发展报告（2018）

王爱丽 / 主编　2018年1月出版　定价：89.00元

◆ 本书以千份随机抽样问卷调查和专题研究为依据，运用社会学理论框架和分析方法，从专家和学者的独特视角，对2017年黑龙江省关系民生的问题进行广泛的调研与分析，并对2017年黑龙江省诸多社会热点和焦点问题进行了有益的探索。这些研究不仅可以为政府部门更加全面深入了解省情、科学制定决策提供智力支持，同时也可以为广大读者认识、了解、关注黑龙江社会发展提供理性思考。

宏观经济类

城市蓝皮书
中国城市发展报告（No.11）
著(编)者：潘家华 单菁菁
2018年9月出版 / 估价：99.00元
PSN B-2007-091-1/1

城乡一体化蓝皮书
中国城乡一体化发展报告（2018）
著(编)者：付崇兰
2018年9月出版 / 估价：99.00元
PSN B-2011-226-1/2

城镇化蓝皮书
中国新型城镇化健康发展报告（2018）
著(编)者：张占斌
2018年8月出版 / 估价：99.00元
PSN B-2014-396-1/1

创新蓝皮书
创新型国家建设报告（2018~2019）
著(编)者：詹正茂
2018年12月出版 / 估价：99.00元
PSN B-2009-140-1/1

低碳发展蓝皮书
中国低碳发展报告（2018）
著(编)者：张希良 齐晔
2018年6月出版 / 估价：99.00元
PSN B-2011-223-1/1

低碳经济蓝皮书
中国低碳经济发展报告（2018）
著(编)者：薛进军 赵忠秀
2018年11月出版 / 估价：99.00元
PSN B-2011-194-1/1

发展和改革蓝皮书
中国经济发展和体制改革报告No.9
著(编)者：邹东涛 王再文
2018年1月出版 / 估价：99.00元
PSN B-2008-122-1/1

国家创新蓝皮书
中国创新发展报告（2017）
著(编)者：陈劲 2018年5月出版 / 估价：99.00元
PSN B-2014-370-1/1

金融蓝皮书
中国金融发展报告（2018）
著(编)者：王国刚
2018年6月出版 / 估价：99.00元
PSN B-2004-031-1/7

经济蓝皮书
2018年中国经济形势分析与预测
著(编)者：李平 2017年12月出版 / 定价：89.00元
PSN B-1996-001-1/1

经济蓝皮书春季号
2018年中国经济前景分析
著(编)者：李扬 2018年5月出版 / 估价：99.00元
PSN B-1999-008-1/1

经济蓝皮书夏季号
中国经济增长报告（2017~2018）
著(编)者：李扬 2018年9月出版 / 估价：99.00元
PSN B-2010-176-1/1

农村绿皮书
中国农村经济形势分析与预测（2017~2018）
著(编)者：魏后凯 黄秉信
2018年4月出版 / 估价：99.00元
PSN G-1998-003-1/1

人口与劳动绿皮书
中国人口与劳动问题报告No.19
著(编)者：张车伟 2018年11月出版 / 估价：99.00元
PSN G-2000-012-1/1

新型城镇化蓝皮书
新型城镇化发展报告（2017）
著(编)者：李伟 宋敏
2018年3月出版 / 定价：98.00元
PSN B-2005-038-1/1

中国省域竞争力蓝皮书
中国省域经济综合竞争力发展报告（2016~2017）
著(编)者：李建平 李闽榕
2018年2月出版 / 定价：198.00元
PSN B-2007-088-1/1

中小城市绿皮书
中国中小城市发展报告（2018）
著(编)者：中国城市经济学会中小城市经济发展委员会
中国城镇化促进会中小城市发展委员会
《中国中小城市发展报告》编纂委员会
中小城市发展战略研究院
2018年11月出版 / 估价：128.00元
PSN G-2010-161-1/1

皮书系列 2018全品种
区域经济类 · 社会政法类

区域经济类

东北蓝皮书
中国东北地区发展报告（2018）
著（编）者：姜晓秋　2018年11月出版／估价：99.00元
PSN B-2006-067-1/1

金融蓝皮书
中国金融中心发展报告（2017~2018）
著（编）者：王力 黄育华　2018年11月出版／估价：99.00元
PSN B-2011-186-6/7

京津冀蓝皮书
京津冀发展报告（2018）
著（编）者：祝合良 叶堂林 张贵祥
2018年6月出版／定价：99.00元
PSN B-2012-262-1/1

西北蓝皮书
中国西北发展报告（2018）
著（编）者：王福生 马廷旭 董秋生
2018年1月出版／定价：99.00元
PSN B-2012-261-1/1

西部蓝皮书
中国西部发展报告（2018）
著（编）者：璋勇 任保平　2018年8月出版／估价：99.00元
PSN B-2005-039-1/1

长江经济带产业蓝皮书
长江经济带产业发展报告（2018）
著（编）者：吴传清　2018年11月出版／估价：128.00元
PSN B-2017-666-1/1

长江经济带蓝皮书
长江经济带发展报告（2017~2018）
著（编）者：王振　2018年11月出版／估价：99.00元
PSN B-2016-575-1/1

长江中游城市群蓝皮书
长江中游城市群新型城镇化与产业协同发展报告（2018）
著（编）者：杨刚强　2018年11月出版／估价：99.00元
PSN B-2016-578-1/1

长三角蓝皮书
2017年创新融合发展的长三角
著（编）者：刘飞跃　2018年5月出版／估价：99.00元
PSN B-2005-038-1/1

长株潭城市群蓝皮书
长株潭城市群发展报告（2017）
著（编）者：张萍 朱有志　2018年6月出版／定价：99.00元
PSN B-2008-109-1/1

特色小镇蓝皮书
特色小镇智慧运营报告（2018）：顶层设计与智慧架构标准
著（编）者：陈劲　2018年1月出版／定价：79.00元
PSN B-2018-692-1/1

中部竞争力蓝皮书
中国中部经济社会竞争力报告（2018）
著（编）者：教育部人文社会科学重点研究基地南昌大学中国中部经济社会发展研究中心
2018年12月出版／估价：99.00元
PSN B-2012-276-1/1

中部蓝皮书
中国中部地区发展报告（2018）
著（编）者：宋亚平　2018年12月出版／估价：99.00元
PSN B-2007-089-1/1

区域蓝皮书
中国区域经济发展报告（2017~2018）
著（编）者：赵弘　2018年5月出版／估价：99.00元
PSN B-2004-034-1/1

中三角蓝皮书
长江中游城市群发展报告（2018）
著（编）者：秦尊文　2018年9月出版／估价：99.00元
PSN B-2014-417-1/1

中原蓝皮书
中原经济区发展报告（2018）
著（编）者：李英杰　2018年6月出版／估价：99.00元
PSN B-2011-192-1/1

珠三角流通蓝皮书
珠三角商圈发展研究报告（2018）
著（编）者：王先庆 林至颖　2018年7月出版／估价：99.00元
PSN B-2012-292-1/1

社会政法类

北京蓝皮书
中国社区发展报告（2017~2018）
著（编）者：于燕　2018年9月出版／估价：99.00元
PSN B-2007-083-5/8

殡葬绿皮书
中国殡葬事业发展报告（2017~2018）
著（编）者：李伯森　2018年6月出版／估价：158.00元
PSN G-2010-180-1/1

城市管理蓝皮书
中国城市管理报告（2017-2018）
著（编）者：刘林 刘承水　2018年5月出版／估价：158.00元
PSN B-2013-336-1/1

城市生活质量蓝皮书
中国城市生活质量报告（2017）
著（编）者：张连城 张平 杨春学 郎丽华
2017年12月出版／定价：89.00元
PSN B-2013-326-1/1

皮书系列 2018全品种 社会政法类

城市政府能力蓝皮书
中国城市政府公共服务能力评估报告（2018）
著（编）者：何艳玲　2018年5月出版／估价：99.00元
PSN B-2013-338-1/1

创业蓝皮书
中国创业发展研究报告（2017~2018）
著（编）者：黄群慧　赵卫星　钟宏武
2018年11月出版／估价：99.00元
PSN B-2016-577-1/1

慈善蓝皮书
中国慈善发展报告（2018）
著（编）者：杨团　2018年6月出版／估价：99.00元
PSN B-2009-142-1/1

党建蓝皮书
党的建设研究报告No.2（2018）
著（编）者：崔建民　陈东平　2018年6月出版／估价：99.00元
PSN B-2016-523-1/1

地方法治蓝皮书
中国地方法治发展报告No.3（2018）
著（编）者：李林　田禾　2018年6月出版／估价：118.00元
PSN B-2015-442-1/1

电子政务蓝皮书
中国电子政务发展报告（2018）
著（编）者：李季　2018年8月出版／估价：99.00元
PSN B-2003-022-1/1

儿童蓝皮书
中国儿童参与状况报告（2017）
著（编）者：苑立新　2017年12月出版／定价：89.00元
PSN B-2017-682-1/1

法治蓝皮书
中国法治发展报告No.16（2018）
著（编）者：李林　田禾　2018年3月出版／定价：128.00元
PSN B-2004-027-1/3

法治蓝皮书
中国法院信息化发展报告No.2（2018）
著（编）者：李林　田禾　2018年2月出版／定价：118.00元
PSN B-2017-604-3/3

法治政府蓝皮书
中国法治政府发展报告（2017）
著（编）者：中国政法大学法治政府研究院
2018年3月出版／定价：158.00元
PSN B-2015-502-1/2

法治政府蓝皮书
中国法治政府评估报告（2018）
著（编）者：中国政法大学法治政府研究院
2018年9月出版／估价：168.00元
PSN B-2016-576-2/2

反腐倡廉蓝皮书
中国反腐倡廉建设报告No.8
著（编）者：张英伟　2018年12月出版／估价：99.00元
PSN B-2012-259-1/1

扶贫蓝皮书
中国扶贫开发报告（2018）
著（编）者：李培林　魏后凯　2018年12月出版／估价：128.00元
PSN B-2016-599-1/1

妇女发展蓝皮书
中国妇女发展报告No.6
著（编）者：王金玲　2018年9月出版／估价：158.00元
PSN B-2006-069-1/1

妇女教育蓝皮书
中国妇女教育发展报告No.3
著（编）者：张李玺　2018年10月出版／估价：99.00元
PSN B-2008-121-1/1

妇女绿皮书
2018年：中国性别平等与妇女发展报告
著（编）者：谭琳　2018年12月出版／估价：99.00元
PSN G-2006-073-1/1

公共安全蓝皮书
中国城市公共安全发展报告（2017~2018）
著（编）者：黄育华　杨文明　赵建辉
2018年6月出版／估价：99.00元
PSN B-2017-628-1/1

公共服务蓝皮书
中国城市基本公共服务力评价（2018）
著（编）者：钟君　刘志昌　吴正晶
2018年12月出版／估价：99.00元
PSN B-2011-214-1/1

公民科学素质蓝皮书
中国公民科学素质报告（2017~2018）
著（编）者：李群　陈雄　马宗文
2017年12月出版／估价：89.00元
PSN B-2014-379-1/1

公益蓝皮书
中国公益慈善发展报告（2016）
著（编）者：朱健刚　胡小军　2018年6月出版／估价：99.00元
PSN B-2012-283-1/1

国际人才蓝皮书
中国国际移民报告（2018）
著（编）者：王辉耀　2018年6月出版／估价：99.00元
PSN B-2012-304-3/4

国际人才蓝皮书
中国留学发展报告（2018）No.7
著（编）者：王辉耀　苗绿　2018年12月出版／估价：99.00元
PSN B-2012-244-2/4

海洋社会蓝皮书
中国海洋社会发展报告（2017）
著（编）者：崔凤　宋宁而　2018年3月出版／定价：99.00元
PSN B-2015-478-1/1

行政改革蓝皮书
中国行政体制改革报告No.7（2018）
著（编）者：魏礼群　2018年6月出版／估价：99.00元
PSN B-2011-231-1/1

皮书系列 2018全品种 社会政法类

华侨华人蓝皮书
华侨华人研究报告（2017）
著（编）者：张禹东 庄国土　2017年12月出版 / 定价：148.00元
PSN B-2011-204-1/1

互联网与国家治理蓝皮书
互联网与国家治理发展报告（2017）
著（编）者：张志安　2018年1月出版 / 定价：98.00元
PSN B-2017-671-1/1

环境管理蓝皮书
中国环境管理发展报告（2017）
著（编）者：李金惠　2017年12月出版 / 定价：98.00元
PSN B-2017-635-1/1

环境竞争力绿皮书
中国省域环境竞争力发展报告（2018）
著（编）者：李建平 李闽榕 王金南
2018年11月出版 / 估价：198.00元
PSN G-2010-165-1/1

环境绿皮书
中国环境发展报告（2017~2018）
著（编）者：李波　2018年6月出版 / 估价：99.00元
PSN G-2006-048-1/1

家庭蓝皮书
中国"创建幸福家庭活动"评估报告（2018）
著（编）者：国务院发展研究中心"创建幸福家庭活动评估"课题组
2018年12月出版 / 估价：99.00元
PSN B-2015-508-1/1

健康城市蓝皮书
中国健康城市建设研究报告（2018）
著（编）者：王鸿春 盛继洪　2018年12月出版 / 估价：99.00元
PSN B-2016-564-2/2

健康中国蓝皮书
社区首诊与健康中国分析报告（2018）
著（编）者：高和荣 杨叔禹 姜杰
2018年6月出版 / 估价：99.00元
PSN B-2017-611-1/1

教师蓝皮书
中国中小学教师发展报告（2017）
著（编）者：曾晓东 鱼霞
2018年6月出版 / 估价：99.00元
PSN B-2012-289-1/1

教育扶贫蓝皮书
中国教育扶贫报告（2018）
著（编）者：司树杰 王文静 李兴洲
2018年12月出版 / 估价：99.00元
PSN B-2016-590-1/1

教育蓝皮书
中国教育发展报告（2018）
著（编）者：杨东平　2018年3月出版 / 定价：89.00元
PSN B-2006-047-1/1

金融法治建设蓝皮书
中国金融法治建设年度报告（2015~2016）
著（编）者：朱小黄　2018年6月出版 / 估价：99.00元
PSN B-2017-633-1/1

京津冀教育蓝皮书
京津冀教育发展研究报告（2017~2018）
著（编）者：方中雄　2018年6月出版 / 估价：99.00元
PSN B-2017-608-1/1

就业蓝皮书
2018年中国本科生就业报告
著（编）者：麦可思研究院　2018年6月出版 / 估价：99.00元
PSN B-2009-146-1/2

就业蓝皮书
2018年中国高职高专生就业报告
著（编）者：麦可思研究院　2018年6月出版 / 估价：99.00元
PSN B-2015-472-2/2

科学教育蓝皮书
中国科学教育发展报告（2018）
著（编）者：王康友　2018年10月出版 / 估价：99.00元
PSN B-2015-487-1/1

劳动保障蓝皮书
中国劳动保障发展报告（2018）
著（编）者：刘燕斌　2018年9月出版 / 估价：158.00元
PSN B-2014-415-1/1

老龄蓝皮书
中国老年宜居环境发展报告（2017）
著（编）者：党俊武 周燕珉　2018年6月出版 / 估价：99.00元
PSN B-2013-320-1/1

连片特困区蓝皮书
中国连片特困区发展报告（2017~2018）
著（编）者：游俊 冷志明 丁建军
2018年6月出版 / 估价：99.00元
PSN B-2013-321-1/1

流动儿童蓝皮书
中国流动儿童教育发展报告（2017）
著（编）者：杨东平　2018年6月出版 / 估价：99.00元
PSN B-2017-600-1/1

民调蓝皮书
中国民生调查报告（2018）
著（编）者：谢耘耕　2018年12月出版 / 估价：99.00元
PSN B-2014-398-1/1

民族发展蓝皮书
中国民族发展报告（2018）
著（编）者：王延中　2018年10月出版 / 估价：188.00元
PSN B-2006-070-1/1

女性生活蓝皮书
中国女性生活状况报告No.12（2018）
著（编）者：高博燕　2018年7月出版 / 估价：99.00元
PSN B-2006-071-1/1

社会政法类 皮书系列 2018全品种

汽车社会蓝皮书
中国汽车社会发展报告（2017~2018）
著(编)者：王俊秀　2018年6月出版 / 估价：99.00元
PSN B-2011-224-1/1

青年蓝皮书
中国青年发展报告（2018）No.3
著(编)者：廉思　2018年6月出版 / 估价：99.00元
PSN B-2013-333-1/1

青少年蓝皮书
中国未成年人互联网运用报告（2017~2018）
著(编)者：季为民　李文革　沈杰
2018年11月出版 / 估价：99.00元
PSN B-2010-156-1/1

人权蓝皮书
中国人权事业发展报告No.8（2018）
著(编)者：李君如　2018年9月出版 / 估价：99.00元
PSN B-2011-215-1/1

社会保障绿皮书
中国社会保障发展报告No.9（2018）
著(编)者：王延中　2018年6月出版 / 估价：99.00元
PSN G-2001-014-1/1

社会风险评估蓝皮书
风险评估与危机预警报告（2017~2018）
著(编)者：唐钧　2018年8月出版 / 估价：99.00元
PSN B-2012-293-1/1

社会工作蓝皮书
中国社会工作发展报告（2016~2017）
著(编)者：民政部社会工作研究中心
2018年8月出版 / 估价：99.00元
PSN B-2009-141-1/1

社会管理蓝皮书
中国社会管理创新报告No.6
著(编)者：连玉明　2018年11月出版 / 估价：99.00元
PSN B-2012-300-1/1

社会蓝皮书
2018年中国社会形势分析与预测
著(编)者：李培林　陈光金　张翼
2017年12月出版 / 定价：89.00元
PSN B-1998-002-1/1

社会体制蓝皮书
中国社会体制改革报告No.6（2018）
著(编)者：龚维斌　2018年3月出版 / 定价：98.00元
PSN B-2013-330-1/1

社会心态蓝皮书
中国社会心态研究报告（2018）
著(编)者：王俊秀　2018年12月出版 / 估价：99.00元
PSN B-2011-199-1/1

社会组织蓝皮书
中国社会组织报告（2017-2018）
著(编)者：黄晓勇　2018年6月出版 / 估价：99.00元
PSN B-2008-118-1/2

社会组织蓝皮书
中国社会组织评估发展报告（2018）
著(编)者：徐家良　2018年12月出版 / 估价：99.00元
PSN B-2013-366-2/2

生态城市绿皮书
中国生态城市建设发展报告（2018）
著(编)者：刘举科　孙伟平　胡文臻
2018年9月出版 / 估价：158.00元
PSN G-2012-269-1/1

生态文明绿皮书
中国省域生态文明建设评价报告（ECI 2018）
著(编)者：严耕　2018年12月出版 / 估价：99.00元
PSN G-2010-170-1/1

退休生活蓝皮书
中国城市居民退休生活质量指数报告（2017）
著(编)者：杨一帆　2018年6月出版 / 估价：99.00元
PSN B-2017-618-1/1

危机管理蓝皮书
中国危机管理报告（2018）
著(编)者：文学国　范正青
2018年8月出版 / 估价：99.00元
PSN B-2010-171-1/1

学会蓝皮书
2018年中国学会发展报告
著(编)者：麦可思研究院　2018年12月出版 / 估价：99.00元
PSN B-2016-597-1/1

医改蓝皮书
中国医药卫生体制改革报告（2017~2018）
著(编)者：文学国　房志武
2018年11月出版 / 估价：99.00元
PSN B-2014-432-1/1

应急管理蓝皮书
中国应急管理报告（2018）
著(编)者：宋英华　2018年9月出版 / 估价：99.00元
PSN B-2016-562-1/1

政府绩效评估蓝皮书
中国地方政府绩效评估报告 No.2
著(编)者：贠杰　2018年12月出版 / 估价：99.00元
PSN B-2017-672-1/1

政治参与蓝皮书
中国政治参与报告（2018）
著(编)者：房宁　2018年8月出版 / 估价：128.00元
PSN B-2011-200-1/1

政治文化蓝皮书
中国政治文化报告（2018）
著(编)者：邢元敏　魏大鹏　龚克
2018年8月出版 / 估价：128.00元
PSN B-2017-615-1/1

中国传统村落蓝皮书
中国传统村落保护现状报告（2018）
著(编)者：胡彬彬　李向军　王晓波
2018年12月出版 / 估价：99.00元
PSN B-2017-663-1/1

皮书系列 2018全品种　社会政法类·产业经济类

中国农村妇女发展蓝皮书
农村流动女性城市生活发展报告（2018）
著（编）者：谢丽华　2018年12月出版 / 估价：99.00元
PSN B-2014-434-1/1

宗教蓝皮书
中国宗教报告（2017）
著（编）者：邱永辉　2018年8月出版 / 估价：99.00元
PSN B-2008-117-1/1

产业经济类

保健蓝皮书
中国保健服务产业发展报告 No.2
著（编）者：中国保健协会　中共中央党校
2018年7月出版 / 估价：198.00元
PSN B-2012-272-3/3

保健蓝皮书
中国保健食品产业发展报告 No.2
著（编）者：中国保健协会
　　　　　中国社会科学院食品药品产业发展与监管研究中心
2018年8月出版 / 估价：198.00元
PSN B-2012-271-2/3

保健蓝皮书
中国保健用品产业发展报告 No.2
著（编）者：中国保健协会
　　　　　国务院国有资产监督管理委员会研究中心
2018年6月出版 / 估价：198.00元
PSN B-2012-270-1/3

保险蓝皮书
中国保险业竞争力报告（2018）
著（编）者：保监会　2018年12月出版 / 估价：99.00元
PSN B-2013-311-1/1

冰雪蓝皮书
中国冰上运动产业发展报告（2018）
著（编）者：孙承华　杨占武　刘戈　张鸿俊
2018年9月出版 / 估价：99.00元
PSN B-2017-648-3/3

冰雪蓝皮书
中国滑雪产业发展报告（2018）
著（编）者：孙承华　伍斌　魏庆华　张鸿俊
2018年9月出版 / 估价：99.00元
PSN B-2016-559-1/3

餐饮产业蓝皮书
中国餐饮产业发展报告（2018）
著（编）者：邢颖
2018年6月出版 / 估价：99.00元
PSN B-2009-151-1/1

茶业蓝皮书
中国茶产业发展报告（2018）
著（编）者：杨江帆　李闽榕
2018年10月出版 / 估价：99.00元
PSN B-2010-164-1/1

产业安全蓝皮书
中国文化产业安全报告（2018）
著（编）者：北京印刷学院文化产业安全研究院
2018年12月出版 / 估价：99.00元
PSN B-2014-378-12/14

产业安全蓝皮书
中国新媒体产业安全报告（2016~2017）
著（编）者：肖丽　2018年6月出版 / 估价：99.00元
PSN B-2015-500-14/14

产业安全蓝皮书
中国出版传媒产业安全报告（2017~2018）
著（编）者：北京印刷学院文化产业安全研究院
2018年6月出版 / 估价：99.00元
PSN B-2014-384-13/14

产业蓝皮书
中国产业竞争力报告（2018）No.8
著（编）者：张其仔　2018年12月出版 / 估价：168.00元
PSN B-2010-175-1/1

动力电池蓝皮书
中国新能源汽车动力电池产业发展报告（2018）
著（编）者：中国汽车技术研究中心
2018年8月出版 / 估价：99.00元
PSN B-2017-639-1/1

杜仲产业绿皮书
中国杜仲橡胶资源与产业发展报告（2017~2018）
著（编）者：杜红岩　胡文臻　俞锐
2018年6月出版 / 估价：99.00元
PSN G-2013-350-1/1

房地产蓝皮书
中国房地产发展报告No.15（2018）
著（编）者：李春华　王业强
2018年5月出版 / 估价：99.00元
PSN B-2004-028-1/1

服务外包蓝皮书
中国服务外包产业发展报告（2017~2018）
著（编）者：王晓红　刘德军
2018年6月出版 / 估价：99.00元
PSN B-2013-331-2/2

服务外包蓝皮书
中国服务外包竞争力报告（2017~2018）
著（编）者：刘春生　王力　黄育华
2018年12月出版 / 估价：99.00元
PSN B-2011-216-1/2

产业经济类 — 皮书系列 2018全品种

工业和信息化蓝皮书
世界信息技术产业发展报告（2017~2018）
著（编）者：尹丽波　2018年6月出版 / 估价：99.00元
PSN B-2015-449-2/6

工业和信息化蓝皮书
战略性新兴产业发展报告（2017~2018）
著（编）者：尹丽波　2018年6月出版 / 估价：99.00元
PSN B-2015-450-3/6

海洋经济蓝皮书
中国海洋经济发展报告（2015~2018）
著（编）者：殷克东　高金田　方胜民
2018年3月出版 / 定价：128.00元
PSN B-2018-697-1/1

康养蓝皮书
中国康养产业发展报告（2017）
著（编）者：何莽　2017年12月出版 / 定价：88.00元
PSN B-2017-685-1/1

客车蓝皮书
中国客车产业发展报告（2017~2018）
著（编）者：姚蔚　2018年10月出版 / 估价：99.00元
PSN B-2013-361-1/1

流通蓝皮书
中国商业发展报告（2018~2019）
著（编）者：王雪峰　林诗慧
2018年7月出版 / 估价：99.00元
PSN B-2009-152-1/2

能源蓝皮书
中国能源发展报告（2018）
著（编）者：崔民选　王军生　陈义和
2018年12月出版 / 估价：99.00元
PSN B-2006-049-1/1

农产品流通蓝皮书
中国农产品流通产业发展报告（2017）
著（编）者：贾敬敦　张东科　张玉玺　张鹏毅　周伟
2018年6月出版 / 估价：99.00元
PSN B-2012-288-1/1

汽车工业蓝皮书
中国汽车工业发展年度报告（2018）
著（编）者：中国汽车工业协会
　　　　　中国汽车技术研究中心
　　　　　丰田汽车公司
2018年5月出版 / 估价：168.00元
PSN B-2015-463-1/2

汽车工业蓝皮书
中国汽车零部件产业发展报告（2017~2018）
著（编）者：中国汽车工业协会
　　　　　中国汽车工程研究院深圳市沃特玛电池有限公司
2018年9月出版 / 估价：99.00元
PSN B-2016-515-2/2

汽车蓝皮书
中国汽车产业发展报告（2018）
著（编）者：中国汽车工程学会
　　　　　大众汽车集团（中国）
2018年11月出版 / 估价：99.00元
PSN B-2008-124-1/1

世界茶业蓝皮书
世界茶业发展报告（2018）
著（编）者：李闽榕　冯廷佺
2018年5月出版 / 估价：168.00元
PSN B-2017-619-1/1

世界能源蓝皮书
世界能源发展报告（2018）
著（编）者：黄晓勇　2018年6月出版 / 估价：168.00元
PSN B-2013-349-1/1

石油蓝皮书
中国石油产业发展报告（2018）
著（编）者：中国石油化工集团公司经济技术研究院
　　　　　中国国际石油化工联合有限责任公司
　　　　　中国社会科学院数量经济与技术经济研究所
2018年2月出版 / 定价：98.00元
PSN B-2018-690-1/1

体育蓝皮书
国家体育产业基地发展报告（2016~2017）
著（编）者：李颖川　2018年6月出版 / 估价：168.00元
PSN B-2017-609-5/5

体育蓝皮书
中国体育产业发展报告（2018）
著（编）者：阮伟　钟秉枢
2018年12月出版 / 估价：99.00元
PSN B-2010-179-1/5

文化金融蓝皮书
中国文化金融发展报告（2018）
著（编）者：杨涛　金巍
2018年6月出版 / 估价：99.00元
PSN B-2017-610-1/1

新能源汽车蓝皮书
中国新能源汽车产业发展报告（2018）
著（编）者：中国汽车技术研究中心
　　　　　日产（中国）投资有限公司
　　　　　东风汽车有限公司
2018年8月出版 / 估价：99.00元
PSN B-2013-347-1/1

薏仁米产业蓝皮书
中国薏仁米产业发展报告No.2（2018）
著（编）者：李发耀　石明　秦礼康
2018年8月出版 / 估价：99.00元
PSN B-2017-645-1/1

邮轮绿皮书
中国邮轮产业发展报告（2018）
著（编）者：汪泓　2018年10月出版 / 估价：99.00元
PSN G-2014-419-1/1

智能养老蓝皮书
中国智能养老产业发展报告（2018）
著（编）者：朱勇　2018年10月出版 / 估价：99.00元
PSN B-2015-488-1/1

中国节能汽车蓝皮书
中国节能汽车发展报告（2017~2018）
著（编）者：中国汽车工程研究院股份有限公司
2018年9月出版 / 估价：99.00元
PSN B-2016-565-1/1

皮书系列 2018全品种
产业经济类·行业及其他类

中国陶瓷产业蓝皮书
中国陶瓷产业发展报告（2018）
著（编）者：左和平 黄速建
2018年10月出版 / 估价：99.00元
PSN B-2016-573-1/1

装备制造业蓝皮书
中国装备制造业发展报告（2018）
著（编）者：徐东华
2018年12月出版 / 估价：118.00元
PSN B-2015-505-1/1

行业及其他类

"三农"互联网金融蓝皮书
中国"三农"互联网金融发展报告（2018）
著（编）者：李勇坚 王弢
2018年8月出版 / 估价：99.00元
PSN B-2016-560-1/1

SUV蓝皮书
中国SUV市场发展报告（2017~2018）
著（编）者：靳军 2018年9月出版 / 估价：99.00元
PSN B-2016-571-1/1

冰雪蓝皮书
中国冬季奥运会发展报告（2018）
著（编）者：孙承华 伍斌 魏庆华 张鸿俊
2018年9月出版 / 估价：99.00元
PSN B-2017-647-2/3

彩票蓝皮书
中国彩票发展报告（2018）
著（编）者：益彩基金 2018年6月出版 / 估价：99.00元
PSN B-2015-462-1/1

测绘地理信息蓝皮书
测绘地理信息供给侧结构性改革研究报告（2018）
著（编）者：库热西·买合苏提
2018年12月出版 / 估价：168.00元
PSN B-2009-145-1/1

产权市场蓝皮书
中国产权市场发展报告（2017）
著（编）者：曹和平
2018年5月出版 / 估价：99.00元
PSN B-2009-147-1/1

城投蓝皮书
中国城投行业发展报告（2018）
著（编）者：华景斌
2018年11月出版 / 估价：300.00元
PSN B-2016-514-1/1

城市轨道交通蓝皮书
中国城市轨道交通运营发展报告（2017~2018）
著（编）者：崔学忠 贾文峥
2018年3月出版 / 定价：89.00元
PSN B-2018-694-1/1

大数据蓝皮书
中国大数据发展报告（No.2）
著（编）者：连玉明 2018年5月出版 / 估价：99.00元
PSN B-2017-620-1/1

大数据应用蓝皮书
中国大数据应用发展报告No.2（2018）
著（编）者：陈军君 2018年8月出版 / 估价：99.00元
PSN B-2017-644-1/1

对外投资与风险蓝皮书
中国对外直接投资与国家风险报告（2018）
著（编）者：中债资信评估有限责任公司
中国社会科学院世界经济与政治研究所
2018年6月出版 / 估价：189.00元
PSN B-2017-606-1/1

工业和信息化蓝皮书
人工智能发展报告（2017~2018）
著（编）者：尹丽波 2018年6月出版 / 估价：99.00元
PSN B-2015-448-1/6

工业和信息化蓝皮书
世界智慧城市发展报告（2017~2018）
著（编）者：尹丽波 2018年6月出版 / 估价：99.00元
PSN B-2015-624-6/6

工业和信息化蓝皮书
世界网络安全发展报告（2017~2018）
著（编）者：尹丽波 2018年6月出版 / 估价：99.00元
PSN B-2015-452-5/6

工业和信息化蓝皮书
世界信息化发展报告（2017~2018）
著（编）者：尹丽波 2018年6月出版 / 估价：99.00元
PSN B-2015-451-4/6

工业设计蓝皮书
中国工业设计发展报告（2018）
著（编）者：王晓红 于炜 张立群 2018年9月出版 / 估价：168.00元
PSN B-2014-420-1/1

公共关系蓝皮书
中国公共关系发展报告（2017）
著（编）者：柳斌杰 2018年1月出版 / 定价：89.00元
PSN B-2016-579-1/1

皮书系列 2018全品种

行业及其他类

公共关系蓝皮书
中国公共关系发展报告（2018）
著（编）者：柳斌杰　2018年11月出版 / 估价：99.00元
PSN B-2016-579-1/1

管理蓝皮书
中国管理发展报告（2018）
著（编）者：张晓东　2018年10月出版 / 估价：99.00元
PSN B-2014-416-1/1

轨道交通蓝皮书
中国轨道交通行业发展报告（2017）
著（编）者：仲建华　李闽榕
2017年12月出版 / 定价：98.00元
PSN B-2017-674-1/1

海关发展蓝皮书
中国海关发展前沿报告（2018）
著（编）者：干春晖　2018年6月出版 / 估价：99.00元
PSN B-2017-616-1/1

互联网医疗蓝皮书
中国互联网健康医疗发展报告（2018）
著（编）者：芮晓武　2018年6月出版 / 估价：99.00元
PSN B-2016-567-1/1

黄金市场蓝皮书
中国商业银行黄金业务发展报告（2017～2018）
著（编）者：平安银行　2018年6月出版 / 估价：99.00元
PSN B-2016-524-1/1

会展蓝皮书
中外会展业动态评估研究报告（2018）
著（编）者：张敏　任中峰　聂鑫焱　牛盼强
2018年12月出版 / 估价：99.00元
PSN B-2013-327-1/1

基金会蓝皮书
中国基金会发展报告（2017~2018）
著（编）者：中国基金会发展报告课题组
2018年6月出版 / 估价：99.00元
PSN B-2013-368-1/1

基金会绿皮书
中国基金会发展独立研究报告（2018）
著（编）者：基金会中心网　中央民族大学基金会研究中心
2018年6月出版 / 估价：99.00元
PSN G-2011-213-1/1

基金会透明度蓝皮书
中国基金会透明度发展研究报告（2018）
著（编）者：基金会中心网　清华大学廉政与治理研究中心
2018年9月出版 / 估价：99.00元
PSN B-2013-339-1/1

建筑装饰蓝皮书
中国建筑装饰行业发展报告（2018）
著（编）者：葛道顺　刘晓一
2018年10月出版 / 估价：198.00元
PSN B-2016-553-1/1

金融监管蓝皮书
中国金融监管报告（2018）
著（编）者：胡滨　2018年3月出版 / 定价：98.00元
PSN B-2012-281-1/1

金融蓝皮书
中国互联网金融行业分析与评估（2018～2019）
著（编）者：黄国平　伍旭川　2018年12月出版 / 估价：99.00元
PSN B-2016-585-7/7

金融科技蓝皮书
中国金融科技发展报告（2018）
著（编）者：李扬　孙国峰　2018年10月出版 / 估价：99.00元
PSN B-2014-374-1/1

金融信息服务蓝皮书
中国金融信息服务发展报告（2018）
著（编）者：李平　2018年5月出版 / 估价：99.00元
PSN B-2017-621-1/1

金蜜蜂企业社会责任蓝皮书
金蜜蜂中国企业社会责任报告研究（2017）
著（编）者：殷格非　于志宏　管竹笋
2018年1月出版 / 估价：99.00元
PSN B-2018-693-1/1

京津冀金融蓝皮书
京津冀金融发展报告（2018）
著（编）者：王爱俭　王璟怡　2018年10月出版 / 估价：99.00元
PSN B-2016-527-1/1

科普蓝皮书
国家科普能力发展报告（2018）
著（编）者：王康友　2018年5月出版 / 估价：138.00元
PSN B-2017-632-4/4

科普蓝皮书
中国基层科普发展报告（2017～2018）
著（编）者：赵立新　陈玲　2018年9月出版 / 估价：99.00元
PSN B-2016-568-3/4

科普蓝皮书
中国科普基础设施发展报告（2017～2018）
著（编）者：任福君　2018年6月出版 / 估价：99.00元
PSN B-2010-174-1/3

科普蓝皮书
中国科普人才发展报告（2017～2018）
著（编）者：郑念　任嵘嵘　2018年7月出版 / 估价：99.00元
PSN B-2016-512-2/4

科普能力蓝皮书
中国科普能力评价报告（2018～2019）
著（编）者：李富强　李群　2018年8月出版 / 估价：99.00元
PSN B-2016-555-1/1

临空经济蓝皮书
中国临空经济发展报告（2018）
著（编）者：连玉明　2018年9月出版 / 估价：99.00元
PSN B-2014-421-1/1

皮书系列 2018全品种 — 行业及其他类

旅游安全蓝皮书
中国旅游安全报告（2018）
著(编)者：郑向敏 谢朝武　　2018年5月出版 / 估价：158.00元
PSN B-2012-280-1/1

旅游绿皮书
2017~2018年中国旅游发展分析与预测
著(编)者：宋瑞　　2018年1月出版 / 定价：99.00元
PSN G-2002-018-1/1

煤炭蓝皮书
中国煤炭工业发展报告（2018）
著(编)者：岳福斌　　2018年12月出版 / 估价：99.00元
PSN B-2008-123-1/1

民营企业社会责任蓝皮书
中国民营企业社会责任报告（2018）
著(编)者：中华全国工商业联合会
2018年12月出版 / 估价：99.00元
PSN B-2015-510-1/1

民营医院蓝皮书
中国民营医院发展报告（2017）
著(编)者：薛晓林　　2017年12月出版 / 定价：89.00元
PSN B-2012-299-1/1

闽商蓝皮书
闽商发展报告（2018）
著(编)者：李闽榕 王日根 林琛
2018年12月出版 / 估价：99.00元
PSN B-2012-298-1/1

农业应对气候变化蓝皮书
中国农业气象灾害及其灾损评估报告（No.3）
著(编)者：矫梅燕　　2018年6月出版 / 估价：118.00元
PSN B-2014-413-1/1

品牌蓝皮书
中国品牌战略发展报告（2018）
著(编)者：汪同三　　2018年10月出版 / 估价：99.00元
PSN B-2016-580-1/1

企业扶贫蓝皮书
中国企业扶贫研究报告（2018）
著(编)者：钟宏武　　2018年12月出版 / 估价：99.00元
PSN B-2016-593-1/1

企业公益蓝皮书
中国企业公益研究报告（2018）
著(编)者：钟宏武 汪杰 黄晓娟
2018年12月出版 / 估价：99.00元
PSN B-2015-501-1/1

企业国际化蓝皮书
中国企业全球化报告（2018）
著(编)者：王辉耀 苗绿　　2018年11月出版 / 估价：99.00元
PSN B-2014-427-1/1

企业蓝皮书
中国企业绿色发展报告No.2（2018）
著(编)者：李红玉 朱光辉
2018年8月出版 / 估价：99.00元
PSN B-2015-481-2/2

企业社会责任蓝皮书
中资企业海外社会责任研究报告（2017~2018）
著(编)者：钟宏武 叶柳红 张蒽
2018年6月出版 / 估价：99.00元
PSN B-2017-603-2/2

企业社会责任蓝皮书
中国企业社会责任研究报告（2018）
著(编)者：黄群慧 钟宏武 张蒽 汪杰
2018年11月出版 / 估价：99.00元
PSN B-2009-149-1/2

汽车安全蓝皮书
中国汽车安全发展报告（2018）
著(编)者：中国汽车技术研究中心
2018年8月出版 / 估价：99.00元
PSN B-2014-385-1/1

汽车电子商务蓝皮书
中国汽车电子商务发展报告（2018）
著(编)者：中华全国工商业联合会汽车经销商商会
　　　　　北方工业大学
　　　　　北京易观智库网络科技有限公司
2018年10月出版 / 估价：158.00元
PSN B-2015-485-1/1

汽车知识产权蓝皮书
中国汽车产业知识产权发展报告（2018）
著(编)者：中国汽车工程研究院股份有限公司
　　　　　中国汽车工程学会
　　　　　重庆长安汽车股份有限公司
2018年12月出版 / 估价：99.00元
PSN B-2016-594-1/1

青少年体育蓝皮书
中国青少年体育发展报告（2017）
著(编)者：刘扶民 杨桦　　2018年6月出版 / 估价：99.00元
PSN B-2015-482-1/1

区块链蓝皮书
中国区块链发展报告（2018）
著(编)者：李伟　　2018年9月出版 / 估价：99.00元
PSN B-2017-649-1/1

群众体育蓝皮书
中国群众体育发展报告（2017）
著(编)者：刘国永 戴健　　2018年5月出版 / 估价：99.00元
PSN B-2014-411-1/3

群众体育蓝皮书
中国社会体育指导员发展报告（2018）
著(编)者：刘国永 王欢　　2018年6月出版 / 估价：99.00元
PSN B-2016-520-3/3

人力资源蓝皮书
中国人力资源发展报告（2018）
著(编)者：余兴安　　2018年11月出版 / 估价：99.00元
PSN B-2012-287-1/1

融资租赁蓝皮书
中国融资租赁业发展报告（2017~2018）
著(编)者：李光荣 王力　　2018年8月出版 / 估价：99.00元
PSN B-2015-443-1/1

行业及其他类

皮书系列 2018全品种

商会蓝皮书
中国商会发展报告No.5（2017）
著（编）者：王钦敏　　2018年7月出版／估价：99.00元
PSN B-2008-125-1/1

商务中心区蓝皮书
中国商务中心区发展报告No.4（2017~2018）
著（编）者：李国红　单菁菁　2018年9月出版／估价：99.00元
PSN B-2015-444-1/1

设计产业蓝皮书
中国创新设计发展报告（2018）
著（编）者：王晓红　张立群　于炜
2018年11月出版／估价：99.00元
PSN B-2016-581-2/2

社会责任管理蓝皮书
中国上市公司社会责任能力成熟度报告No.4（2018）
著（编）者：肖红军　王晓光　李伟阳
2018年12月出版／估价：99.00元
PSN B-2015-507-2/2

社会责任管理蓝皮书
中国企业公众透明度报告No.4（2017~2018）
著（编）者：黄速建　熊梦　王晓光　肖红军
2018年6月出版／估价：99.00元
PSN B-2015-440-1/2

食品药品蓝皮书
食品药品安全与监管政策研究报告（2016~2017）
著（编）者：唐民皓　2018年6月出版／估价：99.00元
PSN B-2009-129-1/1

输血服务蓝皮书
中国输血行业发展报告（2018）
著（编）者：孙俊　2018年12月出版／估价：99.00元
PSN B-2015-582-1/1

水利风景区蓝皮书
中国水利风景区发展报告（2018）
著（编）者：董建文　兰思仁
2018年10月出版／估价：99.00元
PSN B-2015-480-1/1

数字经济蓝皮书
全球数字经济竞争力发展报告（2017）
著（编）者：王振　2017年12月出版／定价：79.00元
PSN B-2017-673-1/1

私募市场蓝皮书
中国私募股权市场发展报告（2017~2018）
著（编）者：曹和平　2018年12月出版／估价：99.00元
PSN B-2010-162-1/1

碳排放权交易蓝皮书
中国碳排放权交易报告（2018）
著（编）者：孙永平　2018年11月出版／估价：99.00元
PSN B-2017-652-1/1

碳市场蓝皮书
中国碳市场报告（2018）
著（编）者：定金彪　2018年11月出版／估价：99.00元
PSN B-2014-430-1/1

体育蓝皮书
中国公共体育服务发展报告（2018）
著（编）者：戴健　2018年12月出版／估价：99.00元
PSN B-2013-367-2/5

土地市场蓝皮书
中国农村土地市场发展报告（2017~2018）
著（编）者：李光荣　2018年6月出版／估价：99.00元
PSN B-2016-526-1/1

土地整治蓝皮书
中国土地整治发展研究报告（No.5）
著（编）者：国土资源部土地整治中心
2018年7月出版／估价：99.00元
PSN B-2014-401-1/1

土地政策蓝皮书
中国土地政策研究报告（2018）
著（编）者：高延利　张建平　吴次芳
2018年1月出版／定价：98.00元
PSN B-2015-506-1/1

网络空间安全蓝皮书
中国网络空间安全发展报告（2018）
著（编）者：惠志斌　覃庆玲
2018年11月出版／估价：99.00元
PSN B-2015-466-1/1

文化志愿服务蓝皮书
中国文化志愿服务发展报告（2018）
著（编）者：张永新　良警宇　2018年11月出版／估价：128.00元
PSN B-2016-596-1/1

西部金融蓝皮书
中国西部金融发展报告（2017~2018）
著（编）者：李忠民　2018年8月出版／估价：99.00元
PSN B-2010-160-1/1

协会商会蓝皮书
中国行业协会商会发展报告（2017）
著（编）者：景朝阳　李勇　2018年6月出版／估价：99.00元
PSN B-2015-461-1/1

新三板蓝皮书
中国新三板市场发展报告（2018）
著（编）者：王力　2018年8月出版／估价：99.00元
PSN B-2016-533-1/1

信托市场蓝皮书
中国信托业市场报告（2017~2018）
著（编）者：用益金融信托研究院
2018年6月出版／估价：198.00元
PSN B-2014-371-1/1

信息化蓝皮书
中国信息化形势分析与预测（2017~2018）
著（编）者：周宏仁　2018年8月出版／估价：99.00元
PSN B-2010-168-1/1

信用蓝皮书
中国信用发展报告（2017~2018）
著（编）者：章政　田侃　2018年6月出版／估价：99.00元
PSN B-2013-328-1/1

皮书系列 2018全品种 — 行业及其他类

休闲绿皮书
2017~2018年中国休闲发展报告
著(编)者：宋瑞　2018年7月出版 / 估价：99.00元
PSN G-2010-158-1/1

休闲体育蓝皮书
中国休闲体育发展报告（2017~2018）
著(编)者：李相如　钟秉枢
2018年10月出版 / 估价：99.00元
PSN B-2016-516-1/1

养老金融蓝皮书
中国养老金融发展报告（2018）
著(编)者：董克用　姚余栋
2018年9月出版 / 估价：99.00元
PSN B-2016-583-1/1

遥感监测绿皮书
中国可持续发展遥感监测报告（2017）
著(编)者：顾行发　汪克强　潘教峰　李闽榕　徐东华　王琦安
2018年6月出版 / 定价：298.00元
PSN B-2017-629-1/1

药品流通蓝皮书
中国药品流通行业发展报告（2018）
著(编)者：佘鲁林　温再兴
2018年7月出版 / 定价：198.00元
PSN B-2014-429-1/1

医疗器械蓝皮书
中国医疗器械行业发展报告（2018）
著(编)者：王宝亭　耿鸿武
2018年10月出版 / 估价：99.00元
PSN B-2017-661-1/1

医院蓝皮书
中国医院竞争力报告（2017~2018）
著(编)者：庄一强　2018年3月出版 / 定价：108.00元
PSN B-2016-528-1/1

瑜伽蓝皮书
中国瑜伽业发展报告（2017~2018）
著(编)者：张永建　徐华锋　朱泰余
2018年6月出版 / 定价：198.00元
PSN B-2017-625-1/1

债券市场蓝皮书
中国债券市场发展报告（2017~2018）
著(编)者：杨农　2018年10月出版 / 估价：99.00元
PSN B-2016-572-1/1

志愿服务蓝皮书
中国志愿服务发展报告（2018）
著(编)者：中国志愿服务联合会
2018年11月出版 / 估价：99.00元
PSN B-2017-664-1/1

中国上市公司蓝皮书
中国上市公司发展报告（2018）
著(编)者：张鹏　张平　黄胤英
2018年9月出版 / 估价：99.00元
PSN B-2014-414-1/1

中国新三板蓝皮书
中国新三板创新与发展报告（2018）
著(编)者：刘平安　闻召林
2018年8月出版 / 估价：158.00元
PSN B-2017-638-1/1

中国汽车品牌蓝皮书
中国乘用车品牌发展报告（2017）
著(编)者：《中国汽车报》社有限公司
　　　　　博世（中国）投资有限公司
　　　　　中国汽车技术研究中心数据资源中心
2018年1月出版 / 定价：89.00元
PSN B-2017-679-1/1

中医文化蓝皮书
北京中医药文化传播发展报告（2018）
著(编)者：毛嘉陵　2018年6月出版 / 估价：99.00元
PSN B-2015-468-1/2

中医文化蓝皮书
中国中医药文化传播发展报告（2018）
著(编)者：毛嘉陵　2018年7月出版 / 估价：99.00元
PSN B-2016-584-2/2

中医药蓝皮书
北京中医药知识产权发展报告No.2
著(编)者：汪洪　屠志涛　2018年6月出版 / 估价：168.00元
PSN B-2017-602-1/1

资本市场蓝皮书
中国场外交易市场发展报告（2016~2017）
著(编)者：高峦　2018年6月出版 / 估价：99.00元
PSN B-2009-153-1/1

资产管理蓝皮书
中国资产管理行业发展报告（2018）
著(编)者：郑智　2018年7月出版 / 估价：99.00元
PSN B-2014-407-2/2

资产证券化蓝皮书
中国资产证券化发展报告（2018）
著(编)者：沈炳熙　曹彤　李哲平
2018年4月出版 / 定价：98.00元
PSN B-2017-660-1/1

自贸区蓝皮书
中国自贸区发展报告（2018）
著(编)者：王力　黄育华
2018年6月出版 / 估价：99.00元
PSN B-2016-558-1/1

皮书系列
2018全品种

国际问题与全球治理类

国际问题与全球治理类

"一带一路"跨境通道蓝皮书
"一带一路"跨境通道建设研究报(2017~2018)
著(编)者：余鑫 张秋生　2018年1月出版 / 定价：89.00元
PSN B-2016-557-1/1

"一带一路"蓝皮书
"一带一路"建设发展报告（2018）
著(编)者：李永全　2018年3月出版 / 定价：98.00元
PSN B-2016-552-1/1

"一带一路"投资安全蓝皮书
中国"一带一路"投资与安全研究报告（2018）
著(编)者：邹统钎 梁昊光　2018年4月出版 / 定价：98.00元
PSN B-2017-612-1/1

"一带一路"文化交流蓝皮书
中阿文化交流发展报告（2017）
著(编)者：王辉　2017年12月出版 / 定价：89.00元
PSN B-2017-655-1/1

G20国家创新竞争力黄皮书
二十国集团（G20）国家创新竞争力发展报告（2017~2018）
著(编)者：李建平 李闽榕 赵新力 周天勇
2018年7月出版 / 估价：168.00元
PSN Y-2011-229-1/1

阿拉伯黄皮书
阿拉伯发展报告（2016~2017）
著(编)者：罗林　2018年6月出版 / 估价：99.00元
PSN Y-2014-381-1/1

北部湾蓝皮书
泛北部湾合作发展报告（2017~2018）
著(编)者：吕余生　2018年12月出版 / 估价：99.00元
PSN B-2008-114-1/1

北极蓝皮书
北极地区发展报告（2017）
著(编)者：刘惠荣　2018年7月出版 / 估价：99.00元
PSN B-2017-634-1/1

大洋洲蓝皮书
大洋洲发展报告（2017~2018）
著(编)者：喻常森　2018年10月出版 / 估价：99.00元
PSN B-2013-341-1/1

东北亚区域合作蓝皮书
2017年"一带一路"倡议与东北亚区域合作
著(编)者：刘亚政 金美花
2018年5月出版 / 估价：99.00元
PSN B-2017-631-1/1

东盟黄皮书
东盟发展报告（2017）
著(编)者：杨静林 庄国土　2018年6月出版 / 估价：99.00元
PSN Y-2012-303-1/1

东南亚蓝皮书
东南亚地区发展报告（2017~2018）
著(编)者：王勤　2018年12月出版 / 估价：99.00元
PSN B-2012-240-1/1

非洲黄皮书
非洲发展报告No.20（2017~2018）
著(编)者：张宏明　2018年7月出版 / 估价：99.00元
PSN Y-2012-239-1/1

非传统安全蓝皮书
中国非传统安全研究报告（2017~2018）
著(编)者：潇枫 罗中枢　2018年8月出版 / 估价：99.00元
PSN B-2012-273-1/1

国际安全蓝皮书
中国国际安全研究报告（2018）
著(编)者：刘慧　2018年7月出版 / 估价：99.00元
PSN B-2016-521-1/1

国际城市蓝皮书
国际城市发展报告（2018）
著(编)者：屠启宇　2018年2月出版 / 估价：89.00元
PSN B-2012-260-1/1

国际形势黄皮书
全球政治与安全报告（2018）
著(编)者：张宇燕　2018年1月出版 / 定价：89.00元
PSN Y-2001-016-1/1

公共外交蓝皮书
中国公共外交发展报告（2018）
著(编)者：赵启正 雷蔚真　2018年6月出版 / 估价：99.00元
PSN B-2015-457-1/1

海丝蓝皮书
21世纪海上丝绸之路研究报告（2017）
著(编)者：华侨大学海上丝绸之路研究院
2017年12月出版 / 定价：89.00元
PSN B-2017-684-1/1

金砖国家黄皮书
金砖国家综合创新竞争力发展报告（2018）
著(编)者：赵新力 李闽榕 黄茂兴
2018年8月出版 / 估价：128.00元
PSN Y-2017-643-1/1

拉美黄皮书
拉丁美洲和加勒比发展报告（2017~2018）
著(编)者：袁东振　2018年6月出版 / 估价：99.00元
PSN Y-1999-007-1/1

澜湄合作蓝皮书
澜沧江-湄公河合作发展报告（2018）
著(编)者：刘稚　2018年9月出版 / 估价：99.00元
PSN B-2011-196-1/1

皮书系列 2018全品种

国际问题与全球治理类

欧洲蓝皮书
欧洲发展报告（2017～2018）
著(编)者：黄平 周弘 程卫东
2018年6月出版 / 估价：99.00元
PSN B-1999-009-1/1

葡语国家蓝皮书
葡语国家发展报告（2016～2017）
著(编)者：王成安 张敏 刘金兰
2018年6月出版 / 估价：99.00元
PSN B-2015-503-1/2

葡语国家蓝皮书
中国与葡语国家关系发展报告·巴西（2016）
著(编)者：张曙光
2018年8月出版 / 估价：99.00元
PSN B-2016-563-2/2

气候变化绿皮书
应对气候变化报告（2018）
著(编)者：王伟光 郑国光
2018年11月出版 / 估价：99.00元
PSN G-2009-144-1/1

全球环境竞争力绿皮书
全球环境竞争力报告（2018）
著(编)者：李建平 李闽榕 王金南
2018年12月出版 / 估价：198.00元
PSN G-2013-363-1/1

全球信息社会蓝皮书
全球信息社会发展报告（2018）
著(编)者：丁波涛 唐涛 2018年10月出版 / 估价：99.00元
PSN B-2017-665-1/1

日本经济蓝皮书
日本经济与中日经贸关系研究报告（2018）
著(编)者：张季风 2018年6月出版 / 估价：99.00元
PSN B-2008-102-1/1

上海合作组织黄皮书
上海合作组织发展报告（2018）
著(编)者：李进峰 2018年6月出版 / 估价：99.00元
PSN Y-2009-130-1/1

世界创新竞争力黄皮书
世界创新竞争力发展报告（2017）
著(编)者：李建平 李闽榕 赵新力
2018年6月出版 / 估价：168.00元
PSN Y-2013-318-1/1

世界经济黄皮书
2018年世界经济形势分析与预测
著(编)者：张宇燕 2018年1月出版 / 定价：99.00元
PSN Y-1999-006-1/1

世界能源互联互通蓝皮书
世界能源清洁发展与互联互通评估报告（2017）：欧洲篇
著(编)者：国网能源研究院
2018年1月出版 / 定价：128.00元
PSN B-2018-695-1/1

丝绸之路蓝皮书
丝绸之路经济带发展报告（2018）
著(编)者：任宗哲 白宽犁 谷孟宾
2018年1月出版 / 定价：89.00元
PSN B-2014-410-1/1

新兴经济体蓝皮书
金砖国家发展报告（2018）
著(编)者：林跃勤 周文
2018年8月出版 / 估价：99.00元
PSN B-2011-195-1/1

亚太蓝皮书
亚太地区发展报告（2018）
著(编)者：李向阳 2018年5月出版 / 估价：99.00元
PSN B-2001-015-1/1

印度洋地区蓝皮书
印度洋地区发展报告（2018）
著(编)者：汪戎 2018年6月出版 / 估价：99.00元
PSN B-2013-334-1/1

印度尼西亚经济蓝皮书
印度尼西亚经济发展报告（2017）：增长与机会
著(编)者：左志刚 2017年11月出版 / 定价：89.00元
PSN B-2017-675-1/1

渝新欧蓝皮书
渝新欧沿线国家发展报告（2018）
著(编)者：杨柏 黄森
2018年6月出版 / 估价：99.00元
PSN B-2017-626-1/1

中阿蓝皮书
中国-阿拉伯国家经贸发展报告（2018）
著(编)者：张廉 段庆林 王林聪 杨巧红
2018年12月出版 / 估价：99.00元
PSN B-2016-598-1/1

中东黄皮书
中东发展报告No.20（2017～2018）
著(编)者：杨光 2018年10月出版 / 估价：99.00元
PSN Y-1998-004-1/1

中亚黄皮书
中亚国家发展报告（2018）
著(编)者：孙力
2018年3月出版 / 定价：98.00元
PSN Y-2012-238-1/1

国别类·文化传媒类

皮书系列
2018全品种

国别类

澳大利亚蓝皮书
澳大利亚发展报告（2017-2018）
著（编）者：孙有中 韩锋　2018年12月出版／估价：99.00元
PSN B-2016-587-1/1

巴西黄皮书
巴西发展报告（2017）
著（编）者：刘国枝　2018年5月出版／估价：99.00元
PSN Y-2017-614-1/1

德国蓝皮书
德国发展报告（2018）
著（编）者：郑春荣　2018年6月出版／估价：99.00元
PSN B-2012-278-1/1

俄罗斯黄皮书
俄罗斯发展报告（2018）
著（编）者：李永全　2018年6月出版／估价：99.00元
PSN Y-2006-061-1/1

韩国蓝皮书
韩国发展报告（2017）
著（编）者：牛林杰 刘宝全　2018年6月出版／估价：99.00元
PSN B-2010-155-1/1

加拿大蓝皮书
加拿大发展报告（2018）
著（编）者：唐小松　2018年9月出版／估价：99.00元
PSN B-2014-389-1/1

美国蓝皮书
美国研究报告（2018）
著（编）者：郑秉文 黄平　2018年5月出版／估价：99.00元
PSN B-2011-210-1/1

缅甸蓝皮书
缅甸国情报告（2017）
著（编）者：祝湘辉
2017年11月出版／定价：98.00元
PSN B-2013-343-1/1

日本蓝皮书
日本研究报告（2018）
著（编）者：杨伯江　2018年4月出版／定价：99.00元
PSN B-2002-020-1/1

土耳其蓝皮书
土耳其发展报告（2018）
著（编）者：郭长刚 刘义　2018年9月出版／估价：99.00元
PSN B-2014-412-1/1

伊朗蓝皮书
伊朗发展报告（2017~2018）
著（编）者：冀开运　2018年10月／估价：99.00元
PSN B-2016-574-1/1

以色列蓝皮书
以色列发展报告（2018）
著（编）者：张倩红　2018年8月出版／估价：99.00元
PSN B-2015-483-1/1

印度蓝皮书
印度国情报告（2017）
著（编）者：吕昭义　2018年6月出版／估价：99.00元
PSN B-2012-241-1/1

英国蓝皮书
英国发展报告（2017~2018）
著（编）者：王展鹏　2018年12月出版／估价：99.00元
PSN B-2015-486-1/1

越南蓝皮书
越南国情报告（2018）
著（编）者：谢林城　2018年11月出版／估价：99.00元
PSN B-2006-056-1/1

泰国蓝皮书
泰国研究报告（2018）
著（编）者：庄国土 张禹东 刘文正
2018年10月出版／估价：99.00元
PSN B-2016-556-1/1

文化传媒类

"三农"舆情蓝皮书
中国"三农"网络舆情报告（2017~2018）
著（编）者：农业部信息中心
2018年6月出版／估价：99.00元
PSN B-2017-640-1/1

传媒竞争力蓝皮书
中国传媒国际竞争力研究报告（2018）
著（编）者：李本乾 刘强 王大可
2018年8月出版／估价：99.00元
PSN B-2013-356-1/1

传媒蓝皮书
中国传媒产业发展报告（2018）
著（编）者：崔保国
2018年5月出版／估价：99.00元
PSN B-2005-035-1/1

传媒投资蓝皮书
中国传媒投资发展报告（2018）
著（编）者：张向东 谭云明
2018年6月出版／估价：148.00元
PSN B-2015-474-1/1

皮书系列 2018全品种 — 文化传媒类

非物质文化遗产蓝皮书
中国非物质文化遗产发展报告（2018）
著(编)者：陈平　2018年6月出版 / 估价：128.00元
PSN B-2015-469-1/2

非物质文化遗产蓝皮书
中国非物质文化遗产保护发展报告（2018）
著(编)者：宋俊华　2018年10月出版 / 估价：128.00元
PSN B-2016-586-2/2

广电蓝皮书
中国广播电影电视发展报告（2018）
著(编)者：国家新闻出版广电总局发展研究中心
2018年7月出版 / 估价：99.00元
PSN B-2006-072-1/1

广告主蓝皮书
中国广告主营销传播趋势报告No.9
著(编)者：黄升民　杜国清　邵华冬　等
2018年10月出版 / 估价：158.00元
PSN B-2005-041-1/1

国际传播蓝皮书
中国国际传播发展报告（2018）
著(编)者：胡正荣　李继东　姬德强
2018年12月出版 / 估价：99.00元
PSN B-2014-408-1/1

国家形象蓝皮书
中国国家形象传播报告（2017）
著(编)者：张昆　2018年6月出版 / 估价：128.00元
PSN B-2017-605-1/1

互联网治理蓝皮书
中国网络社会治理研究报告（2018）
著(编)者：罗昕　支庭荣
2018年9月出版 / 估价：118.00元
PSN B-2017-653-1/1

纪录片蓝皮书
中国纪录片发展报告（2018）
著(编)者：何苏六　2018年10月出版 / 估价：99.00元
PSN B-2011-222-1/1

科学传播蓝皮书
中国科学传播报告（2016～2017）
著(编)者：詹正茂　2018年6月出版 / 估价：99.00元
PSN B-2008-120-1/1

两岸创意经济蓝皮书
两岸创意经济研究报告（2018）
著(编)者：罗昌智　董泽平
2018年10月出版 / 估价：99.00元
PSN B-2014-437-1/1

媒介与女性蓝皮书
中国媒介与女性发展报告（2017～2018）
著(编)者：刘利群　2018年5月出版 / 估价：99.00元
PSN B-2013-345-1/1

媒体融合蓝皮书
中国媒体融合发展报告（2017～2018）
著(编)者：梅宁华　支庭荣
2017年12月出版 / 定价：98.00元
PSN B-2015-479-1/1

全球传媒蓝皮书
全球传媒发展报告（2017～2018）
著(编)者：胡正荣　李继东　2018年6月出版 / 估价：99.00元
PSN B-2012-237-1/1

少数民族非遗蓝皮书
中国少数民族非物质文化遗产发展报告（2018）
著(编)者：肖远平（彝）　柴立（满）
2018年10月出版 / 估价：118.00元
PSN B-2015-467-1/1

视听新媒体蓝皮书
中国视听新媒体发展报告（2018）
著(编)者：国家新闻出版广电总局发展研究中心
2018年7月出版 / 估价：118.00元
PSN B-2011-184-1/1

数字娱乐产业蓝皮书
中国动画产业发展报告（2018）
著(编)者：孙立军　孙平　牛兴侦
2018年10月出版 / 估价：99.00元
PSN B-2011-198-1/2

数字娱乐产业蓝皮书
中国游戏产业发展报告（2018）
著(编)者：孙立军　刘跃军　2018年10月出版 / 估价：99.00元
PSN B-2017-662-2/2

网络视听蓝皮书
中国互联网视听行业发展报告（2018）
著(编)者：陈鹏　2018年2月出版 / 定价：148.00元
PSN B-2018-688-1/1

文化创新蓝皮书
中国文化创新报告（2017·No.8）
著(编)者：傅才武　2018年6月出版 / 估价：99.00元
PSN B-2009-143-1/1

文化建设蓝皮书
中国文化发展报告（2018）
著(编)者：江畅　孙伟平　戴茂堂
2018年5月出版 / 估价：99.00元
PSN B-2014-392-1/1

文化科技蓝皮书
文化科技创新发展报告（2018）
著(编)者：于平　李凤亮　2018年10月出版 / 估价：99.00元
PSN B-2013-342-1/1

文化蓝皮书
中国公共文化服务发展报告（2017~2018）
著(编)者：刘新成　张永新　张旭
2018年12月出版 / 估价：99.00元
PSN B-2007-093-2/10

文化蓝皮书
中国少数民族文化发展报告（2017～2018）
著(编)者：武翠英　张晓明　任乌晶
2018年9月出版 / 估价：99.00元
PSN B-2013-369-9/10

文化蓝皮书
中国文化产业供需协调检测报告（2018）
著(编)者：王亚南　2018年3月出版 / 定价：99.00元
PSN B-2013-323-8/10

文化传媒类 · 地方发展类-经济

文化蓝皮书
中国文化消费需求景气评价报告（2018）
著(编)者：王亚南　　　2018年3月出版 / 定价：99.00元
PSN B-2011-236-4/10

文化蓝皮书
中国公共文化投入增长测评报告（2018）
著(编)者：王亚南　　　2018年3月出版 / 定价：99.00元
PSN B-2014-435-10/10

文化品牌蓝皮书
中国文化品牌发展报告（2018）
著(编)者：欧阳友权　　2018年5月出版 / 估价：99.00元
PSN B-2012-277-1/1

文化遗产蓝皮书
中国文化遗产事业发展报告（2017~2018）
著(编)者：苏杨　张颖岚　卓杰　白海峰　陈晨　陈叙图
2018年8月出版 / 估价：99.00元
PSN B-2008-119-1/1

文学蓝皮书
中国文情报告（2017~2018）
著(编)者：白烨　　　　2018年5月出版 / 估价：99.00元
PSN B-2011-221-1/1

新媒体蓝皮书
中国新媒体发展报告No.9（2018）
著(编)者：唐绪军　　　2018年7月出版 / 估价：99.00元
PSN B-2010-169-1/1

新媒体社会责任蓝皮书
中国新媒体社会责任研究报告（2018）
著(编)者：钟瑛　　　　2018年12月出版 / 估价：99.00元
PSN B-2014-423-1/1

移动互联网蓝皮书
中国移动互联网发展报告（2018）
著(编)者：余清楚　　　2018年6月出版 / 估价：99.00元
PSN B-2012-282-1/1

影视蓝皮书
中国影视产业发展报告（2018）
著(编)者：司若　陈鹏　陈锐
2018年6月出版 / 估价：99.00元
PSN B-2016-529-1/1

舆情蓝皮书
中国社会舆情与危机管理报告（2018）
著(编)者：谢耘耕
2018年9月出版 / 估价：138.00元
PSN B-2011-235-1/1

中国大运河蓝皮书
中国大运河发展报告（2018）
著(编)者：吴欣　　　　2018年2月出版 / 估价：128.00元
PSN B-2018-691-1/1

地方发展类-经济

澳门蓝皮书
澳门经济社会发展报告（2017~2018）
著(编)者：吴志良　郝雨凡
2018年7月出版 / 估价：99.00元
PSN B-2009-138-1/1

澳门绿皮书
澳门旅游休闲发展报告（2017~2018）
著(编)者：郝雨凡　林广志
2018年5月出版 / 估价：99.00元
PSN G-2017-617-1/1

北京蓝皮书
北京经济发展报告（2017~2018）
著(编)者：杨松　　　　2018年6月出版 / 估价：99.00元
PSN B-2006-054-2/8

北京旅游绿皮书
北京旅游发展报告（2018）
著(编)者：北京旅游学会
2018年7月出版 / 估价：99.00元
PSN G-2012-301-1/1

北京体育蓝皮书
北京体育产业发展报告（2017~2018）
著(编)者：钟秉枢　陈杰　杨铁黎
2018年9月出版 / 估价：99.00元
PSN B-2015-475-1/1

滨海金融蓝皮书
滨海新区金融发展报告（2017）
著(编)者：王爱俭　李向前　　2018年4月出版 / 估价：99.00元
PSN B-2014-424-1/1

城乡一体化蓝皮书
北京城乡一体化发展报告（2017~2018）
著(编)者：吴宝新　张宝秀　黄序
2018年5月出版 / 估价：99.00元
PSN B-2012-258-2/2

非公有制企业社会责任蓝皮书
北京非公有制企业社会责任报告（2018）
著(编)者：宋贵伦　冯培
2018年6月出版 / 估价：99.00元
PSN B-2017-613-1/1

地方发展类-经济

福建旅游蓝皮书
福建省旅游产业发展现状研究（2017~2018）
著(编)者：陈敏华 黄远水　2018年12月出版 / 估价：128.00元
PSN B-2016-591-1/1

福建自贸区蓝皮书
中国（福建）自由贸易试验区发展报告(2017~2018)
著(编)者：黄茂兴　2018年6月出版 / 估价：118.00元
PSN B-2016-531-1/1

甘肃蓝皮书
甘肃经济发展分析与预测（2018）
著(编)者：安文华 罗哲　2018年1月出版 / 定价：99.00元
PSN B-2013-312-1/6

甘肃蓝皮书
甘肃商贸流通发展报告（2018）
著(编)者：张应华 王福生 王晓芳
2018年1月出版 / 定价：99.00元
PSN B-2016-522-6/6

甘肃蓝皮书
甘肃县域和农村发展报告（2018）
著(编)者：包东红 朱智文 王建兵
2018年1月出版 / 定价：99.00元
PSN B-2013-316-5/6

甘肃农业科技绿皮书
甘肃农业科技发展研究报告（2018）
著(编)者：魏胜文 乔德华 张东伟
2018年12月出版 / 估价：198.00元
PSN B-2016-592-1/1

甘肃气象保障蓝皮书
甘肃农业对气候变化的适应与风险评估报告（No.1）
著(编)者：鲍文中 周广胜
2017年12月出版 / 定价：108.00元
PSN B-2017-677-1/1

巩义蓝皮书
巩义经济社会发展报告（2018）
著(编)者：丁同民 朱军　2018年6月出版 / 估价：99.00元
PSN B-2016-532-1/1

广东外经贸蓝皮书
广东对外经济贸易发展研究报告（2017~2018）
著(编)者：陈万灵　2018年6月出版 / 估价：99.00元
PSN B-2012-286-1/1

广西北部湾经济区蓝皮书
广西北部湾经济区开放开发报告（2017~2018）
著(编)者：广西壮族自治区北部湾经济区和东盟开放合作办公室
　　　　　广西社会科学院
　　　　　广西北部湾发展研究院
2018年5月出版 / 估价：99.00元
PSN B-2010-181-1/1

广州蓝皮书
广州城市国际化发展报告（2018）
著(编)者：张跃国　2018年8月出版 / 估价：99.00元
PSN B-2012-246-11/14

广州蓝皮书
中国广州城市建设与管理发展报告（2018）
著(编)者：张其学 陈小钢 王宏伟　2018年8月出版 / 估价：99.00元
PSN B-2007-087-4/14

广州蓝皮书
广州创新型城市发展报告（2018）
著(编)者：尹涛　2018年6月出版 / 估价：99.00元
PSN B-2012-247-12/14

广州蓝皮书
广州经济发展报告（2018）
著(编)者：张跃国 尹涛　2018年7月出版 / 估价：99.00元
PSN B-2005-040-1/14

广州蓝皮书
2018年中国广州经济形势分析与预测
著(编)者：魏明海 谢博能 李华
2018年6月出版 / 估价：99.00元
PSN B-2011-185-9/14

广州蓝皮书
中国广州科技创新发展报告（2018）
著(编)者：于欣伟 陈爽 邓佑满　2018年8月出版 / 估价：99.00元
PSN B-2006-065-2/14

广州蓝皮书
广州农村发展报告（2018）
著(编)者：朱名宏　2018年7月出版 / 估价：99.00元
PSN B-2010-167-8/14

广州蓝皮书
广州汽车产业发展报告（2018）
著(编)者：杨再高 冯兴亚　2018年7月出版 / 估价：99.00元
PSN B-2006-066-3/14

广州蓝皮书
广州商贸业发展报告（2018）
著(编)者：张跃国 陈杰 荀振英
2018年7月出版 / 估价：99.00元
PSN B-2012-245-10/14

贵阳蓝皮书
贵阳城市创新发展报告No.3（白云篇）
著(编)者：连玉明　2018年5月出版 / 估价：99.00元
PSN B-2015-491-3/10

贵阳蓝皮书
贵阳城市创新发展报告No.3（观山湖篇）
著(编)者：连玉明　2018年5月出版 / 估价：99.00元
PSN B-2015-497-9/10

贵阳蓝皮书
贵阳城市创新发展报告No.3（花溪篇）
著(编)者：连玉明　2018年5月出版 / 估价：99.00元
PSN B-2015-490-2/10

贵阳蓝皮书
贵阳城市创新发展报告No.3（开阳篇）
著(编)者：连玉明　2018年5月出版 / 估价：99.00元
PSN B-2015-492-4/10

贵阳蓝皮书
贵阳城市创新发展报告No.3（南明篇）
著(编)者：连玉明　2018年5月出版 / 估价：99.00元
PSN B-2015-496-8/10

贵阳蓝皮书
贵阳城市创新发展报告No.3（清镇篇）
著(编)者：连玉明　2018年5月出版 / 估价：99.00元
PSN B-2015-489-1/10

地方发展类-经济

贵阳蓝皮书
贵阳城市创新发展报告No.3（乌当篇）
著(编)者：连玉明　2018年5月出版／估价：99.00元
PSN B-2015-495-7/10

贵阳蓝皮书
贵阳城市创新发展报告No.3（息烽篇）
著(编)者：连玉明　2018年5月出版／估价：99.00元
PSN B-2015-493-5/10

贵阳蓝皮书
贵阳城市创新发展报告No.3（修文篇）
著(编)者：连玉明　2018年5月出版／估价：99.00元
PSN B-2015-494-6/10

贵阳蓝皮书
贵阳城市创新发展报告No.3（云岩篇）
著(编)者：连玉明　2018年5月出版／估价：99.00元
PSN B-2015-498-10/10

贵州房地产蓝皮书
贵州房地产发展报告No.5（2018）
著(编)者：武廷方　2018年7月出版／估价：99.00元
PSN B-2014-426-1/1

贵州蓝皮书
贵州册亨经济社会发展报告（2018）
著(编)者：黄德林　2018年6月出版／估价：99.00元
PSN B-2016-525-8/9

贵州蓝皮书
贵州地理标志产业发展报告（2018）
著(编)者：李发耀　黄其松　2018年8月出版／估价：99.00元
PSN B-2017-646-10/10

贵州蓝皮书
贵安新区发展报告（2017~2018）
著(编)者：马长青　吴大华　2018年6月出版／估价：99.00元
PSN B-2015-459-4/10

贵州蓝皮书
贵州国家级开放创新平台发展报告（2017~2018）
著(编)者：申晓庆　吴大华　季泓
2018年11月出版／估价：99.00元
PSN B-2016-518-7/10

贵州蓝皮书
贵州国有企业社会责任发展报告（2017~2018）
著(编)者：郭丽　2018年12月出版／估价：99.00元
PSN B-2015-511-6/10

贵州蓝皮书
贵州民航业发展报告（2017）
著(编)者：申振东　吴大华　2018年6月出版／估价：99.00元
PSN B-2015-471-5/10

贵州蓝皮书
贵州民营经济发展报告（2017）
著(编)者：杨静　吴大华　2018年6月出版／估价：99.00元
PSN B-2016-530-9/9

杭州都市圈蓝皮书
杭州都市圈发展报告（2018）
著(编)者：洪庆华　沈翔　2018年4月出版／估价：98.00元
PSN B-2012-302-1/1

河北经济蓝皮书
河北省经济发展报告（2018）
著(编)者：马树强　金浩　张贵　2018年6月出版／估价：99.00元
PSN B-2014-380-1/1

河北蓝皮书
河北经济社会发展报告（2018）
著(编)者：康振海　2018年1月出版／定价：99.00元
PSN B-2014-372-1/3

河北蓝皮书
京津冀协同发展报告（2018）
著(编)者：陈璐　2017年12月出版／定价：79.00元
PSN B-2017-601-2/3

河南经济蓝皮书
2018年河南经济形势分析与预测
著(编)者：王世炎　2018年3月出版／估价：89.00元
PSN B-2007-086-1/1

河南蓝皮书
河南城市发展报告（2018）
著(编)者：张占仓　王建国　2018年5月出版／估价：99.00元
PSN B-2009-131-3/9

河南蓝皮书
河南工业发展报告（2018）
著(编)者：张占仓　2018年5月出版／估价：99.00元
PSN B-2013-317-5/9

河南蓝皮书
河南金融发展报告（2018）
著(编)者：喻新安　谷建全
2018年6月出版／估价：99.00元
PSN B-2014-390-7/9

河南蓝皮书
河南经济发展报告（2018）
著(编)者：张占仓　完世伟
2018年6月出版／估价：99.00元
PSN B-2010-157-4/9

河南蓝皮书
河南能源发展报告（2018）
著(编)者：国网河南省电力公司经济技术研究院
　　　　　河南省社会科学院
2018年6月出版／估价：99.00元
PSN B-2017-607-9/9

河南商务蓝皮书
河南商务发展报告（2018）
著(编)者：焦锦淼　穆荣国　2018年5月出版／估价：99.00元
PSN B-2014-399-1/1

河南双创蓝皮书
河南创新创业发展报告（2018）
著(编)者：喻新安　杨雪梅
2018年8月出版／估价：99.00元
PSN B-2017-641-1/1

黑龙江蓝皮书
黑龙江经济发展报告（2018）
著(编)者：朱宇　2018年1月出版／定价：89.00元
PSN B-2011-190-2/2

地方发展类-经济

湖南城市蓝皮书
区域城市群整合
著(编)者：童中贤 韩未名　2018年12月出版 / 估价：99.00元
PSN B-2006-064-1/1

湖南蓝皮书
湖南城乡一体化发展报告（2018）
著(编)者：陈文胜 王文强 陆福兴
2018年8月出版 / 估价：99.00元
PSN B-2015-477-8/8

湖南蓝皮书
2018年湖南电子政务发展报告
著(编)者：梁志峰　2018年5月出版 / 估价：128.00元
PSN B-2014-394-6/8

湖南蓝皮书
2018年湖南经济发展报告
著(编)者：卞鹰　2018年5月出版 / 估价：128.00元
PSN B-2011-207-2/8

湖南蓝皮书
2016年湖南经济展望
著(编)者：梁志峰　2018年5月出版 / 估价：128.00元
PSN B-2011-206-1/8

湖南蓝皮书
2018年湖南县域经济社会发展报告
著(编)者：梁志峰　2018年5月出版 / 估价：128.00元
PSN B-2014-395-7/8

湖南县域绿皮书
湖南县域发展报告（No.5）
著(编)者：袁准 周小毛 黎仁寅
2018年6月出版 / 估价：99.00元
PSN G-2012-274-1/1

沪港蓝皮书
沪港发展报告（2018）
著(编)者：尤安山　2018年9月出版 / 估价：99.00元
PSN B-2013-362-1/1

吉林蓝皮书
2018年吉林经济社会形势分析与预测
著(编)者：邵汉明　2017年12月出版 / 定价：89.00元
PSN B-2013-319-1/1

吉林省城市竞争力蓝皮书
吉林省城市竞争力报告（2017~2018）
著(编)者：崔岳春 张磊
2018年3月出版 / 定价：89.00元
PSN B-2016-513-1/1

济源蓝皮书
济源经济社会发展报告（2018）
著(编)者：喻新安　2018年6月出版 / 估价：99.00元
PSN B-2014-387-1/1

江苏蓝皮书
2018年江苏经济发展分析与展望
著(编)者：王庆五 吴先满
2018年7月出版 / 估价：128.00元
PSN B-2017-635-1/3

江西蓝皮书
江西经济社会发展报告（2018）
著(编)者：陈石俊 龚建文　2018年10月出版 / 估价：128.00元
PSN B-2015-484-1/2

江西蓝皮书
江西设区市发展报告（2018）
著(编)者：姜玮 梁勇
2018年10月出版 / 估价：99.00元
PSN B-2016-517-2/2

经济特区蓝皮书
中国经济特区发展报告（2017）
著(编)者：陶一桃　2018年1月出版 / 估价：99.00元
PSN B-2009-139-1/1

辽宁蓝皮书
2018年辽宁经济社会形势分析与预测
著(编)者：梁启东 魏红江　2018年6月出版 / 估价：99.00元
PSN B-2006-053-1/1

民族经济蓝皮书
中国民族地区经济发展报告（2018）
著(编)者：李曦辉　2018年7月出版 / 估价：99.00元
PSN B-2017-630-1/1

南宁蓝皮书
南宁经济发展报告（2018）
著(编)者：胡建华　2018年9月出版 / 估价：99.00元
PSN B-2016-569-2/3

内蒙古蓝皮书
内蒙古精准扶贫研究报告（2018）
著(编)者：张志华　2018年1月出版 / 定价：89.00元
PSN B-2017-681-2/2

浦东新区蓝皮书
上海浦东经济发展报告（2018）
著(编)者：周小平 徐美芳
2018年1月出版 / 定价：89.00元
PSN B-2011-225-1/1

青海蓝皮书
2018年青海经济社会形势分析与预测
著(编)者：陈玮　2018年1月出版 / 定价：98.00元
PSN B-2012-275-1/2

青海科技绿皮书
青海科技发展报告（2017）
著(编)者：青海省科学技术信息研究所
2018年3月出版 / 估价：98.00元
PSN G-2018-701-1/1

山东蓝皮书
山东经济形势分析与预测（2018）
著(编)者：李广杰　2018年7月出版 / 估价：99.00元
PSN B-2014-404-1/5

山东蓝皮书
山东省普惠金融发展报告（2018）
著(编)者：齐鲁财富网
2018年9月出版 / 估价：99.00元
PSN B2017-676-5/5

地方发展类-经济

山西蓝皮书
山西资源型经济转型发展报告（2018）
著(编)者：李志强　　2018年7月出版　估价：99.00元
PSN B-2011-197-1/1

陕西蓝皮书
陕西经济发展报告（2018）
著(编)者：任宗哲 白宽犁 裴成荣
2018年1月出版　定价：89.00元
PSN B-2009-135-1/6

陕西蓝皮书
陕西精准脱贫研究报告（2018）
著(编)者：任宗哲 白宽犁 王建康
2018年4月出版　定价：89.00元
PSN B-2017-623-6/6

上海蓝皮书
上海经济发展报告（2018）
著(编)者：沈开艳　　2018年2月出版　定价：89.00元
PSN B-2006-057-1/7

上海蓝皮书
上海资源环境发展报告（2018）
著(编)者：周冯琦 胡静　2018年2月出版　定价：89.00元
PSN B-2006-060-4/7

上海蓝皮书
上海奉贤经济发展分析与研判（2017~2018）
著(编)者：张兆安 朱平芳　2018年3月出版　定价：99.00元
PSN B-2018-698-8/8

上饶蓝皮书
上饶发展报告（2016~2017）
著(编)者：廖其志　　2018年6月出版　估价：128.00元
PSN B-2014-377-1/1

深圳蓝皮书
深圳经济发展报告（2018）
著(编)者：张晓儒　　2018年6月出版　估价：99.00元
PSN B-2008-112-3/7

四川蓝皮书
四川城镇化发展报告（2018）
著(编)者：侯水平 陈炜　2018年6月出版　估价：99.00元
PSN B-2015-456-7/7

四川蓝皮书
2018年四川经济形势分析与预测
著(编)者：杨钢　　2018年1月出版　定价：158.00元
PSN B-2007-098-2/7

四川蓝皮书
四川企业社会责任研究报告（2017~2018）
著(编)者：侯水平 盛毅　2018年5月出版　估价：99.00元
PSN B-2014-386-4/7

四川蓝皮书
四川生态建设报告（2018）
著(编)者：李晟之　　2018年5月出版　估价：99.00元
PSN B-2015-455-6/7

四川蓝皮书
四川特色小镇发展报告（2017）
著(编)者：吴志强　　2017年11月出版　定价：89.00元
PSN B-2017-670-8/8

体育蓝皮书
上海体育产业发展报告（2017~2018）
著(编)者：张林 黄海燕
2018年10月出版　估价：99.00元
PSN B-2015-454-4/5

体育蓝皮书
长三角地区体育产业发展报（2017~2018）
著(编)者：张林　　2018年6月出版　估价：99.00元
PSN B-2015-453-3/5

天津金融蓝皮书
天津金融发展报告（2018）
著(编)者：王爱俭 孔德昌
2018年5月出版　估价：99.00元
PSN B-2014-418-1/1

图们江区域合作蓝皮书
图们江区域合作发展报告（2018）
著(编)者：李铁　　2018年6月出版　估价：99.00元
PSN B-2015-464-1/1

温州蓝皮书
2018年温州经济社会形势分析与预测
著(编)者：蒋儒标 王春光 金浩
2018年6月出版　估价：99.00元
PSN B-2008-105-1/1

西咸新区蓝皮书
西咸新区发展报告（2018）
著(编)者：李扬 王军
2018年6月出版　估价：99.00元
PSN B-2016-534-1/1

修武蓝皮书
修武经济社会发展报告（2018）
著(编)者：张占仓 袁凯声
2018年10月出版　估价：99.00元
PSN B-2017-651-1/1

偃师蓝皮书
偃师经济社会发展报告（2018）
著(编)者：张占仓 袁凯声 何武周
2018年7月出版　估价：99.00元
PSN B-2017-627-1/1

扬州蓝皮书
扬州经济社会发展报告（2018）
著(编)者：陈扬
2018年12月出版　估价：108.00元
PSN B-2011-191-1/1

长垣蓝皮书
长垣经济社会发展报告（2018）
著(编)者：张占仓 袁凯声 秦保建
2018年10月出版　估价：99.00元
PSN B-2017-654-1/1

遵义蓝皮书
遵义发展报告（2018）
著(编)者：邓彦 曾征 龚永育
2018年9月出版　估价：99.00元
PSN B-2014-433-1/1

地方发展类-社会

安徽蓝皮书
安徽社会发展报告（2018）
著(编)者：程桦　2018年6月出版／估价：99.00元
PSN B-2013-325-1/1

安徽社会建设蓝皮书
安徽社会建设分析报告（2017~2018）
著(编)者：黄家海　蔡宪
2018年11月出版／估价：99.00元
PSN B-2013-322-1/1

北京蓝皮书
北京公共服务发展报告（2017~2018）
著(编)者：施昌奎　2018年6月出版／估价：99.00元
PSN B-2008-103-7/8

北京蓝皮书
北京社会发展报告（2017~2018）
著(编)者：李伟东
2018年7月出版／估价：99.00元
PSN B-2006-055-3/8

北京蓝皮书
北京社会治理发展报告（2017~2018）
著(编)者：殷星辰　2018年7月出版／估价：99.00元
PSN B-2014-391-8/8

北京律师蓝皮书
北京律师发展报告 No.4（2018）
著(编)者：王隽　2018年12月出版／估价：99.00元
PSN B-2011-217-1/1

北京人才蓝皮书
北京人才发展报告（2018）
著(编)者：敏华　2018年12月出版／估价：128.00元
PSN B-2011-201-1/1

北京社会心态蓝皮书
北京社会心态分析报告（2017~2018）
著(编)者：北京市社会心理服务促进中心
2018年10月出版／估价：99.00元
PSN B-2014-422-1/1

北京社会组织管理蓝皮书
北京社会组织发展与管理（2018）
著(编)者：黄江松
2018年6月出版／估价：99.00元
PSN B-2015-446-1/1

北京养老产业蓝皮书
北京居家养老发展报告（2018）
著(编)者：陆杰华　周明明
2018年8月出版／估价：99.00元
PSN B-2015-465-1/1

法治蓝皮书
四川依法治省年度报告 No.4（2018）
著(编)者：李林　杨天宗　田禾
2018年3月出版／定价：118.00元
PSN B-2015-447-2/3

福建妇女发展蓝皮书
福建省妇女发展报告（2018）
著(编)者：刘群英　2018年11月出版／估价：99.00元
PSN B-2011-220-1/1

甘肃蓝皮书
甘肃社会发展分析与预测（2018）
著(编)者：安文华　谢增虎　包晓霞
2018年1月出版／定价：99.00元
PSN B-2013-313-2/6

广东蓝皮书
广东全面深化改革研究报告（2018）
著(编)者：周林生　涂成林
2018年12月出版／估价：99.00元
PSN B-2015-504-3/3

广东蓝皮书
广东社会工作发展报告（2018）
著(编)者：罗观翠　2018年6月出版／估价：99.00元
PSN B-2014-402-2/3

广州蓝皮书
广州青年发展报告（2018）
著(编)者：徐柳　张强
2018年8月出版／估价：99.00元
PSN B-2013-352-13/14

广州蓝皮书
广州社会保障发展报告（2018）
著(编)者：张跃国　2018年8月出版／估价：99.00元
PSN B-2014-425-14/14

广州蓝皮书
2018年中国广州社会形势分析与预测
著(编)者：张强　郭志勇　何镜清
2018年6月出版／估价：99.00元
PSN B-2008-110-5/14

贵州蓝皮书
贵州法治发展报告（2018）
著(编)者：吴大华　2018年5月出版／估价：99.00元
PSN B-2012-254-2/10

贵州蓝皮书
贵州人才发展报告（2017）
著(编)者：于杰　吴大华
2018年9月出版／估价：99.00元
PSN B-2014-382-3/10

贵州蓝皮书
贵州社会发展报告（2018）
著(编)者：王兴骥　2018年6月出版／估价：99.00元
PSN B-2010-166-1/10

杭州蓝皮书
杭州妇女发展报告（2018）
著(编)者：魏颖
2018年10月出版／估价：99.00元
PSN B-2014-403-1/1

地方发展类-社会

河北蓝皮书
河北法治发展报告（2018）
著(编)者：康振海　2018年6月出版／估价：99.00元
PSN B-2017-622-3/3

河北食品药品安全蓝皮书
河北食品药品安全研究报告（2018）
著(编)者：丁锦霞
2018年10月出版／估价：99.00元
PSN B-2015-473-1/1

河南蓝皮书
河南法治发展报告（2018）
著(编)者：张林海　2018年7月出版／估价：99.00元
PSN B-2014-376-6/9

河南蓝皮书
2018年河南社会形势分析与预测
著(编)者：牛苏林　2018年5月出版／估价：99.00元
PSN B-2005-043-1/9

河南民办教育蓝皮书
河南民办教育发展报告（2018）
著(编)者：胡大白　2018年9月出版／估价：99.00元
PSN B-2017-642-1/1

黑龙江蓝皮书
黑龙江社会发展报告（2018）
著(编)者：王爱丽　2018年1月出版／定价：89.00元
PSN B-2011-189-1/2

湖南蓝皮书
2018年湖南两型社会与生态文明建设报告
著(编)者：卞鹰　2018年5月出版／估价：128.00元
PSN B-2011-208-3/8

湖南蓝皮书
2018年湖南社会发展报告
著(编)者：卞鹰　2018年5月出版／估价：128.00元
PSN B-2014-393-5/8

健康城市蓝皮书
北京健康城市建设研究报告（2018）
著(编)者：王鸿春　盛继洪
2018年9月出版／估价：99.00元
PSN B-2015-460-1/2

江苏法治蓝皮书
江苏法治发展报告No.6（2017）
著(编)者：蔡道通　龚廷泰
2018年8月出版／估价：99.00元
PSN B-2012-290-1/1

江苏蓝皮书
2018年江苏社会发展分析与展望
著(编)者：王庆五　刘旺洪
2018年8月出版／估价：128.00元
PSN B-2017-636-2/3

民族教育蓝皮书
中国民族教育发展报告（2017·内蒙古卷）
著(编)者：陈中永
2017年12月出版／定价：198.00元
PSN B-2017-669-1/1

南宁蓝皮书
南宁法治发展报告（2018）
著(编)者：杨维超　2018年12月出版／估价：99.00元
PSN B-2015-509-1/3

南宁蓝皮书
南宁社会发展报告（2018）
著(编)者：胡建华　2018年10月出版／估价：99.00元
PSN B-2016-570-3/3

内蒙古蓝皮书
内蒙古反腐倡廉建设报告No.2
著(编)者：张志华　2018年6月出版／估价：99.00元
PSN B-2013-365-1/1

青海蓝皮书
2018年青海人才发展报告
著(编)者：王宇燕　2018年9月出版／估价：99.00元
PSN B-2017-650-2/2

青海生态文明建设蓝皮书
青海生态文明建设报告（2018）
著(编)者：张西明　高华　2018年12月出版／估价：99.00元
PSN B-2016-595-1/1

人口与健康蓝皮书
深圳人口与健康发展报告（2018）
著(编)者：陆杰华　傅崇辉
2018年11月出版／估价：99.00元
PSN B-2011-228-1/1

山东蓝皮书
山东社会形势分析与预测（2018）
著(编)者：李善峰　2018年6月出版／估价：99.00元
PSN B-2014-405-2/5

陕西蓝皮书
陕西社会发展报告（2018）
著(编)者：任宗哲　白宽犁　牛昉
2018年1月出版／定价：89.00元
PSN B-2009-136-2/6

上海蓝皮书
上海法治发展报告（2018）
著(编)者：叶必丰　2018年9月出版／估价：99.00元
PSN B-2012-296-6/7

上海蓝皮书
上海社会发展报告（2018）
著(编)者：杨雄　周海旺
2018年2月出版／定价：89.00元
PSN B-2006-058-2/7

地方发展类-社会 · 地方发展类-文化

社会建设蓝皮书
2018年北京社会建设分析报告
著(编)者：宋贵伦 冯虹　2018年9月出版 / 估价：99.00元
PSN B-2010-173-1/1

深圳蓝皮书
深圳法治发展报告（2018）
著(编)者：张骁儒　2018年6月出版 / 估价：99.00元
PSN B-2015-470-6/7

深圳蓝皮书
深圳劳动关系发展报告（2018）
著(编)者：汤庭芬　2018年8月出版 / 估价：99.00元
PSN B-2007-097-2/7

深圳蓝皮书
深圳社会治理与发展报告（2018）
著(编)者：张骁儒　2018年6月出版 / 估价：99.00元
PSN B-2008-113-4/7

生态安全绿皮书
甘肃国家生态安全屏障建设发展报告（2018）
著(编)者：刘举科 喜文华
2018年10月出版 / 估价：99.00元
PSN G-2017-659-1/1

顺义社会建设蓝皮书
北京市顺义区社会建设发展报告（2018）
著(编)者：王学武　2018年9月出版 / 估价：99.00元
PSN B-2017-658-1/1

四川蓝皮书
四川法治发展报告（2018）
著(编)者：郑泰安　2018年6月出版 / 估价：99.00元
PSN B-2015-441-5/7

四川蓝皮书
四川社会发展报告（2018）
著(编)者：李羚　2018年6月出版 / 估价：99.00元
PSN B-2008-127-3/7

四川社会工作与管理蓝皮书
四川省社会工作人力资源发展报告（2017）
著(编)者：边慧敏　2017年12月出版 / 定价：89.00元
PSN B-2017-683-1/1

云南社会治理蓝皮书
云南社会治理年度报告（2017）
著(编)者：晏雄 韩全芳
2018年5月出版 / 估价：99.00元
PSN B-2017-667-1/1

地方发展类-文化

北京传媒蓝皮书
北京新闻出版广电发展报告（2017~2018）
著(编)者：王志　2018年11月出版 / 估价：99.00元
PSN B-2016-588-1/1

北京蓝皮书
北京文化发展报告（2017~2018）
著(编)者：李建盛　2018年5月出版 / 估价：99.00元
PSN B-2007-082-4/8

创意城市蓝皮书
北京文化创意产业发展报告（2018）
著(编)者：郭万超 张京成　2018年12月出版 / 估价：99.00元
PSN B-2012-263-1/7

创意城市蓝皮书
天津文化创意产业发展报告（2017~2018）
著(编)者：谢思全　2018年6月出版 / 估价：99.00元
PSN B-2016-536-7/7

创意城市蓝皮书
武汉文化创意产业发展报告（2018）
著(编)者：黄永林 陈汉桥　2018年12月出版 / 估价：99.00元
PSN B-2013-354-4/7

创意上海蓝皮书
上海文化创意产业发展报告（2017~2018）
著(编)者：王慧敏 王兴全　2018年8月出版 / 估价：99.00元
PSN B-2016-561-1/1

非物质文化遗产蓝皮书
广州市非物质文化遗产保护发展报告（2018）
著(编)者：宋俊华　2018年12月出版 / 估价：99.00元
PSN B-2016-589-1/1

甘肃蓝皮书
甘肃文化发展分析与预测（2018）
著(编)者：马廷旭 戚晓萍　2018年1月出版 / 定价：99.00元
PSN B-2013-314-3/6

甘肃蓝皮书
甘肃舆情分析与预测（2018）
著(编)者：王俊莲 张谦元　2018年1月出版 / 定价：99.00元
PSN B-2013-315-4/6

广州蓝皮书
中国广州文化发展报告（2018）
著(编)者：屈哨兵 陆志强　2018年6月出版 / 估价：99.00元
PSN B-2009-134-7/14

广州蓝皮书
广州文化创意产业发展报告（2018）
著(编)者：徐咏虹　2018年7月出版 / 估价：99.00元
PSN B-2008-111-6/14

海淀蓝皮书
海淀区文化和科技融合发展报告（2018）
著(编)者：陈名杰 孟景伟　2018年5月出版 / 估价：99.00元
PSN B-2013-329-1/1

河南蓝皮书
河南文化发展报告（2018）
著(编)者：卫绍生　2018年7月出版 / 估价：99.00元
PSN B-2008-106-2/9

湖北文化产业蓝皮书
湖北省文化产业发展报告（2018）
著(编)者：黄晓华　2018年9月出版 / 估价：99.00元
PSN B-2017-656-1/1

湖北文化蓝皮书
湖北文化发展报告（2017~2018）
著(编)者：湖北大学高等人文研究院
　　　　　中华文化发展湖北省协同创新中心
2018年10月出版 / 估价：99.00元
PSN B-2016-566-1/1

江苏蓝皮书
2018年江苏文化发展分析与展望
著(编)者：王庆五　樊和平　2018年9月出版 / 估价：128.00元
PSN B-2017-637-3/3

江西文化蓝皮书
江西非物质文化遗产发展报告（2018）
著(编)者：张圣才　傅安平　2018年12月出版 / 估价：128.00元
PSN B-2015-499-1/1

洛阳蓝皮书
洛阳文化发展报告（2018）
著(编)者：刘福兴　陈启明　2018年7月出版 / 估价：99.00元
PSN B-2015-476-1/1

南京蓝皮书
南京文化发展报告（2018）
著(编)者：中共南京市委宣传部
2018年12月出版 / 估价：99.00元
PSN B-2014-439-1/1

宁波文化蓝皮书
宁波"一人一艺"全民艺术普及发展报告（2017）
著(编)者：张爱琴　2018年11月出版 / 估价：128.00元
PSN B-2017-668-1/1

山东蓝皮书
山东文化发展报告（2018）
著(编)者：涂可国　2018年5月出版 / 估价：99.00元
PSN B-2014-406-3/5

陕西蓝皮书
陕西文化发展报告（2018）
2018年1月出版 / 定价：89.00元
PSN B-2009-137-3/6

上海蓝皮书
上海传媒发展报告（2018）
著(编)者：强荧　焦雨虹　2018年2月出版 / 定价：89.00元
PSN B-2012-295-5/7

上海蓝皮书
上海文学发展报告（2018）
著(编)者：陈圣来　2018年6月出版 / 估价：99.00元
PSN B-2012-297-7/7

上海蓝皮书
上海文化发展报告（2018）
著(编)者：荣跃明　2018年6月出版 / 估价：99.00元
PSN B-2006-059-3/7

深圳蓝皮书
深圳文化发展报告（2018）
著(编)者：张骁儒　2018年7月出版 / 估价：99.00元
PSN B-2016-554-7/7

四川蓝皮书
四川文化产业发展报告（2018）
著(编)者：向宝云　张立伟　2018年6月出版 / 估价：99.00元
PSN B-2006-074-1/7

郑州蓝皮书
2018年郑州文化发展报告
著(编)者：王哲　2018年9月出版 / 估价：99.00元
PSN B-2008-107-1/1

社会科学文献出版社　　　　　　　　　　**皮书系列**

❖ 皮书起源 ❖

"皮书"起源于十七、十八世纪的英国，主要指官方或社会组织正式发表的重要文件或报告，多以"白皮书"命名。在中国，"皮书"这一概念被社会广泛接受，并被成功运作、发展成为一种全新的出版形态，则源于中国社会科学院社会科学文献出版社。

❖ 皮书定义 ❖

皮书是对中国与世界发展状况和热点问题进行年度监测，以专业的角度、专家的视野和实证研究方法，针对某一领域或区域现状与发展态势展开分析和预测，具备原创性、实证性、专业性、连续性、前沿性、时效性等特点的公开出版物，由一系列权威研究报告组成。

❖ 皮书作者 ❖

皮书系列的作者以中国社会科学院、著名高校、地方社会科学院的研究人员为主，多为国内一流研究机构的权威专家学者，他们的看法和观点代表了学界对中国与世界的现实和未来最高水平的解读与分析。

❖ 皮书荣誉 ❖

皮书系列已成为社会科学文献出版社的著名图书品牌和中国社会科学院的知名学术品牌。2016年，皮书系列正式列入"十三五"国家重点出版规划项目；2013~2018年，重点皮书列入中国社会科学院承担的国家哲学社会科学创新工程项目；2018年，59种院外皮书使用"中国社会科学院创新工程学术出版项目"标识。

中国皮书网

（网址：www.pishu.cn）

发布皮书研创资讯，传播皮书精彩内容
引领皮书出版潮流，打造皮书服务平台

栏目设置

关于皮书：何谓皮书、皮书分类、皮书大事记、皮书荣誉、
皮书出版第一人、皮书编辑部

最新资讯：通知公告、新闻动态、媒体聚焦、网站专题、视频直播、下载专区

皮书研创：皮书规范、皮书选题、皮书出版、皮书研究、研创团队

皮书评奖评价：指标体系、皮书评价、皮书评奖

互动专区：皮书说、社科数托邦、皮书微博、留言板

所获荣誉

2008年、2011年，中国皮书网均在全国新闻出版业网站荣誉评选中获得"最具商业价值网站"称号；

2012年，获得"出版业网站百强"称号。

网库合一

2014年，中国皮书网与皮书数据库端口合一，实现资源共享。

权威报告·一手数据·特色资源

皮书数据库
ANNUAL REPORT(YEARBOOK) DATABASE

当代中国经济与社会发展高端智库平台

所获荣誉

- 2016年，入选"'十三五'国家重点电子出版物出版规划骨干工程"
- 2015年，荣获"搜索中国正能量 点赞2015""创新中国科技创新奖"
- 2013年，荣获"中国出版政府奖·网络出版物奖"提名奖
- 连续多年荣获中国数字出版博览会"数字出版·优秀品牌"奖

成为会员

通过网址www.pishu.com.cn或使用手机扫描二维码进入皮书数据库网站，进行手机号码验证或邮箱验证即可成为皮书数据库会员（建议通过手机号码快速验证注册）。

会员福利

- 使用手机号码首次注册的会员，账号自动充值100元体验金，可直接购买和查看数据库内容（仅限使用手机号码快速注册）。
- 已注册用户购书后可免费获赠100元皮书数据库充值卡。刮开充值卡涂层获取充值密码，登录并进入"会员中心"—"在线充值"—"充值卡充值"，充值成功后即可购买和查看数据库内容。

数据库服务热线：400-008-6695　　　　图书销售热线：010-59367070/7028
数据库服务QQ：2475522410　　　　　　图书服务QQ：1265056568
数据库服务邮箱：database@ssap.cn　　　图书服务邮箱：duzhe@ssap.cn